Quin Zaza

TAKU KUWABARA

DIE LETZTEN DRACHENFÄNGER

2

Quin Zaza

TAKU KUWABARA

DIE LETZTEN DRACHENFÄNGER

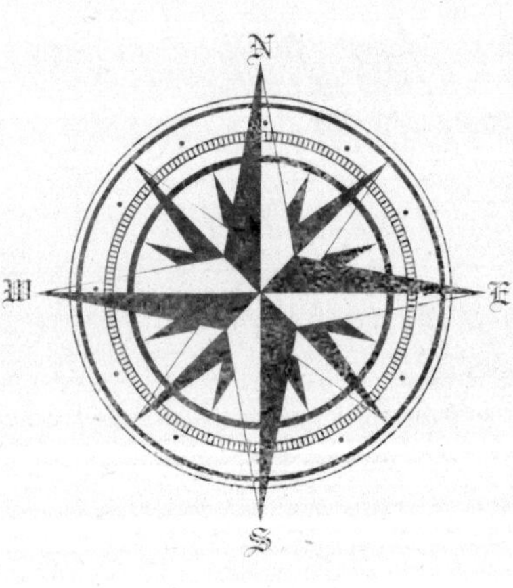

Dieses Werk ist
rein fiktional. Jegliche
Ähnlichkeiten mit
realen Personen und
Gruppierungen sind
unbeabsichtigt.

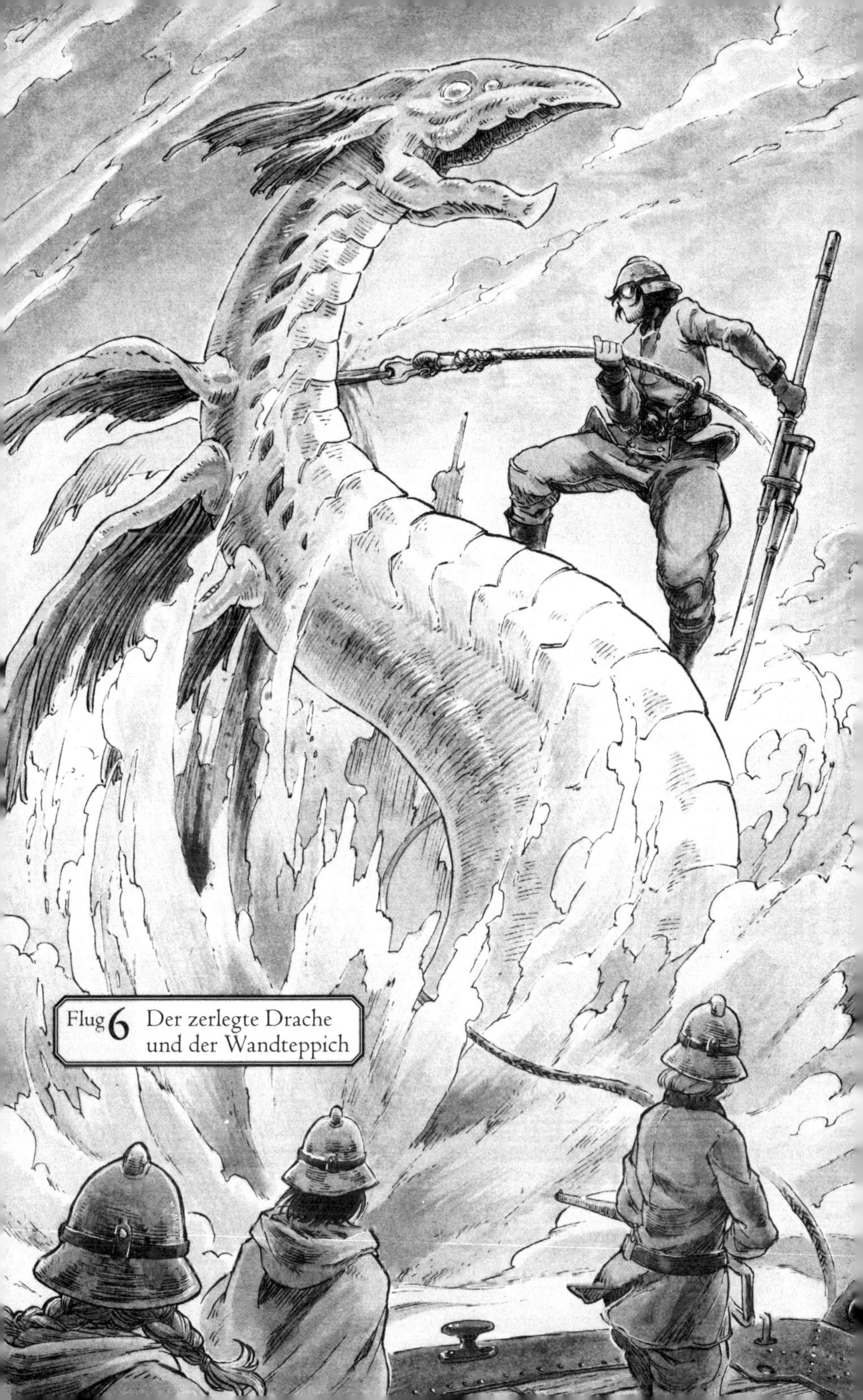
Flug 6 Der zerlegte Drache und der Wandteppich

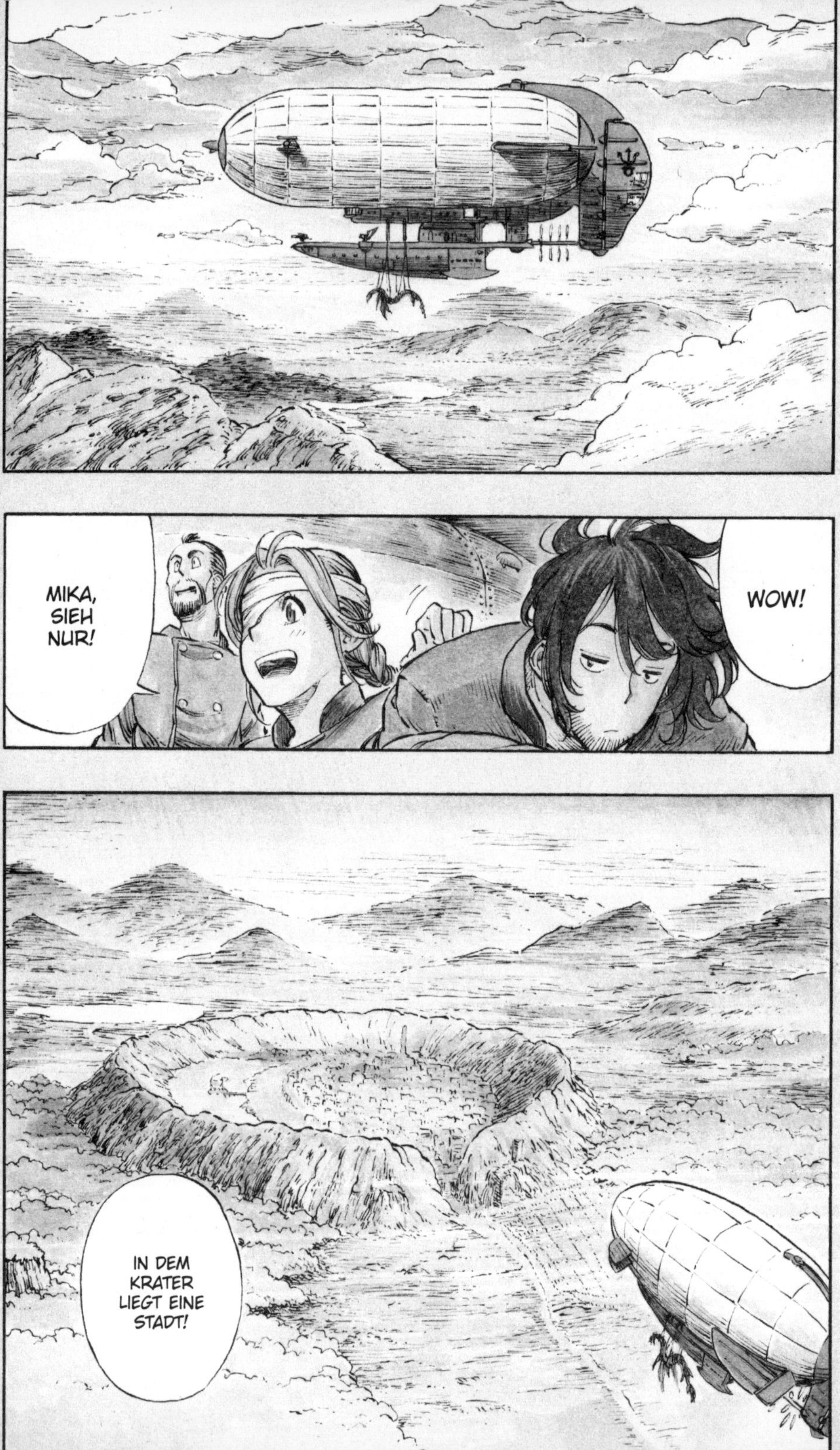
WOW!
MIKA, SIEH NUR!
IN DEM KRATER LIEGT EINE STADT!

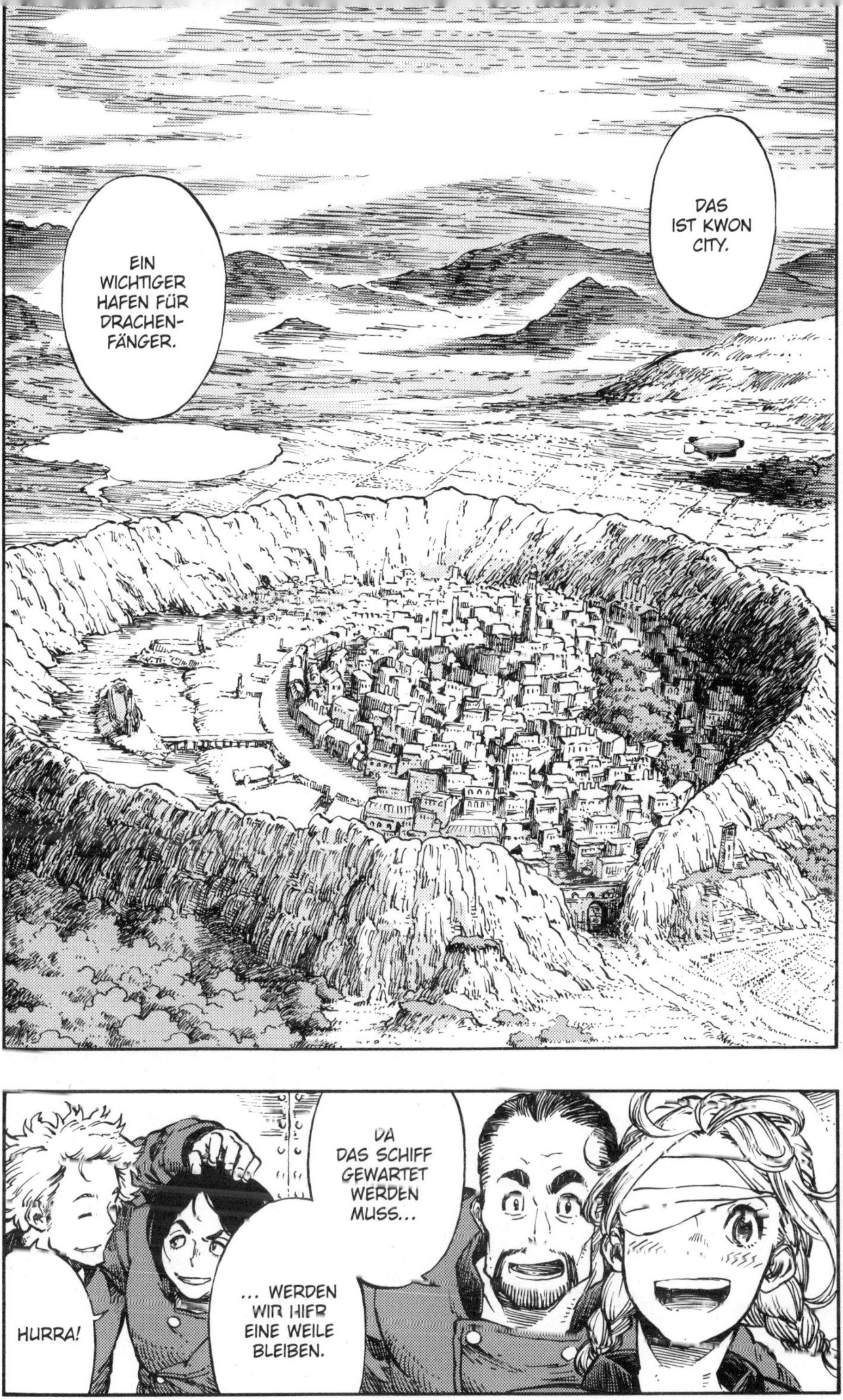
DAS IST KWON CITY.
EIN WICHTIGER HAFEN FÜR DRACHEN-FÄNGER.
DA DAS SCHIFF GEWARTET WERDEN MUSS...
... WERDEN WIR HIER EINE WEILE BLEIBEN.
HURRA!

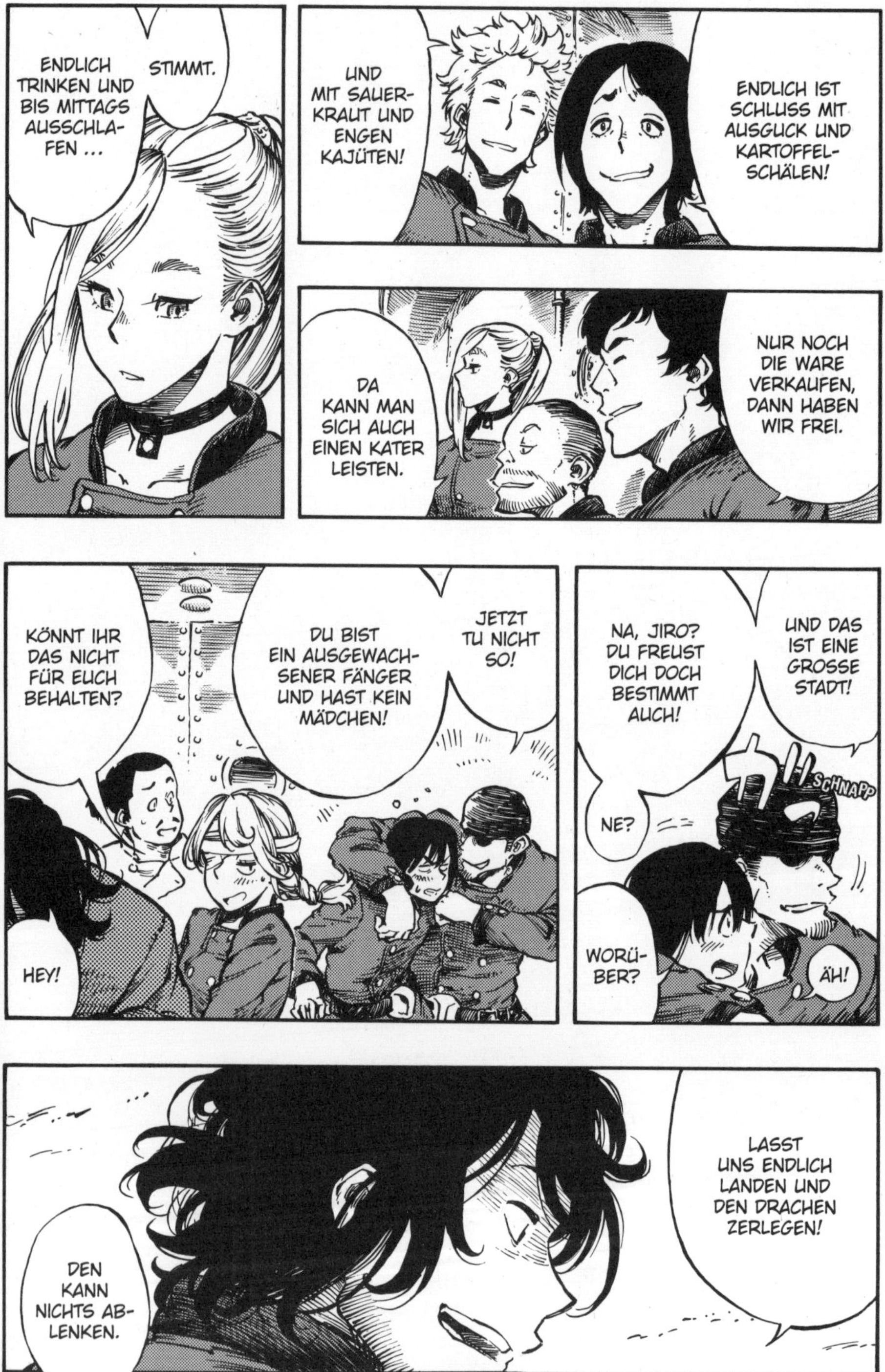
ENDLICH IST SCHLUSS MIT AUSGUCK UND KARTOFFEL-SCHÄLEN!
UND MIT SAUER-KRAUT UND ENGEN KAJÜTEN!
NUR NOCH DIE WARE VERKAUFEN, DANN HABEN WIR FREI.
DA KANN MAN SICH AUCH EINEN KATER LEISTEN.
STIMMT.
ENDLICH TRINKEN UND BIS MITTAGS AUSSCHLA-FEN …
UND DAS IST EINE GROSSE STADT!
NA, JIRO? DU FREUST DICH DOCH BESTIMMT AUCH!
SCHNAPP
NE?
ÄH!
WORÜ-BER?
JETZT TU NICHT SO!
DU BIST EIN AUSGEWACH-SENER FÄNGER UND HAST KEIN MÄDCHEN!
KÖNNT IHR DAS NICHT FÜR EUCH BEHALTEN?
HEY!
LASST UNS ENDLICH LANDEN UND DEN DRACHEN ZERLEGEN!
DEN KANN NICHTS AB-LENKEN.

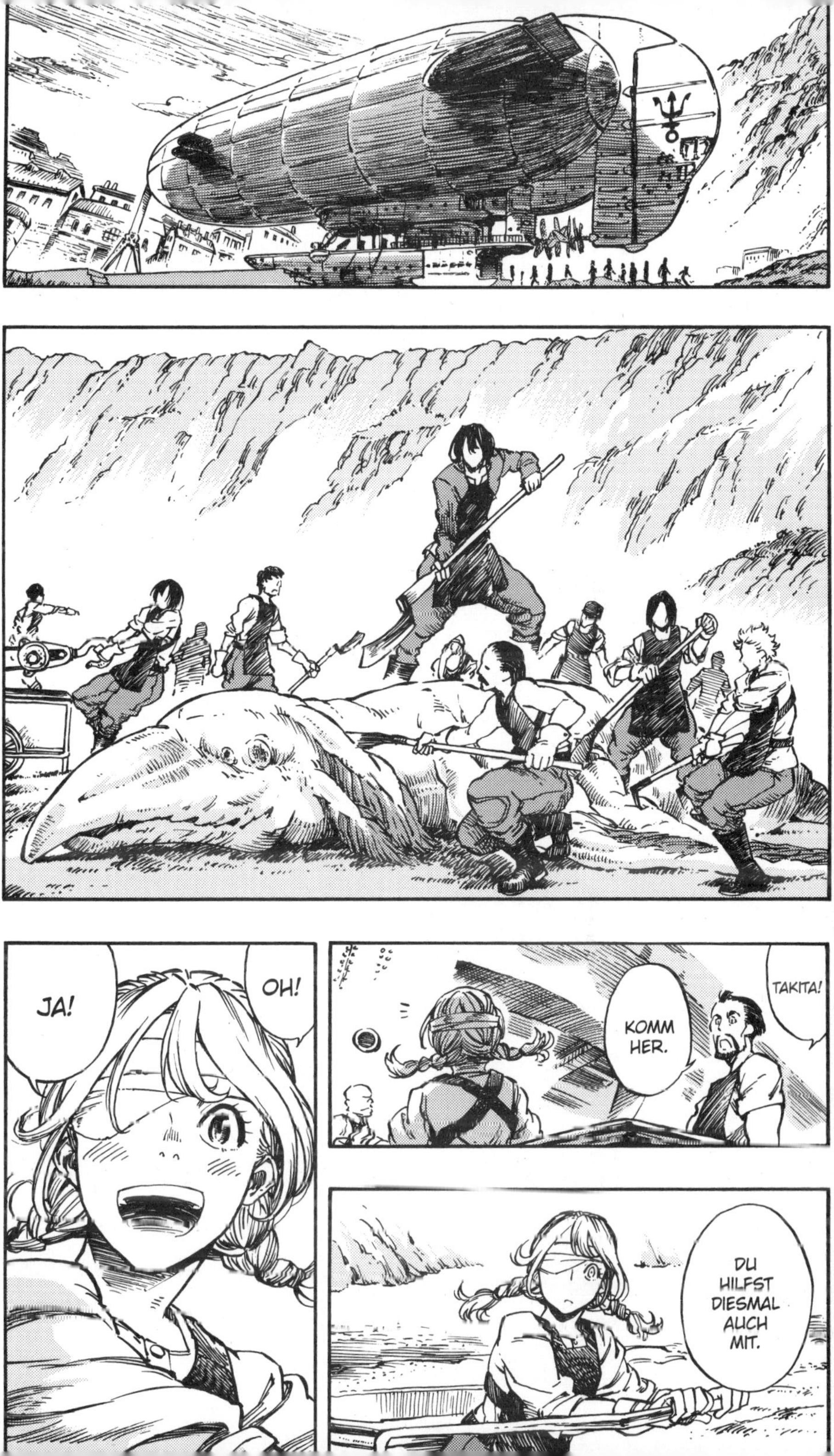

TAKITA!
KOMM HER.
DU HILFST DIESMAL AUCH MIT.
OH!
JA!

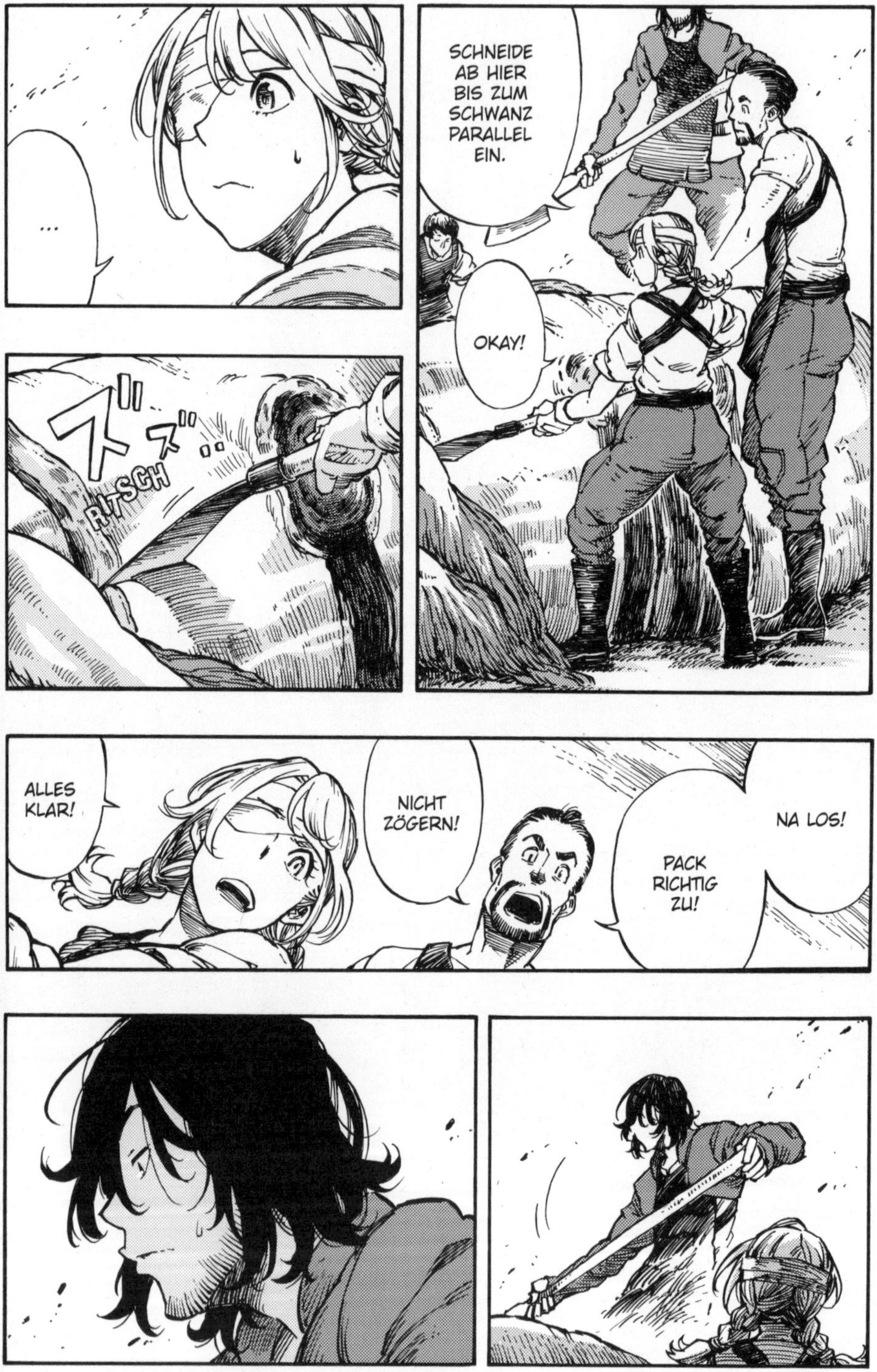
SCHNEIDE AB HIER BIS ZUM SCHWANZ PARALLEL EIN.
OKAY!
...
RITSCH
NA LOS!
PACK RICHTIG ZU!
NICHT ZÖGERN!
ALLES KLAR!

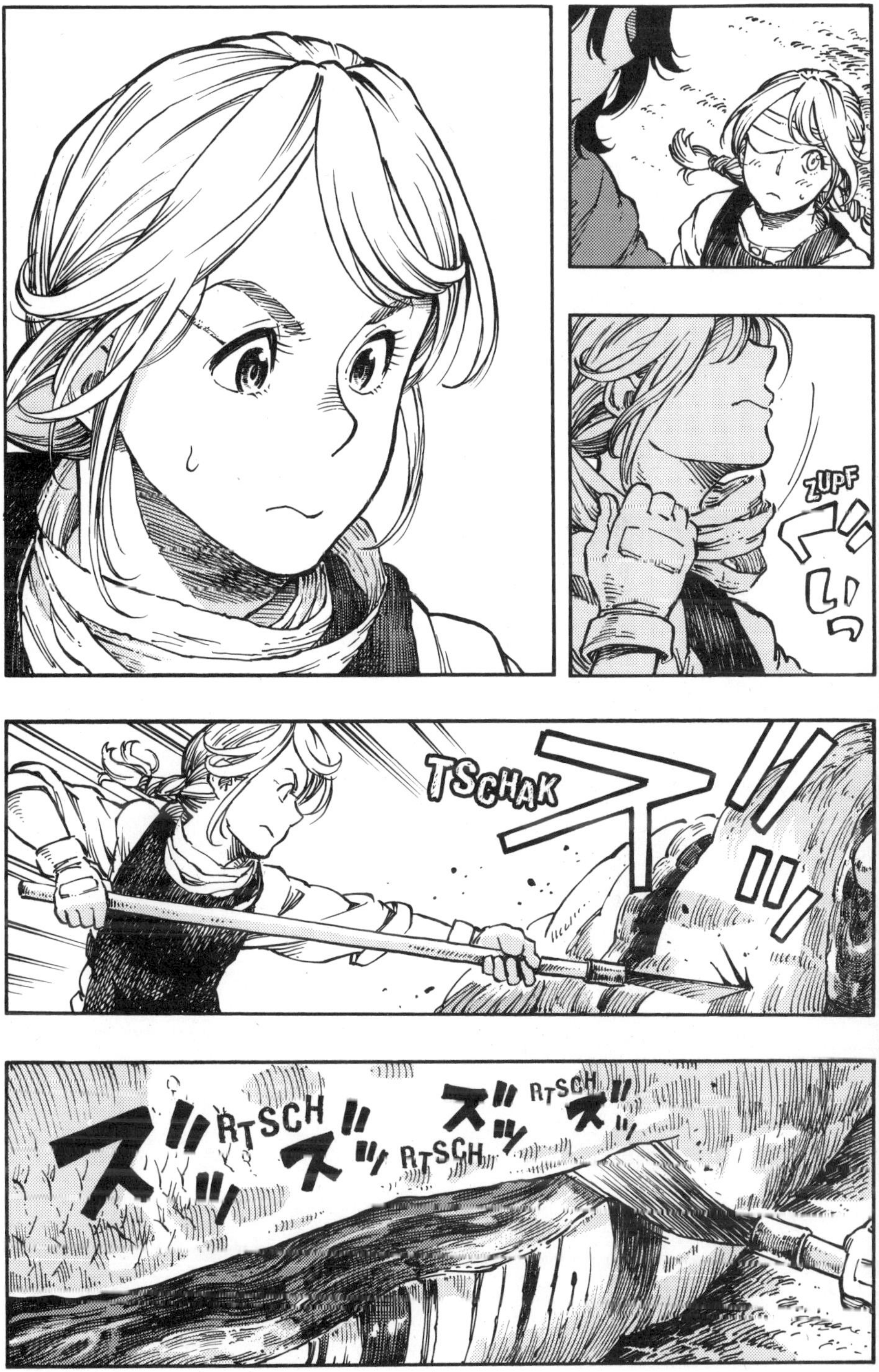
ZUPF
TSCHAK
RTSCH
RTSCH
RTSCH

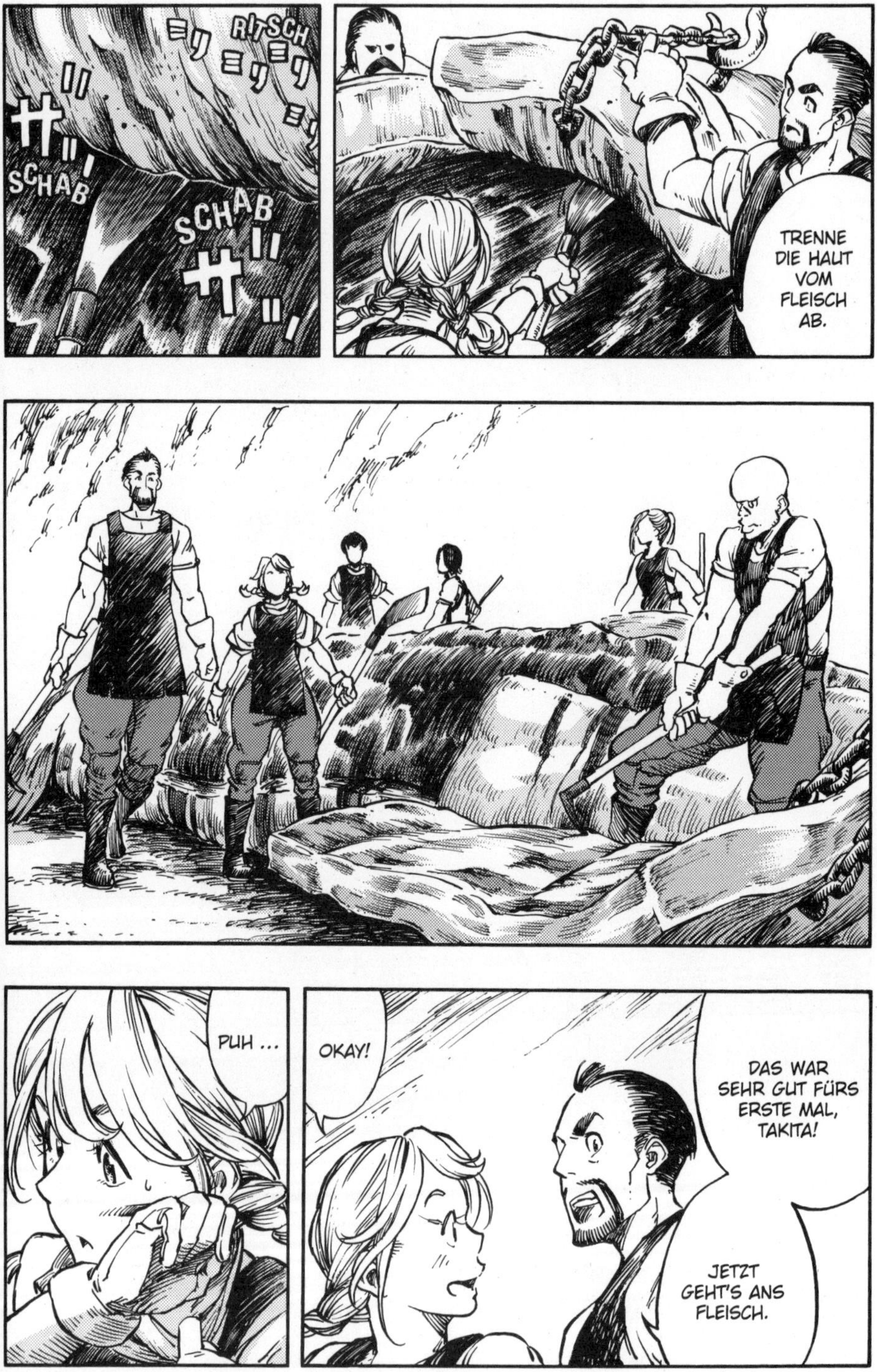
TRENNE DIE HAUT VOM FLEISCH AB.
RITSCH
SCHAB
SCHAB
DAS WAR SEHR GUT FÜRS ERSTE MAL, TAKITA!
JETZT GEHT'S ANS FLEISCH.
OKAY!
PUH …

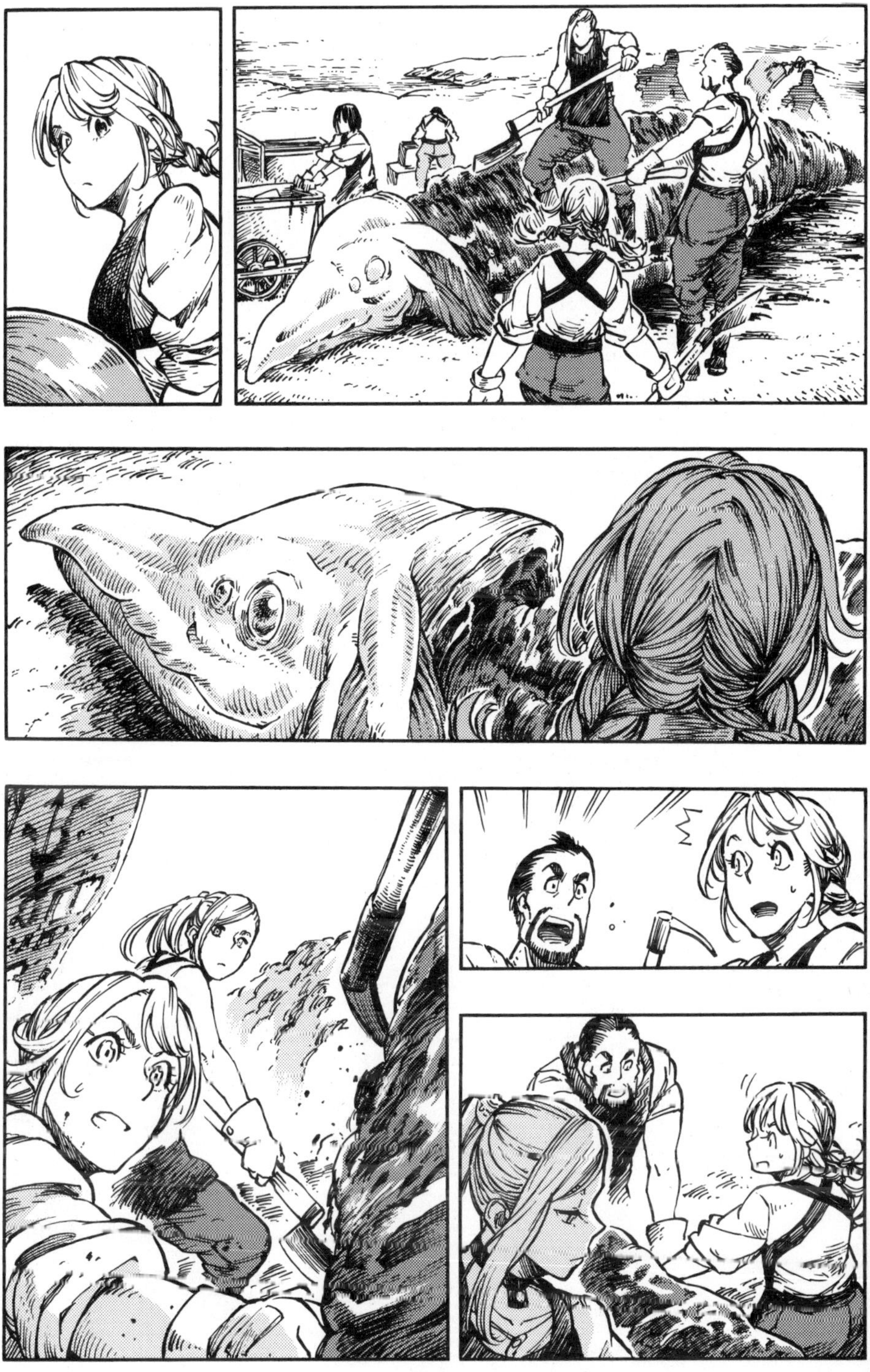

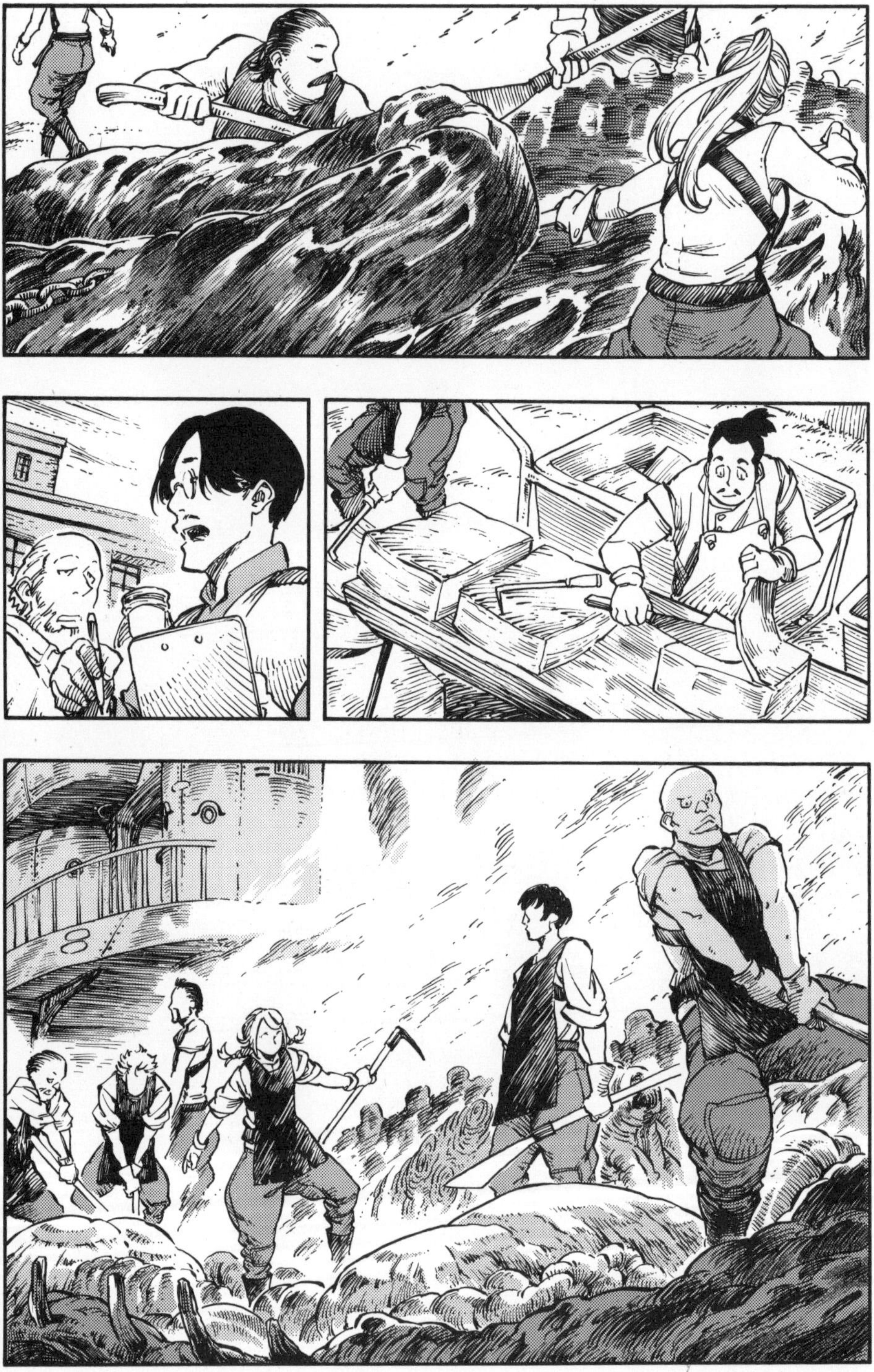

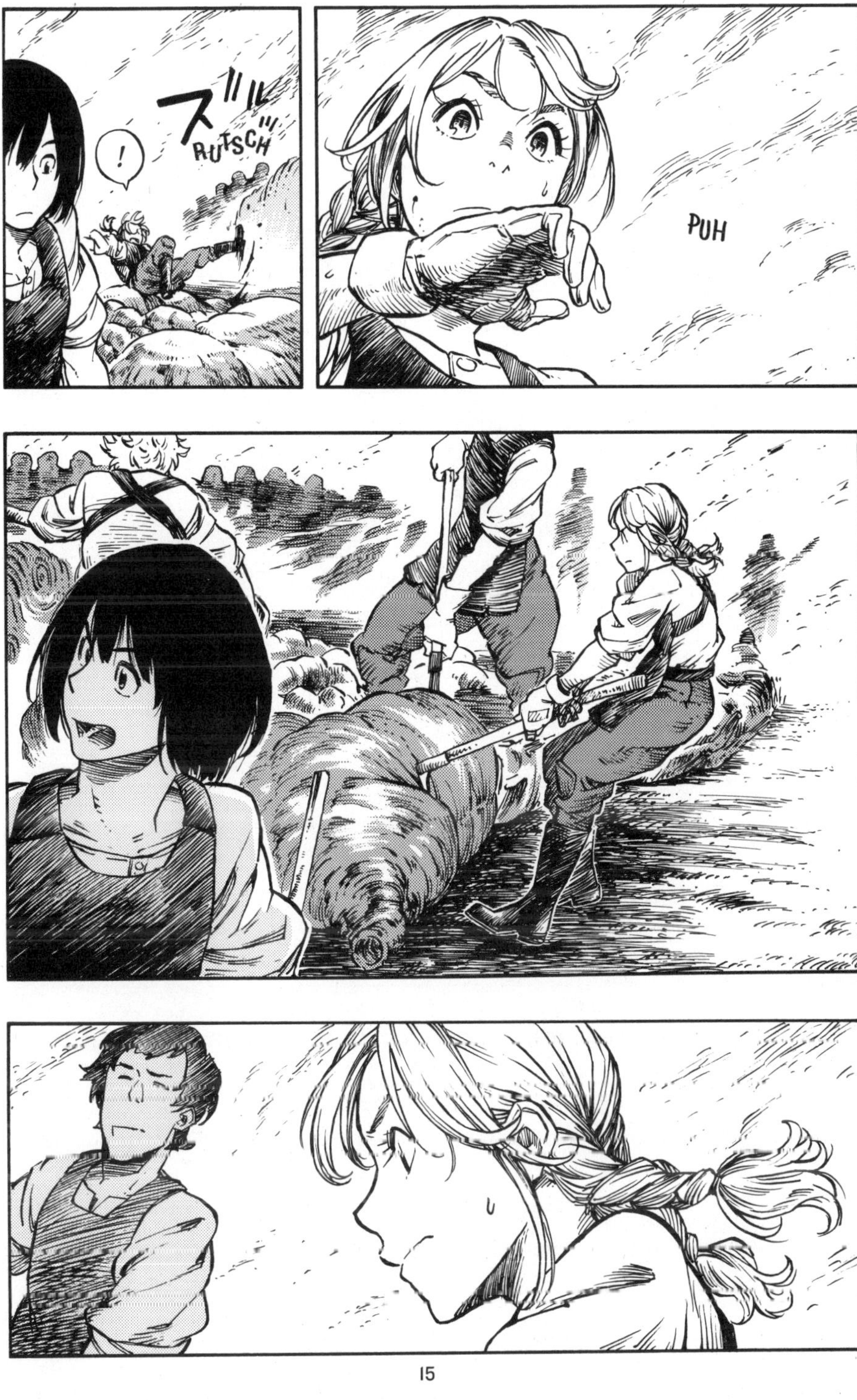

!
ズルル
RUTSCH
PUH

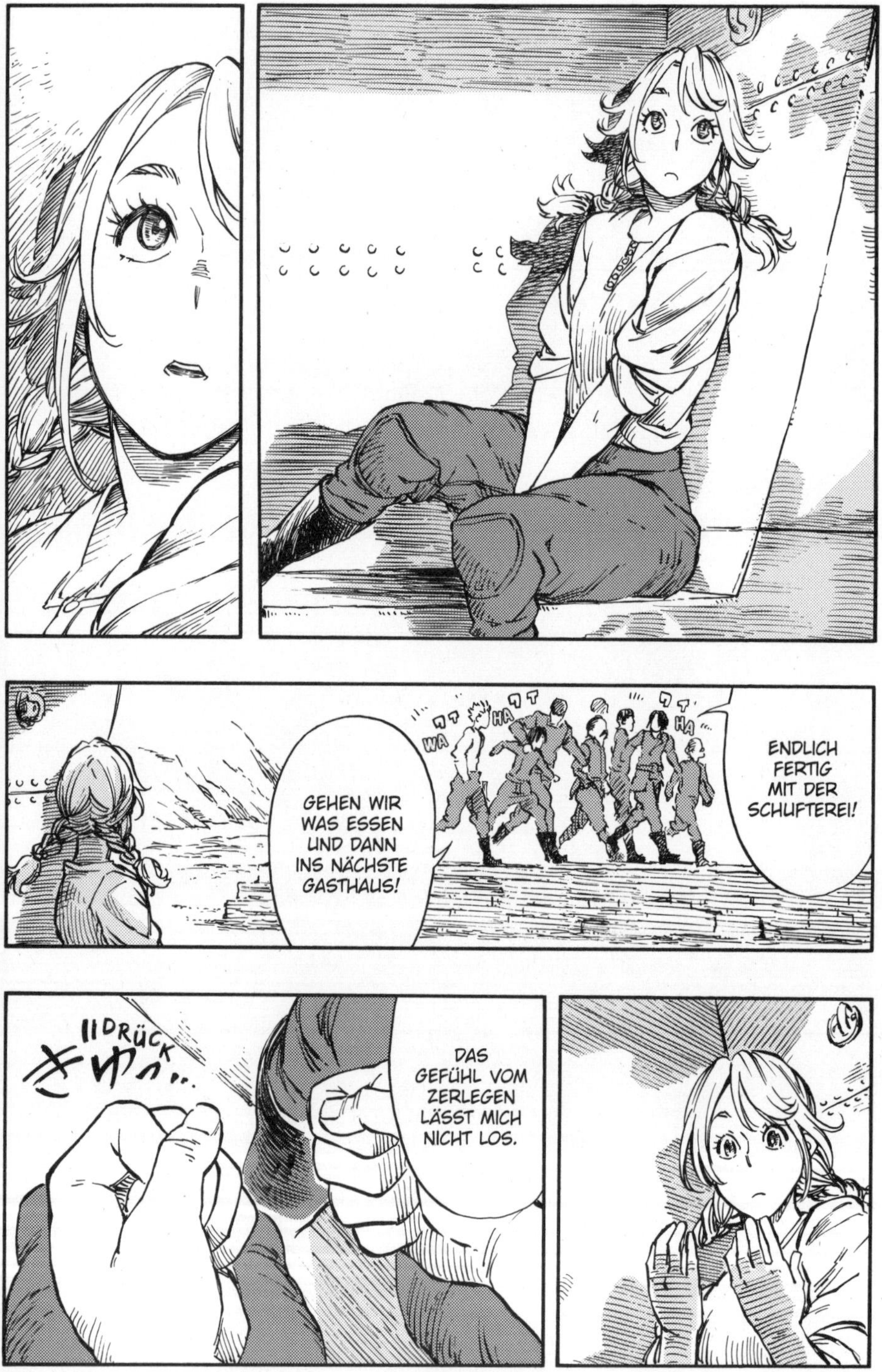
ENDLICH FERTIG MIT DER SCHUFTEREI!
WA HA HA
GEHEN WIR WAS ESSEN UND DANN INS NÄCHSTE GASTHAUS!
DAS GEFÜHL VOM ZERLEGEN LÄSST MICH NICHT LOS.
DRÜCK

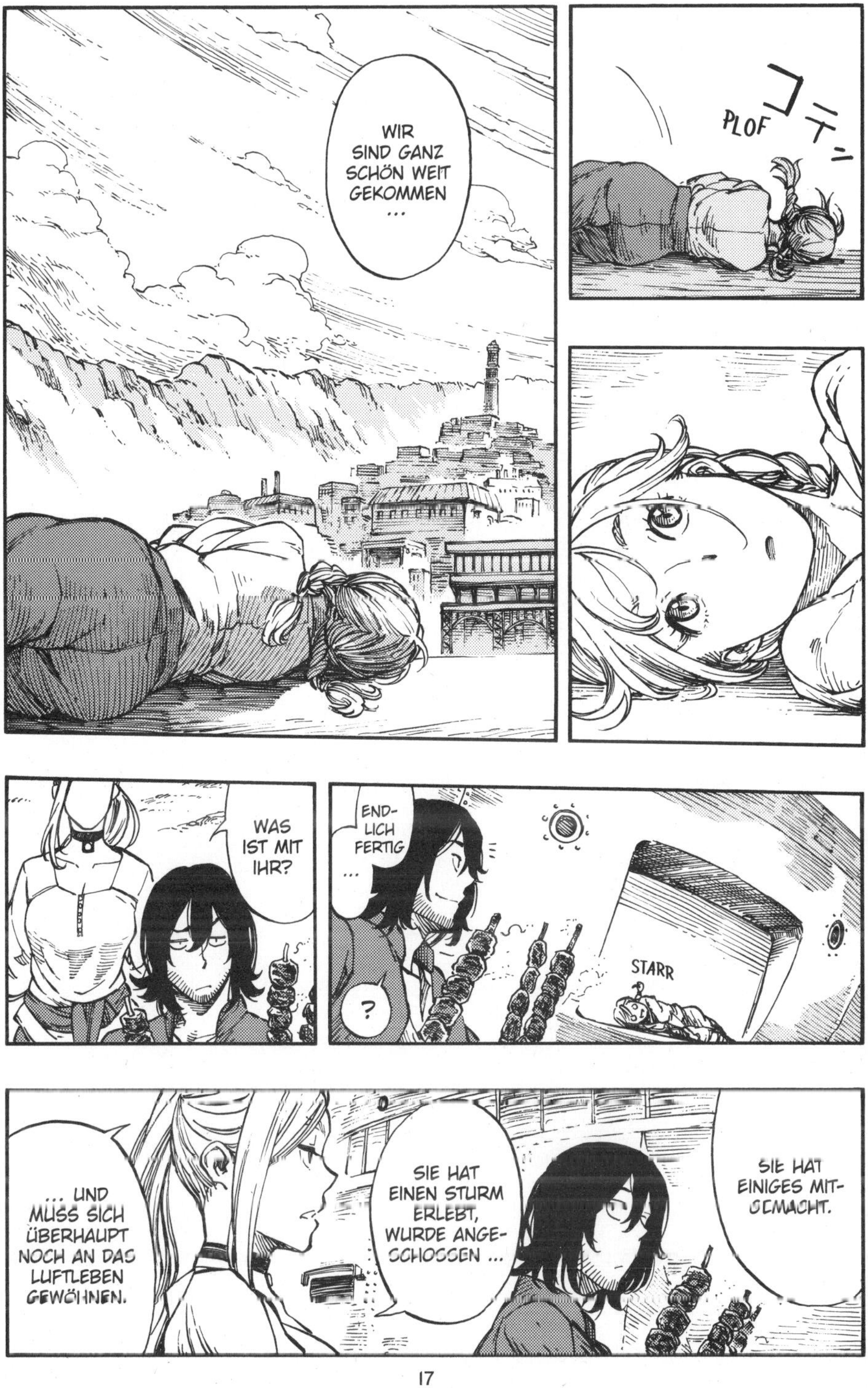
WIR SIND GANZ SCHÖN WEIT GEKOMMEN ...
PLOF
WAS IST MIT IHR?
END-LICH FERTIG ...
?
STARR
SIE HAT EINIGES MIT-GEMACHT.
SIE HAT EINEN STURM ERLEBT, WURDE ANGE-SCHOSSEN ...
... UND MUSS SICH ÜBERHAUPT NOCH AN DAS LUFTLEBEN GEWÖHNEN.

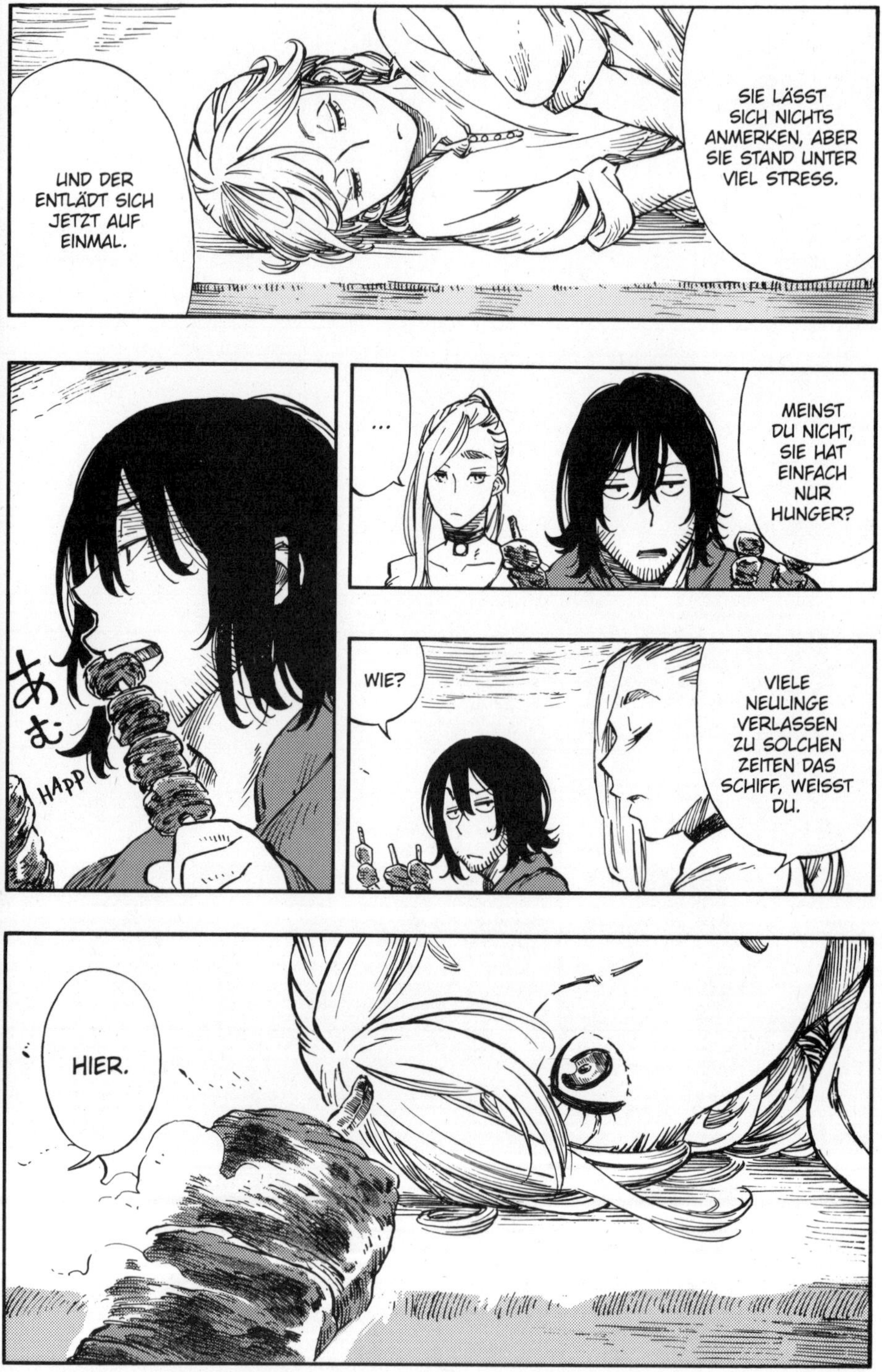
SIE LÄSST SICH NICHTS ANMERKEN, ABER SIE STAND UNTER VIEL STRESS.
UND DER ENTLÄDT SICH JETZT AUF EINMAL.
MEINST DU NICHT, SIE HAT EINFACH NUR HUNGER?
...
VIELE NEULINGE VERLASSEN ZU SOLCHEN ZEITEN DAS SCHIFF, WEISST DU.
WIE?
あむ
HAPP
HIER.

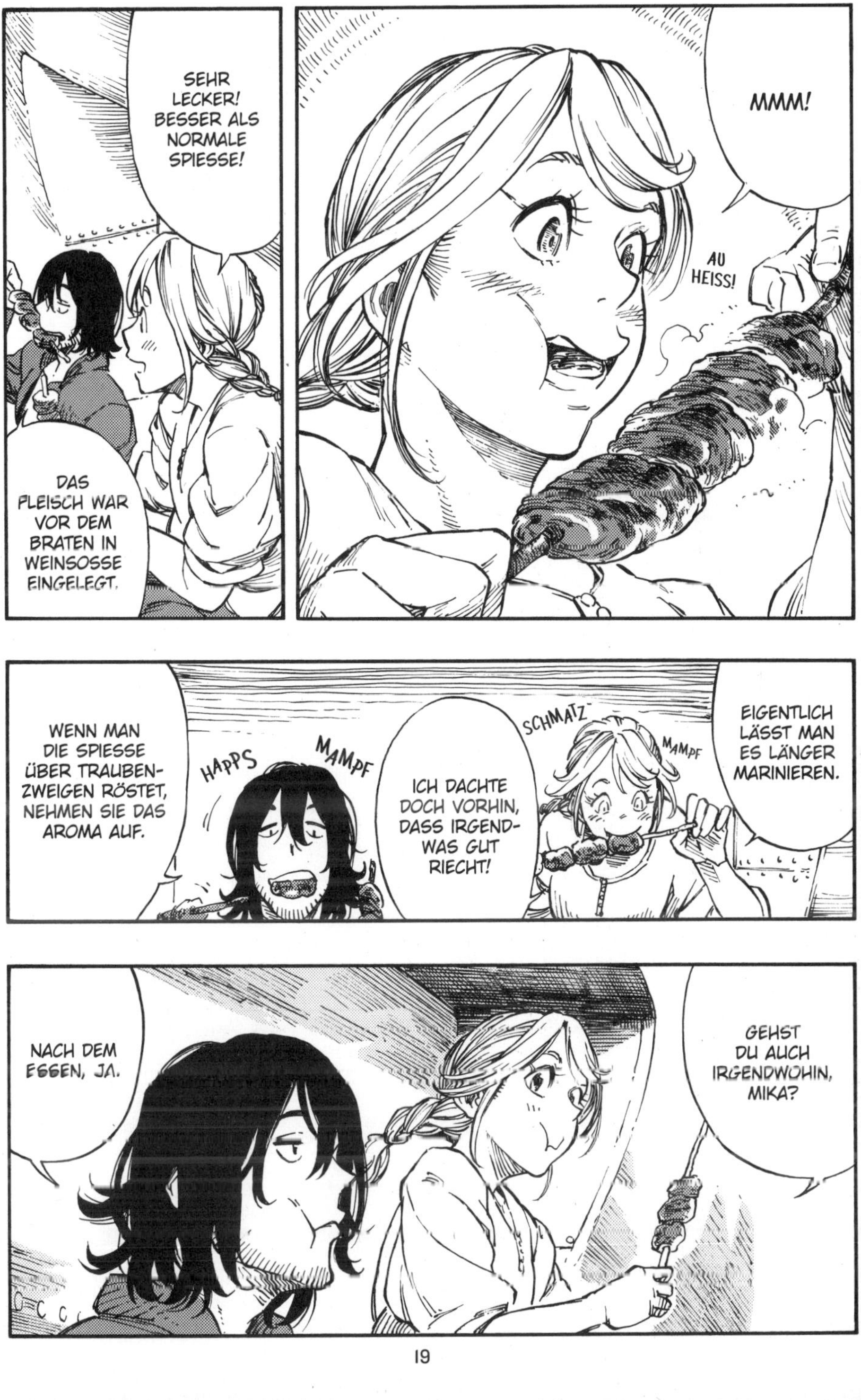
MMM!
AU HEISS!
SEHR LECKER! BESSER ALS NORMALE SPIESSE!
DAS FLEISCH WAR VOR DEM BRATEN IN WEINSOSSE EINGELEGT.
EIGENTLICH LÄSST MAN ES LÄNGER MARINIEREN.
SCHMATZ
MAMPF
ICH DACHTE DOCH VORHIN, DASS IRGEND-WAS GUT RIECHT!
MAMPF
HAPPS
WENN MAN DIE SPIESSE ÜBER TRAUBEN-ZWEIGEN RÖSTET, NEHMEN SIE DAS AROMA AUF.
GEHST DU AUCH IRGENDWOHIN, MIKA?
NACH DEM ESSEN, JA.

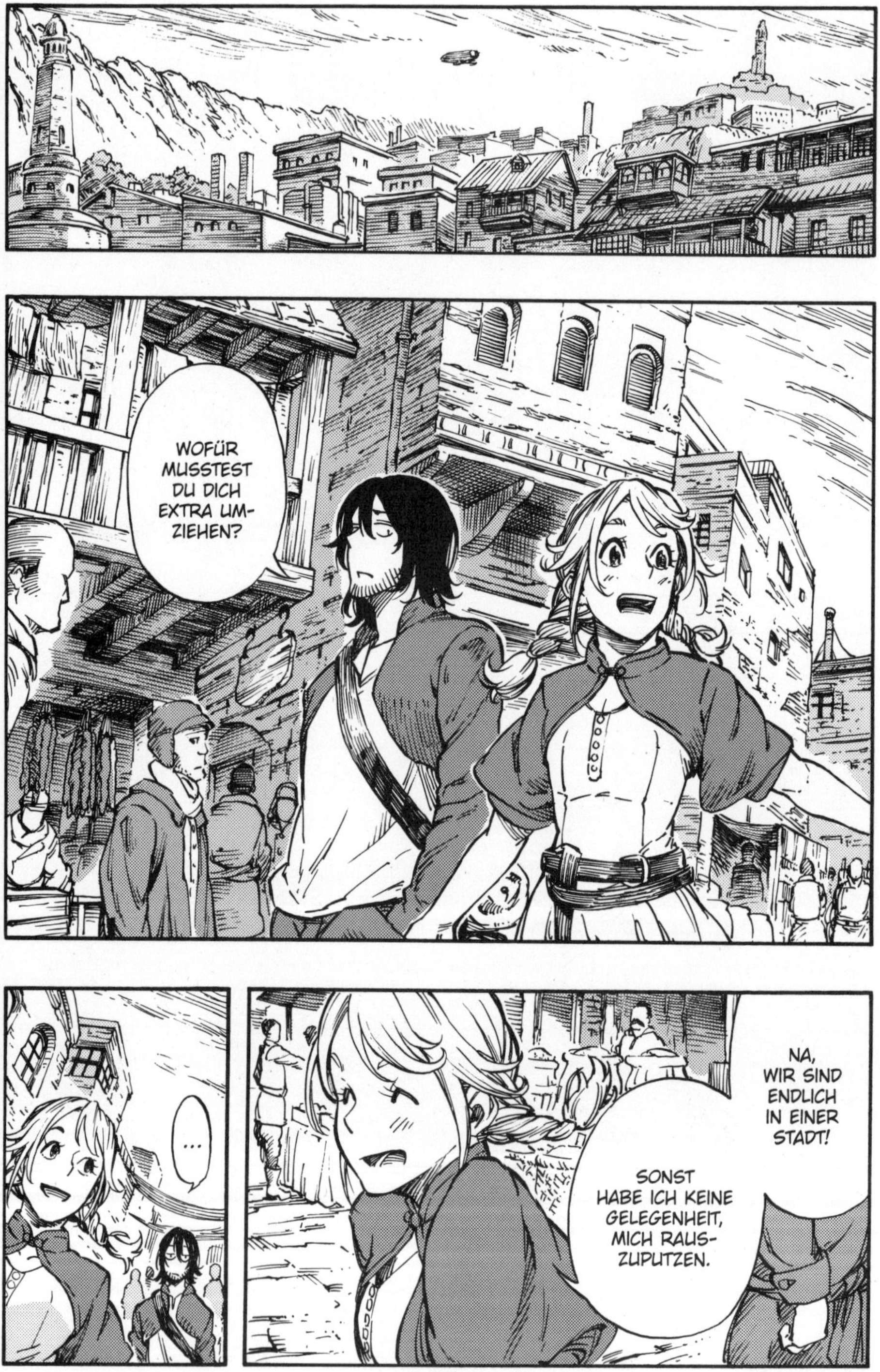
WOFÜR MUSSTEST DU DICH EXTRA UM-ZIEHEN?
NA, WIR SIND ENDLICH IN EINER STADT!
SONST HABE ICH KEINE GELEGENHEIT, MICH RAUS-ZUPUTZEN.
...

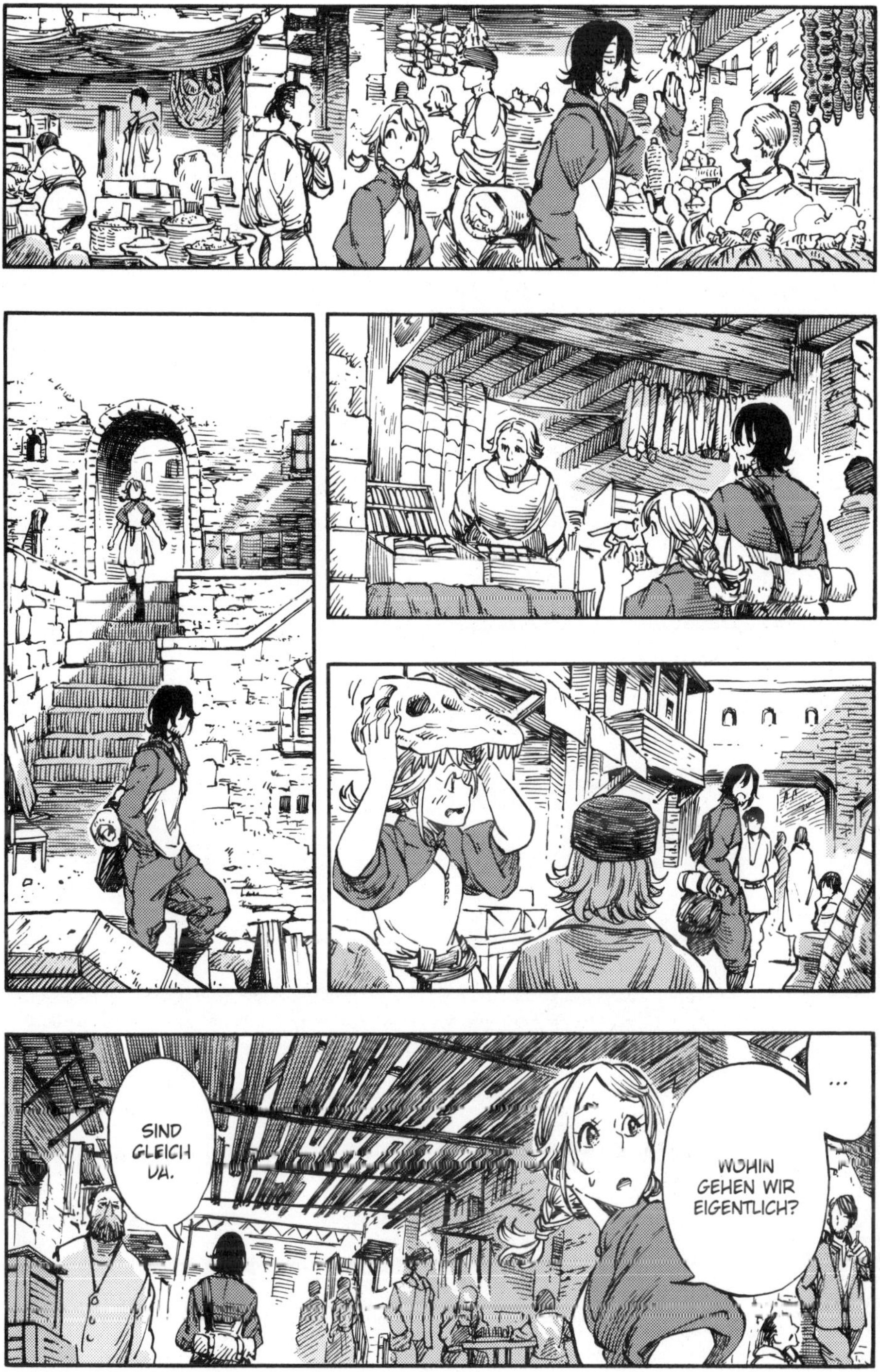

...
WOHIN GEHEN WIR EIGENTLICH?
SIND GLEICH DA.

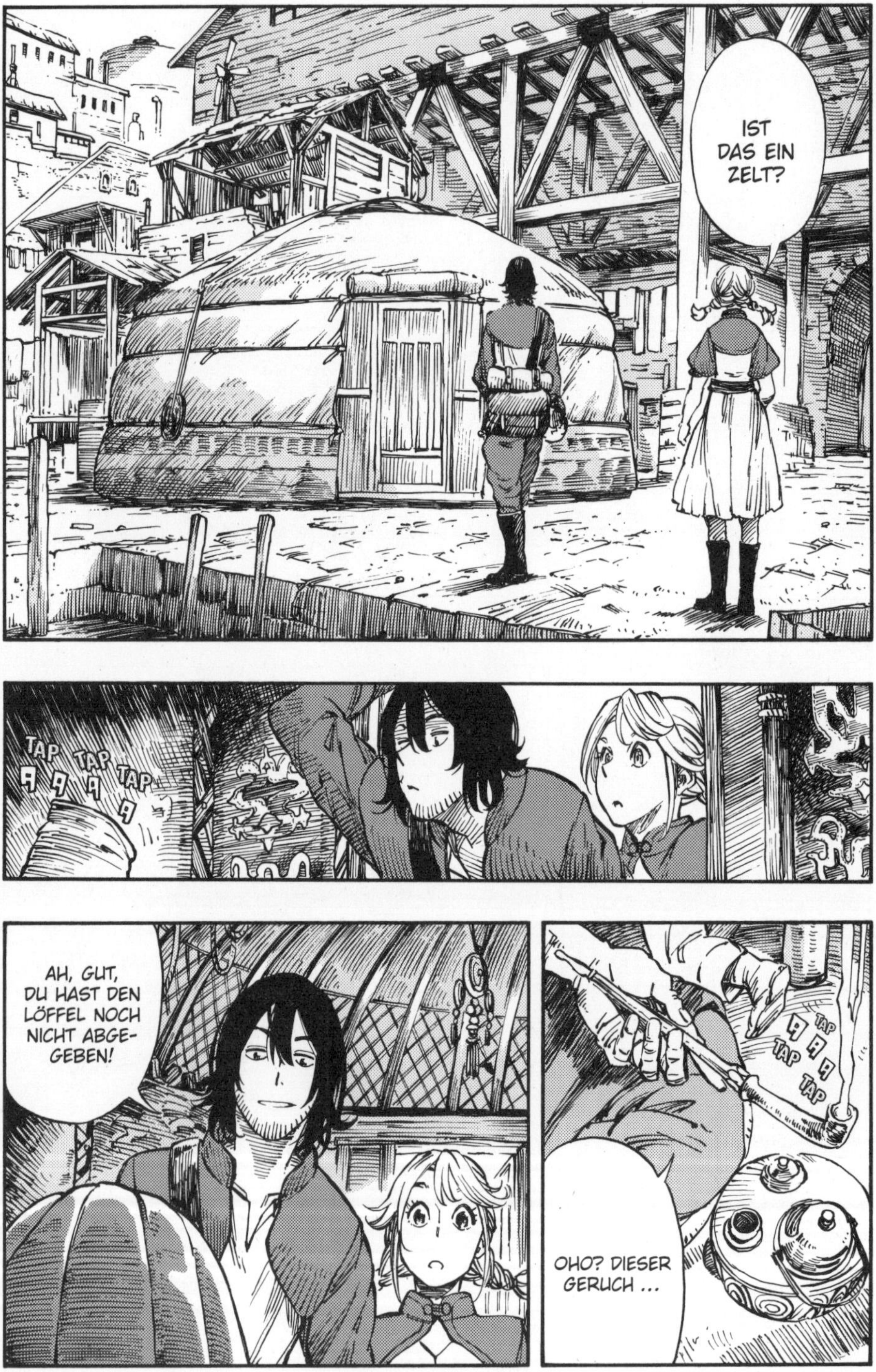
IST DAS EIN ZELT?
TAP TAP TAP
TAP TAP TAP
OHO? DIESER GERUCH …
AH, GUT, DU HAST DEN LÖFFEL NOCH NICHT ABGE-GEBEN!

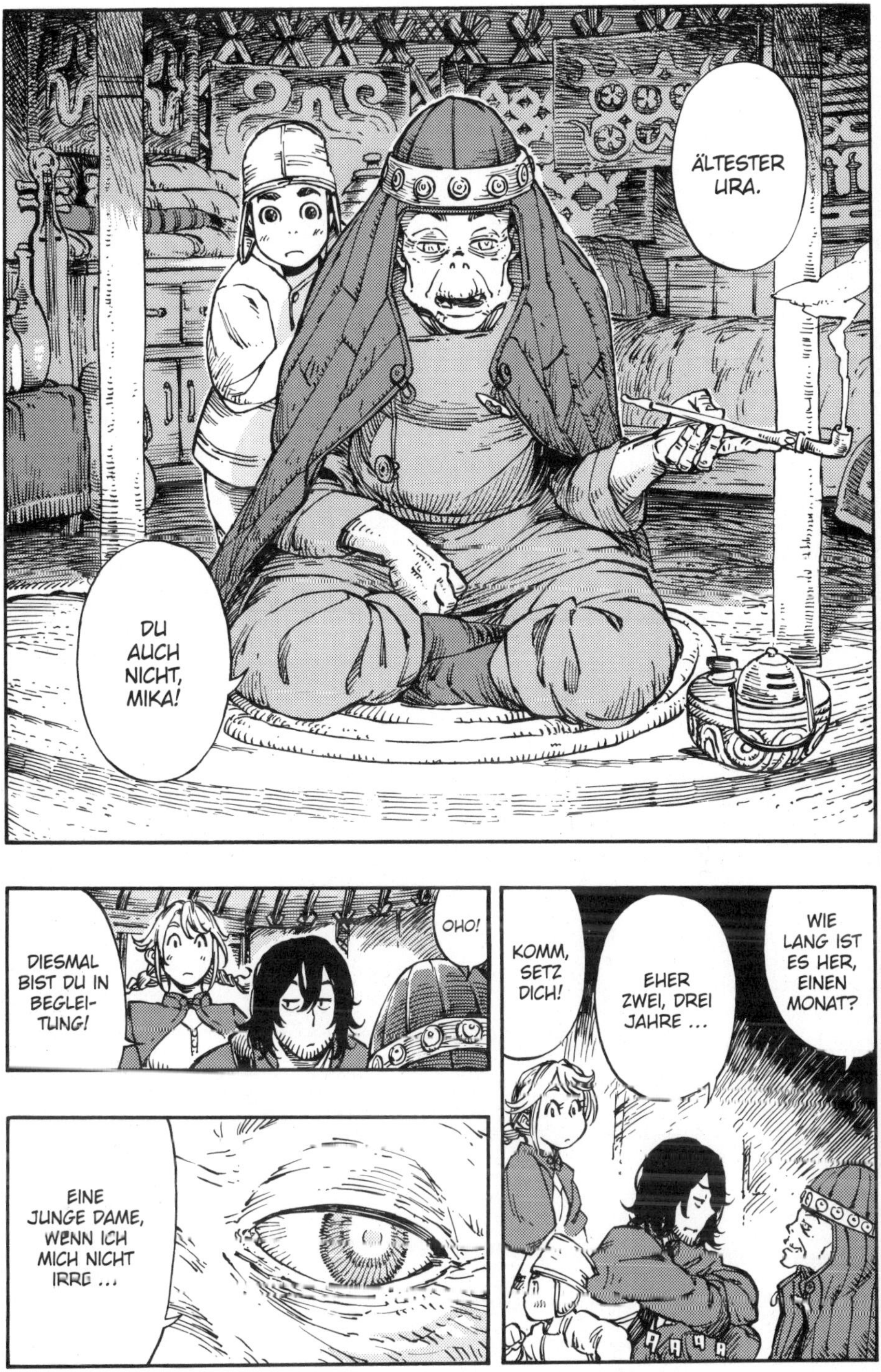

ÄLTESTER URA.
DU AUCH NICHT, MIKA!
WIE LANG IST ES HER, EINEN MONAT?
EHER ZWEI, DREI JAHRE ...
KOMM, SETZ DICH!
OHO!
DIESMAL BIST DU IN BEGLEI-TUNG!
EINE JUNGE DAME, WENN ICH MICH NICHT IRRE ...

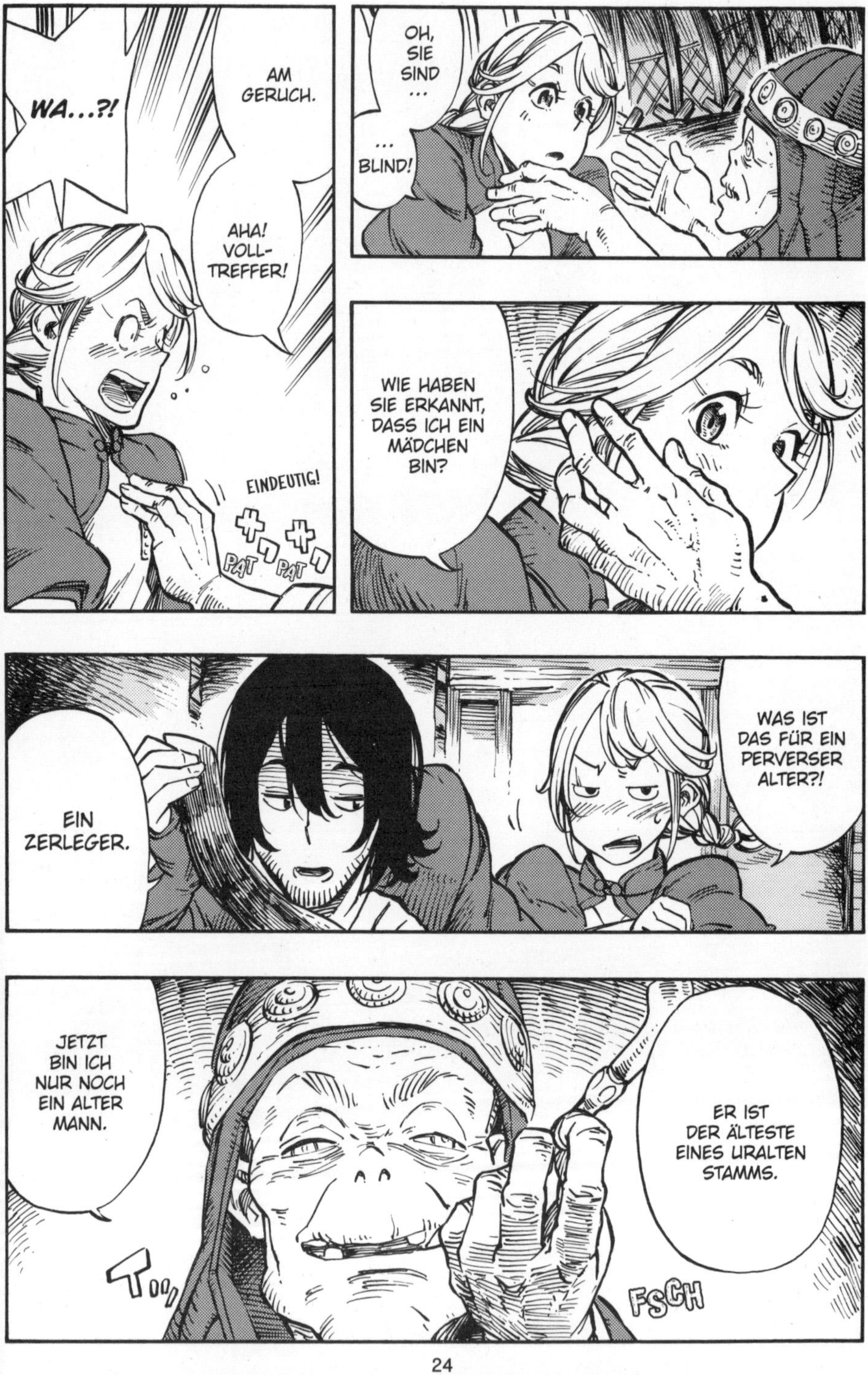
OH, SIE SIND …
… BLIND!
WIE HABEN SIE ERKANNT, DASS ICH EIN MÄDCHEN BIN?
WA…?!
AM GERUCH.
AHA! VOLL-TREFFER!
EINDEUTIG!
PAT PAT
WAS IST DAS FÜR EIN PERVERSER ALTER?!
EIN ZERLEGER.
ER IST DER ÄLTESTE EINES URALTEN STAMMS.
FSCH
JETZT BIN ICH NUR NOCH EIN ALTER MANN.

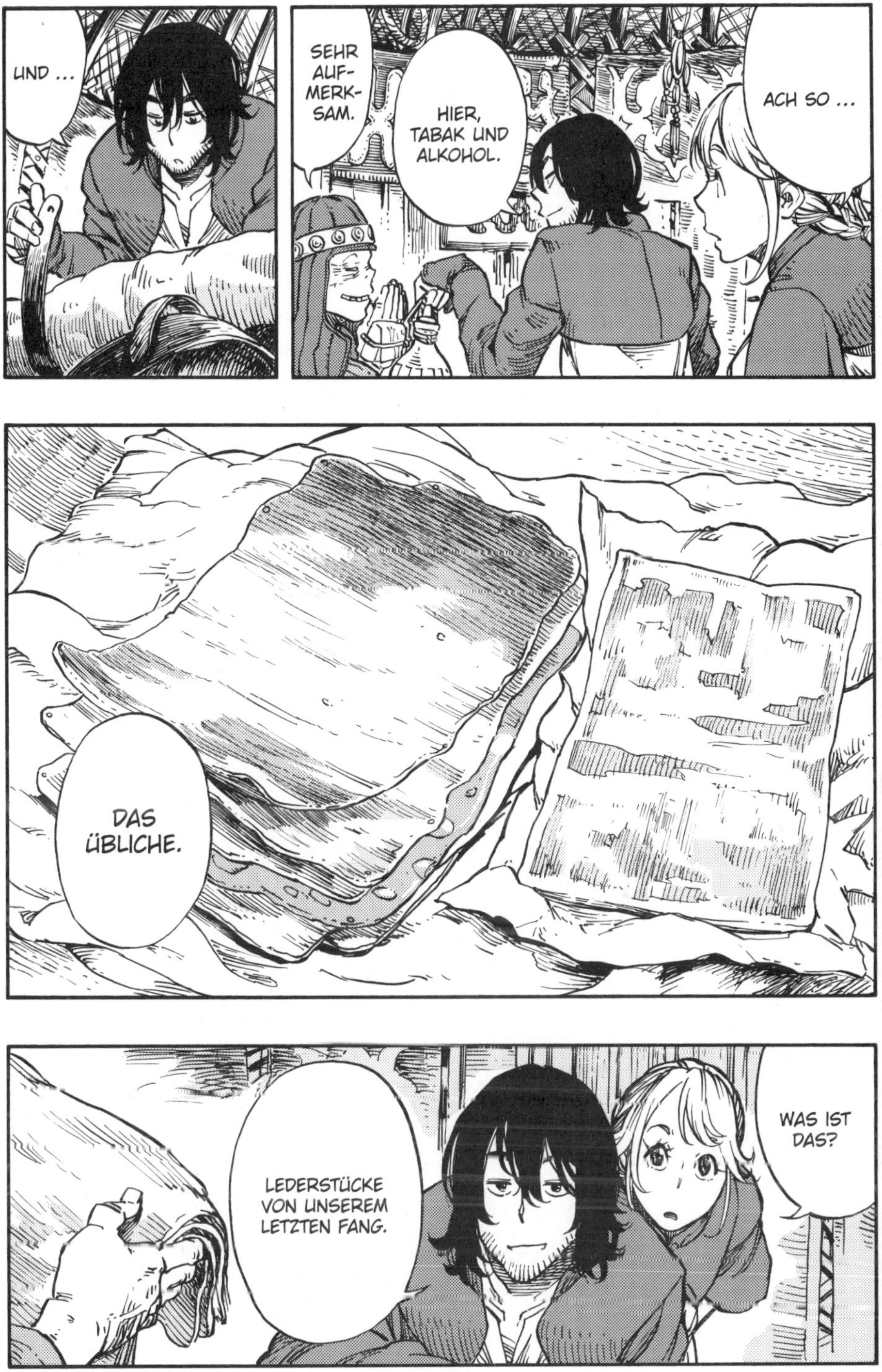
ACH SO …
HIER, TABAK UND ALKOHOL.
SEHR AUF-MERK-SAM.
UND …
DAS ÜBLICHE.
WAS IST DAS?
LEDERSTÜCKE VON UNSEREM LETZTEN FANG.

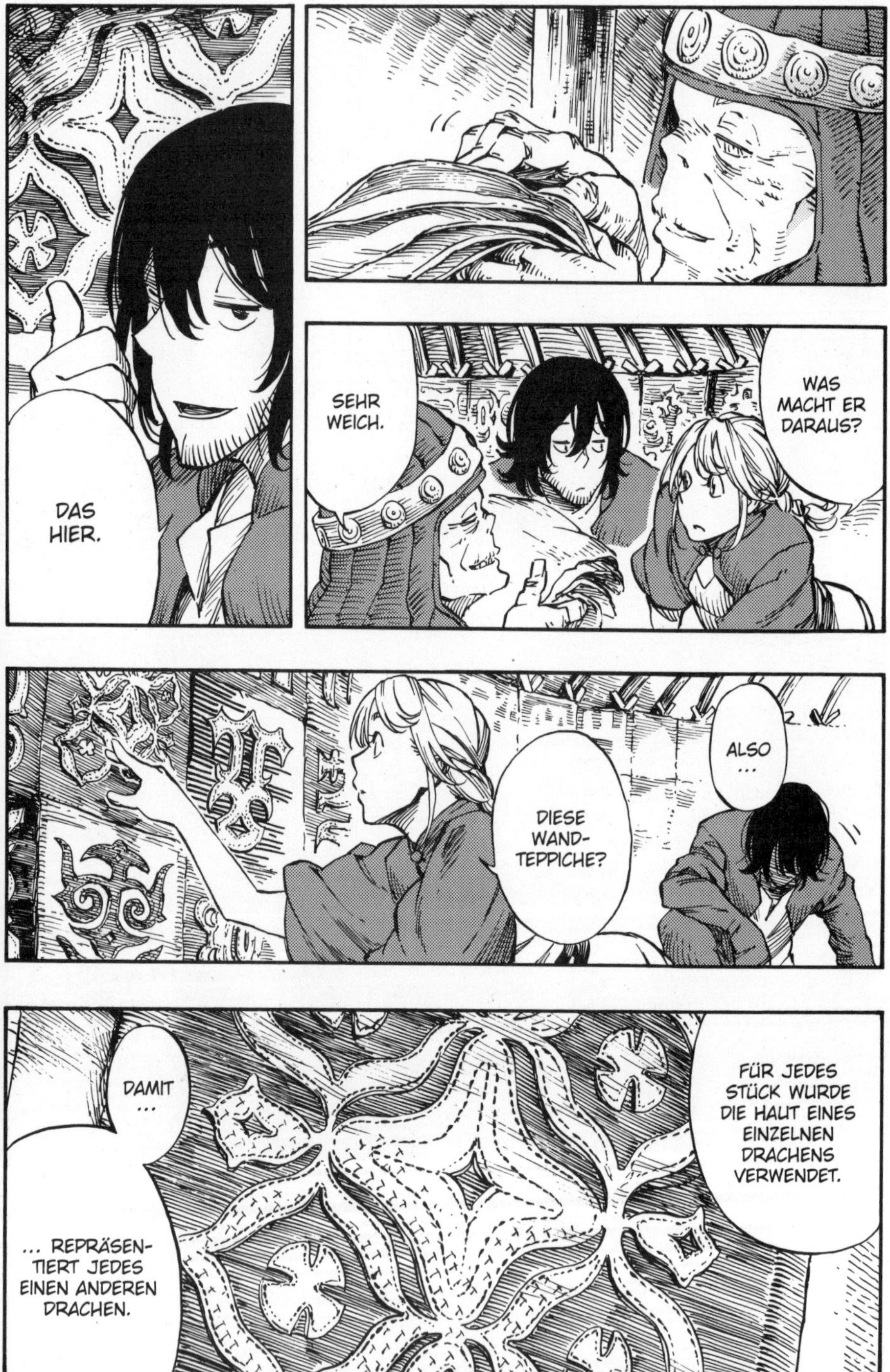
WAS MACHT ER DARAUS?
SEHR WEICH.
DAS HIER.
ALSO ...
DIESE WAND-TEPPICHE?
FÜR JEDES STÜCK WURDE DIE HAUT EINES EINZELNEN DRACHENS VERWENDET.
DAMIT ...
... REPRÄSEN-TIERT JEDES EINEN ANDEREN DRACHEN.

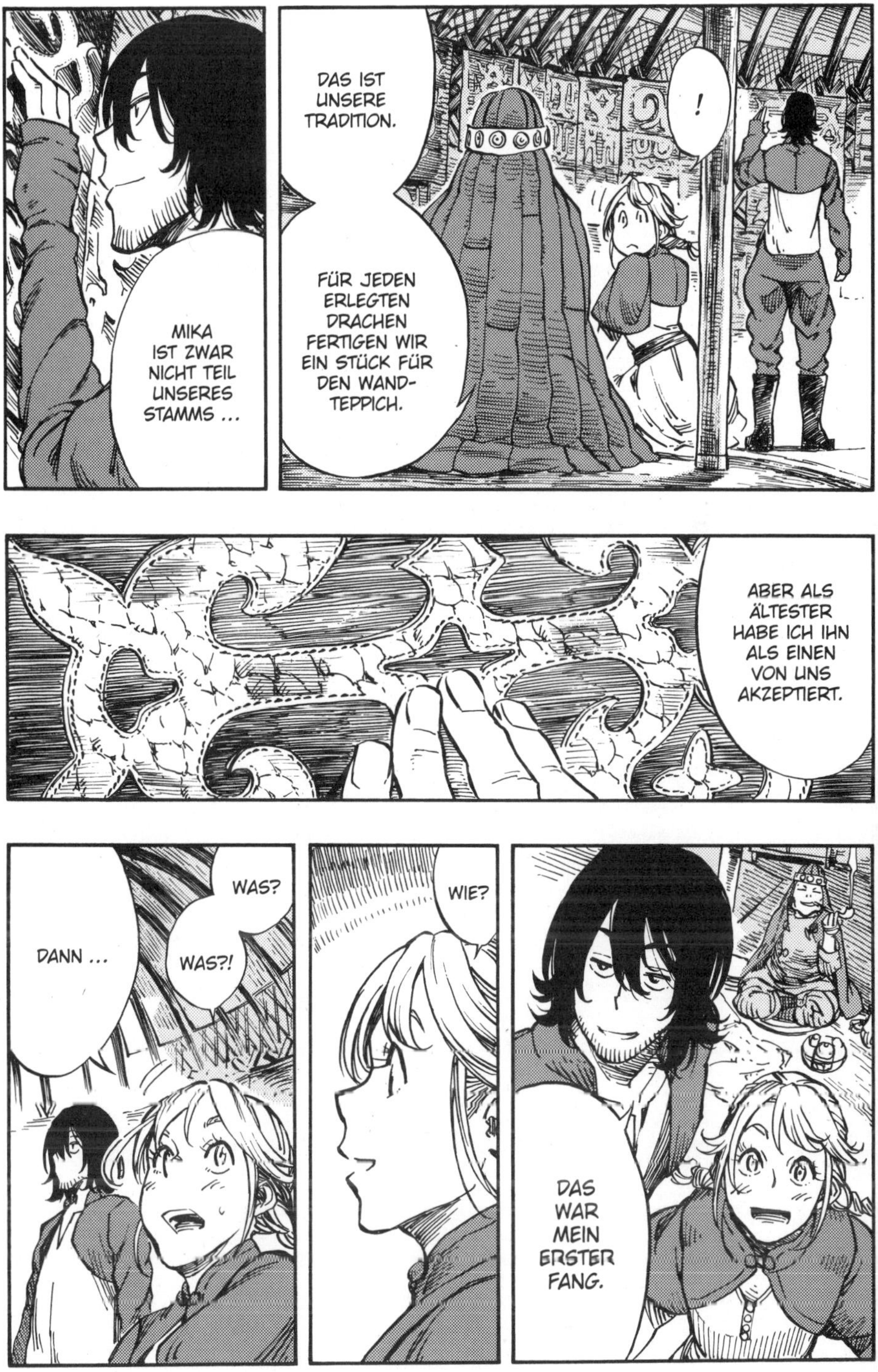
!
DAS IST UNSERE TRADITION.
FÜR JEDEN ERLEGTEN DRACHEN FERTIGEN WIR EIN STÜCK FÜR DEN WAND-TEPPICH.
MIKA IST ZWAR NICHT TEIL UNSERES STAMMS …
ABER ALS ÄLTESTER HABE ICH IHN ALS EINEN VON UNS AKZEPTIERT.
DAS WAR MEIN ERSTER FANG.
WIE?
WAS?
WAS?!
DANN …

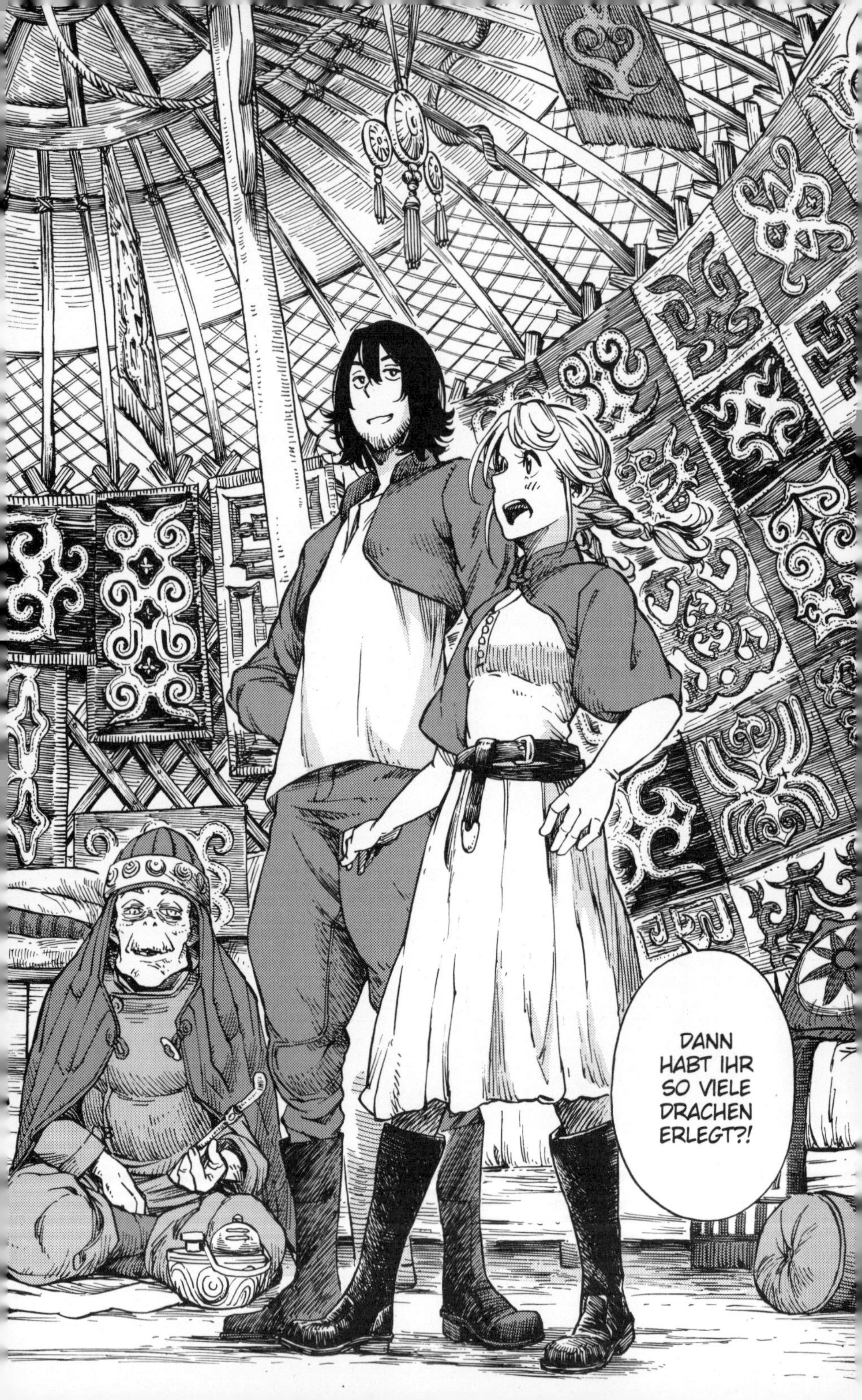
DANN HABT IHR SO VIELE DRACHEN ERLEGT?!

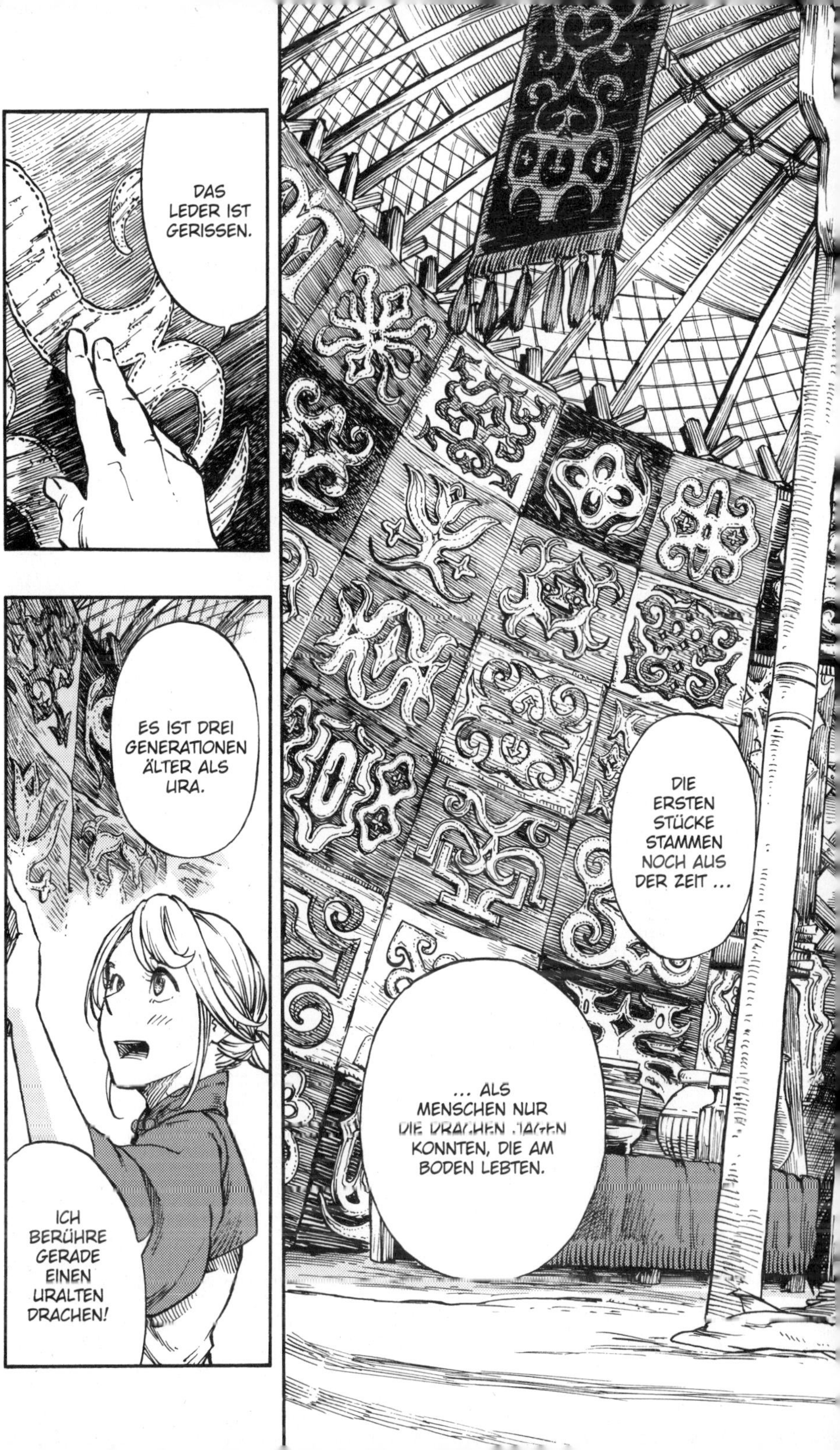
DIE ERSTEN STÜCKE STAMMEN NOCH AUS DER ZEIT …
… ALS MENSCHEN NUR DIE DRACHEN JAGEN KONNTEN, DIE AM BODEN LEBTEN.
DAS LEDER IST GERISSEN.
ES IST DREI GENERATIONEN ÄLTER ALS URA.
ICH BERÜHRE GERADE EINEN URALTEN DRACHEN!

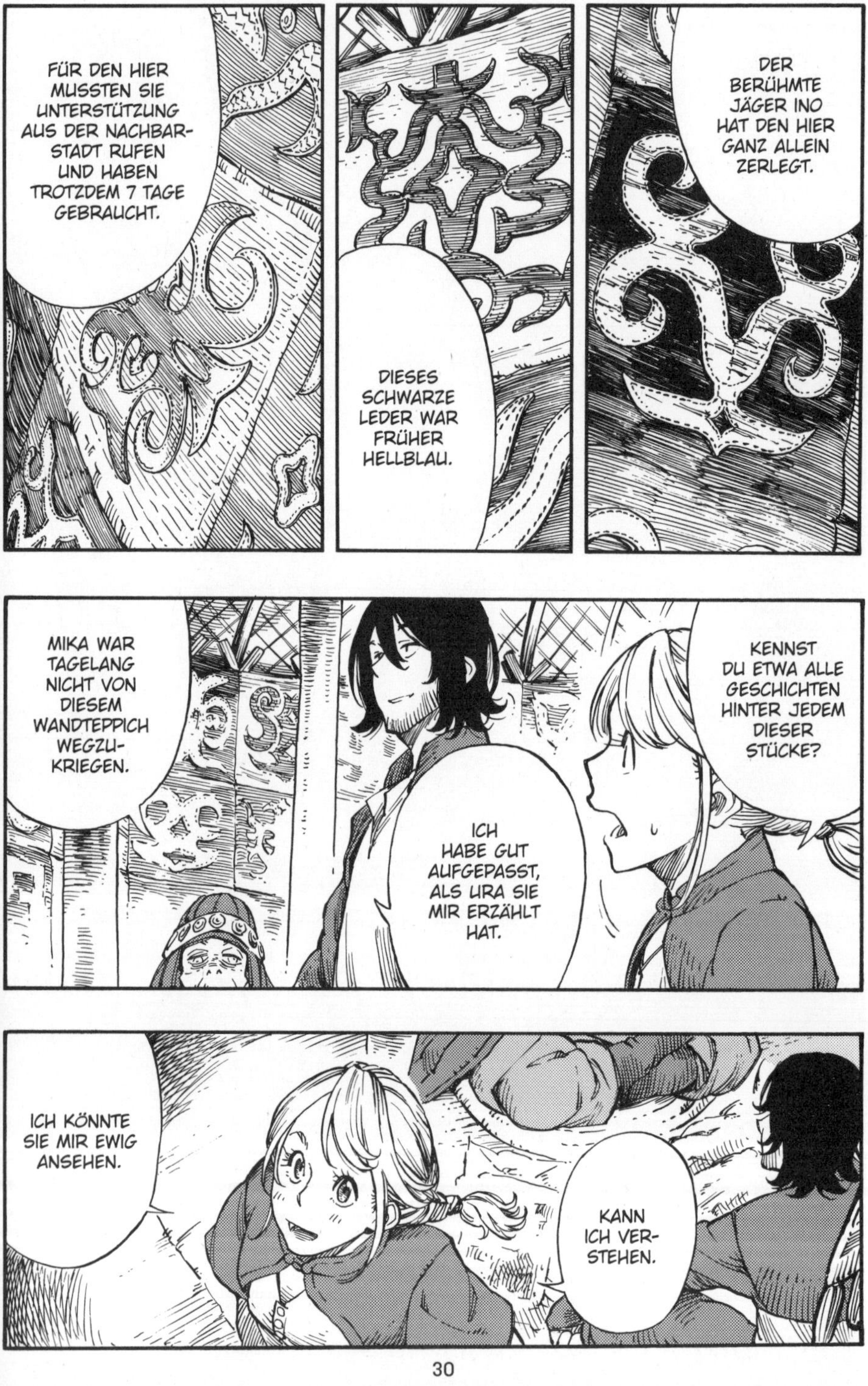
DER BERÜHMTE JÄGER INO HAT DEN HIER GANZ ALLEIN ZERLEGT.
DIESES SCHWARZE LEDER WAR FRÜHER HELLBLAU.
FÜR DEN HIER MUSSTEN SIE UNTERSTÜTZUNG AUS DER NACHBAR-STADT RUFEN UND HABEN TROTZDEM 7 TAGE GEBRAUCHT.
MIKA WAR TAGELANG NICHT VON DIESEM WANDTEPPICH WEGZU-KRIEGEN.
KENNST DU ETWA ALLE GESCHICHTEN HINTER JEDEM DIESER STÜCKE?
ICH HABE GUT AUFGEPASST, ALS URA SIE MIR ERZÄHLT HAT.
ICH KÖNNTE SIE MIR EWIG ANSEHEN.
KANN ICH VER-STEHEN.

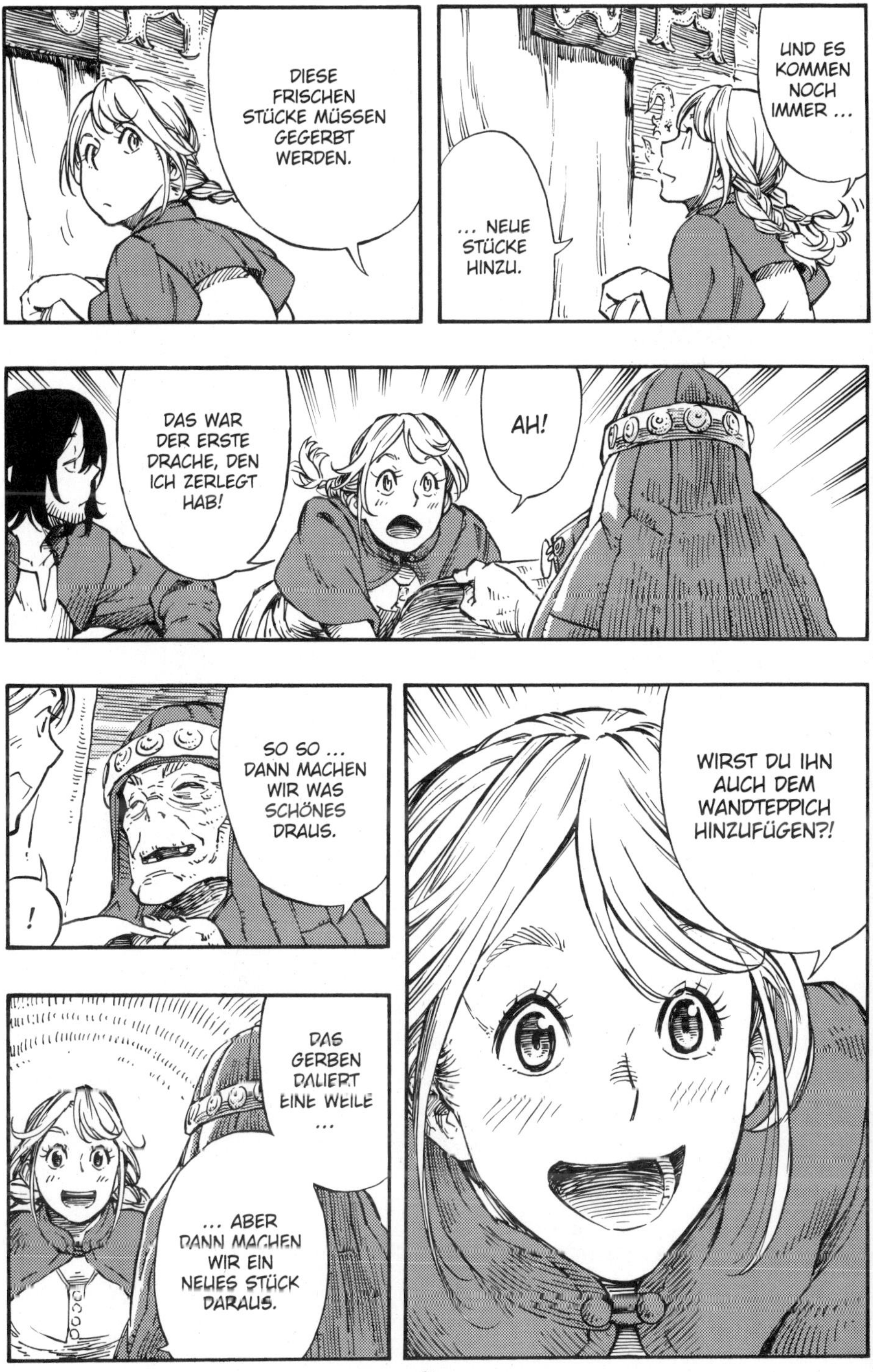
UND ES KOMMEN NOCH IMMER ...
... NEUE STÜCKE HINZU.
DIESE FRISCHEN STÜCKE MÜSSEN GEGERBT WERDEN.
AH!
DAS WAR DER ERSTE DRACHE, DEN ICH ZERLEGT HAB!
WIRST DU IHN AUCH DEM WANDTEPPICH HINZUFÜGEN?!
SO SO ... DANN MACHEN WIR WAS SCHÖNES DRAUS.
!
DAS GERBEN DAUERT EINE WEILE ...
... ABER DANN MACHEN WIR EIN NEUES STÜCK DARAUS.

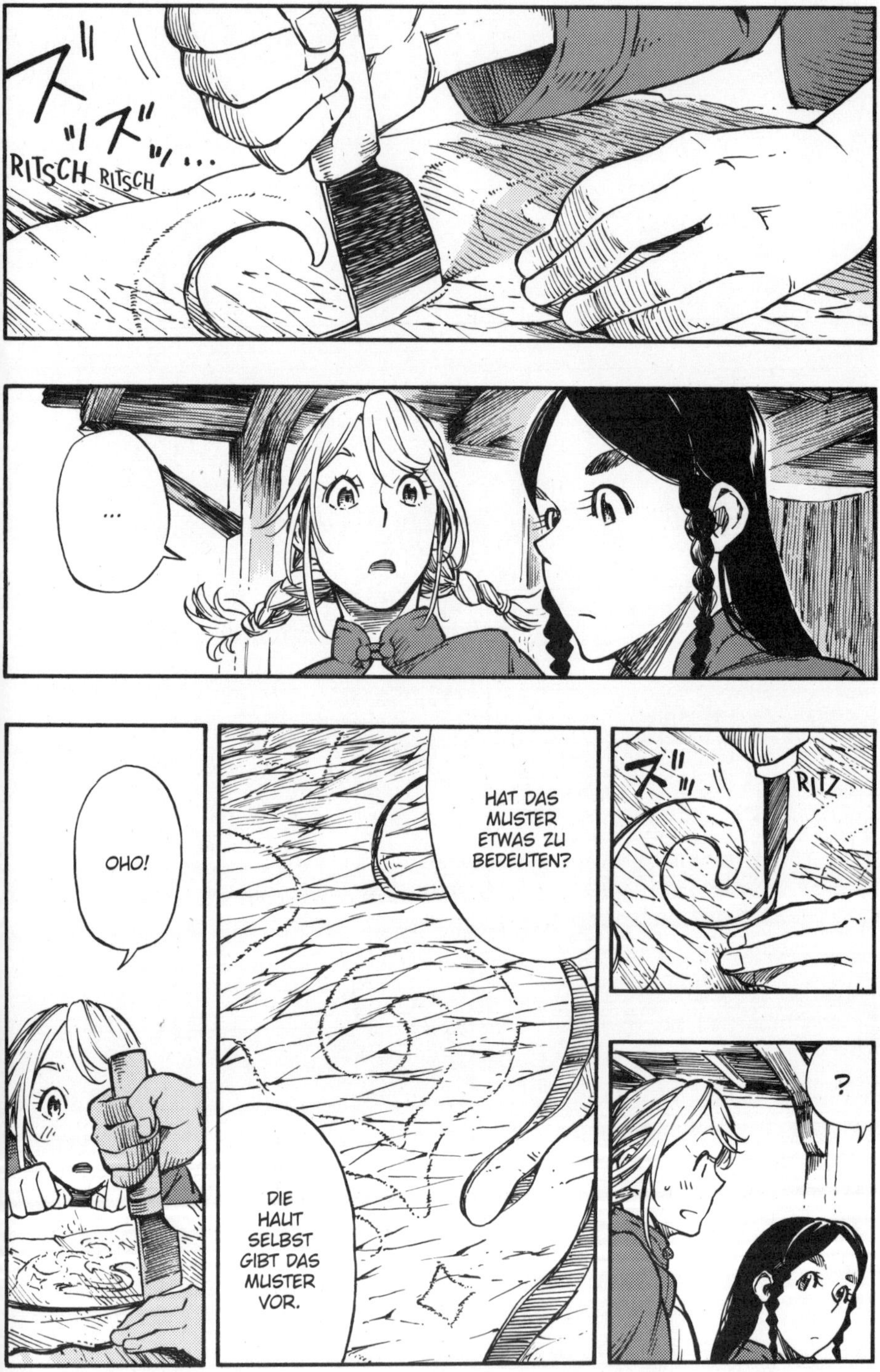
ズッズッ…
RITSCH RITSCH
…
ズッ
RITZ
?
HAT DAS MUSTER ETWAS ZU BEDEUTEN?
DIE HAUT SELBST GIBT DAS MUSTER VOR.
OHO!

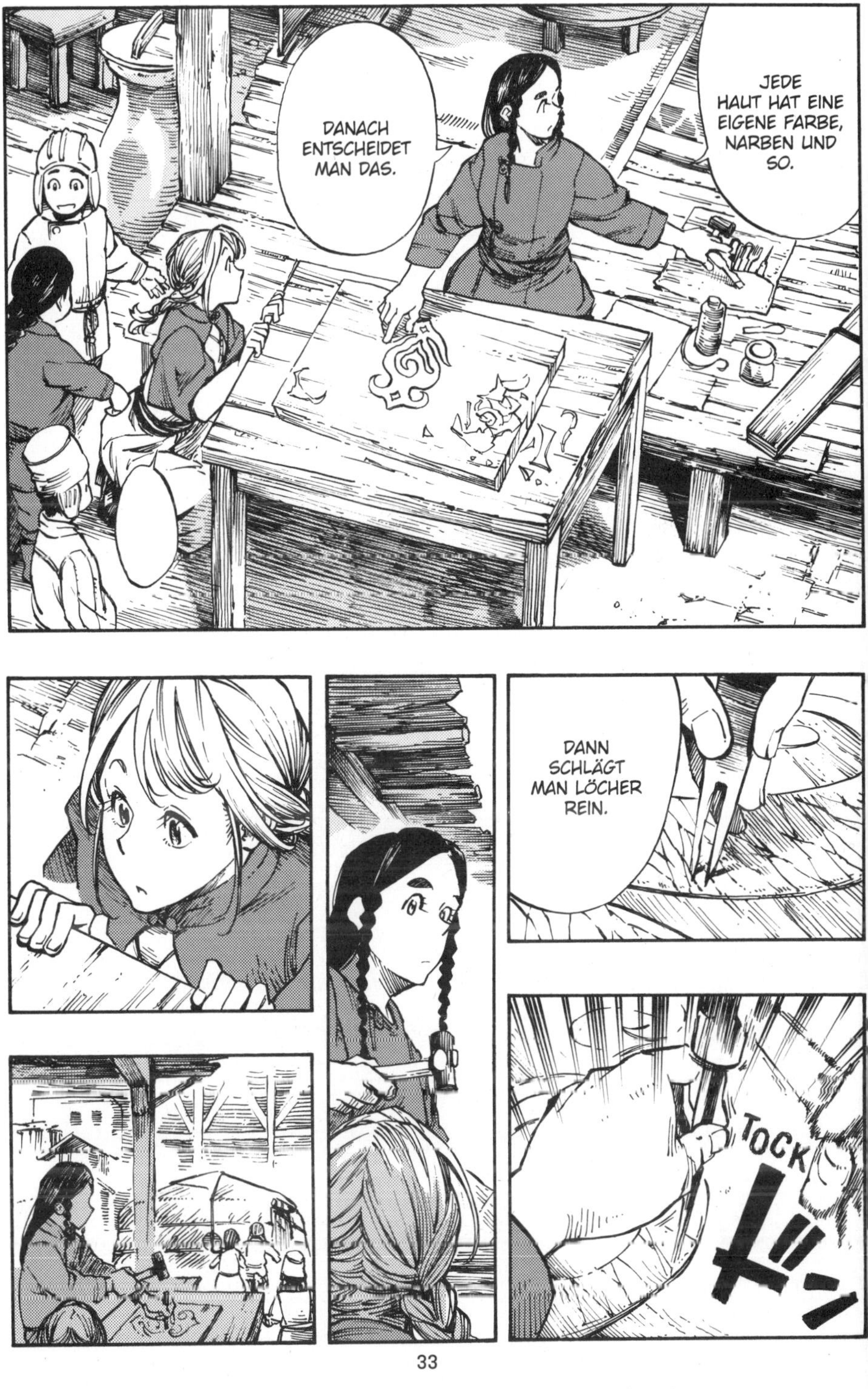
JEDE HAUT HAT EINE EIGENE FARBE, NARBEN UND SO.
DANACH ENTSCHEIDET MAN DAS.
DANN SCHLÄGT MAN LÖCHER REIN.
TOCK

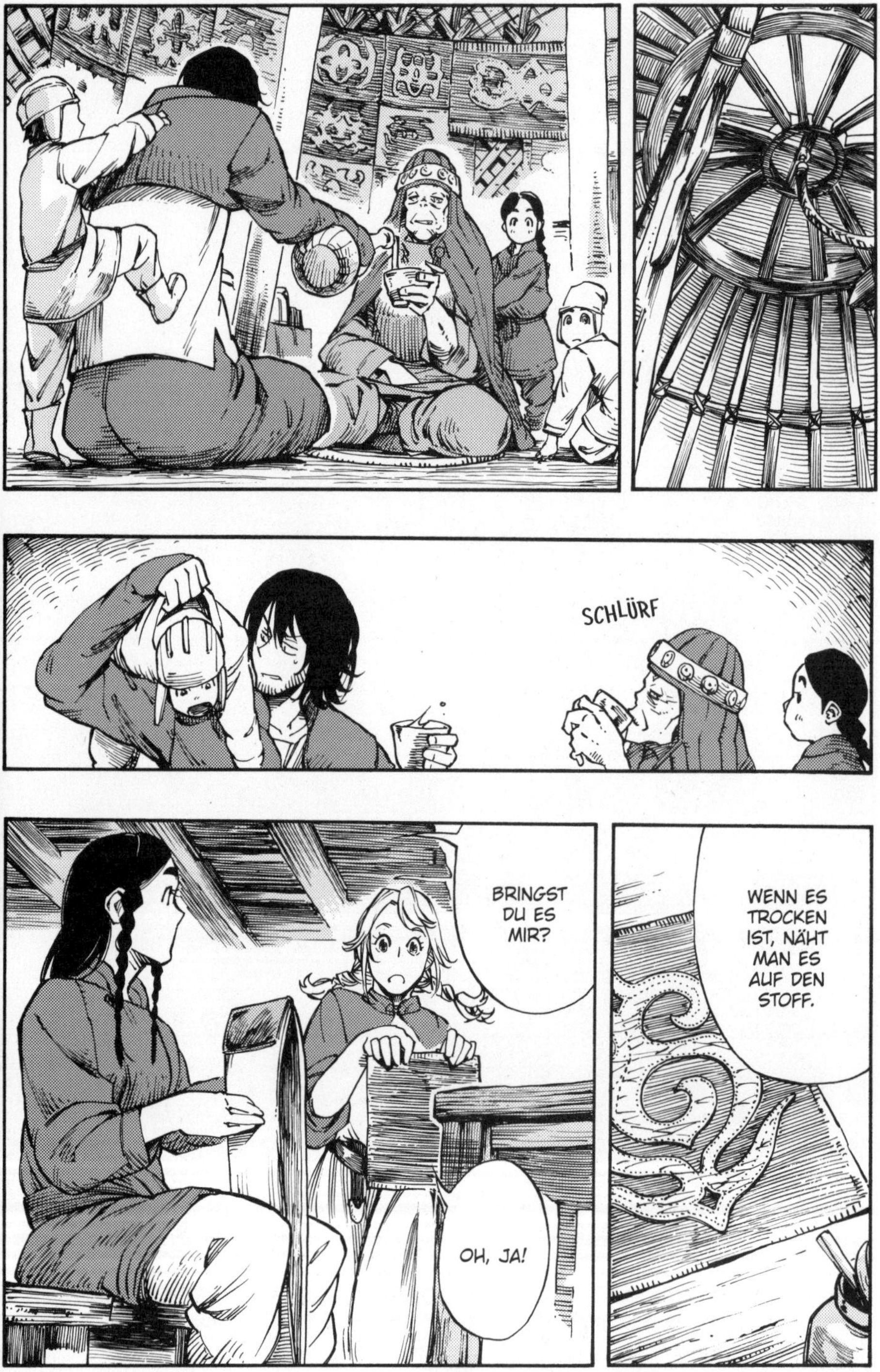
SCHLÜRF
WENN ES TROCKEN IST, NÄHT MAN ES AUF DEN STOFF.
BRINGST DU ES MIR?
OH, JA!

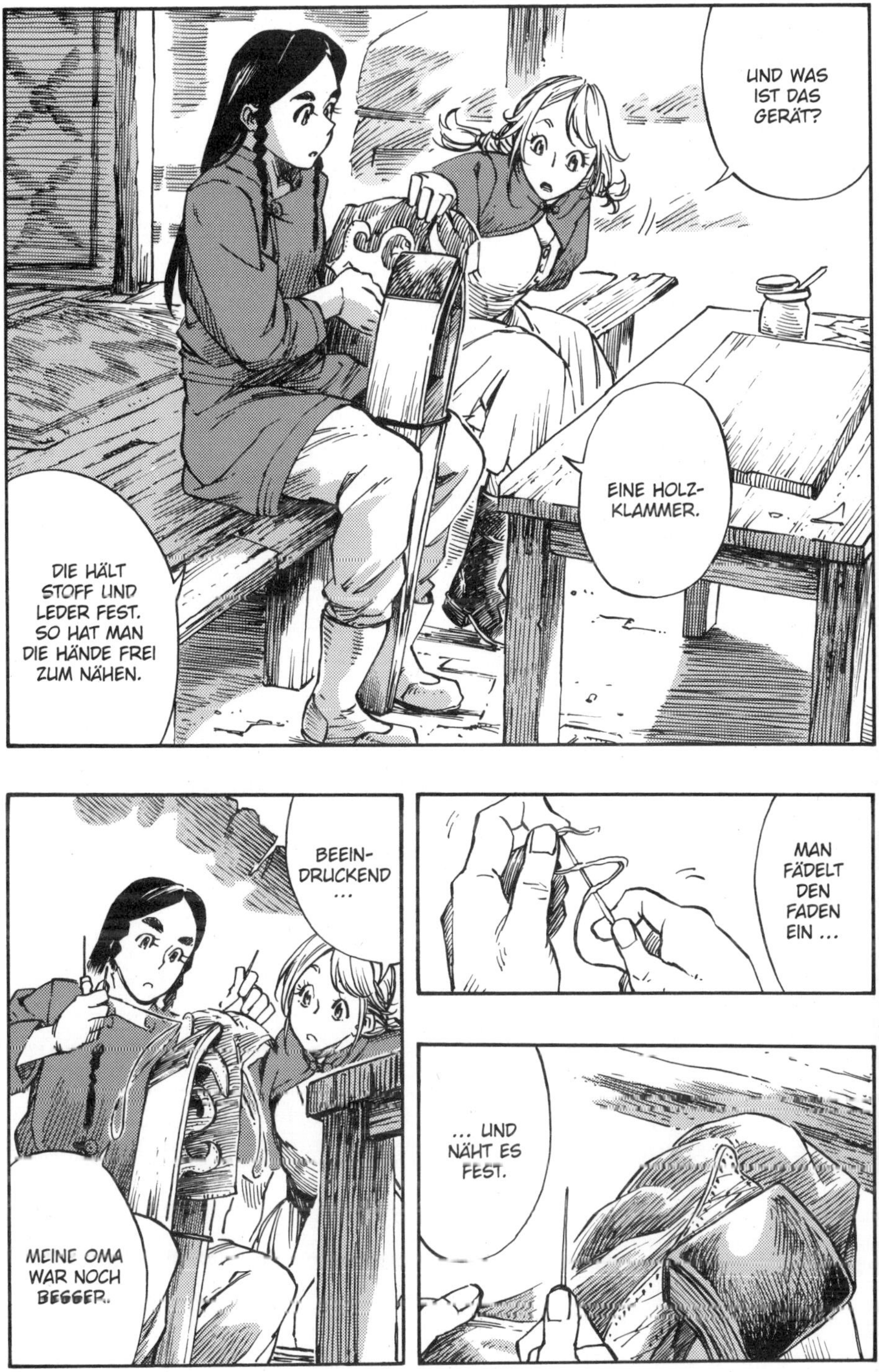
UND WAS IST DAS GERÄT?
EINE HOLZ-KLAMMER.
DIE HÄLT STOFF UND LEDER FEST. SO HAT MAN DIE HÄNDE FREI ZUM NÄHEN.
MAN FÄDELT DEN FADEN EIN ...
... UND NÄHT ES FEST.
BEEIN-DRUCKEND ...
MEINE OMA WAR NOCH BESSER..

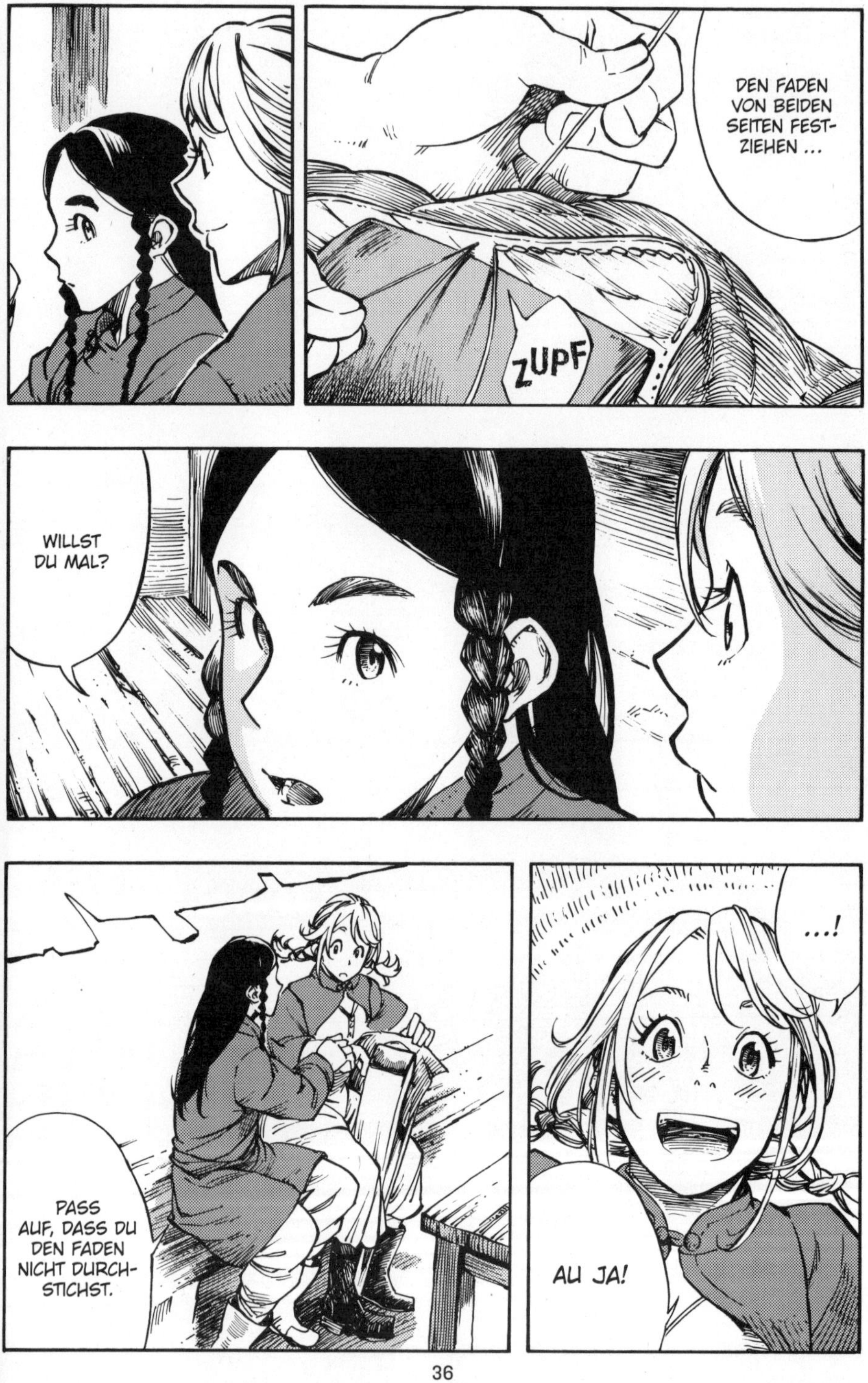
DEN FADEN VON BEIDEN SEITEN FEST-ZIEHEN …
…
ZUPF
WILLST DU MAL?
…!
AU JA!
PASS AUF, DASS DU DEN FADEN NICHT DURCH-STICHST.

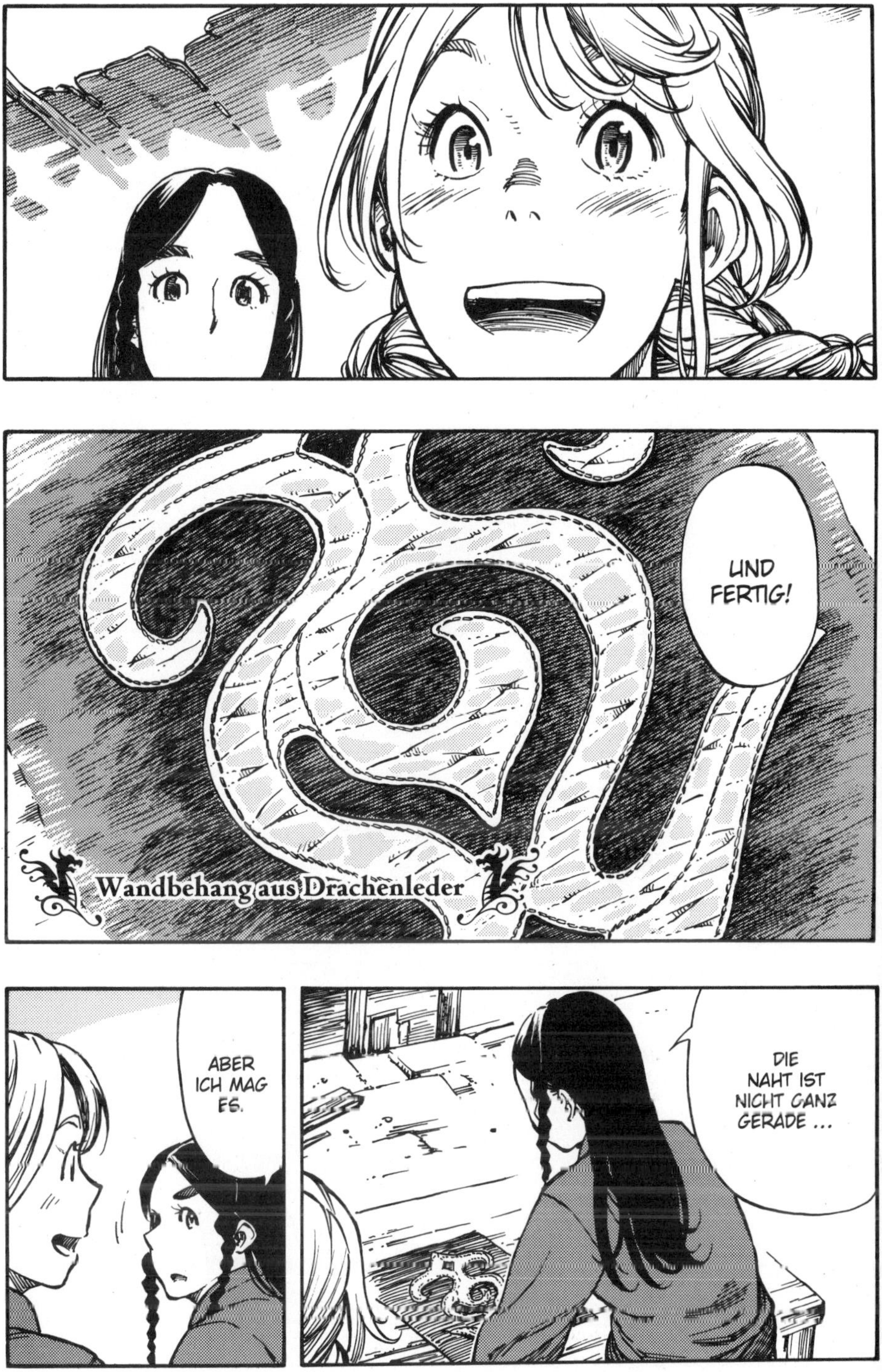
UND FERTIG!
Wandbehang aus Drachenleder
DIE NAHT IST NICHT GANZ GERADE …
ABER ICH MAG ES.

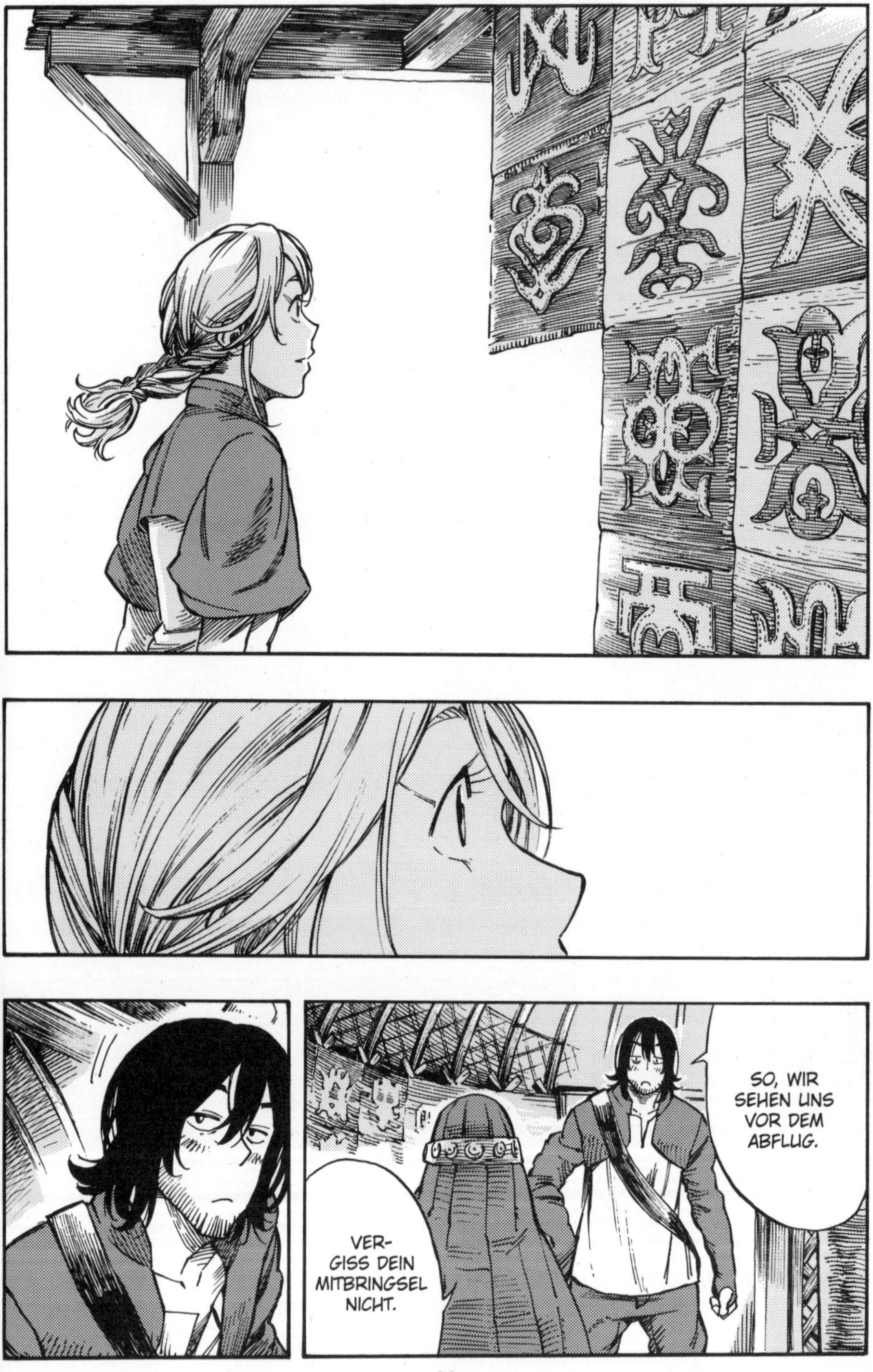
SO, WIR SEHEN UNS VOR DEM ABFLUG.
VER- GISS DEIN MITBRINGSEL NICHT.

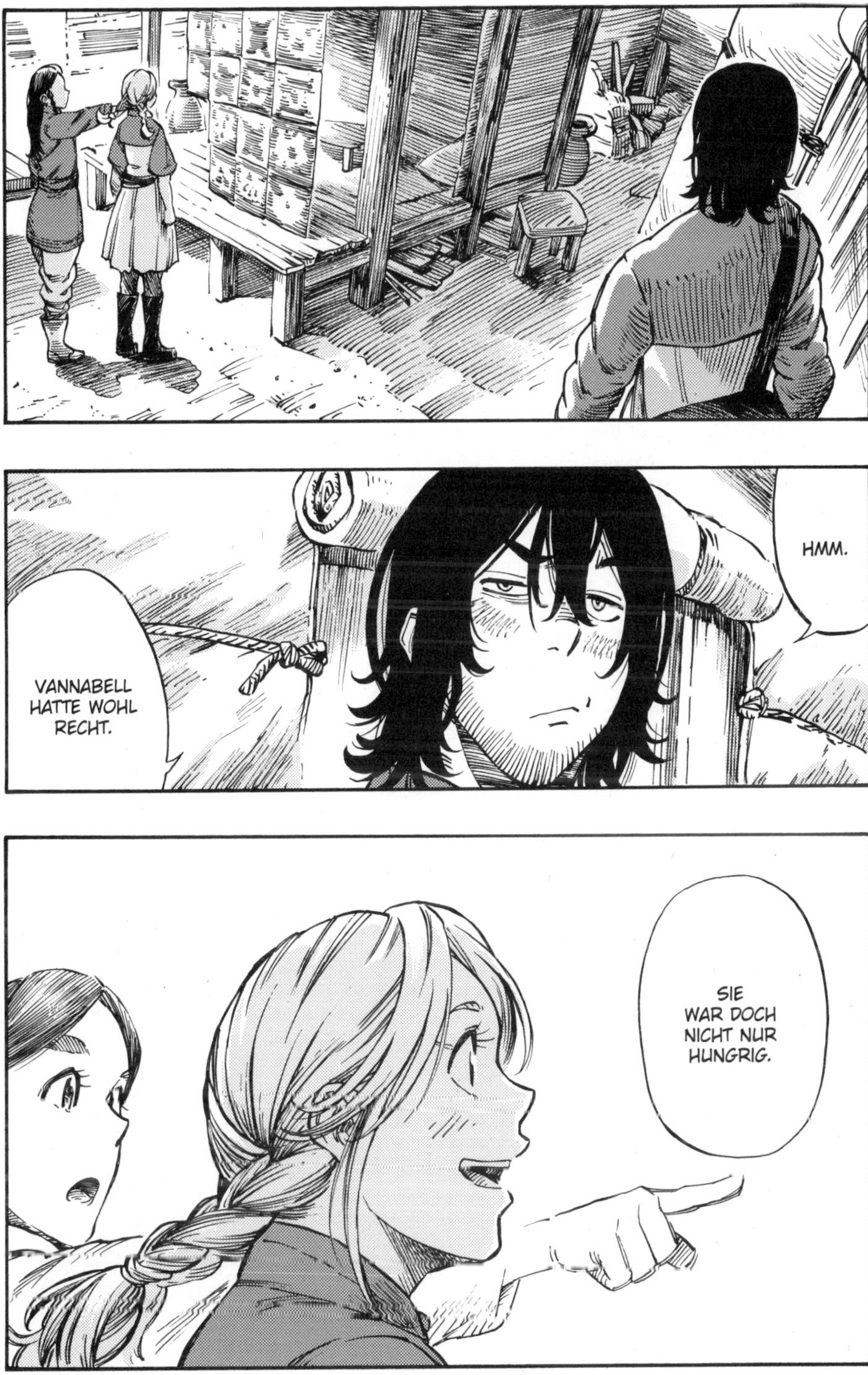
HMM.
VANNABELL HATTE WOHL RECHT.
SIE WAR DOCH NICHT NUR HUNGRIG.

Wandbehang aus Drachenleder

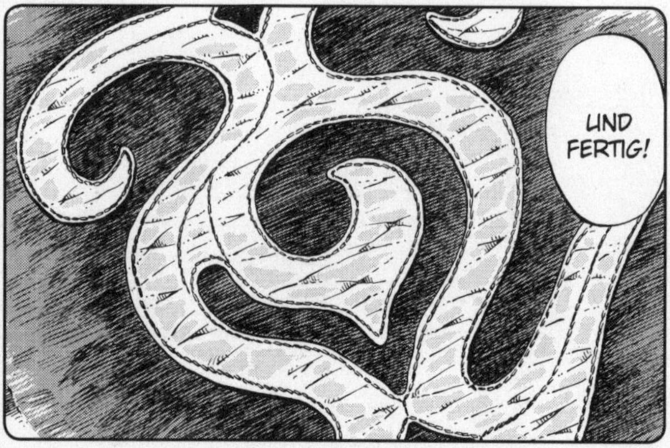

Material

- Stoff als Unterlage (4 x 4 m)
- Drachenleder
- Faden (z. B. aus Tiersehnen)
- Klebstoff

01

Den Faden mit Wachs behandeln.

02

Das gewünschte Muster auf Pauspapier zeichnen und auf die Oberseite des Leders legen. Dann das Muster mit einem kleinen Messer auf das Leder übertragen.

03

Mit einem Ledermesser das Muster sorgfältig ausschneiden. Mit einem Perforiermesser dann Nahtöffnungen in das Leder schlagen.

04

Das ausgeschnittene Leder auf den Stoff kleben und trocknen lassen.

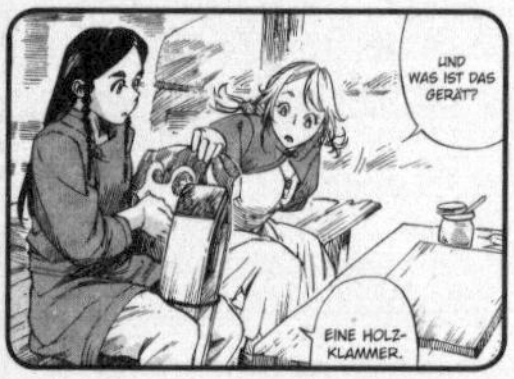

05

Nach dem Trocknen Stoff und Leder in eine Holzklammer klemmen. Den Faden doppelt nehmen und parallel zum Muster nähen. Dabei zeigt bei Rechtshändern die Oberseite nach rechts und die Nahtseite nach links.

06

Bis zur letzten Öffnung festnähen. Bei der letzten Öffnung den Faden von der Oberseite auf die Nahtseite ziehen, den Faden verknoten, mit etwas Klebstoff fixieren und dann erneut festknoten.

07

Den Rest des Fadens abschneiden und die Nahtöffnungen mit dem Griff eines Holzhammers einklopfen. Fertig!

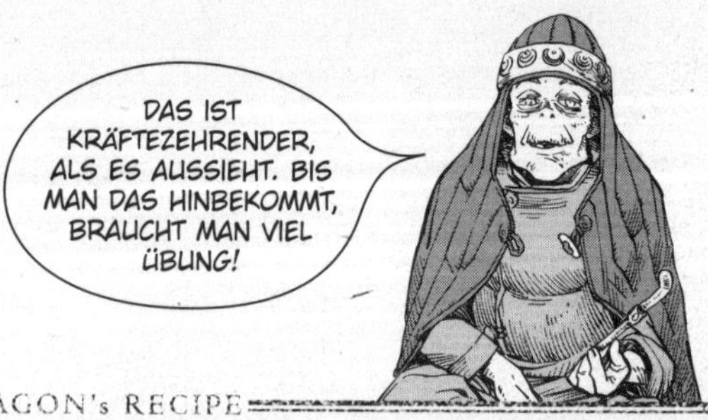

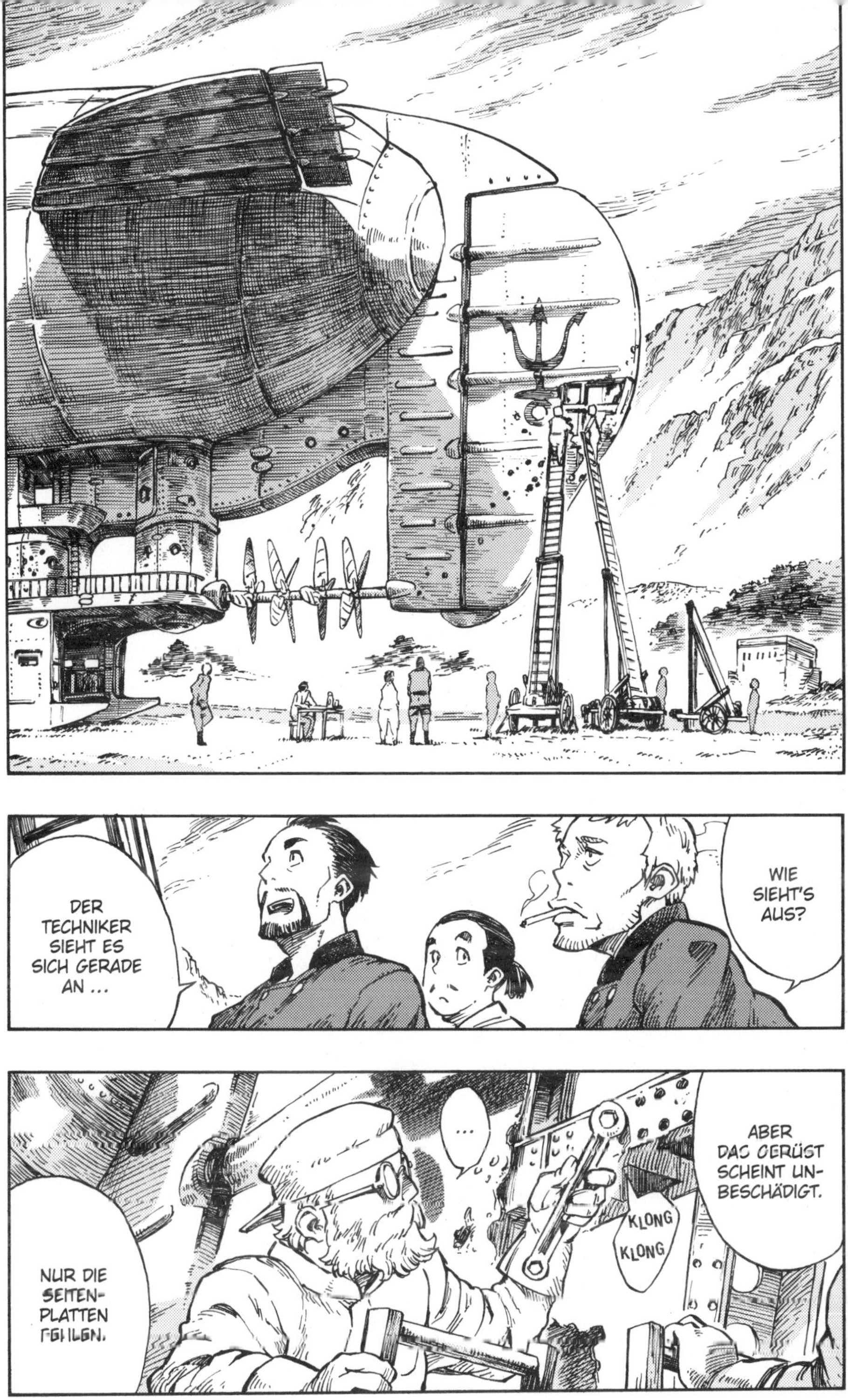
WIE SIEHT'S AUS?
DER TECHNIKER SIEHT ES SICH GERADE AN …
ABER DAS GERÜST SCHEINT UN-BESCHÄDIGT.
KLONG
KLONG
…
NUR DIE SEITEN-PLATTEN FEHLEN.

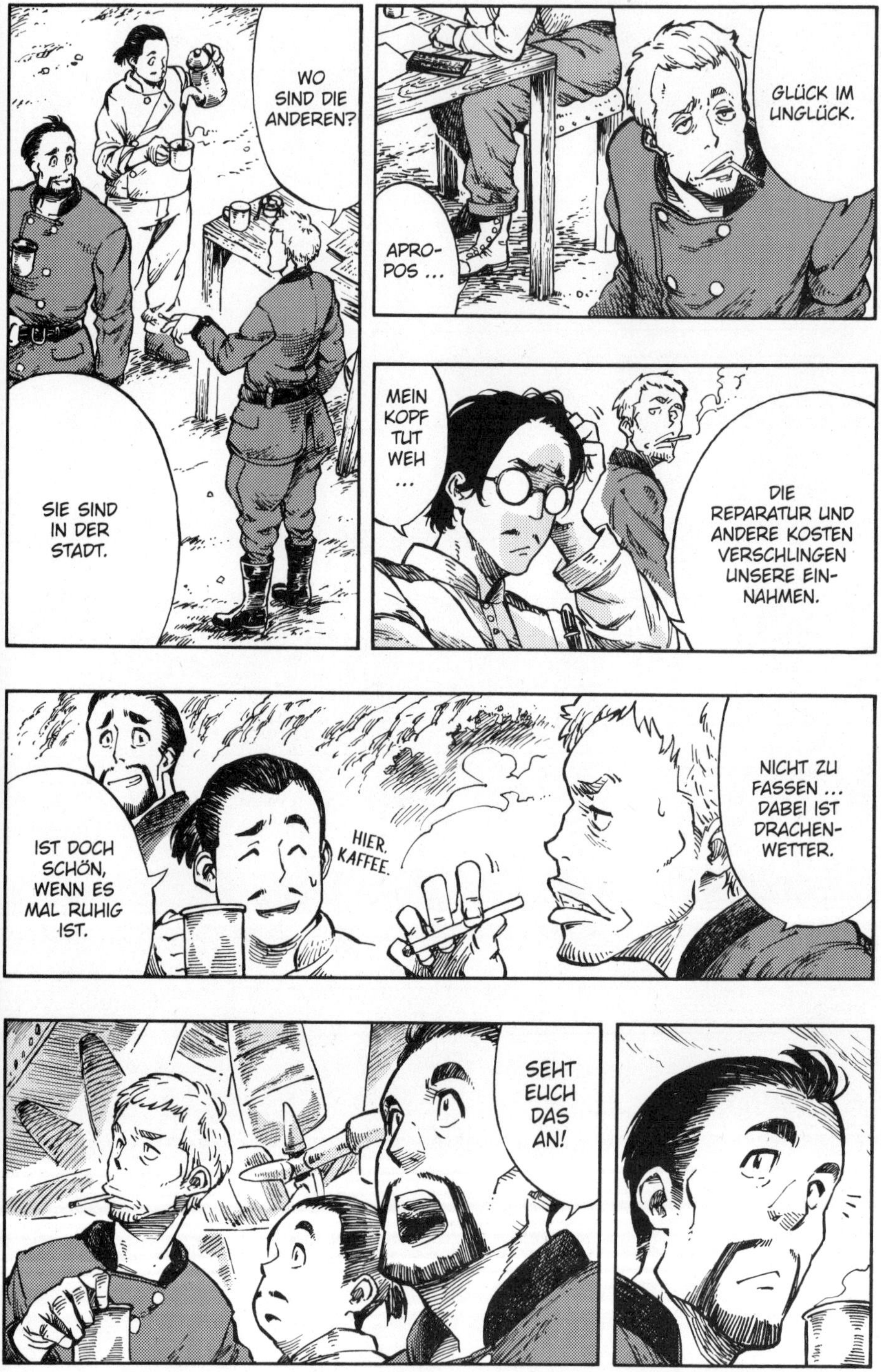
WO SIND DIE ANDEREN?
SIE SIND IN DER STADT.
GLÜCK IM UNGLÜCK.
APROPOS ...
DIE REPARATUR UND ANDERE KOSTEN VERSCHLINGEN UNSERE EINNAHMEN.
MEIN KOPF TUT WEH ...
NICHT ZU FASSEN ... DABEI IST DRACHENWETTER.
HIER. KAFFEE.
IST DOCH SCHÖN, WENN ES MAL RUHIG IST.
SEHT EUCH DAS AN!

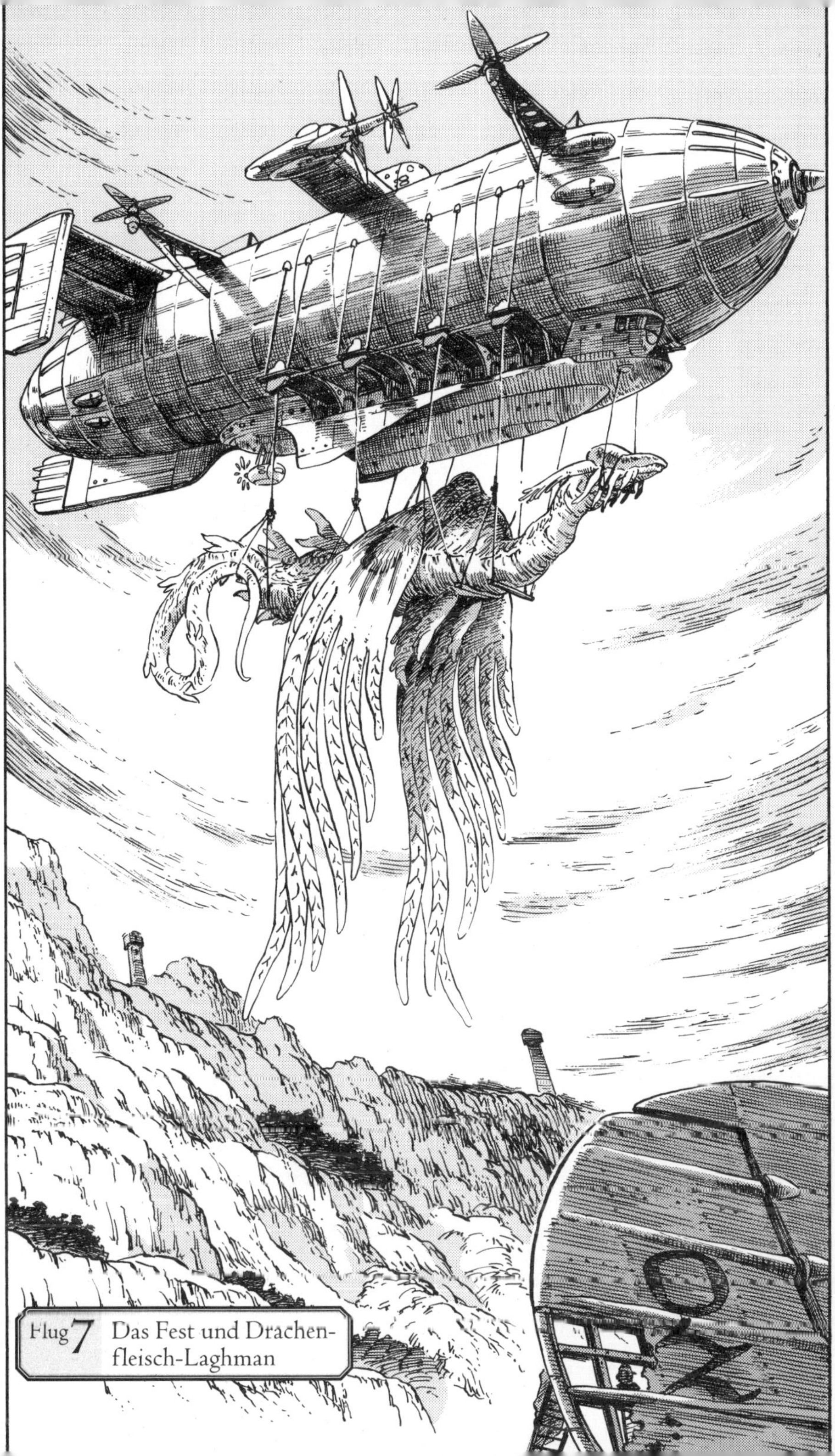
Flug 7 Das Fest und Drachenfleisch-Laghman

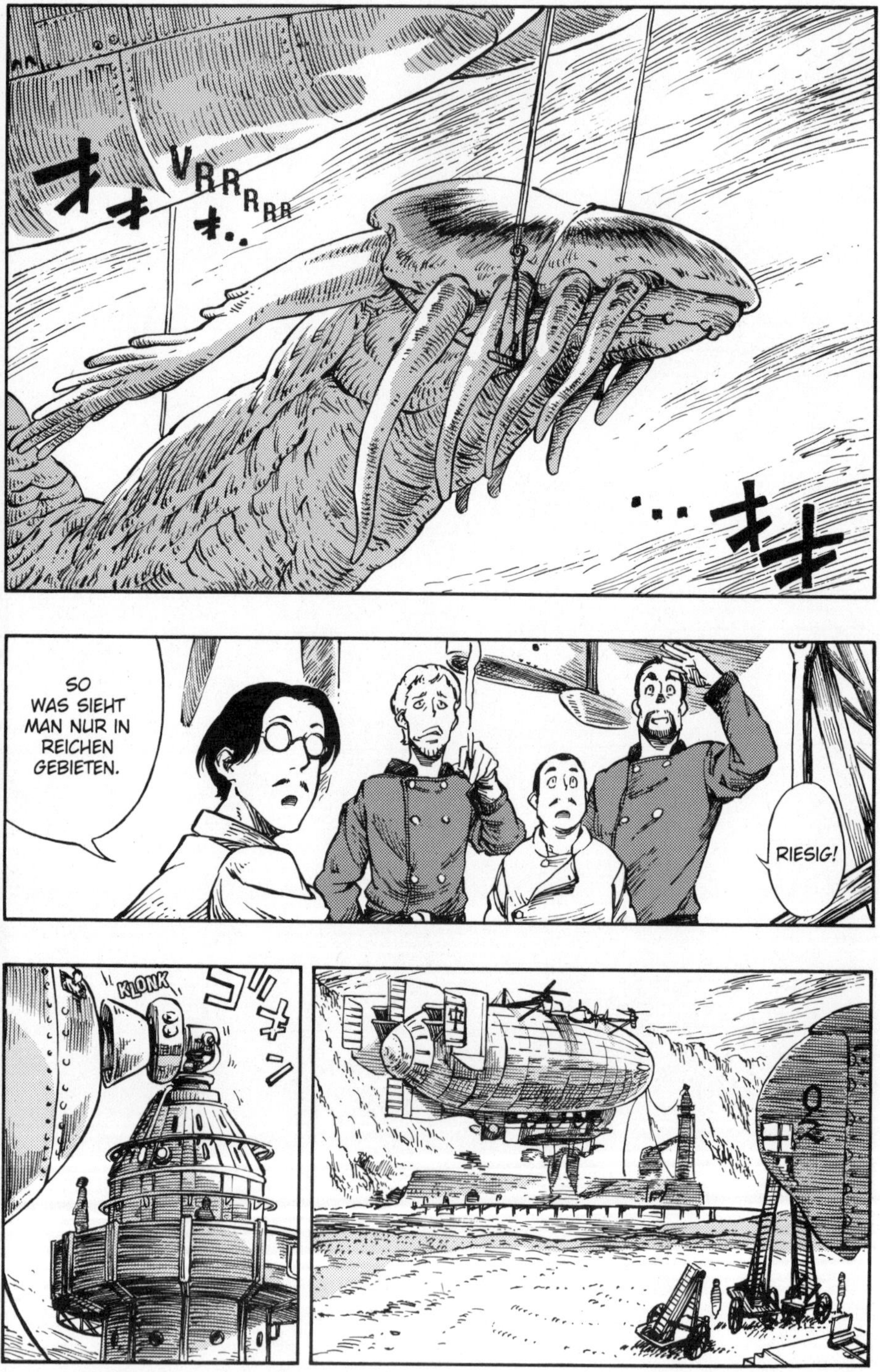
オオオ..
VRRRRRR
...オオ
RIESIG!
SO WAS SIEHT MAN NUR IN REICHEN GEBIETEN.
KLONK
ゴキン!

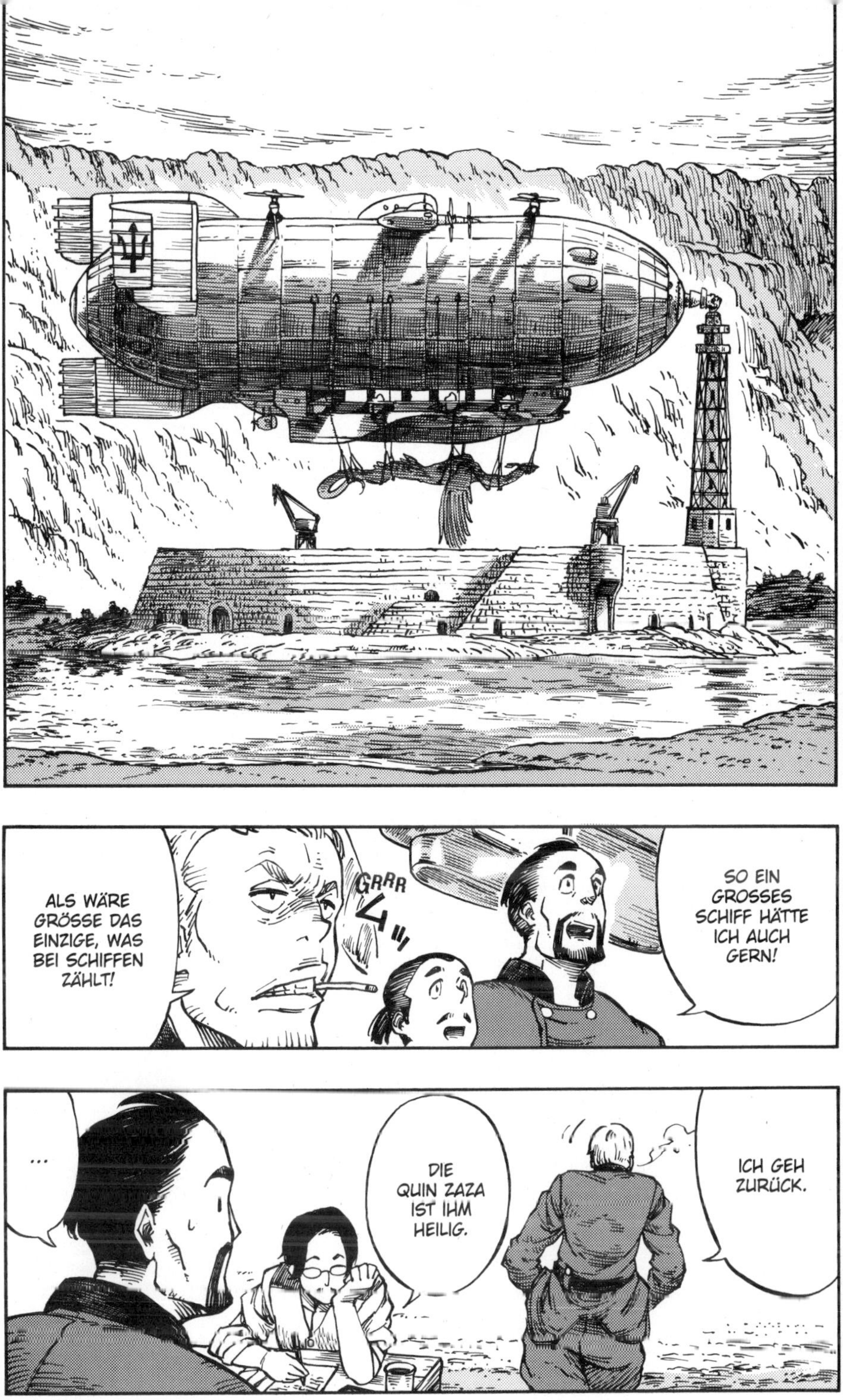
SO EIN GROSSES SCHIFF HÄTTE ICH AUCH GERN!
GRRR
ALS WÄRE GRÖSSE DAS EINZIGE, WAS BEI SCHIFFEN ZÄHLT!
ICH GEH ZURÜCK.
DIE QUIN ZAZA IST IHM HEILIG.
...

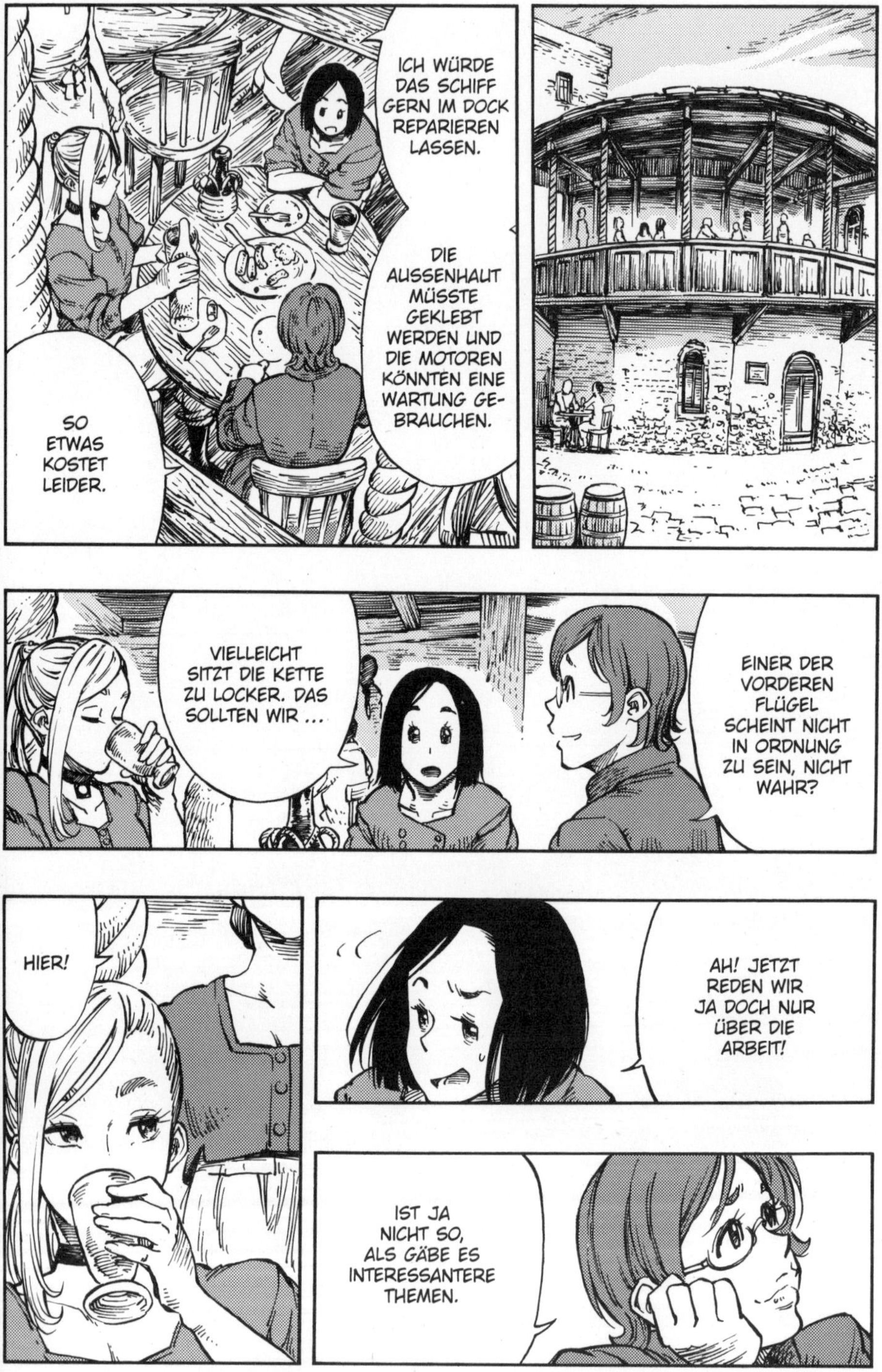
ICH WÜRDE DAS SCHIFF GERN IM DOCK REPARIEREN LASSEN.
DIE AUSSENHAUT MÜSSTE GEKLEBT WERDEN UND DIE MOTOREN KÖNNTEN EINE WARTUNG GEBRAUCHEN.
SO ETWAS KOSTET LEIDER.
EINER DER VORDEREN FLÜGEL SCHEINT NICHT IN ORDNUNG ZU SEIN, NICHT WAHR?
VIELLEICHT SITZT DIE KETTE ZU LOCKER. DAS SOLLTEN WIR …
AH! JETZT REDEN WIR JA DOCH NUR ÜBER DIE ARBEIT!
IST JA NICHT SO, ALS GÄBE ES INTERESSANTERE THEMEN.
HIER!

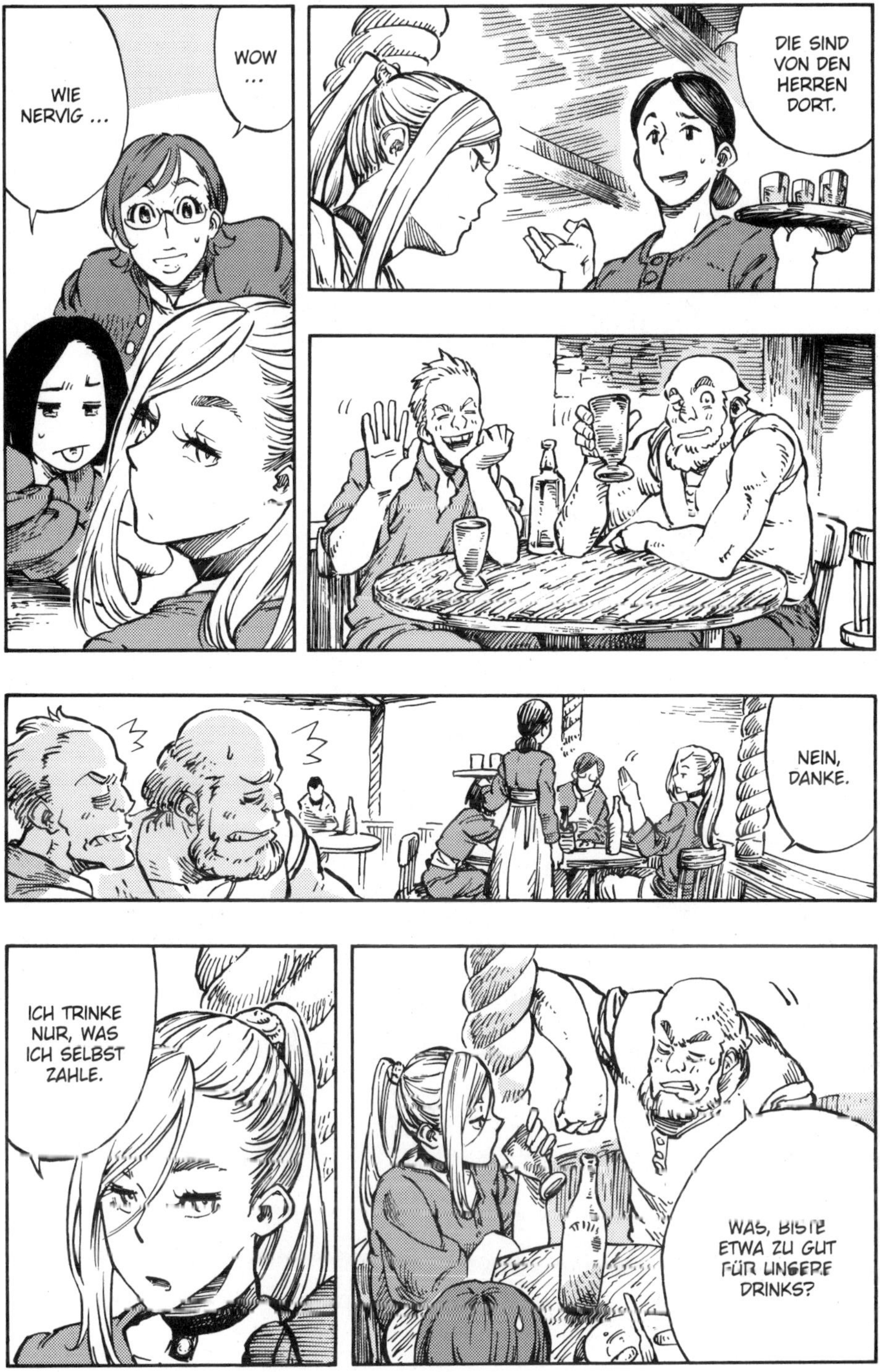
DIE SIND VON DEN HERREN DORT.
WOW …
WIE NERVIG …
NEIN, DANKE.
WAS, BISTE ETWA ZU GUT FÜR UNSERE DRINKS?
ICH TRINKE NUR, WAS ICH SELBST ZAHLE.

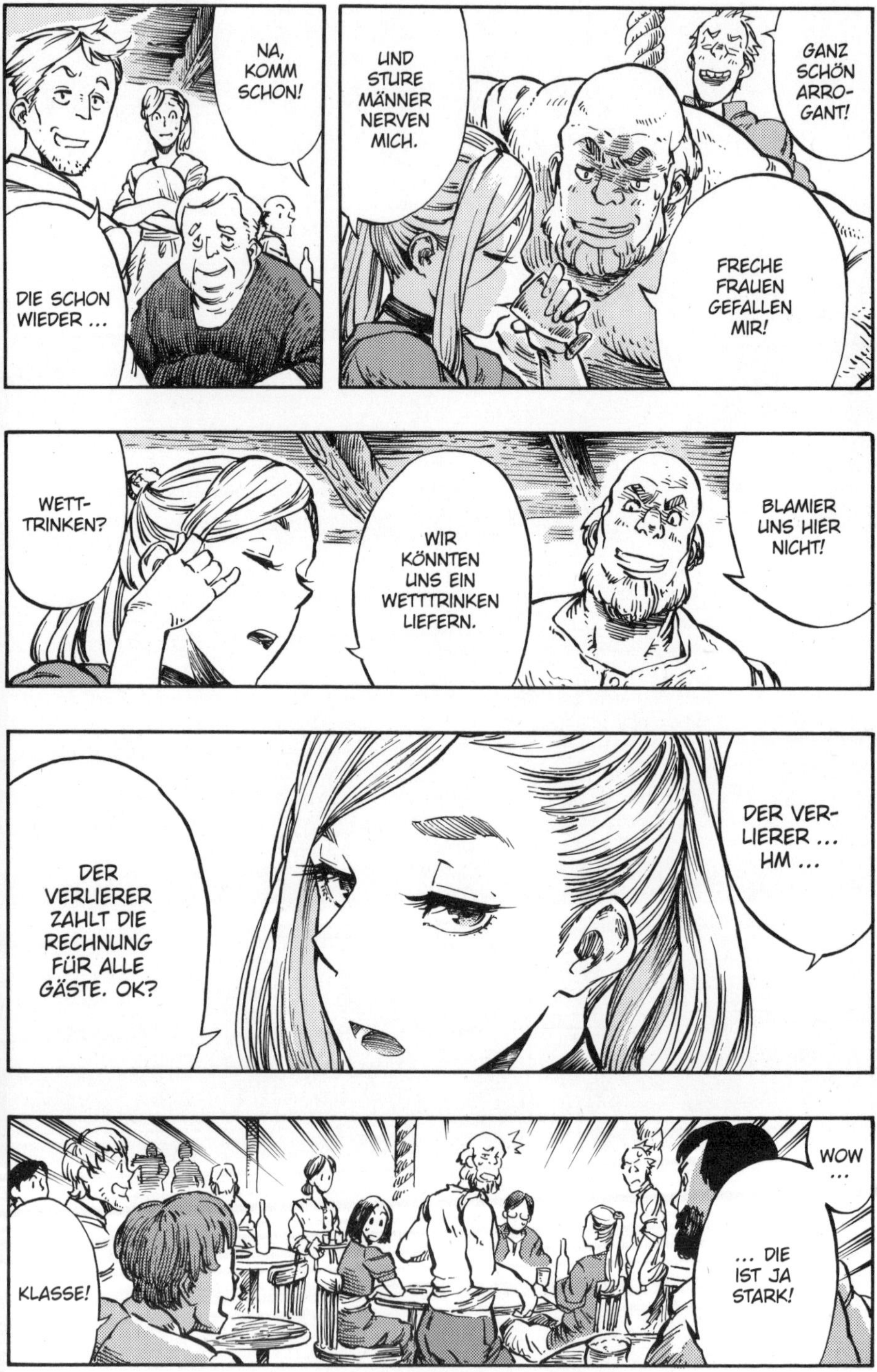
GANZ SCHÖN ARROGANT!
FRECHE FRAUEN GEFALLEN MIR!
UND STURE MÄNNER NERVEN MICH.
NA, KOMM SCHON!
DIE SCHON WIEDER …
BLAMIER UNS HIER NICHT!
WIR KÖNNTEN UNS EIN WETTTRINKEN LIEFERN.
WETT-TRINKEN?
DER VERLIERER … HM …
DER VERLIERER ZAHLT DIE RECHNUNG FÜR ALLE GÄSTE. OK?
WOW …
… DIE IST JA STARK!
KLASSE!

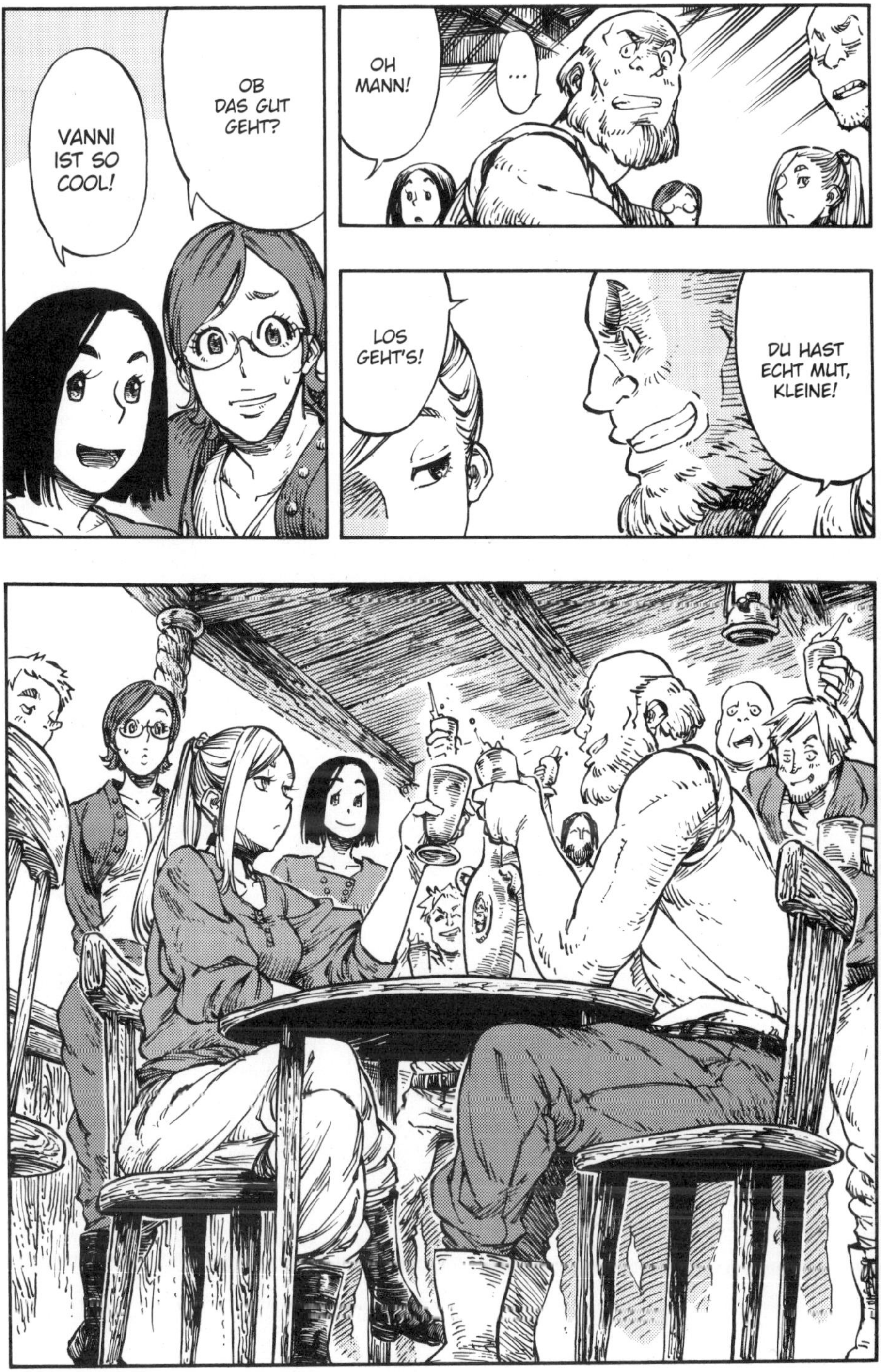
…
OH MANN!
OB DAS GUT GEHT?
VANNI IST SO COOL!
DU HAST ECHT MUT, KLEINE!
LOS GEHT'S!

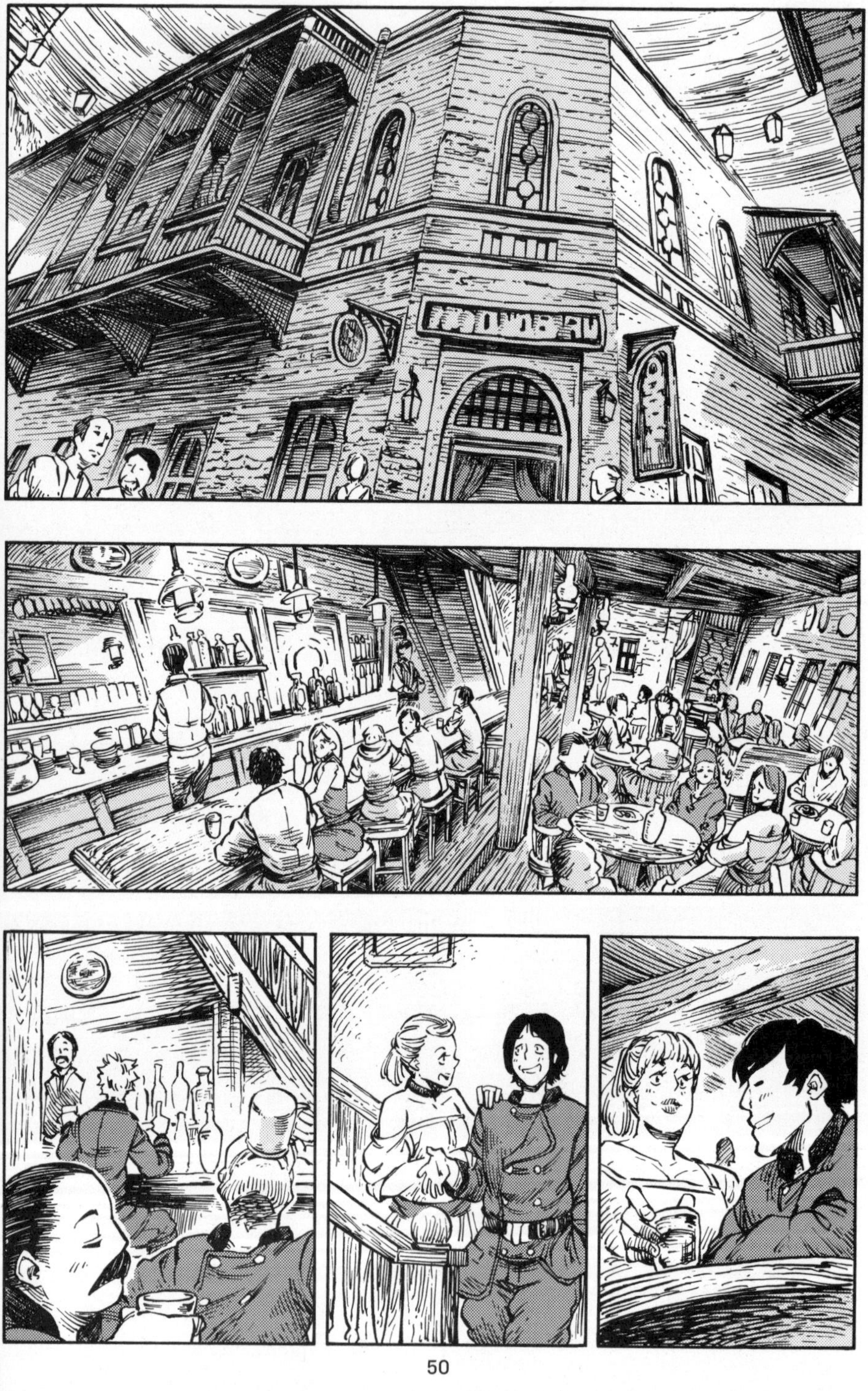

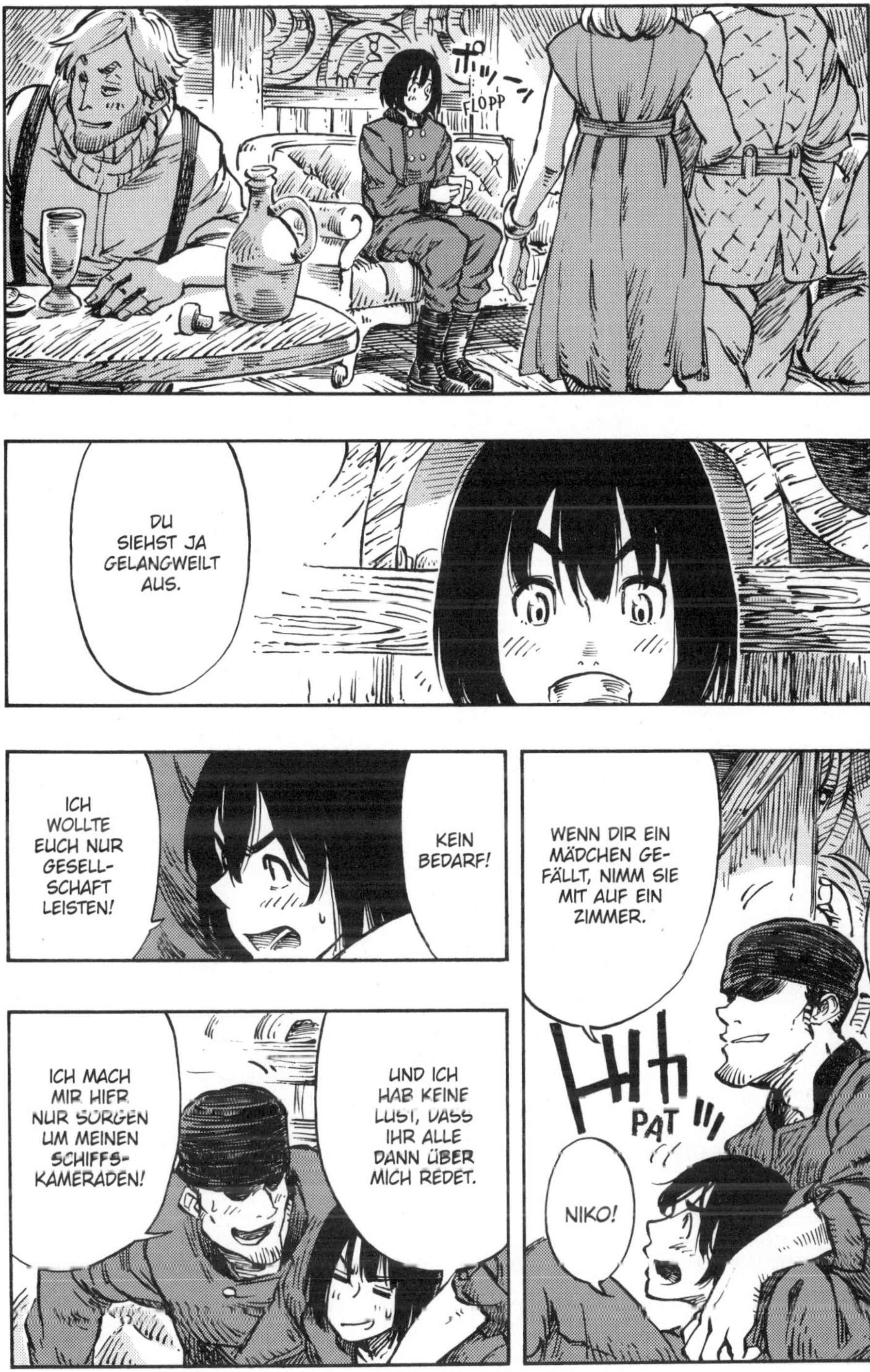
FLOPP
DU SIEHST JA GELANGWEILT AUS.
WENN DIR EIN MÄDCHEN GE-FÄLLT, NIMM SIE MIT AUF EIN ZIMMER.
PAT
NIKO!
KEIN BEDARF!
ICH WOLLTE EUCH NUR GESELL-SCHAFT LEISTEN!
UND ICH HAB KEINE LUST, DASS IHR ALLE DANN ÜBER MICH REDET.
ICH MACH MIR HIER NUR SORGEN UM MEINEN SCHIFFS-KAMERADEN!

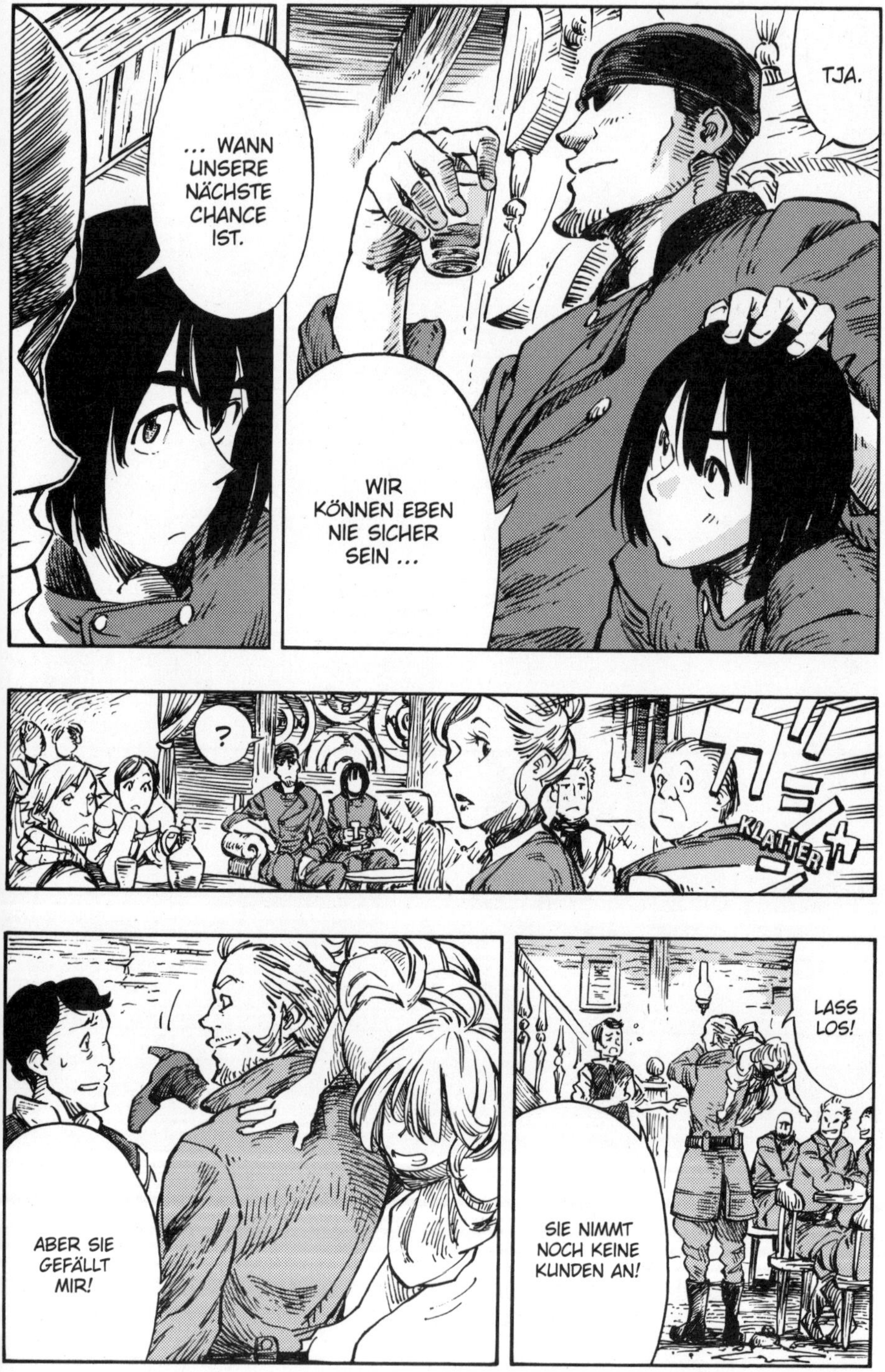
TJA.
WIR KÖNNEN EBEN NIE SICHER SEIN …
… WANN UNSERE NÄCHSTE CHANCE IST.
KLATTER
?
LASS LOS!
SIE NIMMT NOCH KEINE KUNDEN AN!
ABER SIE GEFÄLLT MIR!

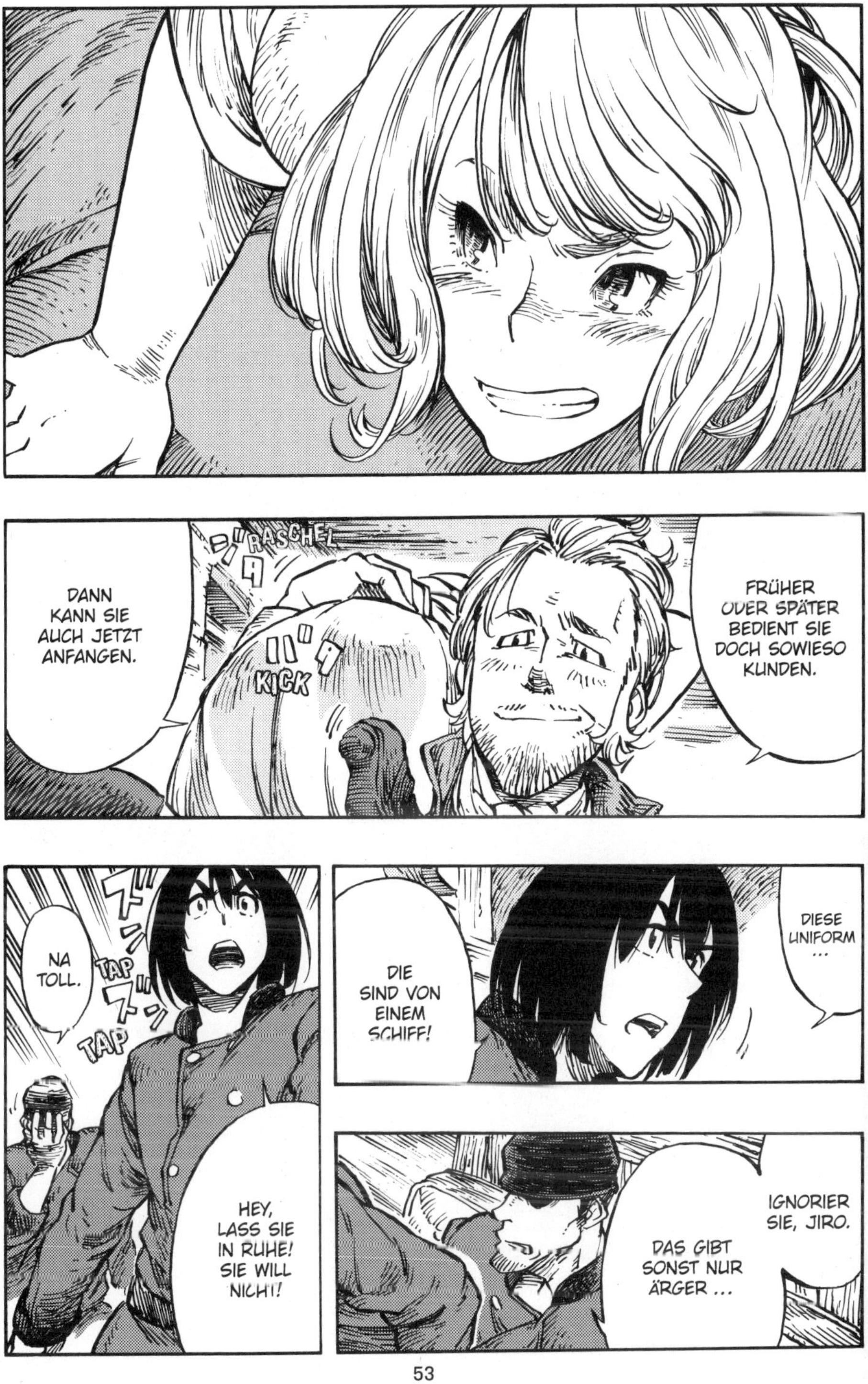
FRÜHER ODER SPÄTER BEDIENT SIE DOCH SOWIESO KUNDEN.
RASCHEL
KICK
DANN KANN SIE AUCH JETZT ANFANGEN.
DIESE UNIFORM ...
DIE SIND VON EINEM SCHIFF!
IGNORIER SIE, JIRO.
DAS GIBT SONST NUR ÄRGER ...
NA TOLL.
TAP
TAP
HEY, LASS SIE IN RUHE! SIE WILL NICHT!

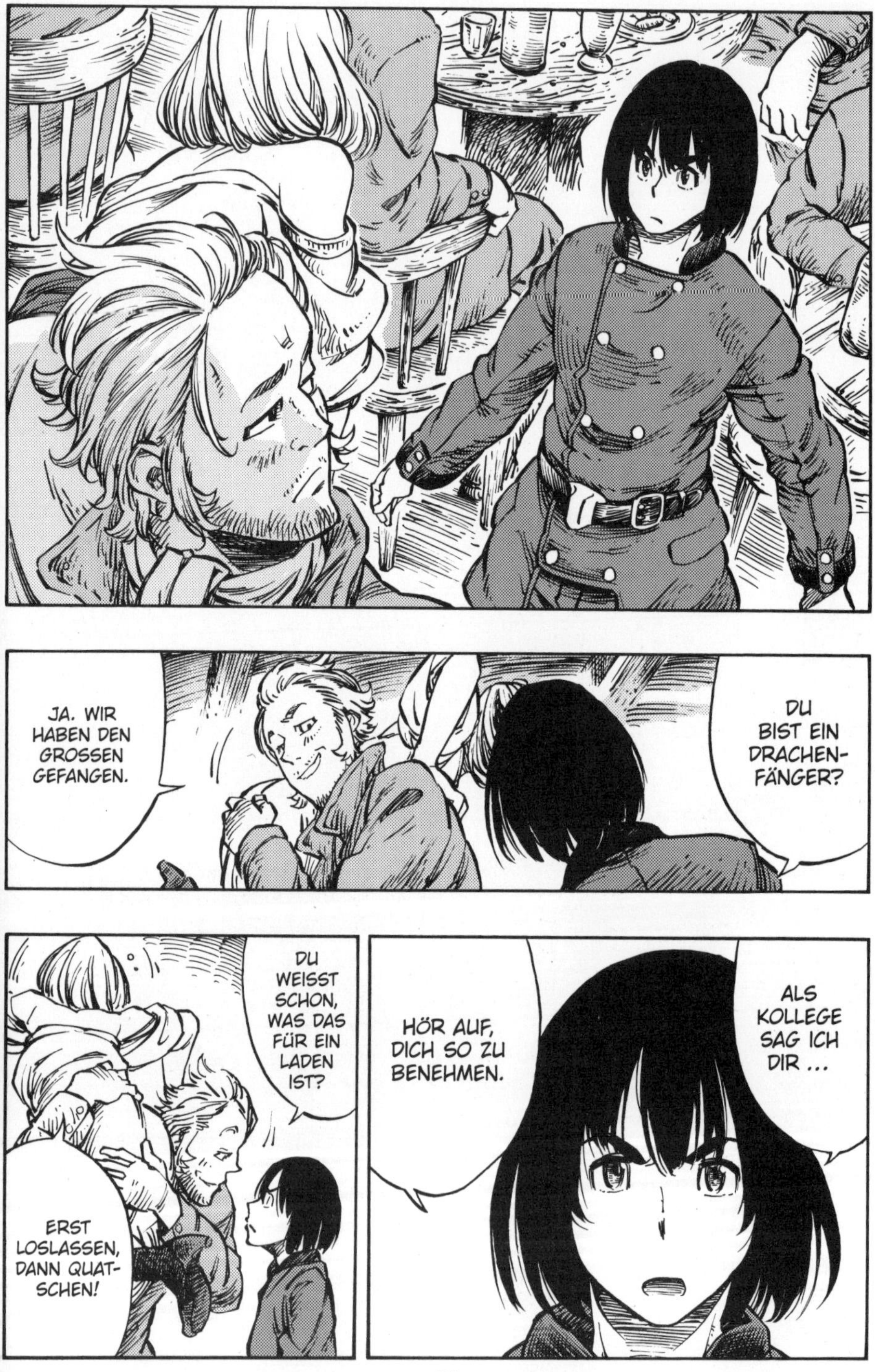
DU BIST EIN DRACHEN-FÄNGER?
JA. WIR HABEN DEN GROSSEN GEFANGEN.
ALS KOLLEGE SAG ICH DIR ...
HÖR AUF, DICH SO ZU BENEHMEN.
DU WEISST SCHON, WAS DAS FÜR EIN LADEN IST?
ERST LOSLASSEN, DANN QUAT-SCHEN!

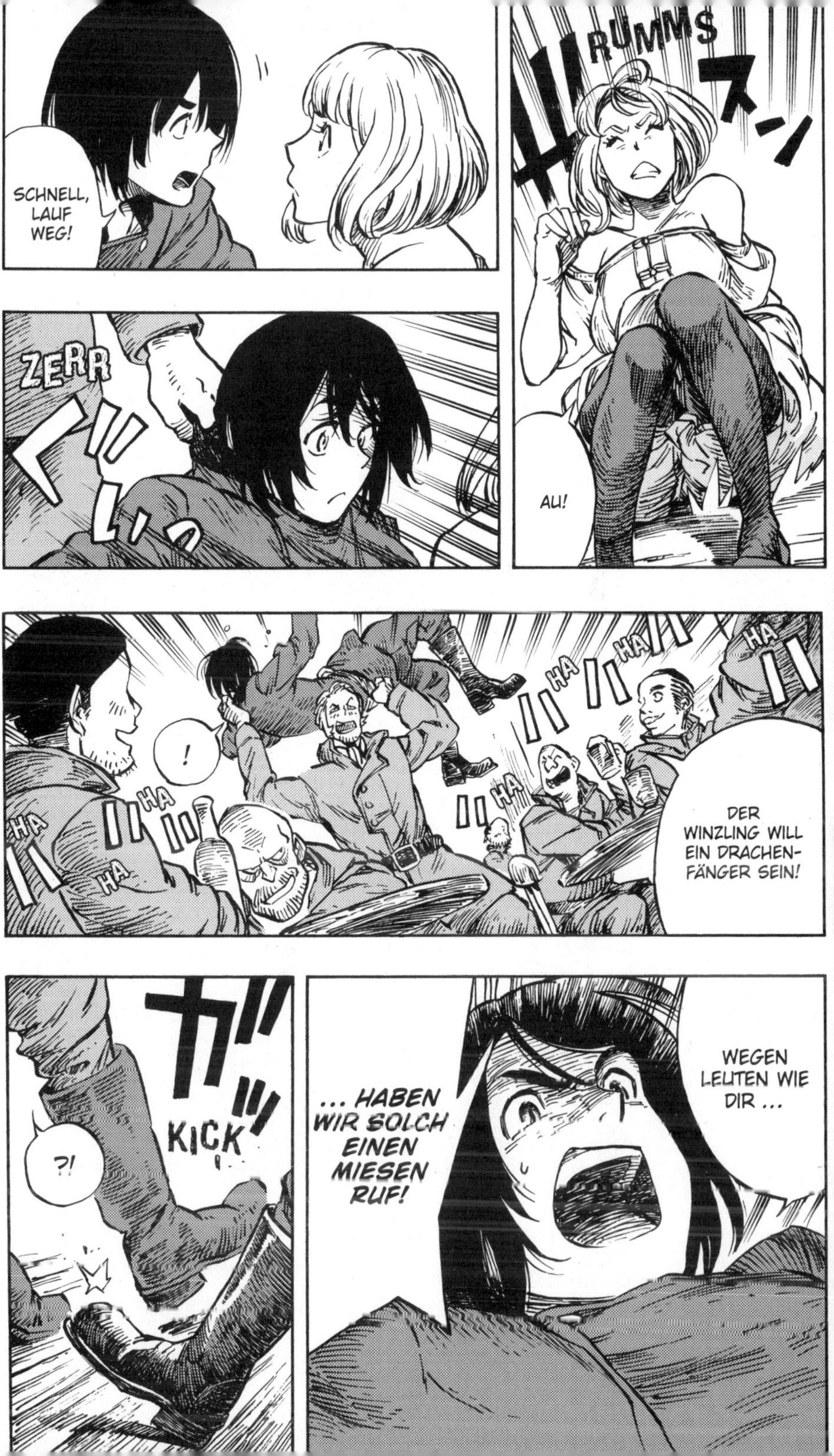
RUMMS
AU!
SCHNELL, LAUF WEG!
ZERR
DER WINZLING WILL EIN DRACHENFÄNGER SEIN!
!
HA HA HA HA HA HA
WEGEN LEUTEN WIE DIR …
… HABEN WIR SOLCH EINEN MIESEN RUF!
KICK
?!

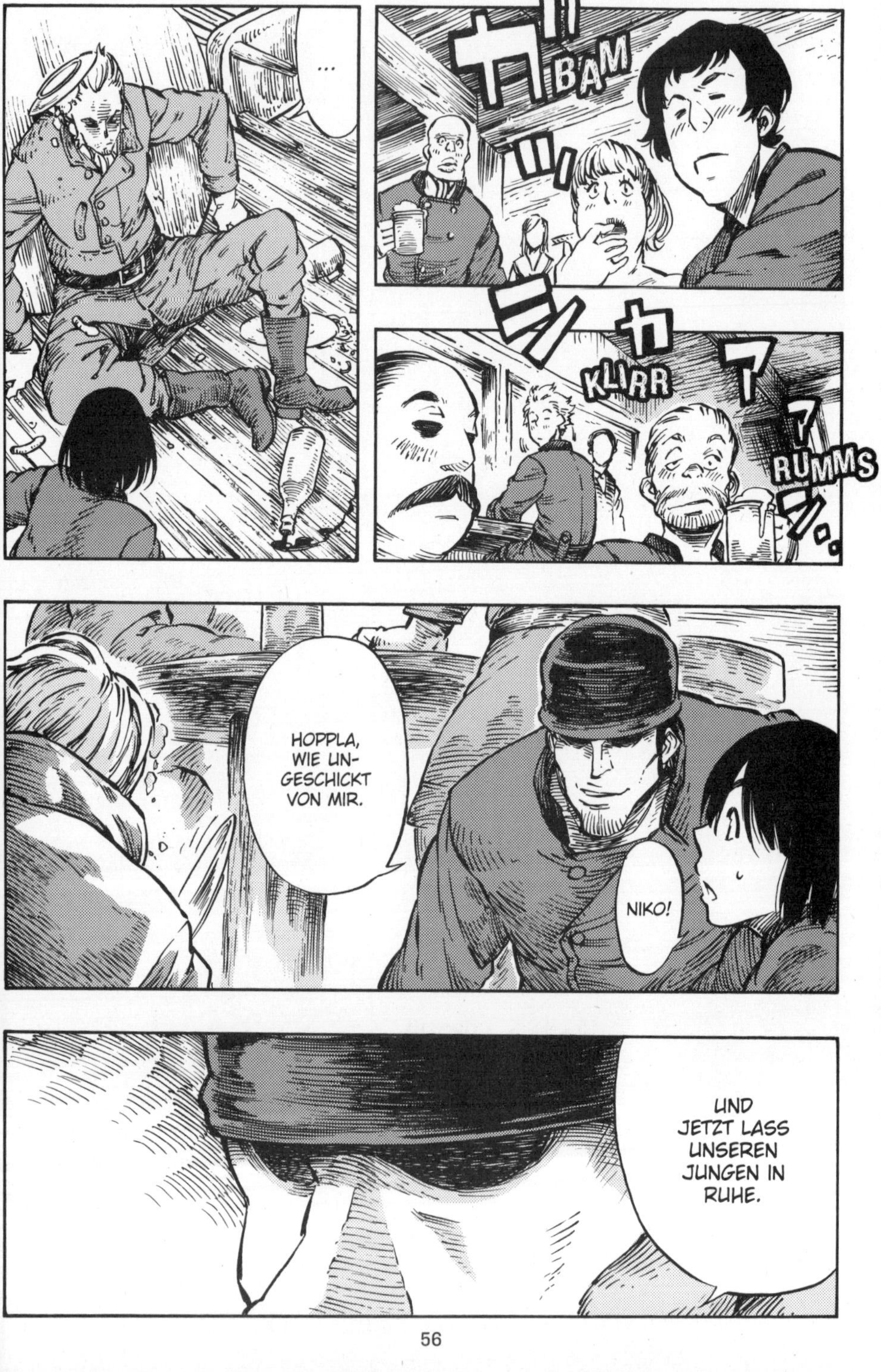
BAM
KLIRR
RUMMS
...
NIKO!
HOPPLA, WIE UNGESCHICKT VON MIR.
UND JETZT LASS UNSEREN JUNGEN IN RUHE.

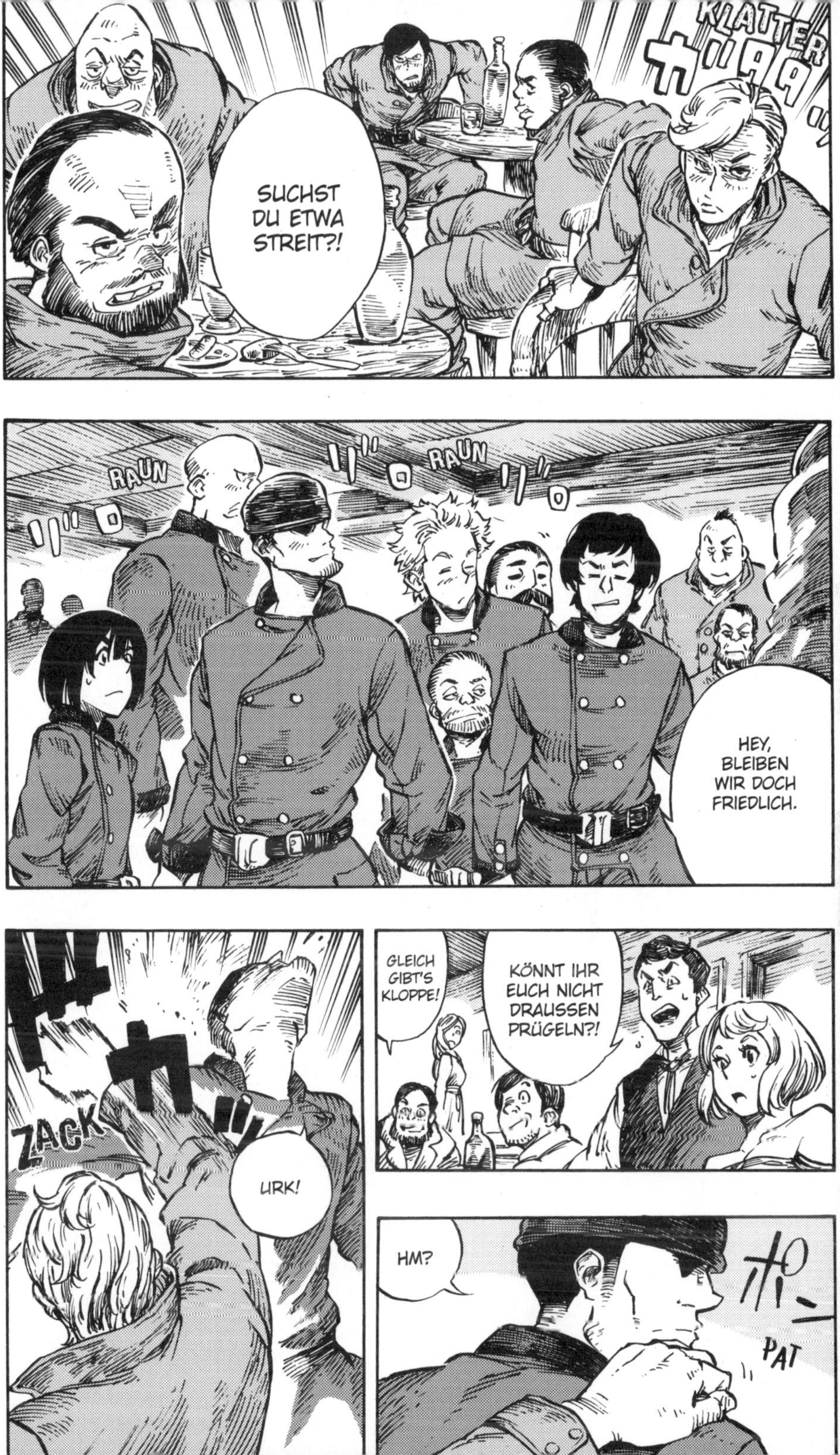
KLATTER
SUCHST DU ETWA STREIT?!
RAUN
RAUN
HEY, BLEIBEN WIR DOCH FRIEDLICH.
KÖNNT IHR EUCH NICHT DRAUSSEN PRÜGELN?!
GLEICH GIBT'S KLOPPE!
ZACK
URK!
PAT
HM?

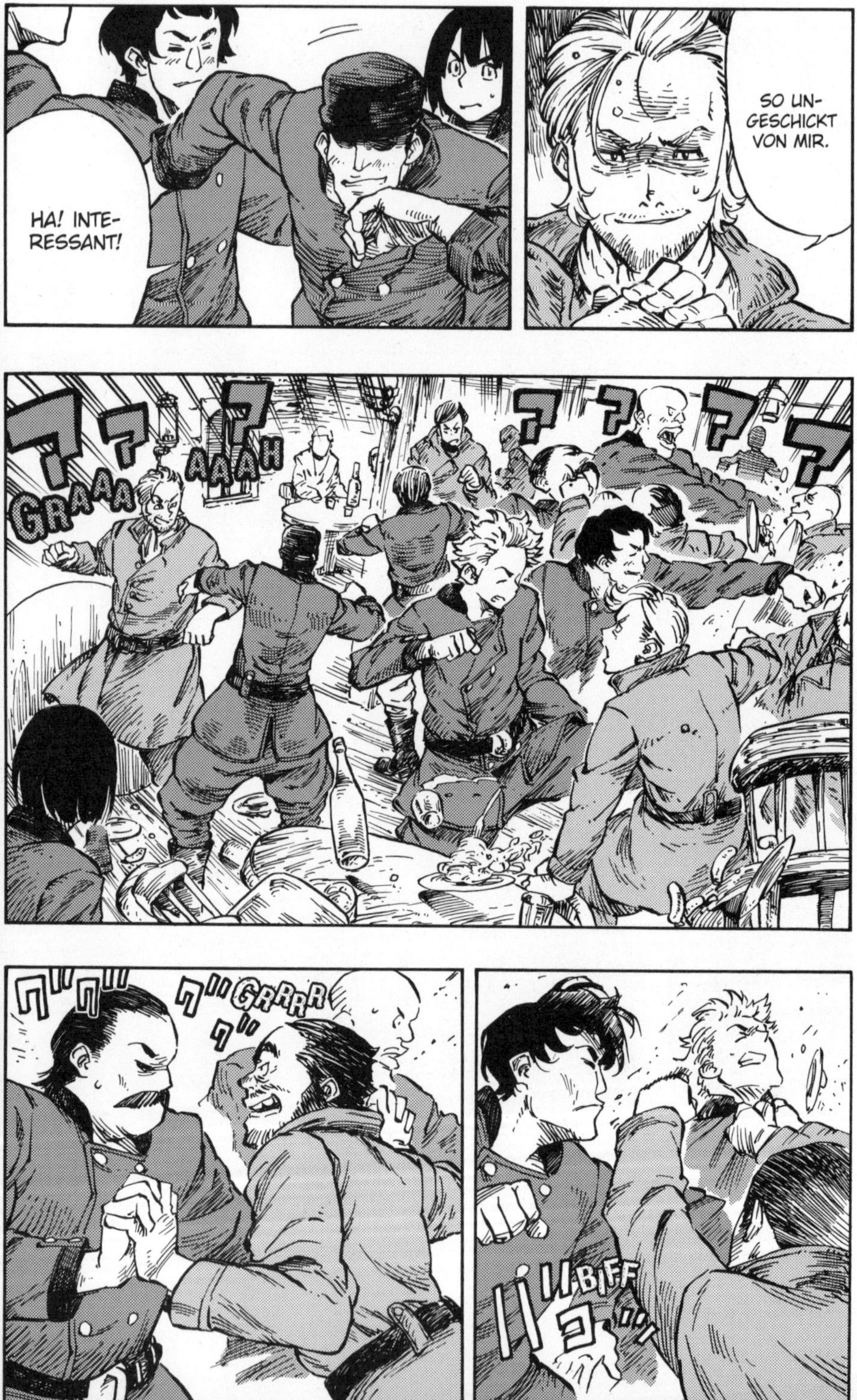
SO UN-
GESCHICKT
VON MIR.
HA! INTE-
RESSANT!
GRAAAA
AAAAH
GRRRR
BIFF

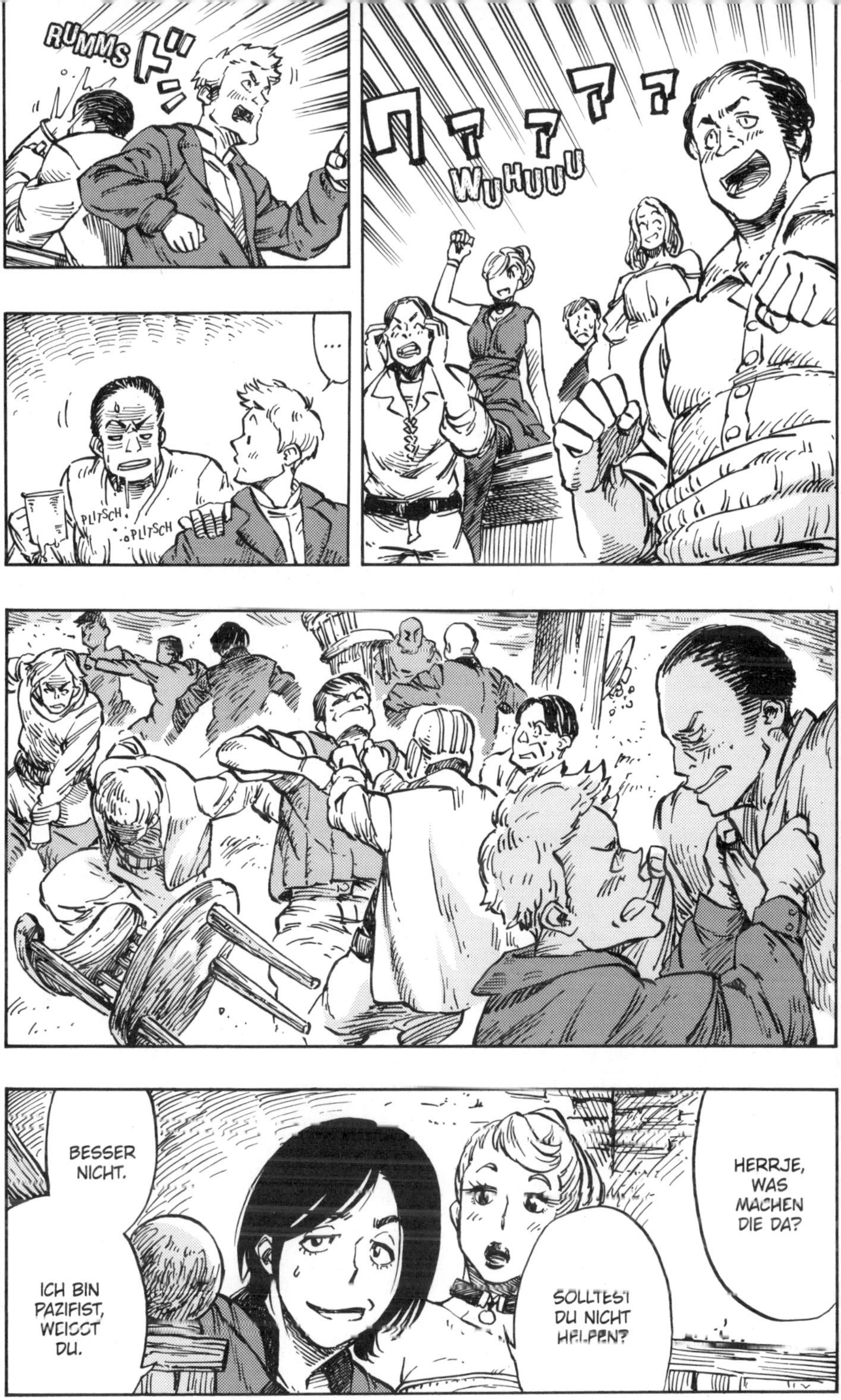

ワァァァァァ
WUHUUU
RUMMS
ドッ
...
PLITSCH
PLITSCH
HERRJE, WAS MACHEN DIE DA?
SOLLTEST DU NICHT HELFEN?
BESSER NICHT.
ICH BIN PAZIFIST, WEISST DU.

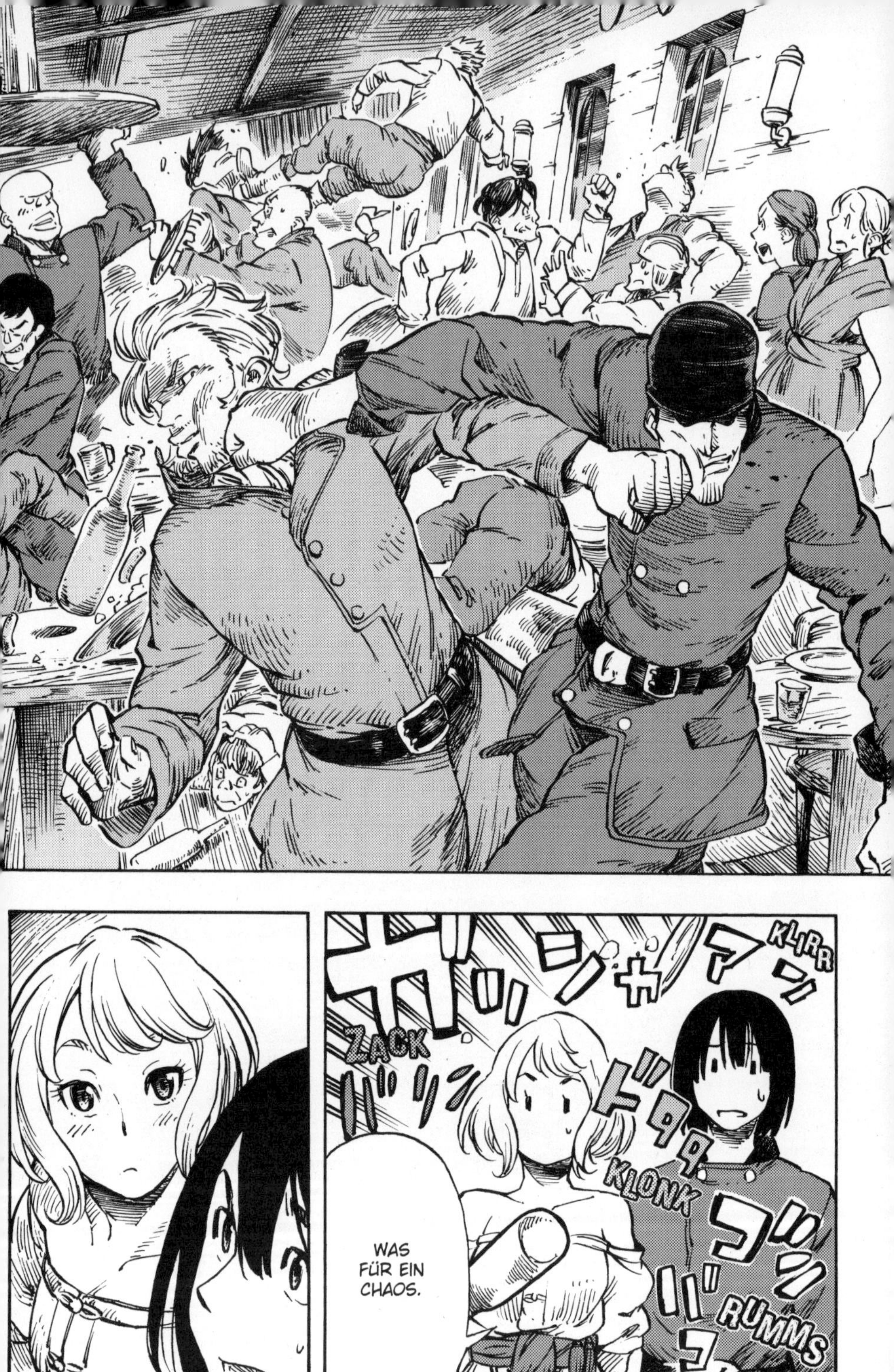
KLIRR
ZACK
KLONK
RUMMS
WAS FÜR EIN CHAOS.

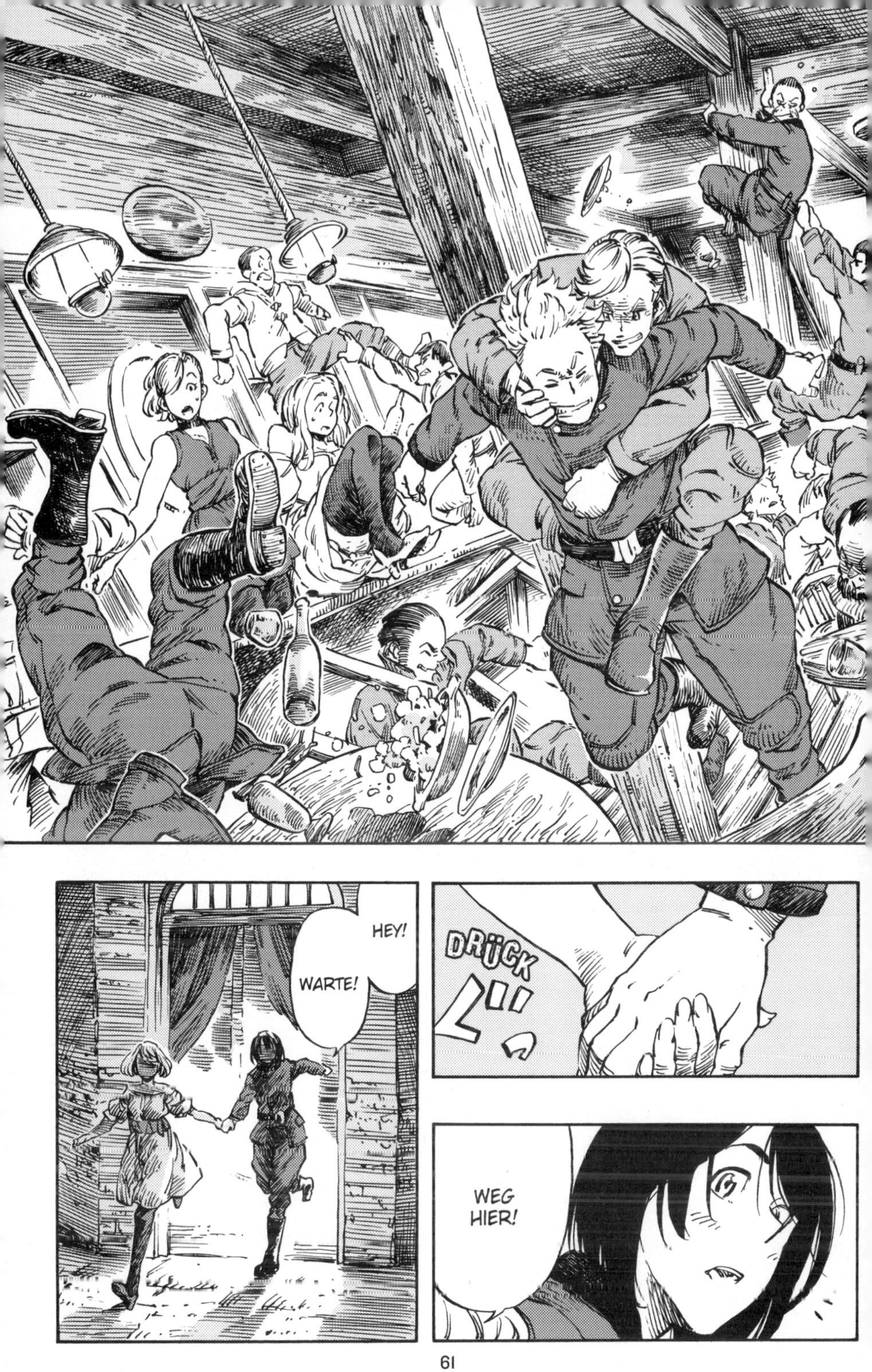
HEY!
WARTE!
DRÜCK
WEG HIER!

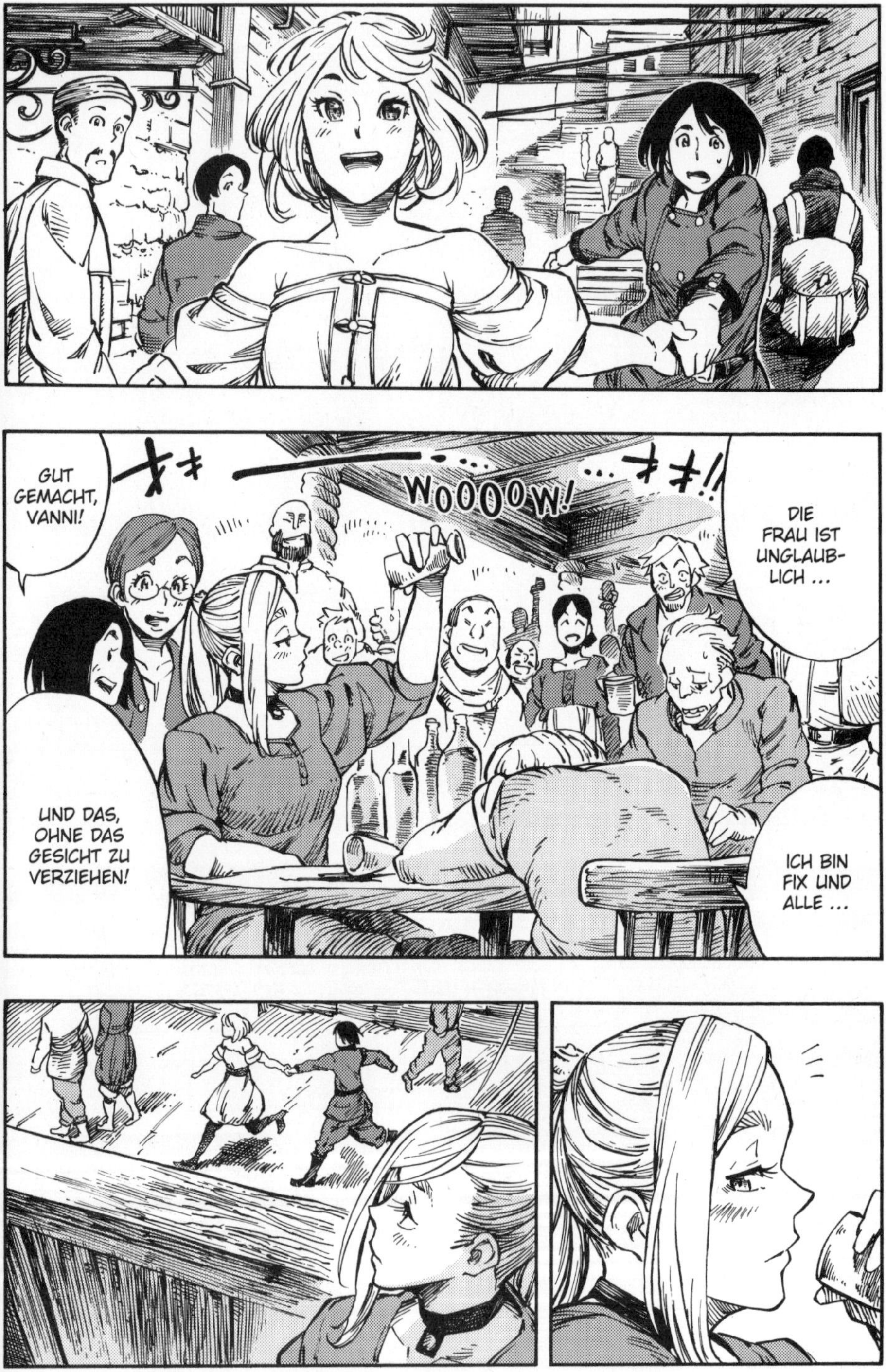
DIE FRAU IST UNGLAUBLICH ...
WOOOOW!
GUT GEMACHT, VANNI!
ICH BIN FIX UND ALLE ...
UND DAS, OHNE DAS GESICHT ZU VERZIEHEN!

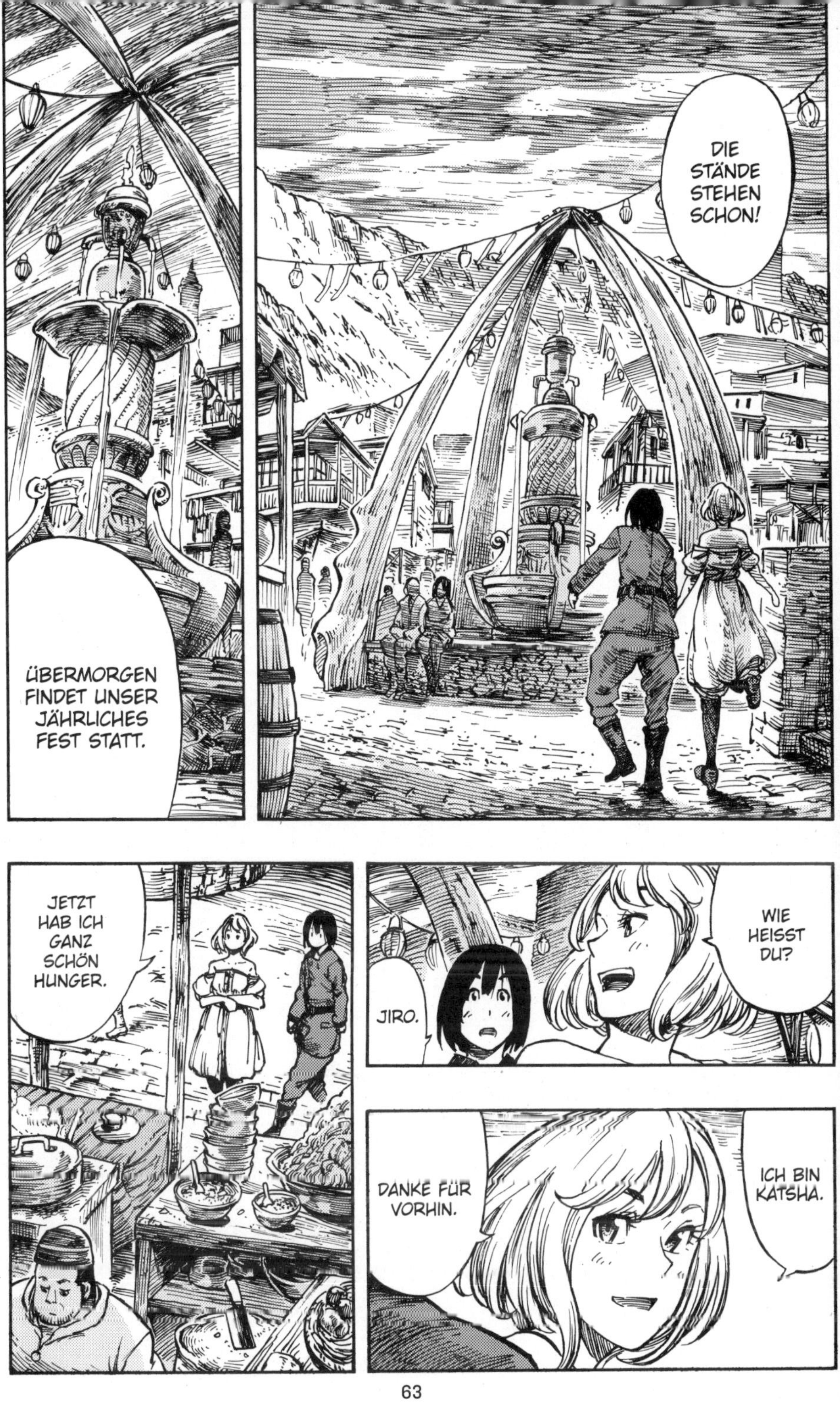
DIE STÄNDE STEHEN SCHON!
ÜBERMORGEN FINDET UNSER JÄHRLICHES FEST STATT.
WIE HEISST DU?
JIRO.
ICH BIN KATSHA.
DANKE FÜR VORHIN.
JETZT HAB ICH GANZ SCHÖN HUNGER.

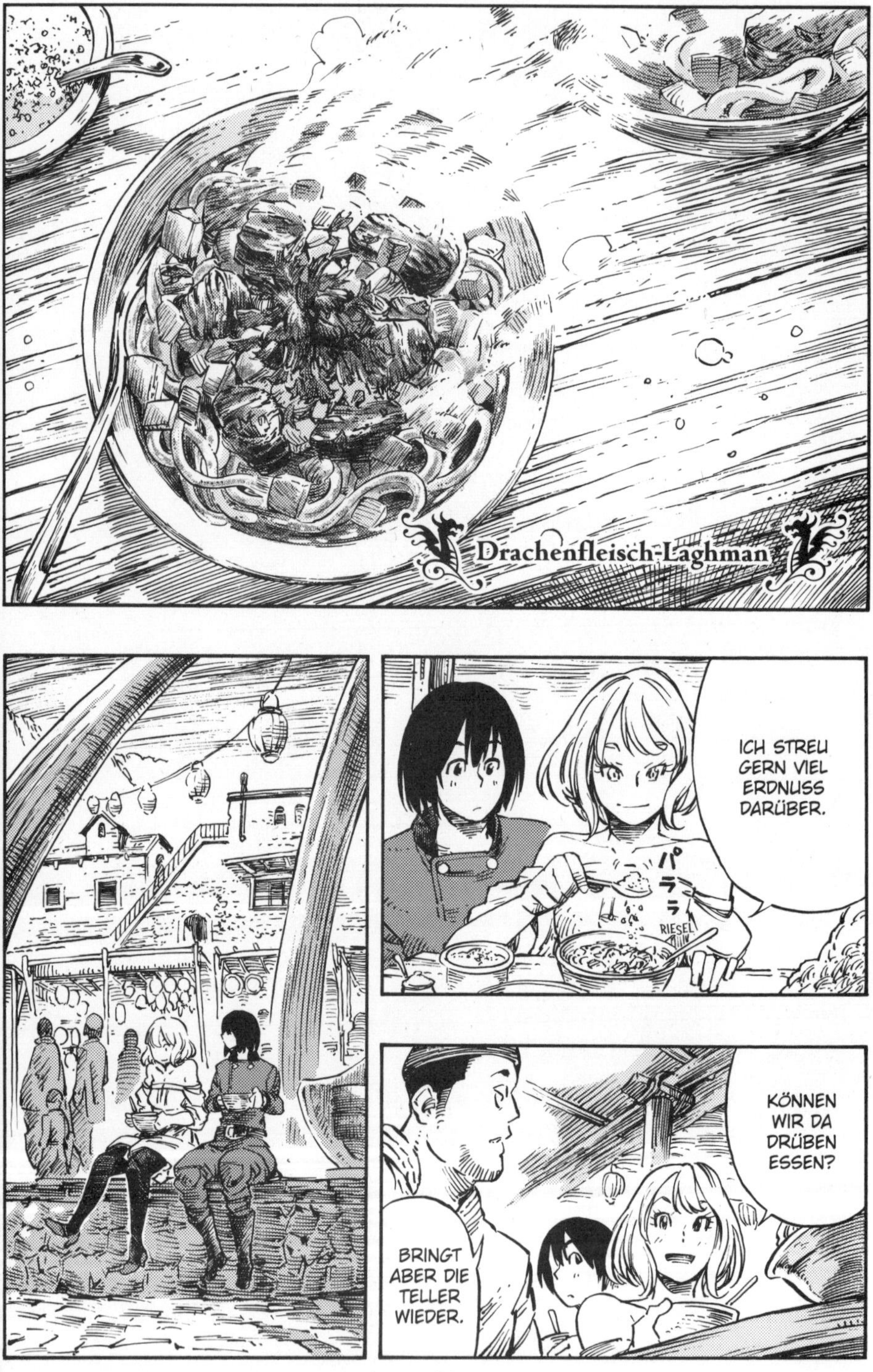
Drachenfleisch-Laghman
ICH STREU GERN VIEL ERDNUSS DARÜBER.
パラパラ
RIESEL
KÖNNEN WIR DA DRÜBEN ESSEN?
BRINGT ABER DIE TELLER WIEDER.

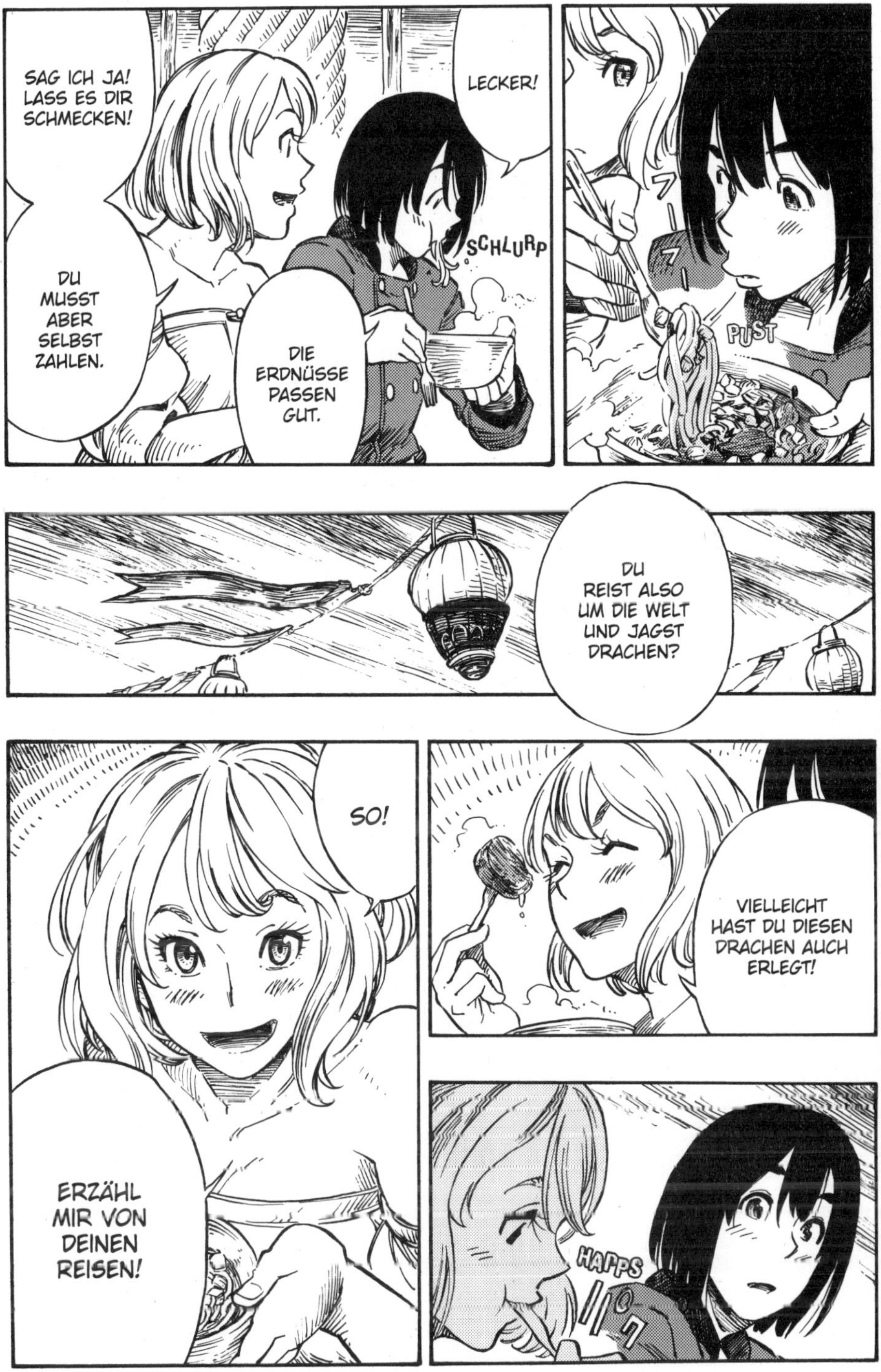
PUST
SCHLURP
LECKER!
DIE ERDNÜSSE PASSEN GUT.
SAG ICH JA! LASS ES DIR SCHMECKEN!
DU MUSST ABER SELBST ZAHLEN.
DU REIST ALSO UM DIE WELT UND JAGST DRACHEN?
VIELLEICHT HAST DU DIESEN DRACHEN AUCH ERLEGT!
HAPPS
SO!
ERZÄHL MIR VON DEINEN REISEN!

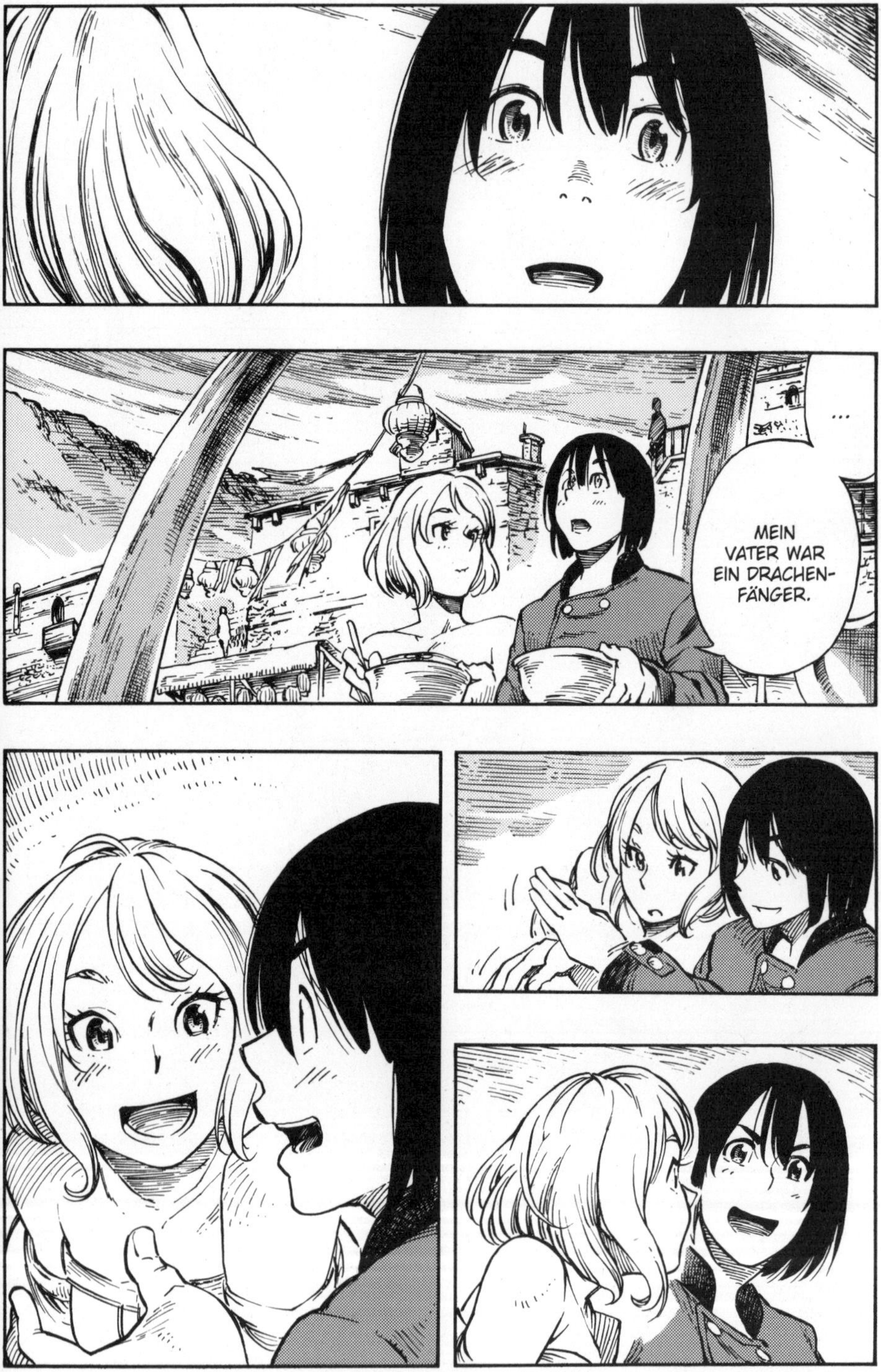
...
MEIN VATER WAR EIN DRACHEN-FÄNGER.

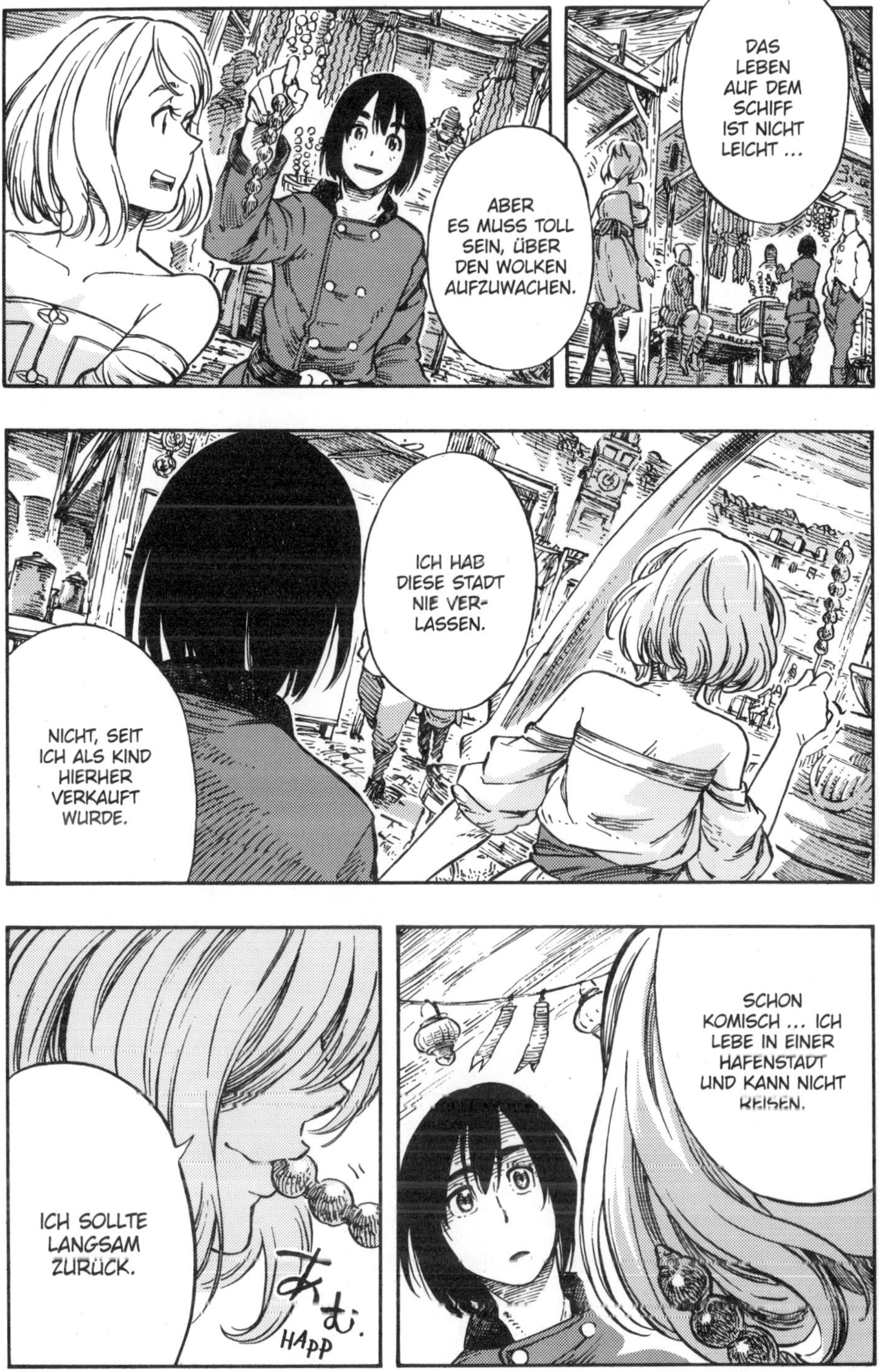
DAS LEBEN AUF DEM SCHIFF IST NICHT LEICHT …
ABER ES MUSS TOLL SEIN, ÜBER DEN WOLKEN AUFZUWACHEN.
ICH HAB DIESE STADT NIE VER-LASSEN.
NICHT, SEIT ICH ALS KIND HIERHER VERKAUFT WURDE.
SCHON KOMISCH … ICH LEBE IN EINER HAFENSTADT UND KANN NICHT REISEN.
ICH SOLLTE LANGSAM ZURÜCK.
あむ
HAPP

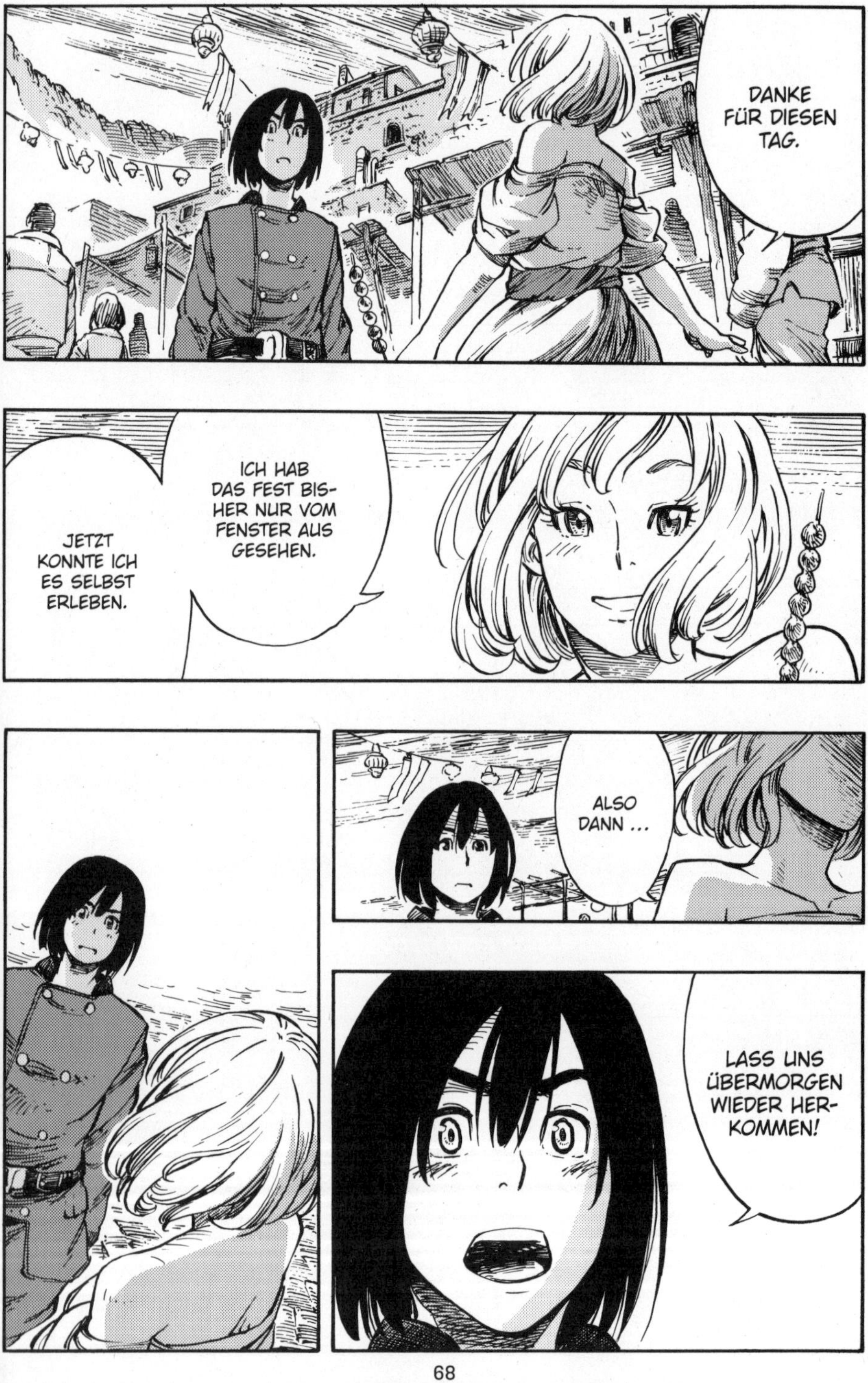

DANKE FÜR DIESEN TAG.
ICH HAB DAS FEST BISHER NUR VOM FENSTER AUS GESEHEN.
JETZT KONNTE ICH ES SELBST ERLEBEN.
ALSO DANN ...
LASS UNS ÜBERMORGEN WIEDER HERKOMMEN!

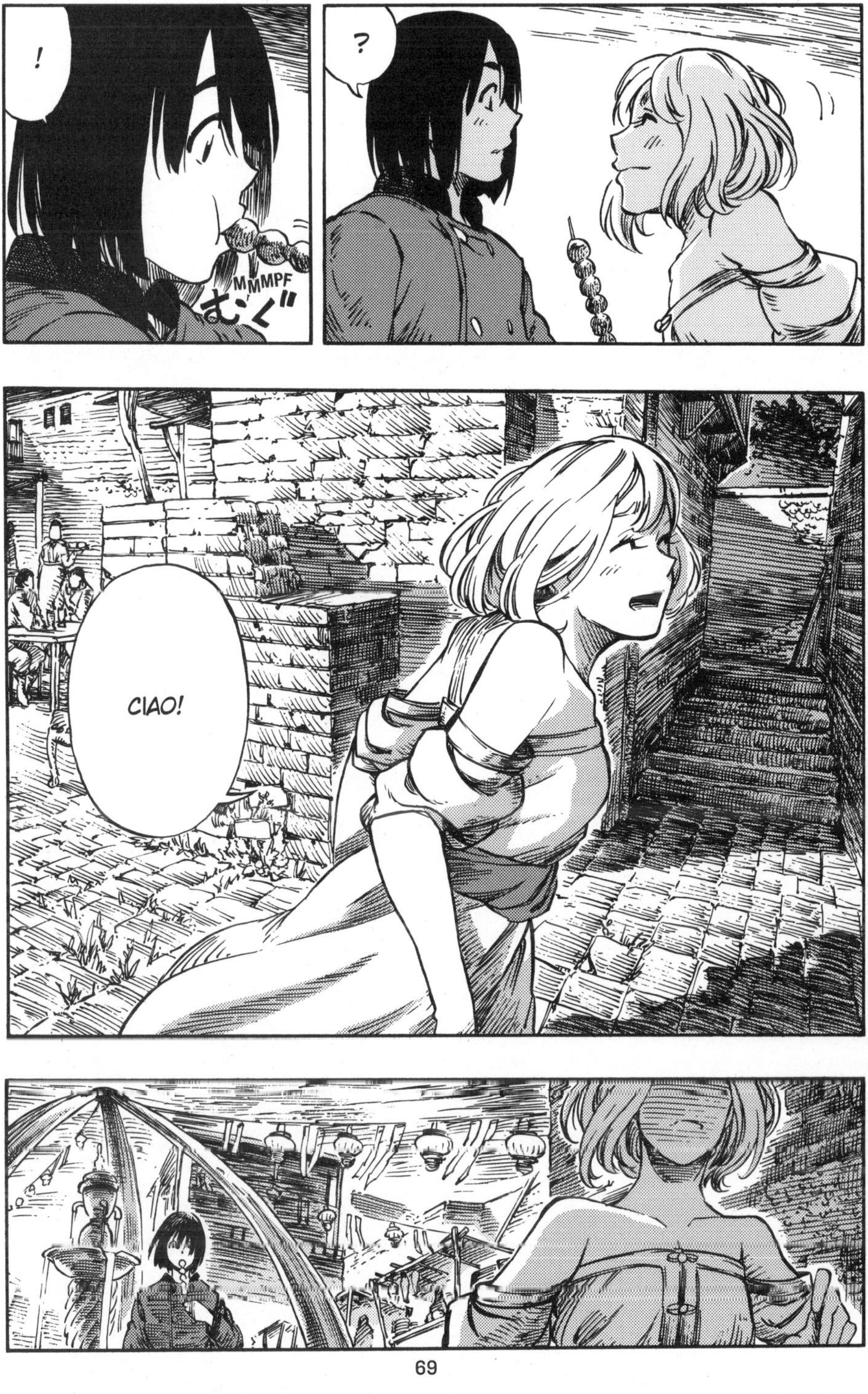

?
!
MMMPF
むぐ
CIAO!

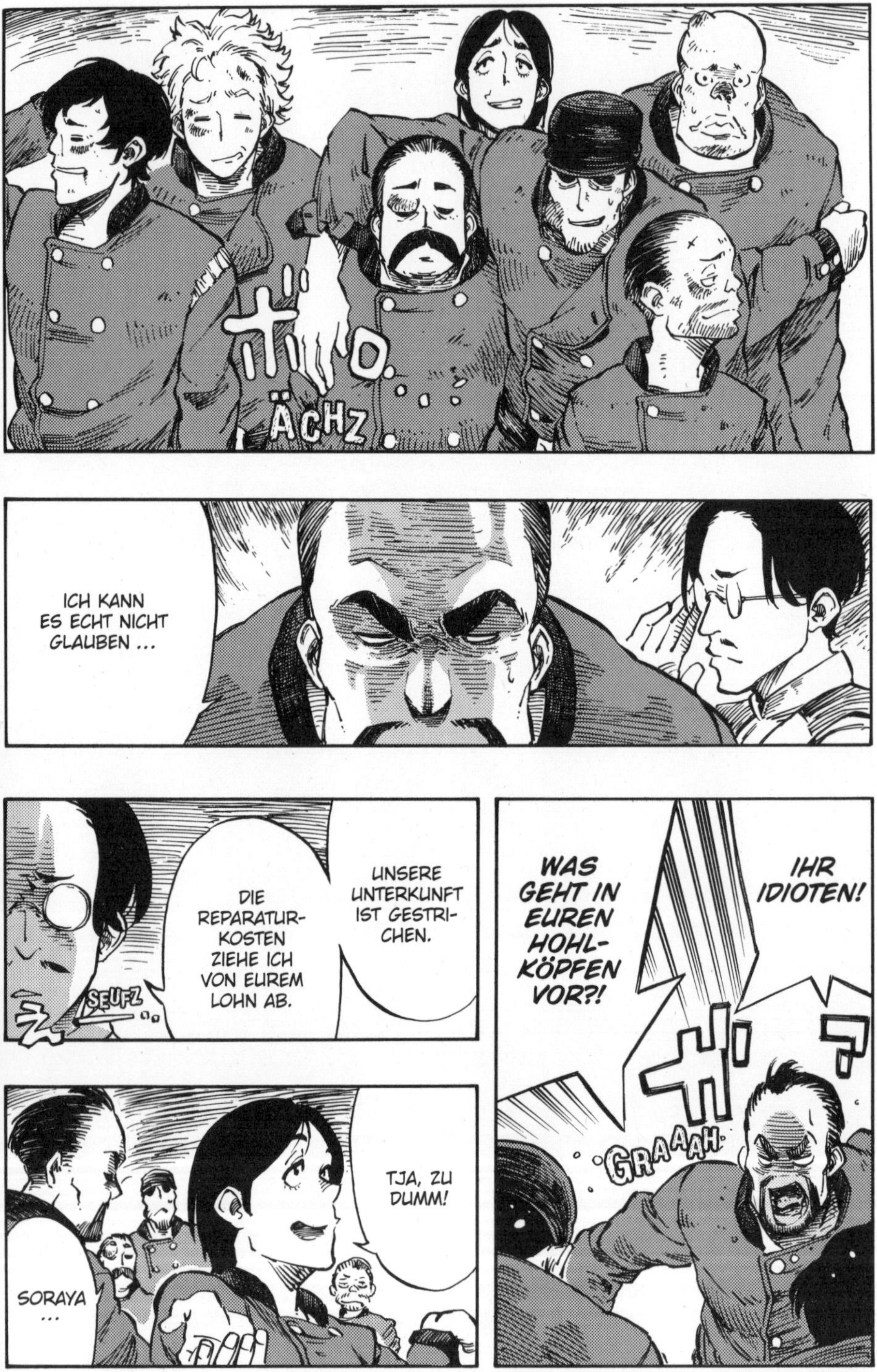
ÄCHZ
ICH KANN ES ECHT NICHT GLAUBEN ...
IHR IDIOTEN!
WAS GEHT IN EUREN HOHL-KÖPFEN VOR?!
GRAAAH
UNSERE UNTERKUNFT IST GESTRI-CHEN.
DIE REPARATUR-KOSTEN ZIEHE ICH VON EUREM LOHN AB.
SEUFZ
TJA, ZU DUMM!
SORAYA ...

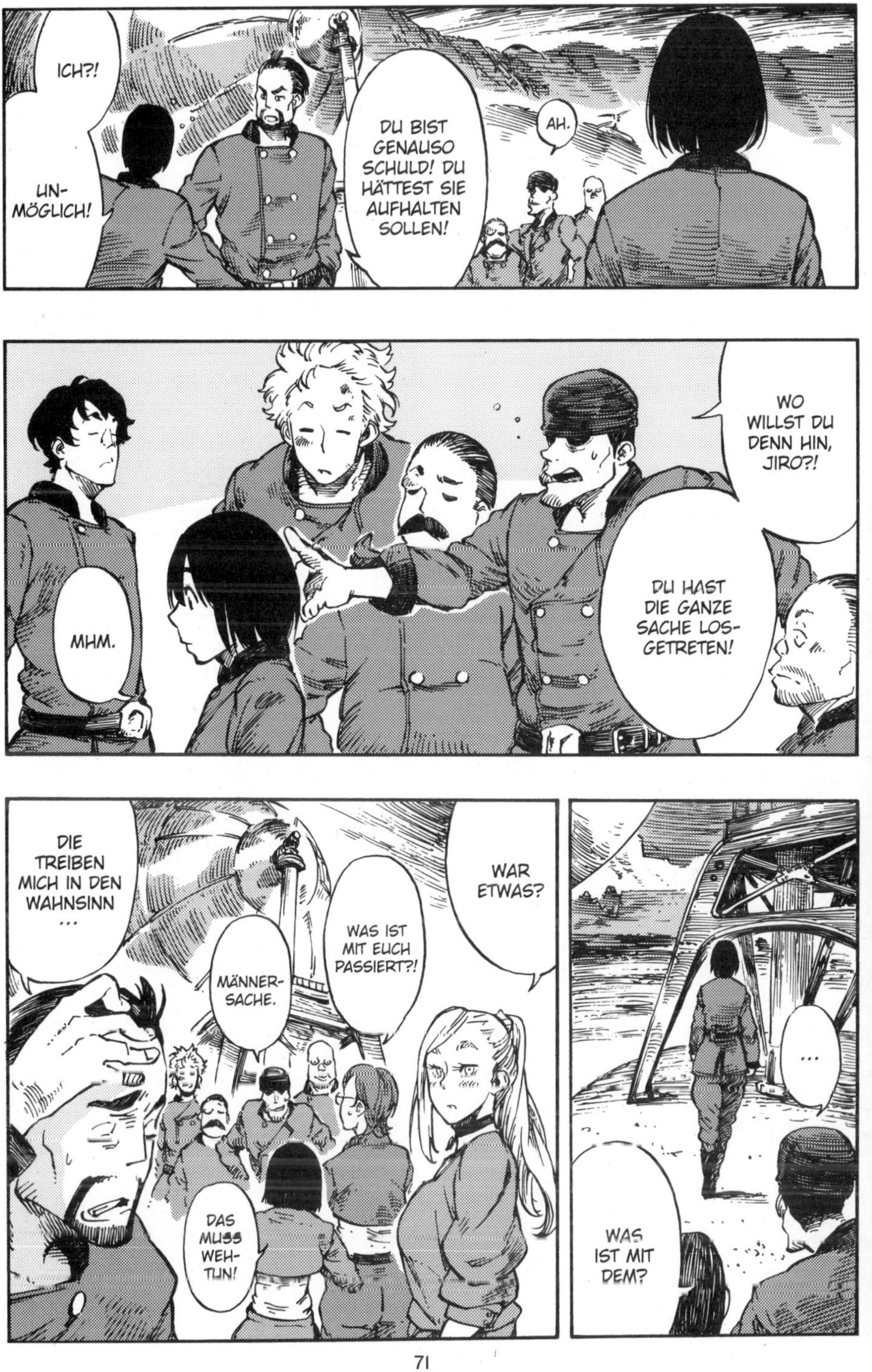
AH.
DU BIST GENAUSO SCHULD! DU HÄTTEST SIE AUFHALTEN SOLLEN!
ICH?!
UN-MÖGLICH!
WO WILLST DU DENN HIN, JIRO?!
DU HAST DIE GANZE SACHE LOS-GETRETEN!
MHM.
...
WAS IST MIT DEM?
WAR ETWAS?
WAS IST MIT EUCH PASSIERT?!
MÄNNER-SACHE.
DIE TREIBEN MICH IN DEN WAHNSINN ...
DAS MUSS WEH-TUN!

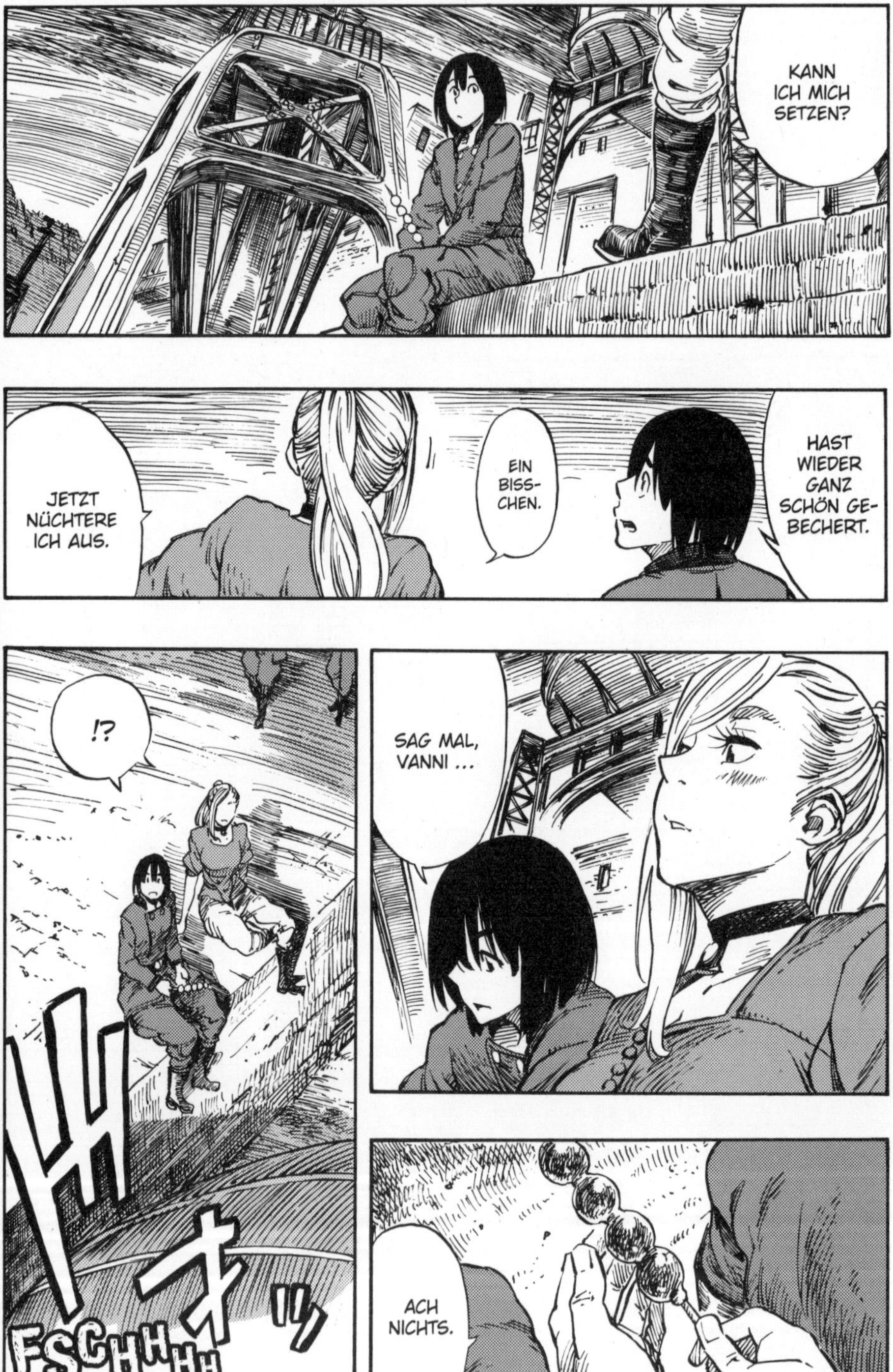
KANN ICH MICH SETZEN?
HAST WIEDER GANZ SCHÖN GE-BECHERT.
EIN BISS-CHEN.
JETZT NÜCHTERE ICH AUS.
SAG MAL, VANNI …
ACH NICHTS.
!?
FSCHHHHH

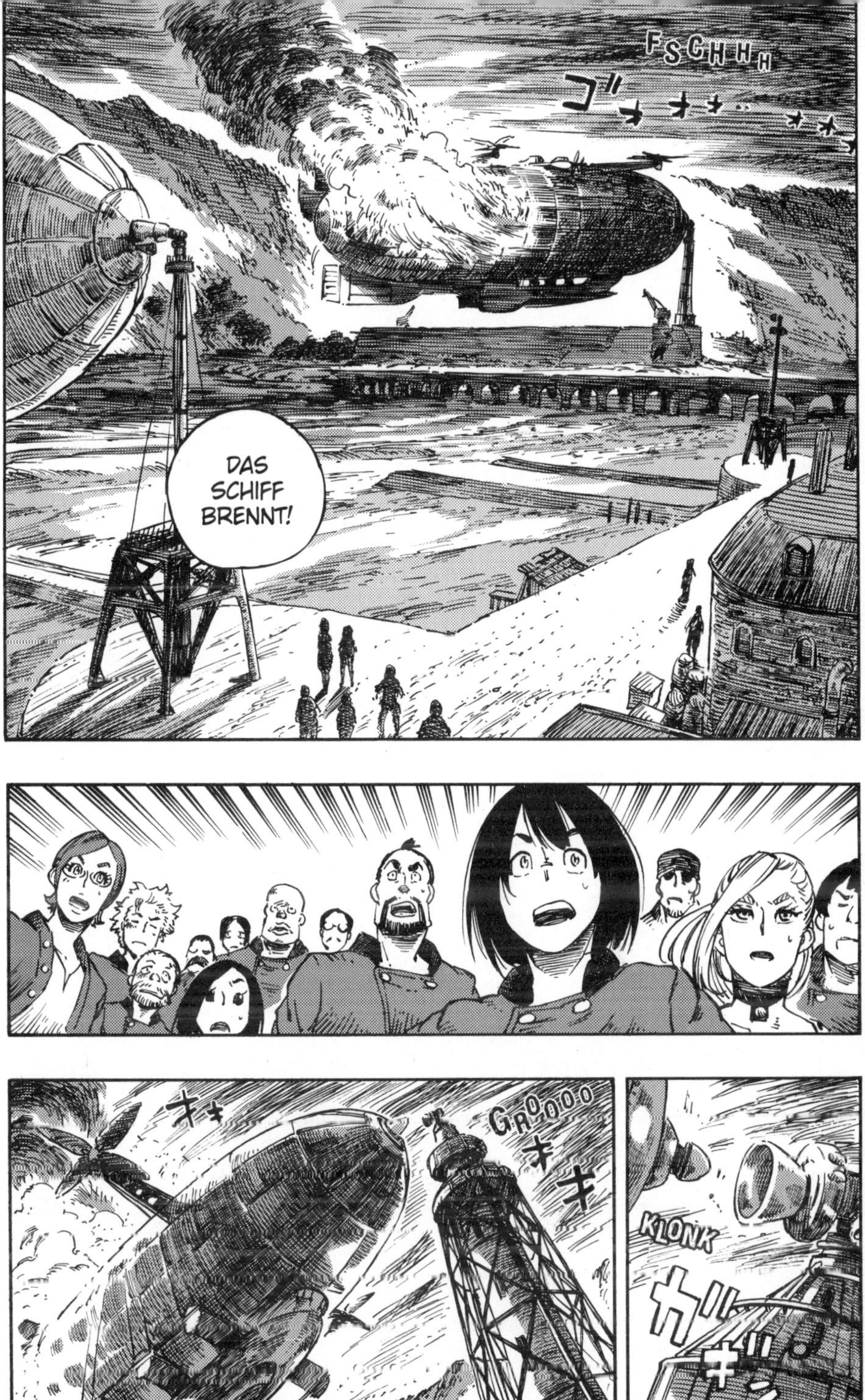
FSCHHHH
DAS SCHIFF BRENNT!
GROOOO
KLONK

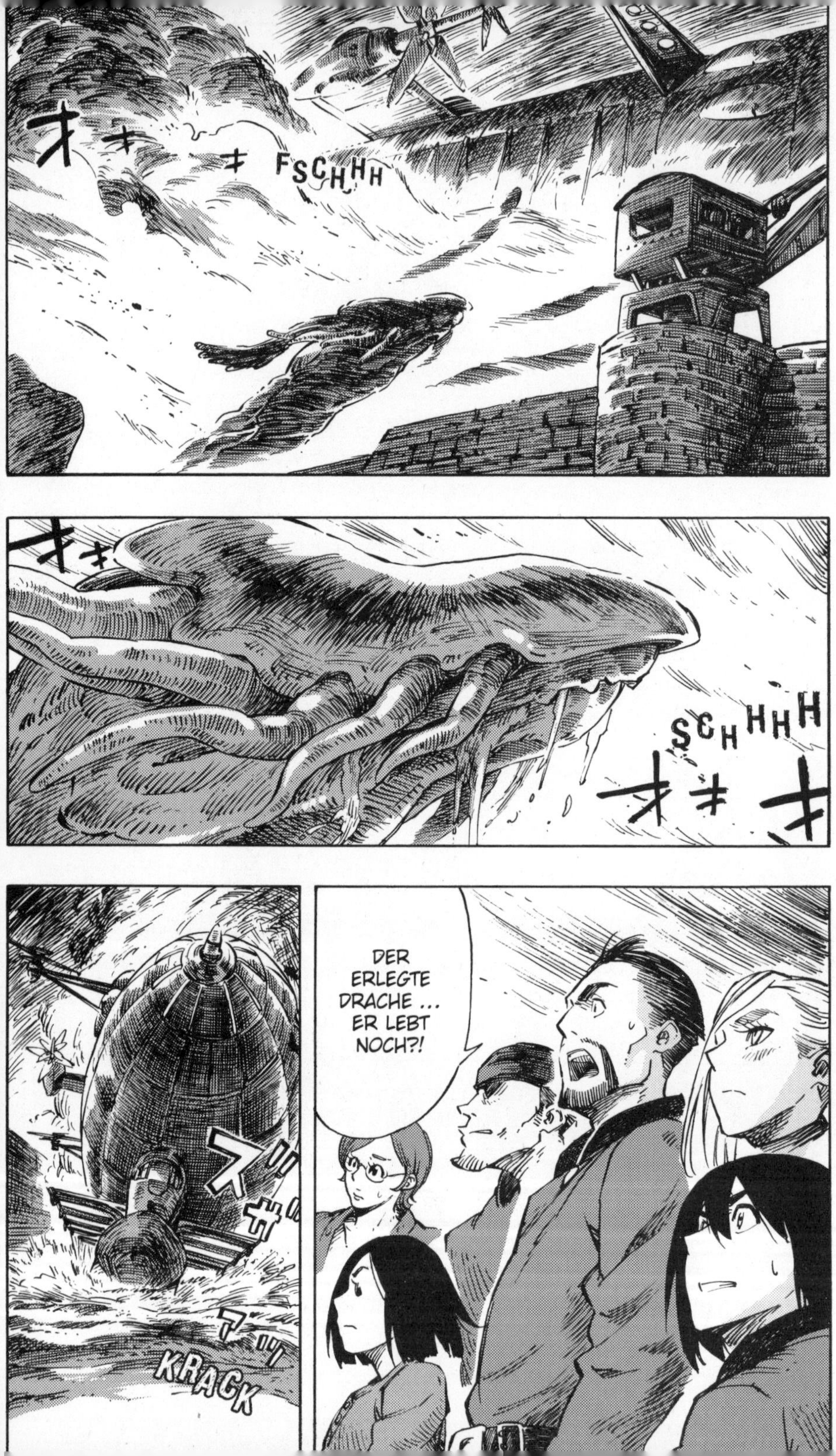
FSCHHHH
SCHHHHH
DER ERLEGTE DRACHE ... ER LEBT NOCH?!
KRACK

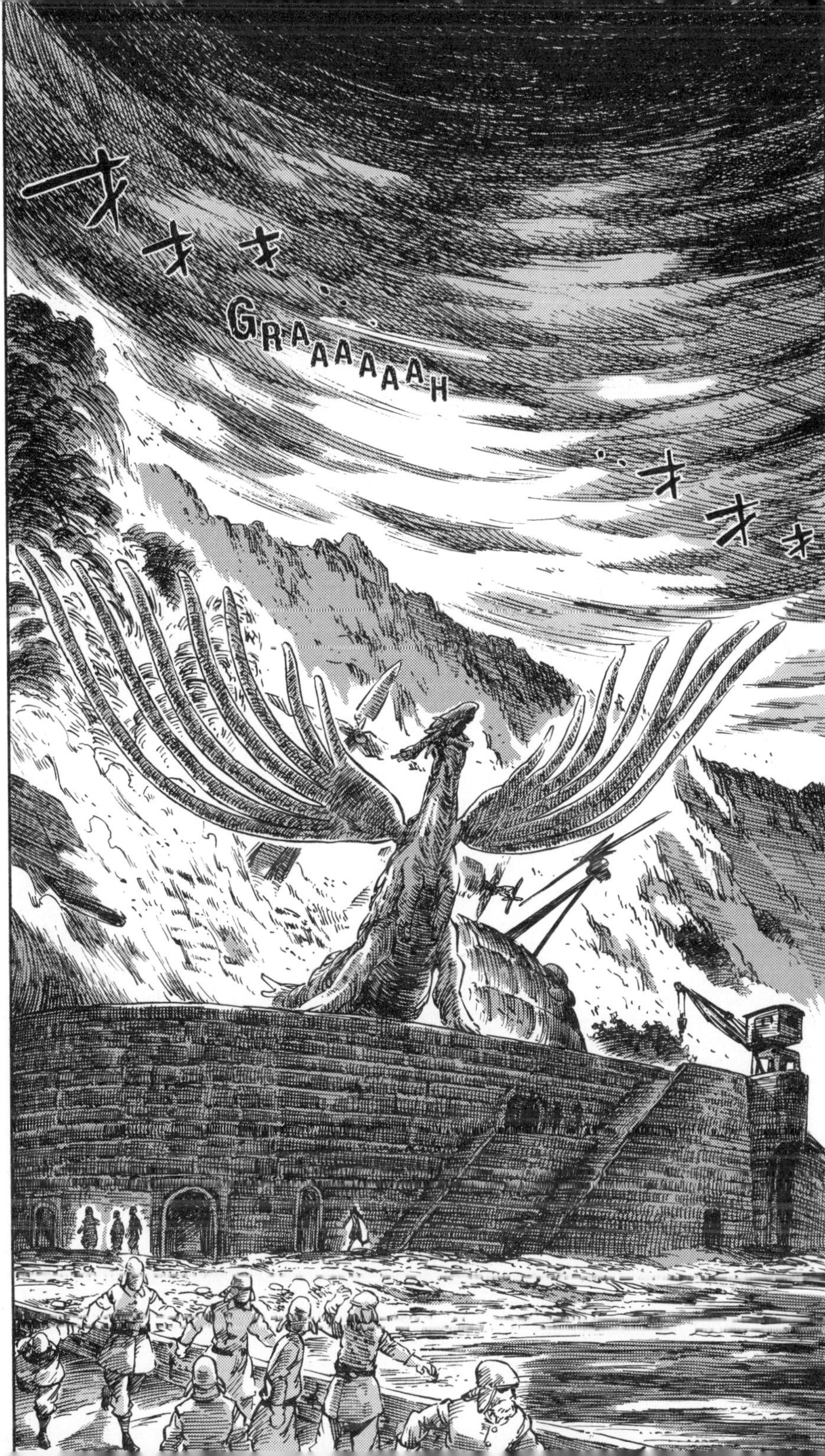
オォォ…
GRAAAAAAH
…ォォォ

Drachenfleisch-Laghman

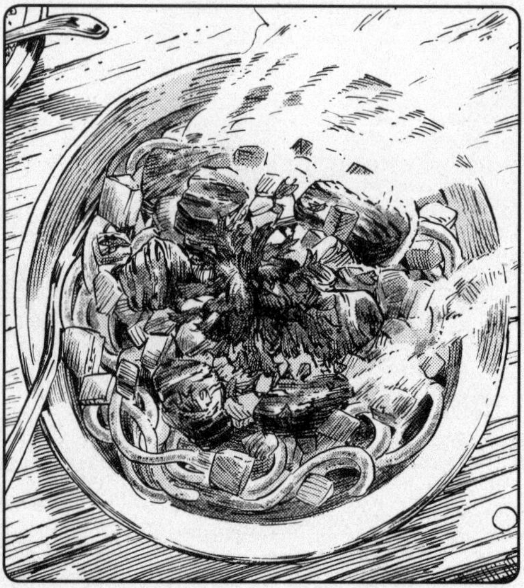

Zutaten für 4 Personen

★ Nudeln:

- ◆ 300 g festes Weizenmehl
- ◆ $\frac{3}{4}$ Tasse Wasser
- ◆ $\frac{1}{2}$ TL Salz

★ Eintopf:

- ◆ 200 g Drachenfleisch
- ◆ je $\frac{1}{2}$: Zwiebel, Karotte, Stange Sellerie
- ◆ 1 Kartoffel
- ◆ 1 bis 2 Tomaten
- ◆ 2 Paprika
- ◆ 1 Knoblauchzehe
- ◆ $\frac{1}{2}$ EL Salz
- ◆ je $\frac{1}{2}$ TL: Kreuzkümmel, gemahlener Koriander, Chilipulver
- ◆ Koriander nach Geschmack

01

Wasser, Salz und Mehl in einer Schüssel mischen und zu einem glatten Teig verarbeiten. Dabei darauf achten, dass die Flüssigkeit den ganzen Teig durchdringt. 15 Minuten ruhen lassen.

02

Teig in mehrere Teile trennen und auf einer glatten Oberfläche zu ca. 1 cm dicken Rechtecken ausrollen. Die ausgerollten Teigstücke spiralförmig auf einem Teller übereinander schichten. Mit etwas Salatöl bestreichen, um ein Austrocknen zu verhindern.

03

Das Fleisch in mundgerechte Stücke und das Gemüse in etwa 1,5 cm große Würfel schneiden.

04

Einen großzügigen Schuss Öl in einer Pfanne so weit erhitzen, dass Dampf zu sehen ist. Dann den Knoblauch und das Fleisch hinzugeben. Das Fleisch gründlich anbraten und das Gemüse dazugeben, sobald das Fleisch bis innen erhitzt ist. Die Tomaten dabei zuletzt hinzufügen.

05

10 Tassen heisses Wasser, Salz und Gewürze hinzufügen und zum Kochen bringen. Dann auf kleiner Flamme ca. 20 Minuten köcheln lassen, bis die Zutaten weich sind.

06

Die Teigstücke mit beiden Händen aufnehmen und in die Länge ziehen.

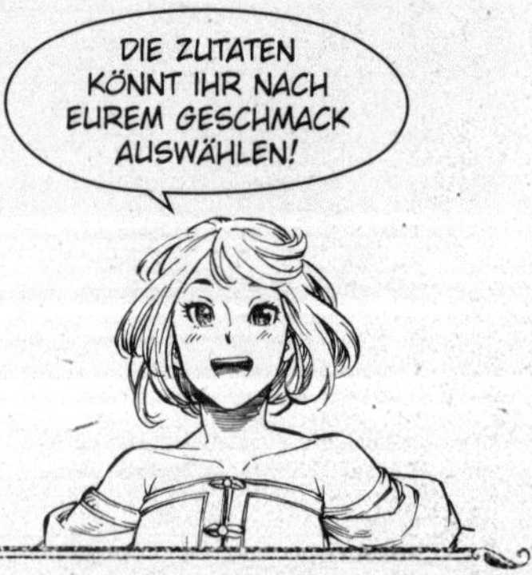

07

Die Nudelstücke weiter in die Länge ziehen. Dabei beide Enden in beiden Händen halten und den Teig beim Auseinanderziehen auf das Schneidebrett schlagen. Die Nudeln dann in einen Topf voll heißem Wasser kochen.

08

Die Nudeln mit einem Sieb abschöpfen, sobald sie an der Oberfläche schwimmen, und abtropfen lassen. Dann die Nudeln in eine Schüssel geben, die Suppe darüber geben und mit etwas gehacktem Koriander garnieren. Fertig!

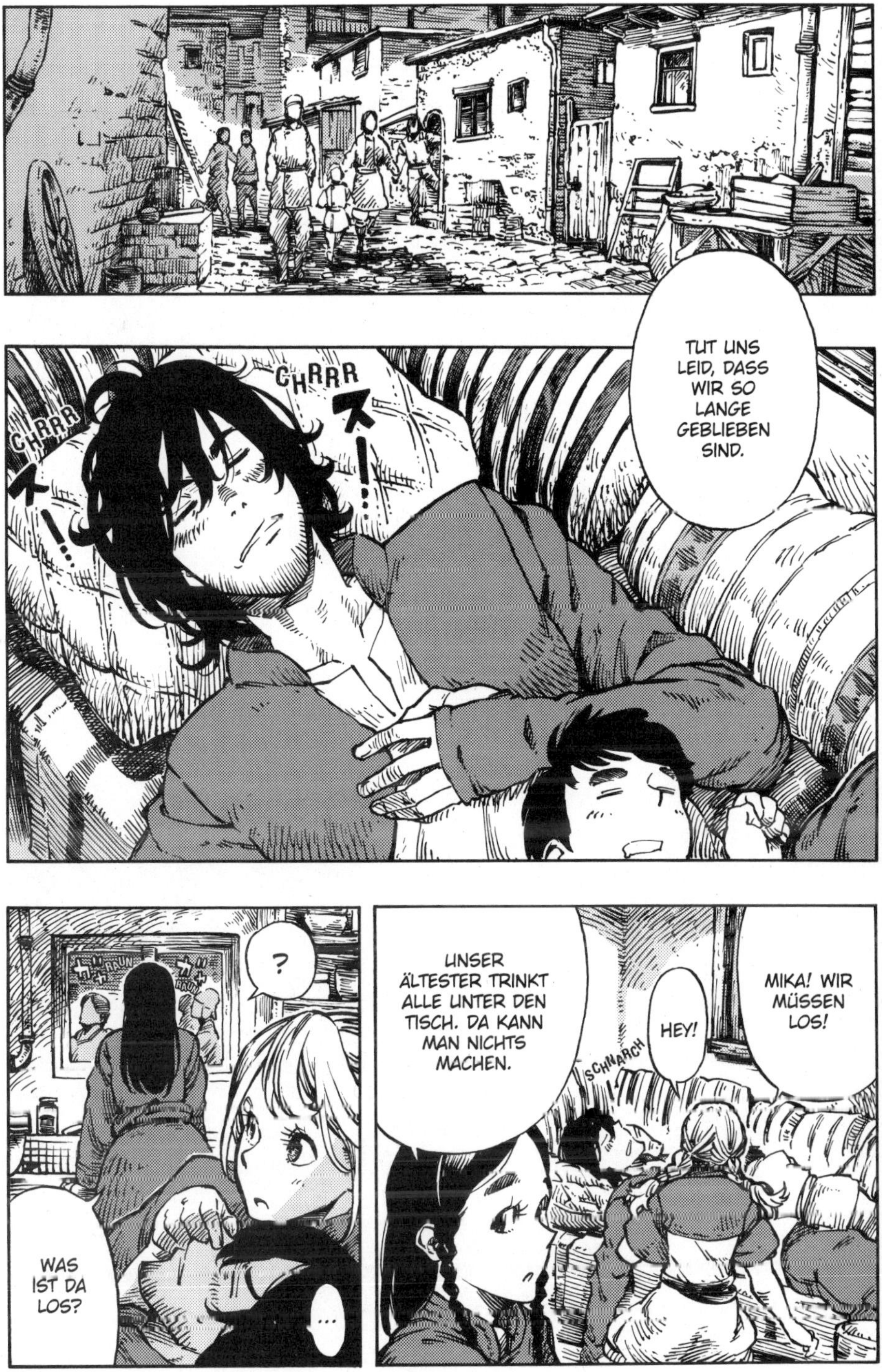
CHRRR
CHRRR
TUT UNS LEID, DASS WIR SO LANGE GEBLIEBEN SIND.
MIKA! WIR MÜSSEN LOS!
HEY!
SCHNARCH
UNSER ÄLTESTER TRINKT ALLE UNTER DEN TISCH. DA KANN MAN NICHTS MACHEN.
?
WAS IST DA LOS?
...

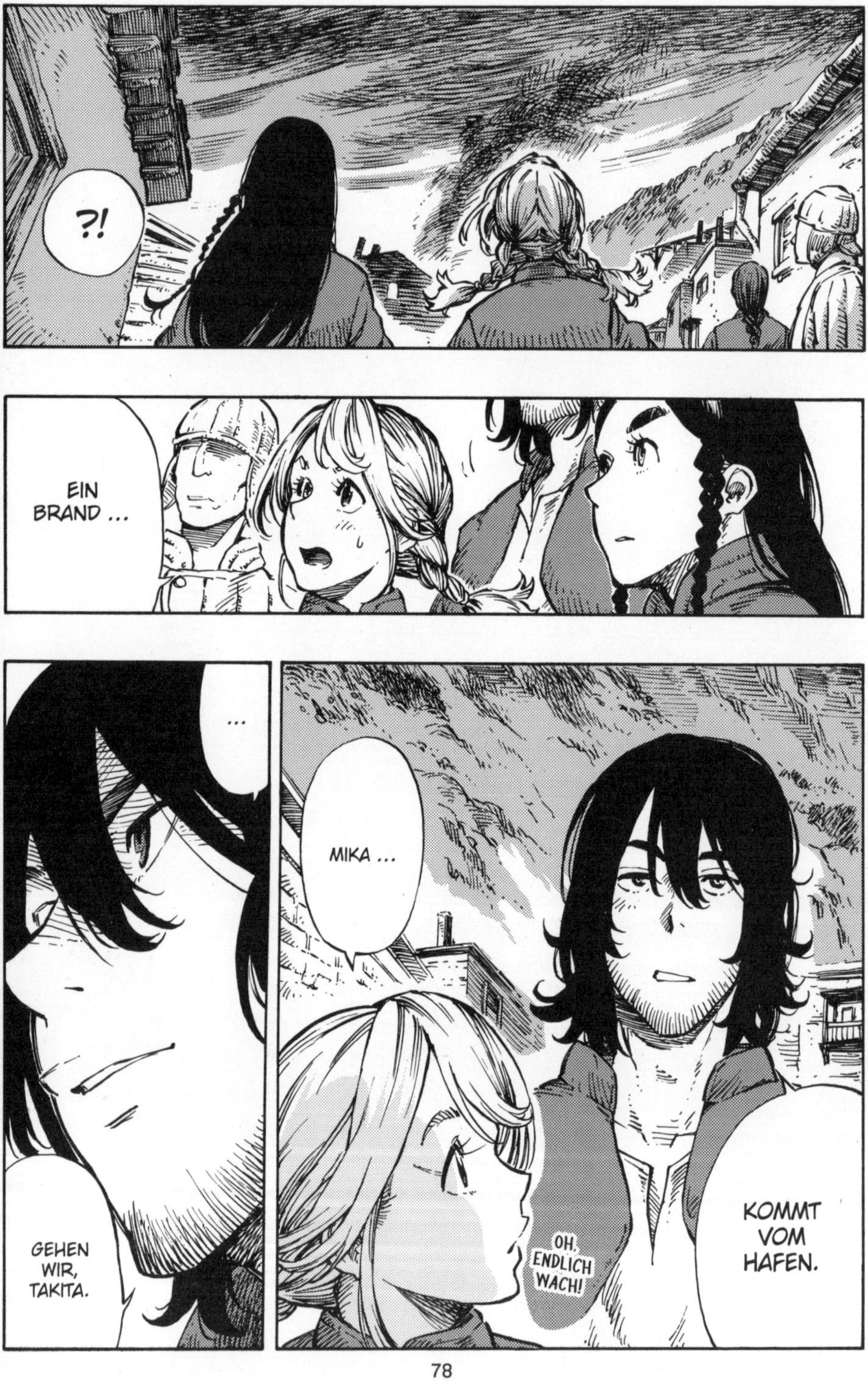
?!
EIN BRAND …
KOMMT VOM HAFEN.
OH, ENDLICH WACH!
MIKA …
…
GEHEN WIR, TAKITA.

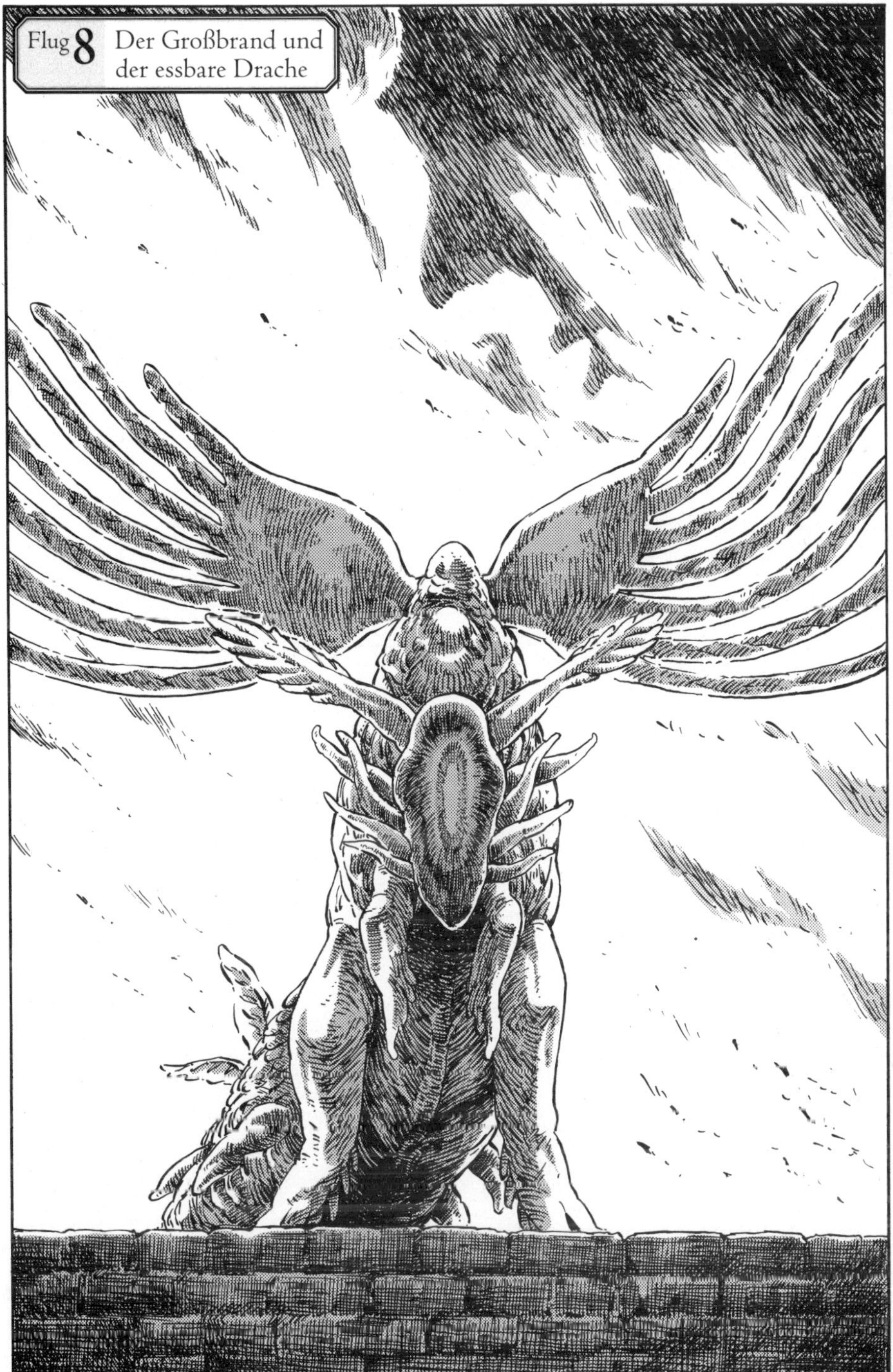
Flug 8
Der Großbrand und der essbare Drache

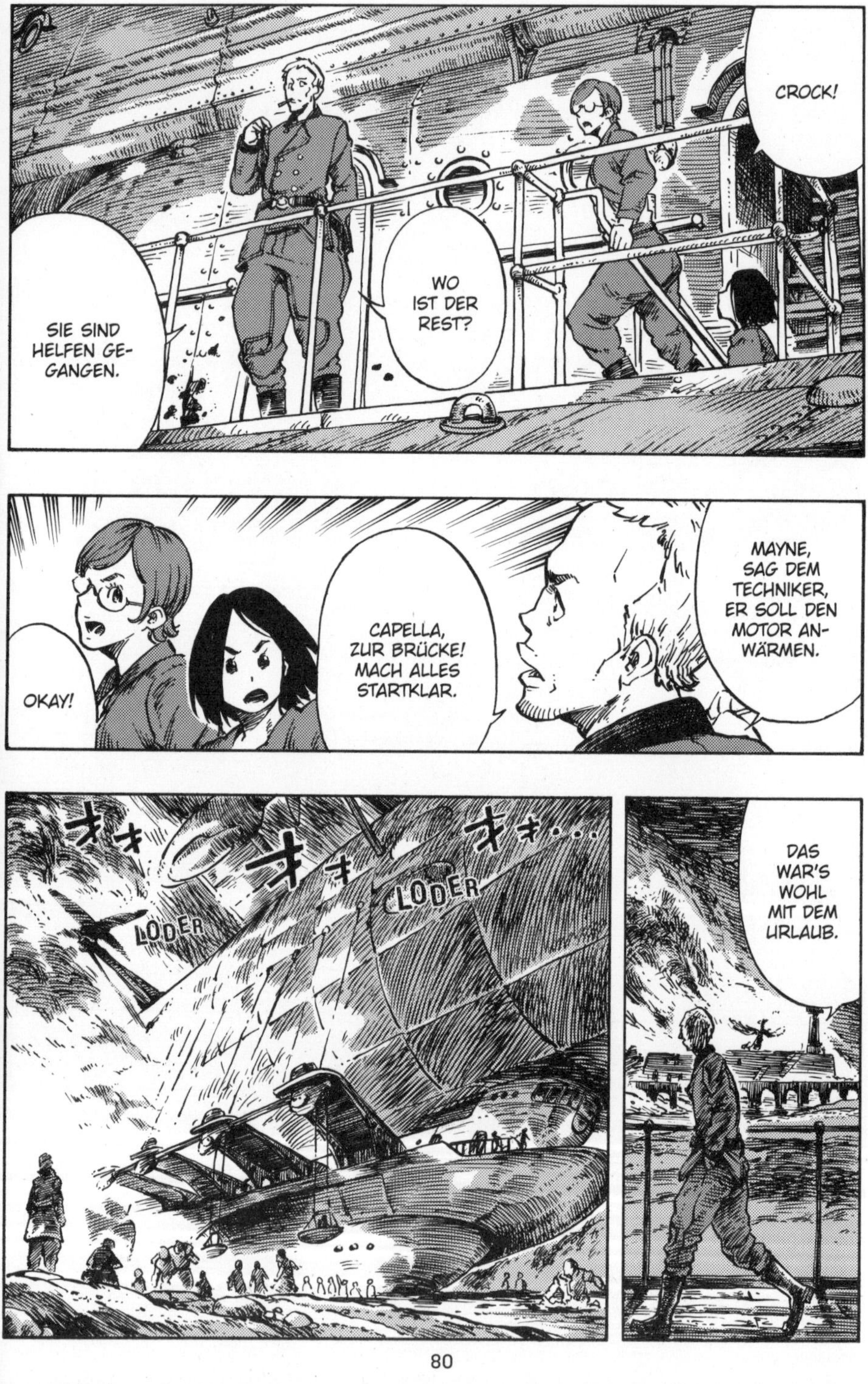
CROCK!
WO IST DER REST?
SIE SIND HELFEN GE-GANGEN.
MAYNE, SAG DEM TECHNIKER, ER SOLL DEN MOTOR AN-WÄRMEN.
CAPELLA, ZUR BRÜCKE! MACH ALLES STARTKLAR.
OKAY!
DAS WAR'S WOHL MIT DEM URLAUB.
LODER
LODER

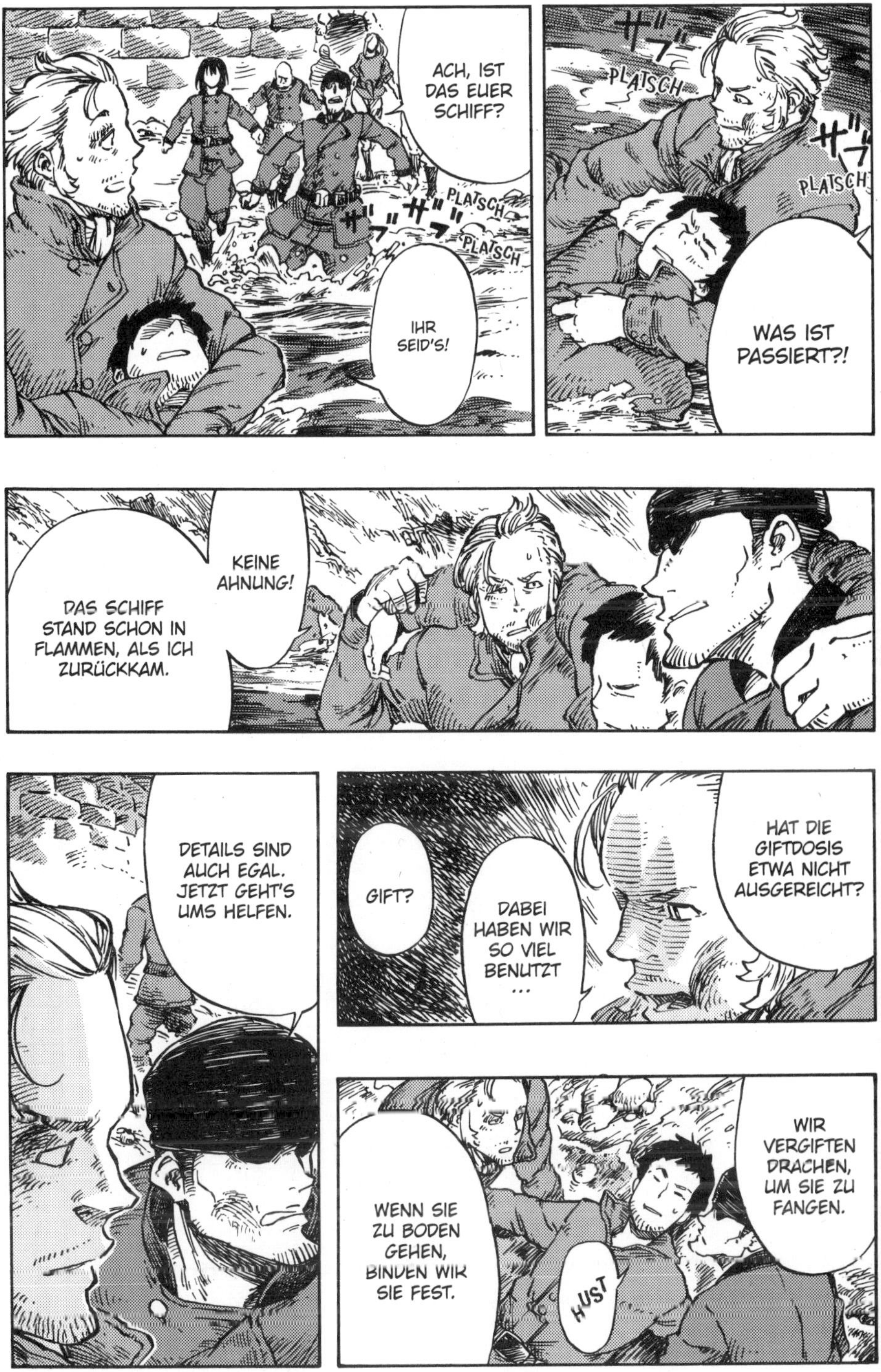
PLATSCH
PLATSCH
WAS IST PASSIERT?!
ACH, IST DAS EUER SCHIFF?
PLATSCH
PLATSCH
IHR SEID'S!
KEINE AHNUNG!
DAS SCHIFF STAND SCHON IN FLAMMEN, ALS ICH ZURÜCKKAM.
HAT DIE GIFTDOSIS ETWA NICHT AUSGEREICHT?
DABEI HABEN WIR SO VIEL BENUTZT ...
GIFT?
WIR VERGIFTEN DRACHEN, UM SIE ZU FANGEN.
HUST
WENN SIE ZU BODEN GEHEN, BINDEN WIR SIE FEST.
DETAILS SIND AUCH EGAL. JETZT GEHT'S UMS HELFEN.

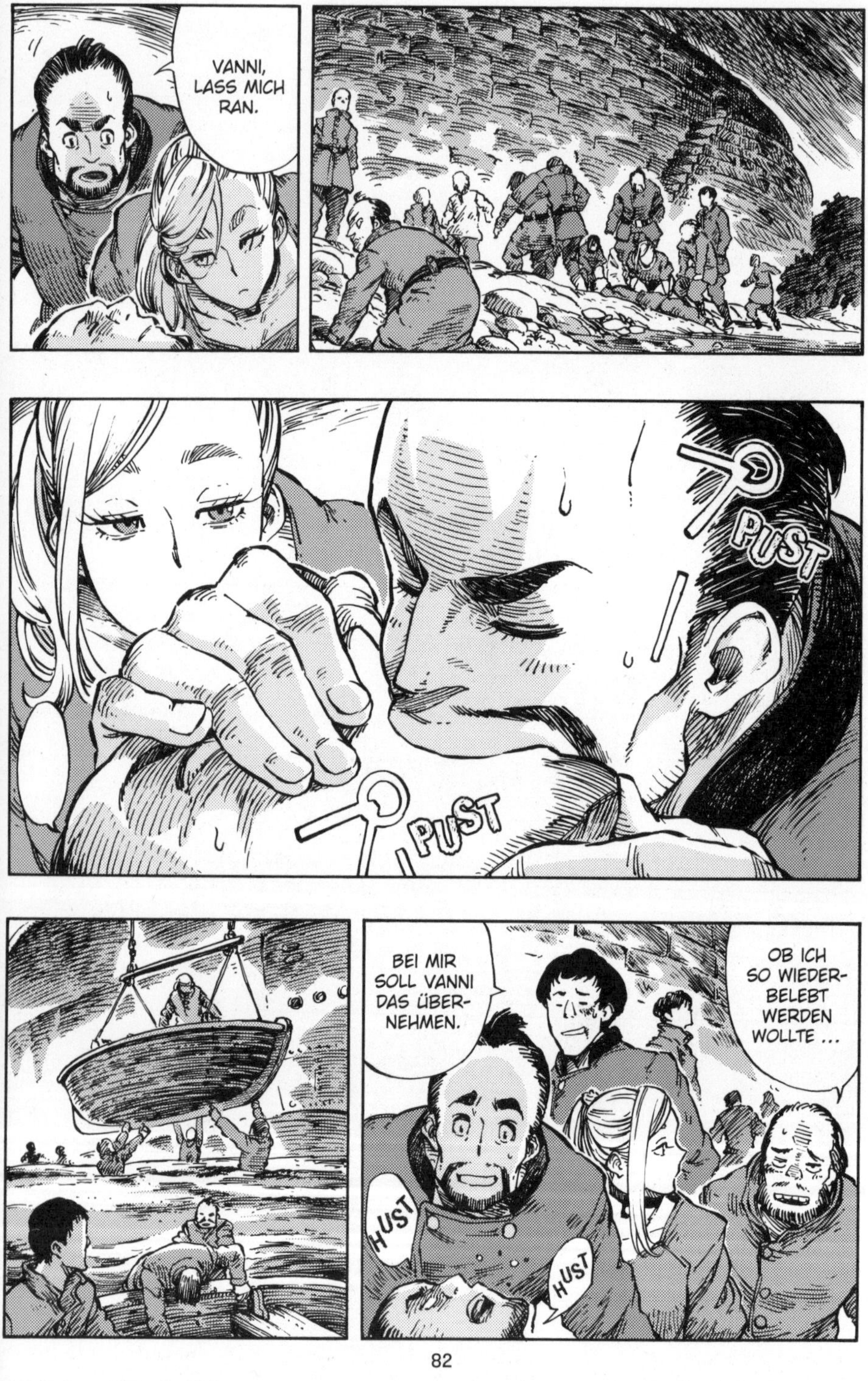

VANNI, LASS MICH RAN.
PUST
PUST
BEI MIR SOLL VANNI DAS ÜBER-NEHMEN.
OB ICH SO WIEDER-BELEBT WERDEN WOLLTE …
HUST
HUST

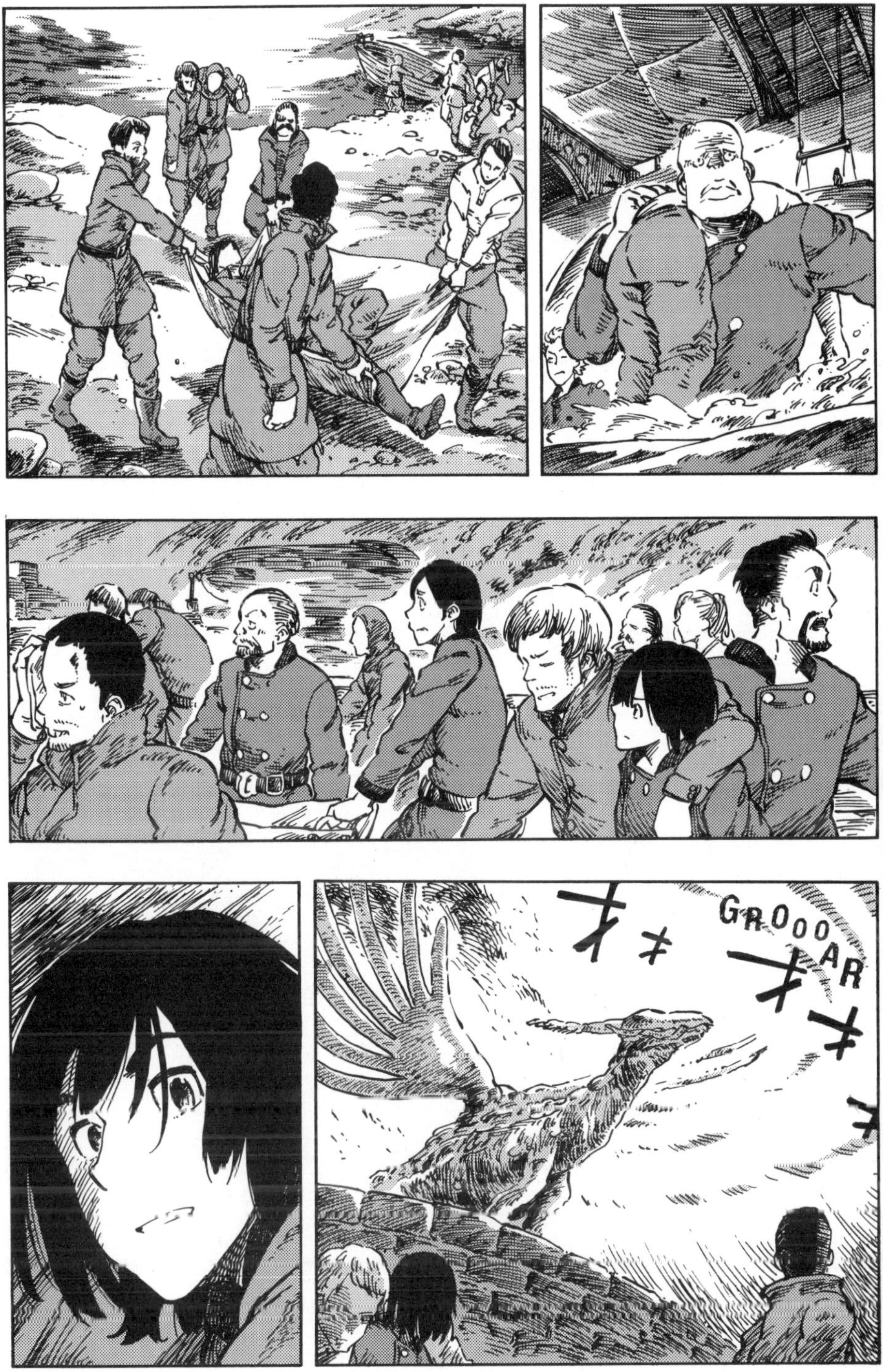
GROOOAR

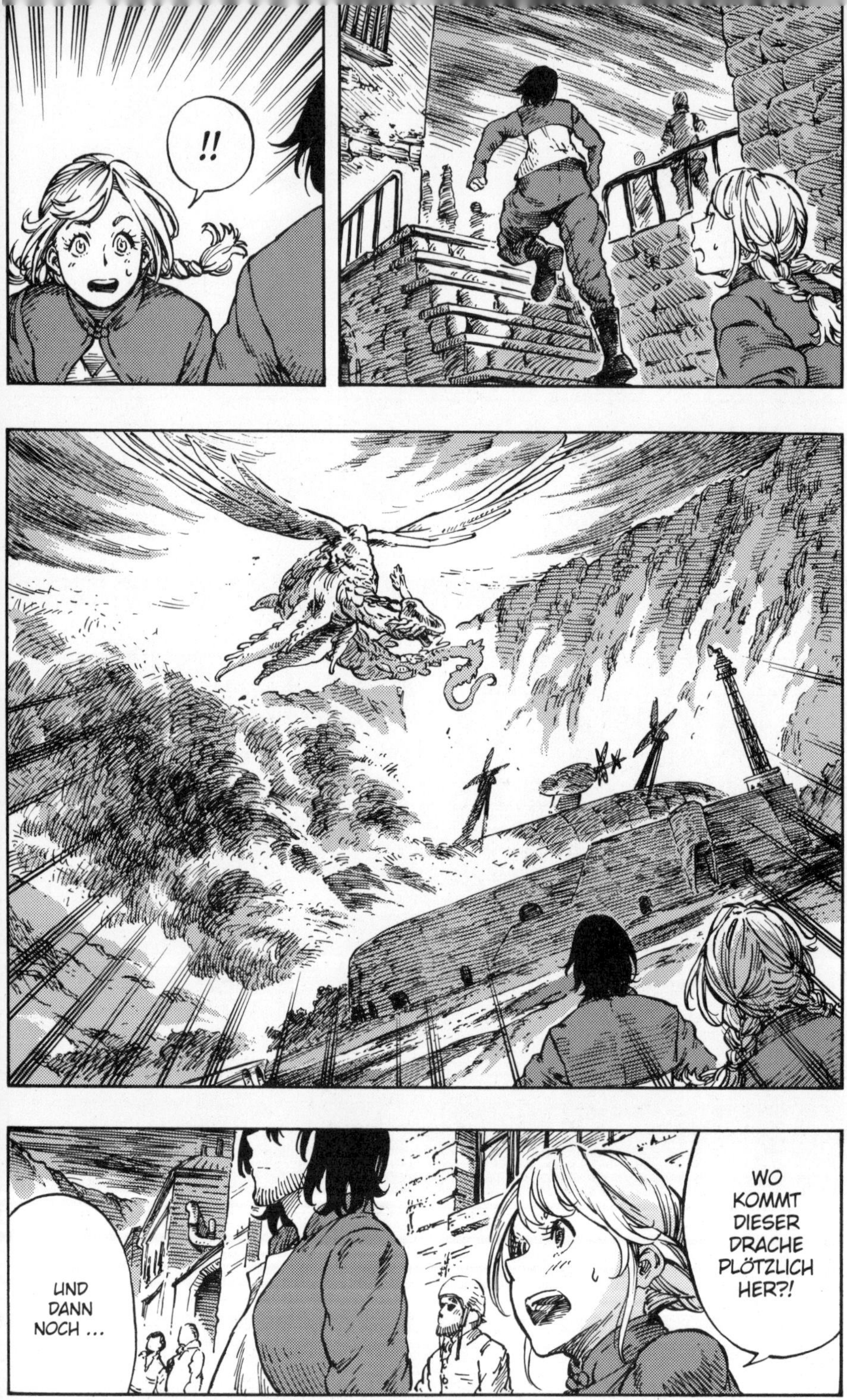
!!
WO KOMMT DIESER DRACHE PLÖTZLICH HER?!
UND DANN NOCH ...

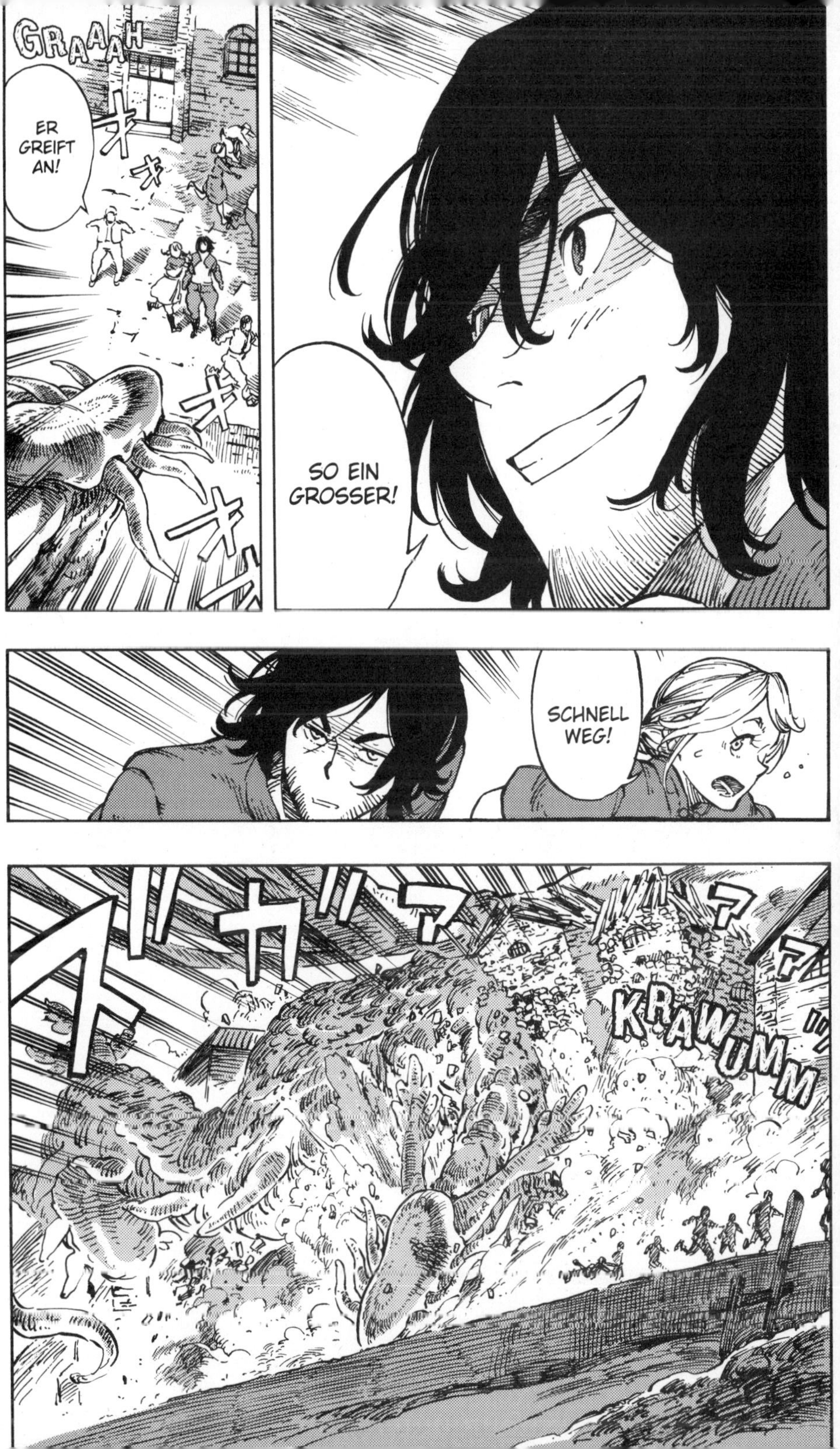

SO EIN GROSSER!
GRAAAH
ER GREIFT AN!
SCHNELL WEG!
KRAWUMM

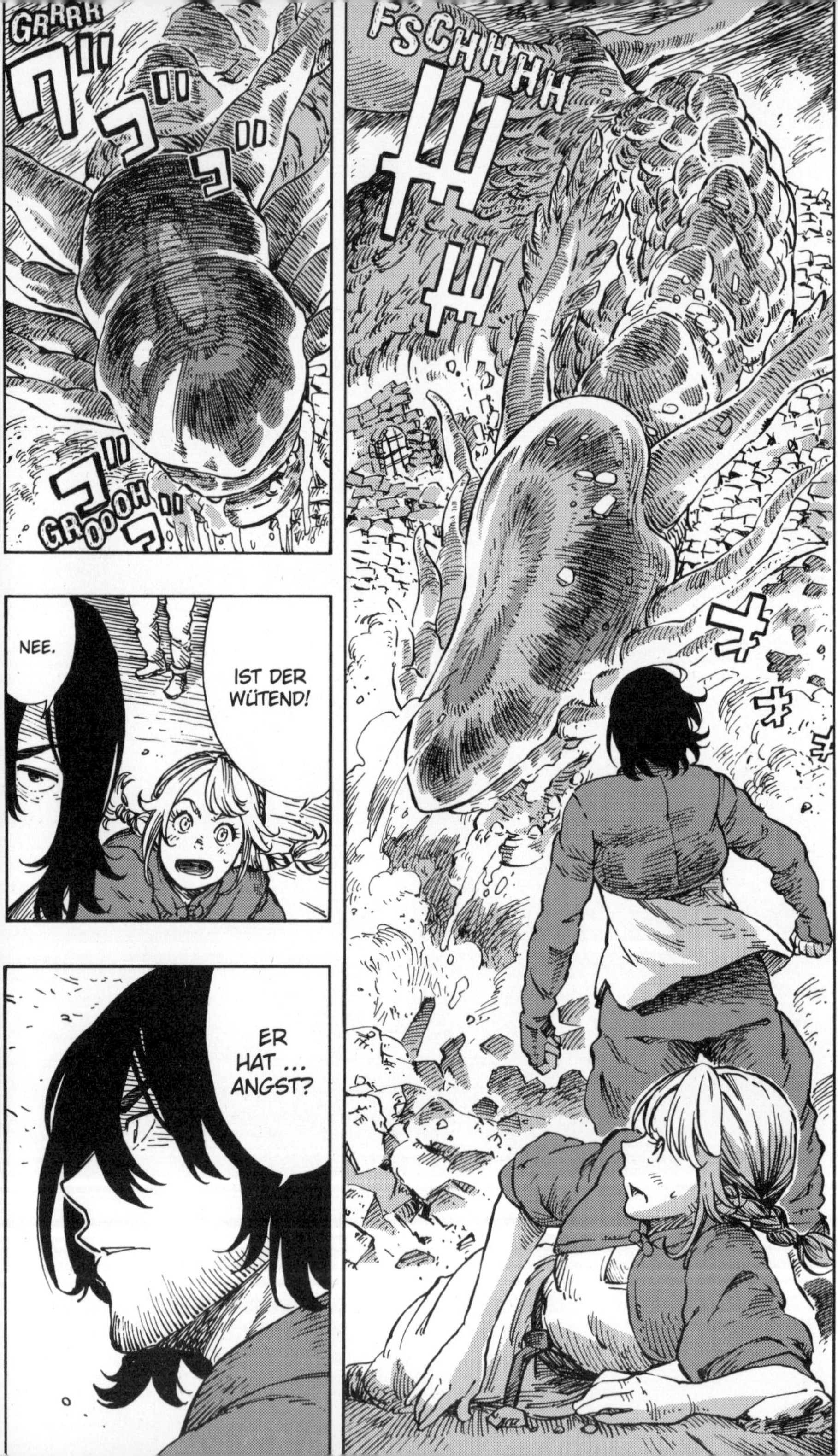
GRRRR
FSCHHHHH
GROOOH
NEE.
IST DER WÜTEND!
ER HAT ... ANGST?

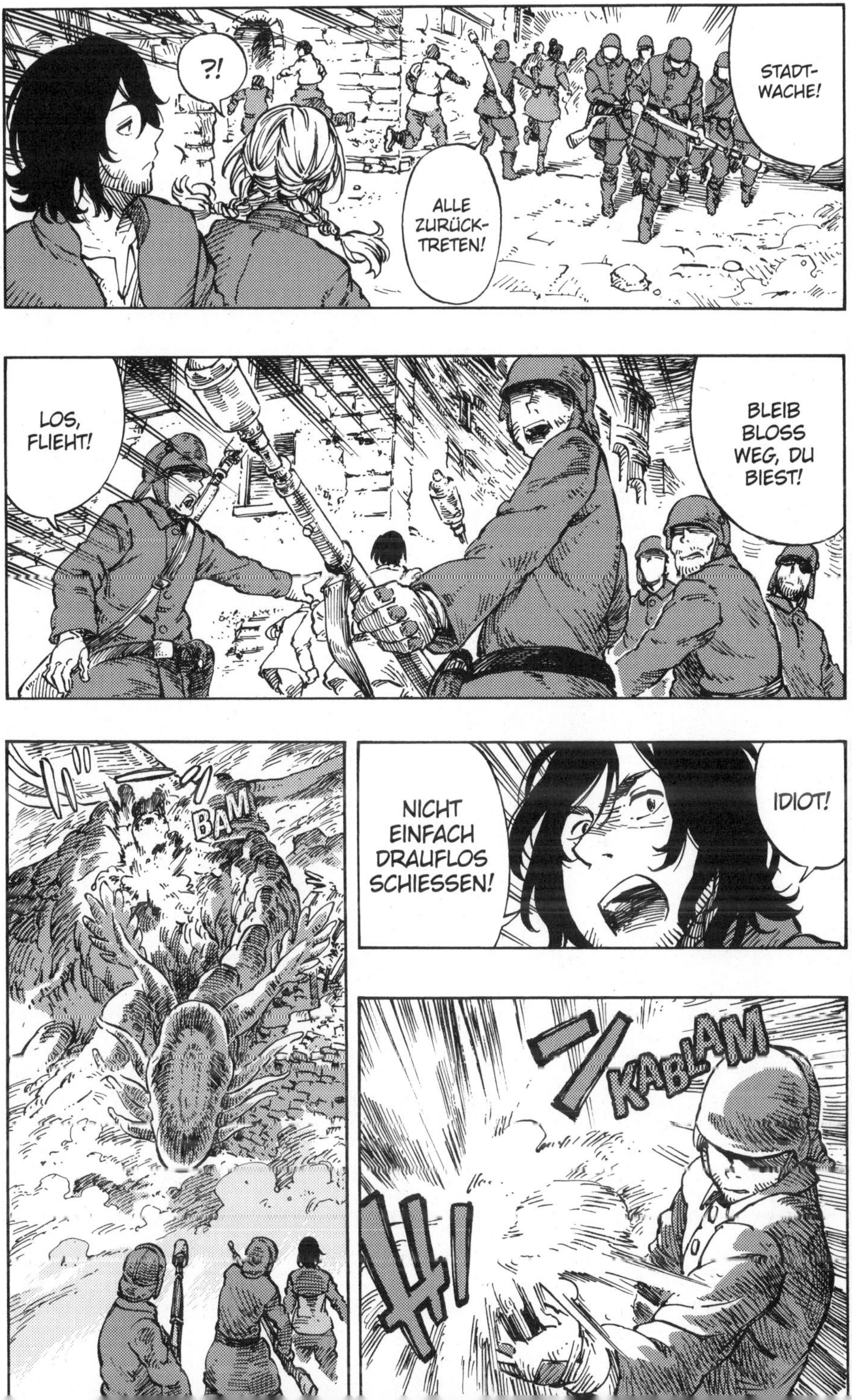
STADT-WACHE!
?!
ALLE ZURÜCK-TRETEN!
BLEIB BLOSS WEG, DU BIEST!
LOS, FLIEHT!
IDIOT!
NICHT EINFACH DRAUFLOS SCHIESSEN!
BAM
KABLAM

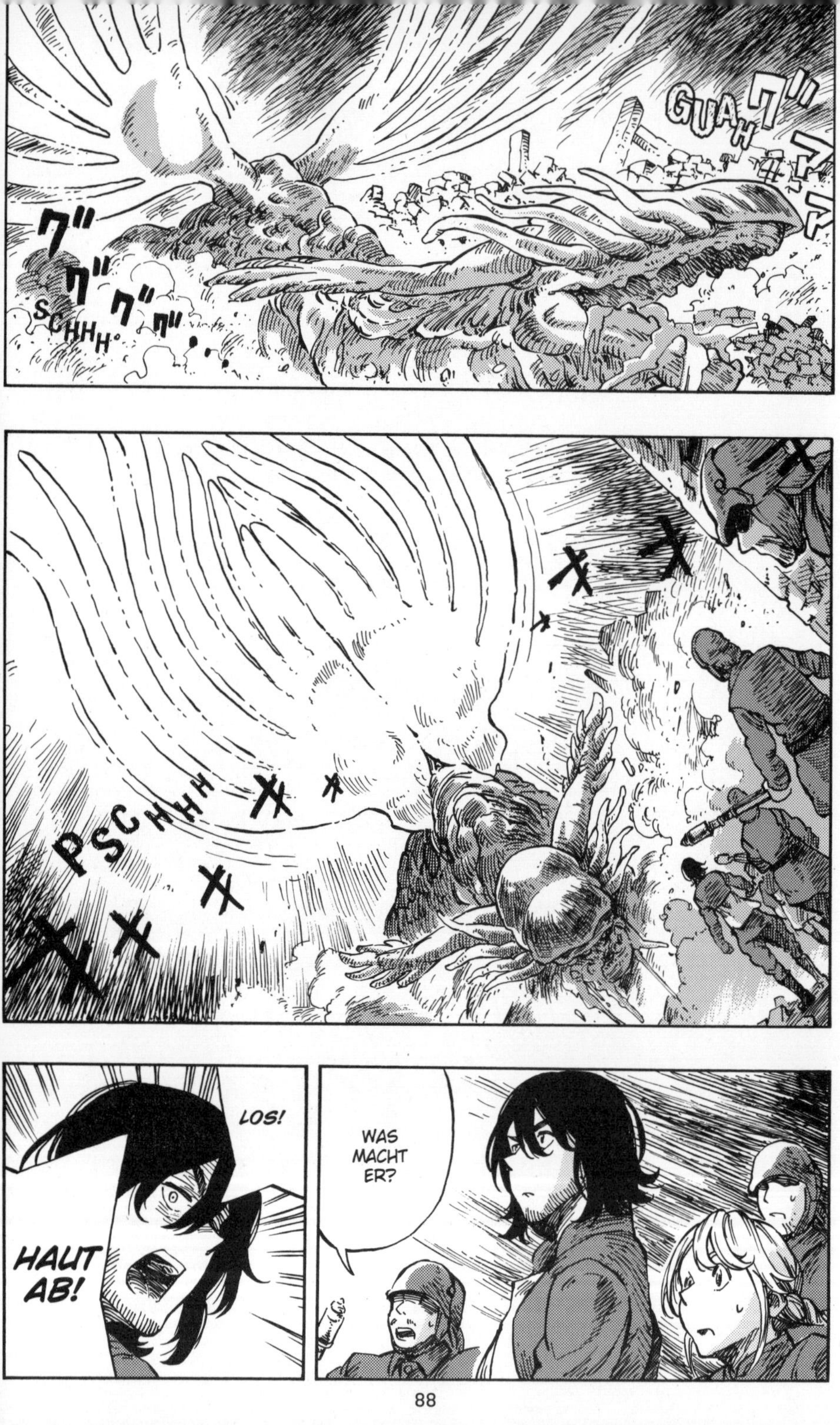
GUAH
SCHHH
PSCHHH
WAS MACHT ER?
LOS!
HAUT AB!

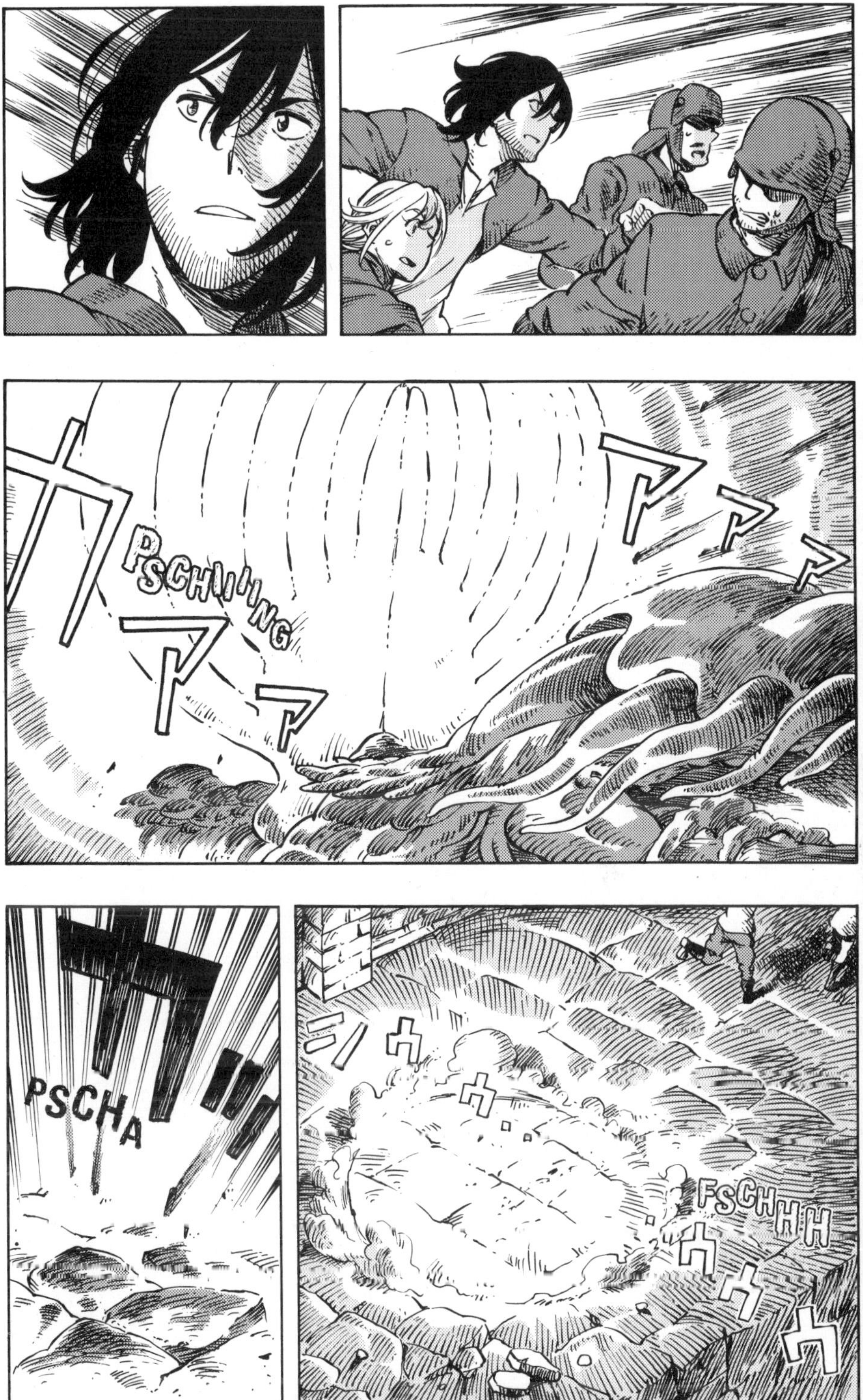
PSCHIIIING
PSCHA
FSCHHHH

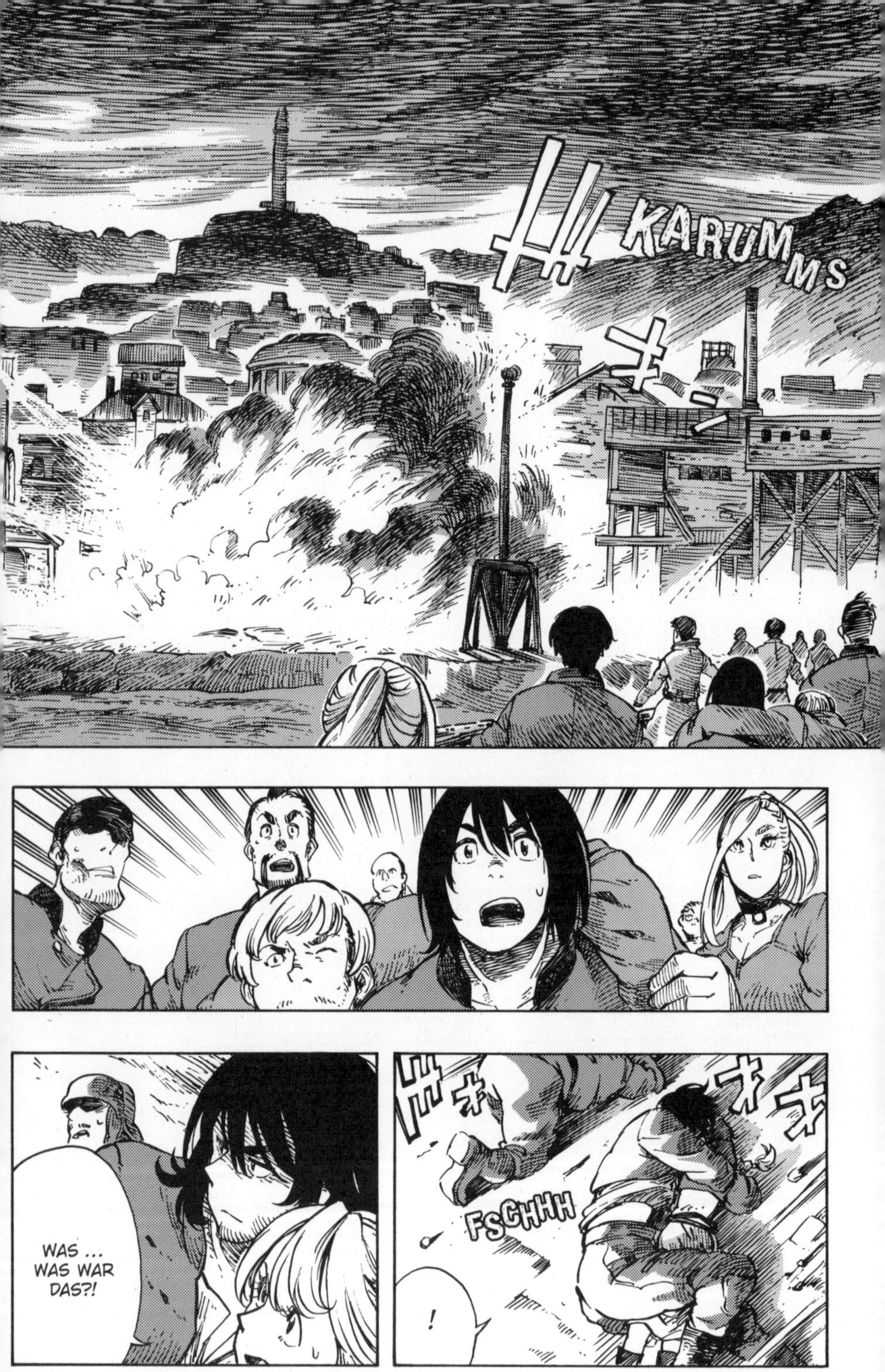
KARUMMS
WAS ... WAS WAR DAS?!
FSCHHH
!

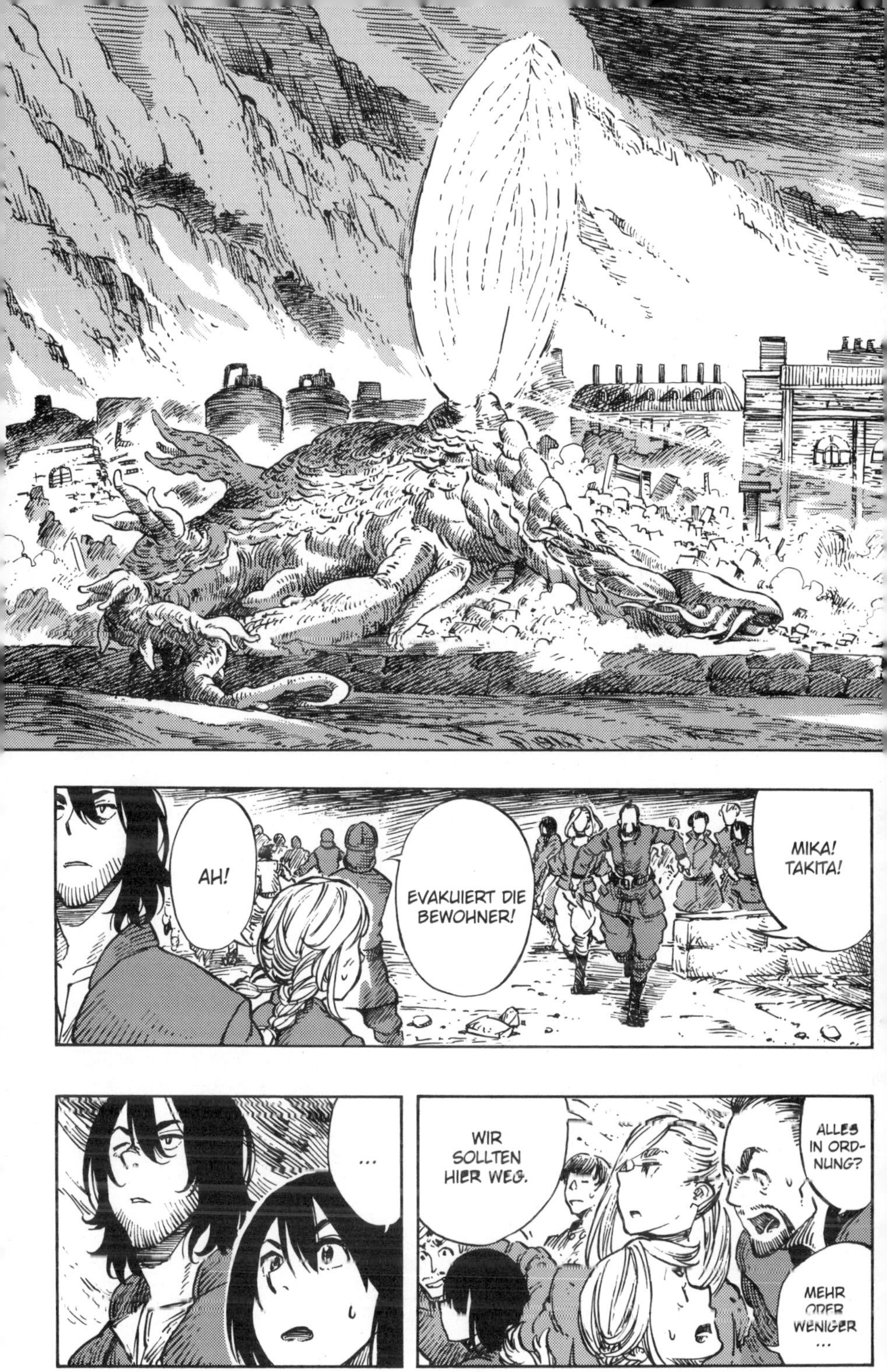
MIKA! TAKITA!
EVAKUIERT DIE BEWOHNER!
AH!
ALLES IN ORDNUNG?
WIR SOLLTEN HIER WEG.
MEHR ODER WENIGER ...
...

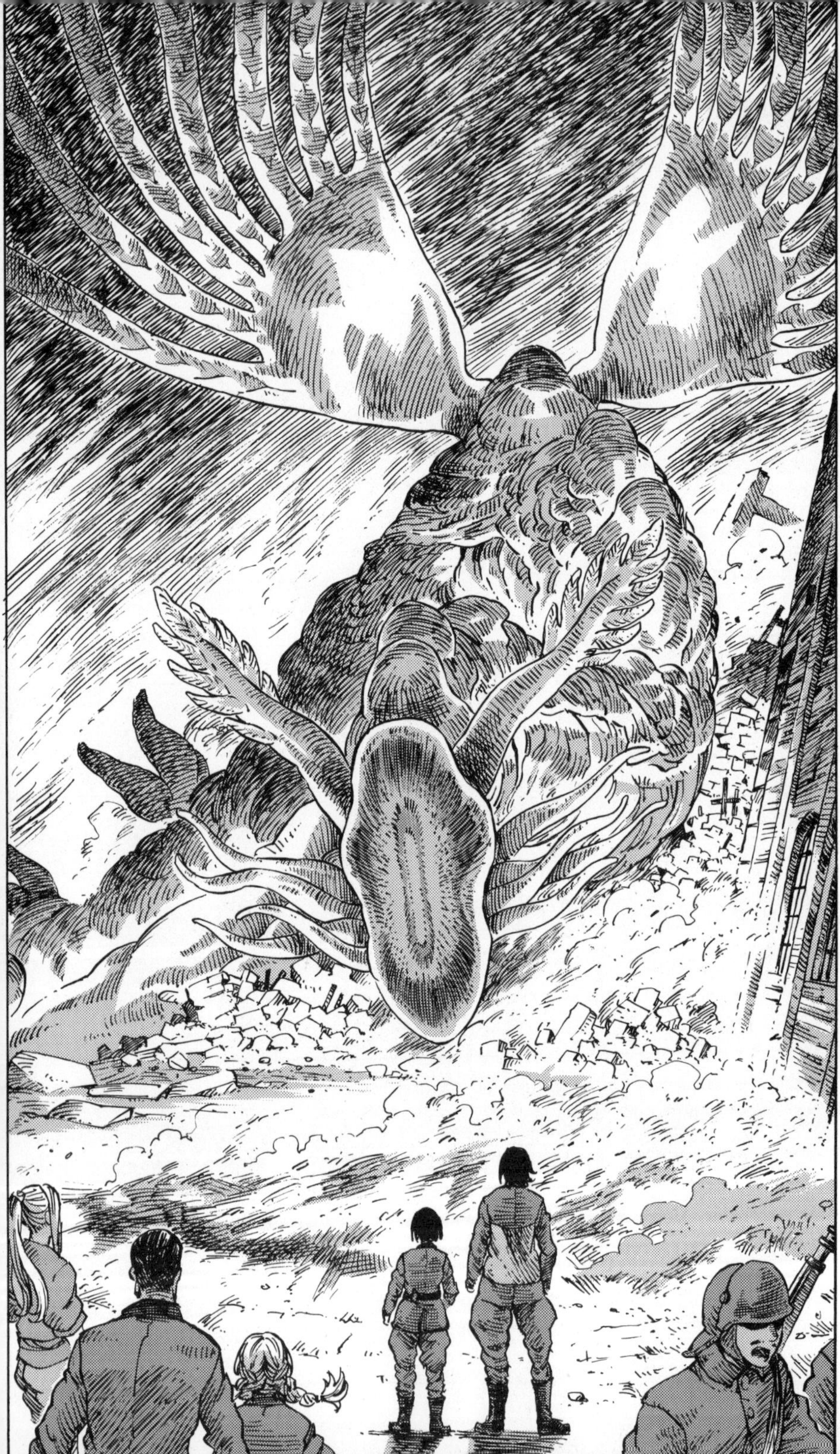

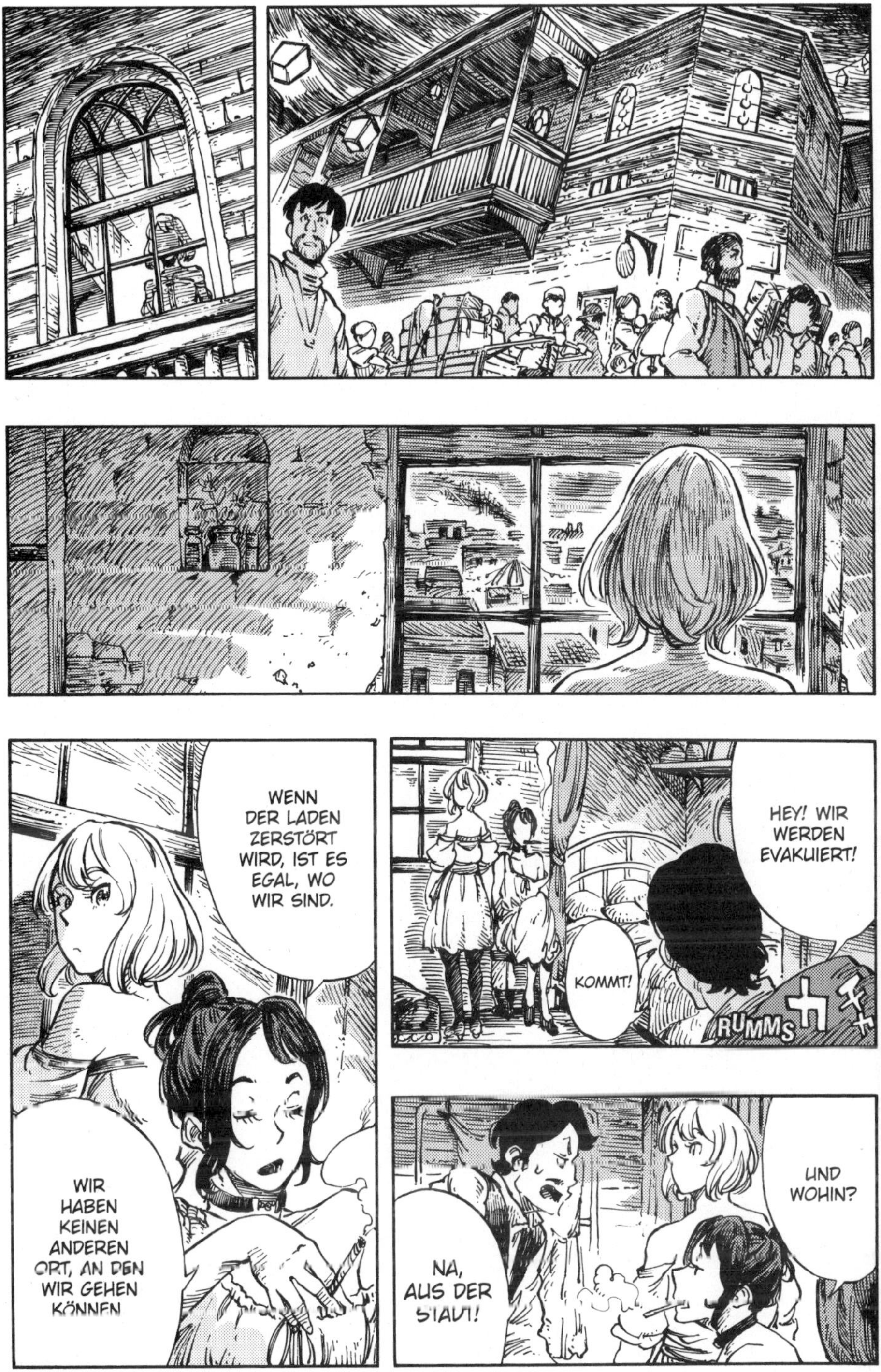
HEY! WIR WERDEN EVAKUIERT!
KOMMT!
RUMMS
UND WOHIN?
NA, AUS DER STADT!
WENN DER LADEN ZERSTÖRT WIRD, IST ES EGAL, WO WIR SIND.
WIR HABEN KEINEN ANDEREN ORT, AN DEN WIR GEHEN KÖNNEN

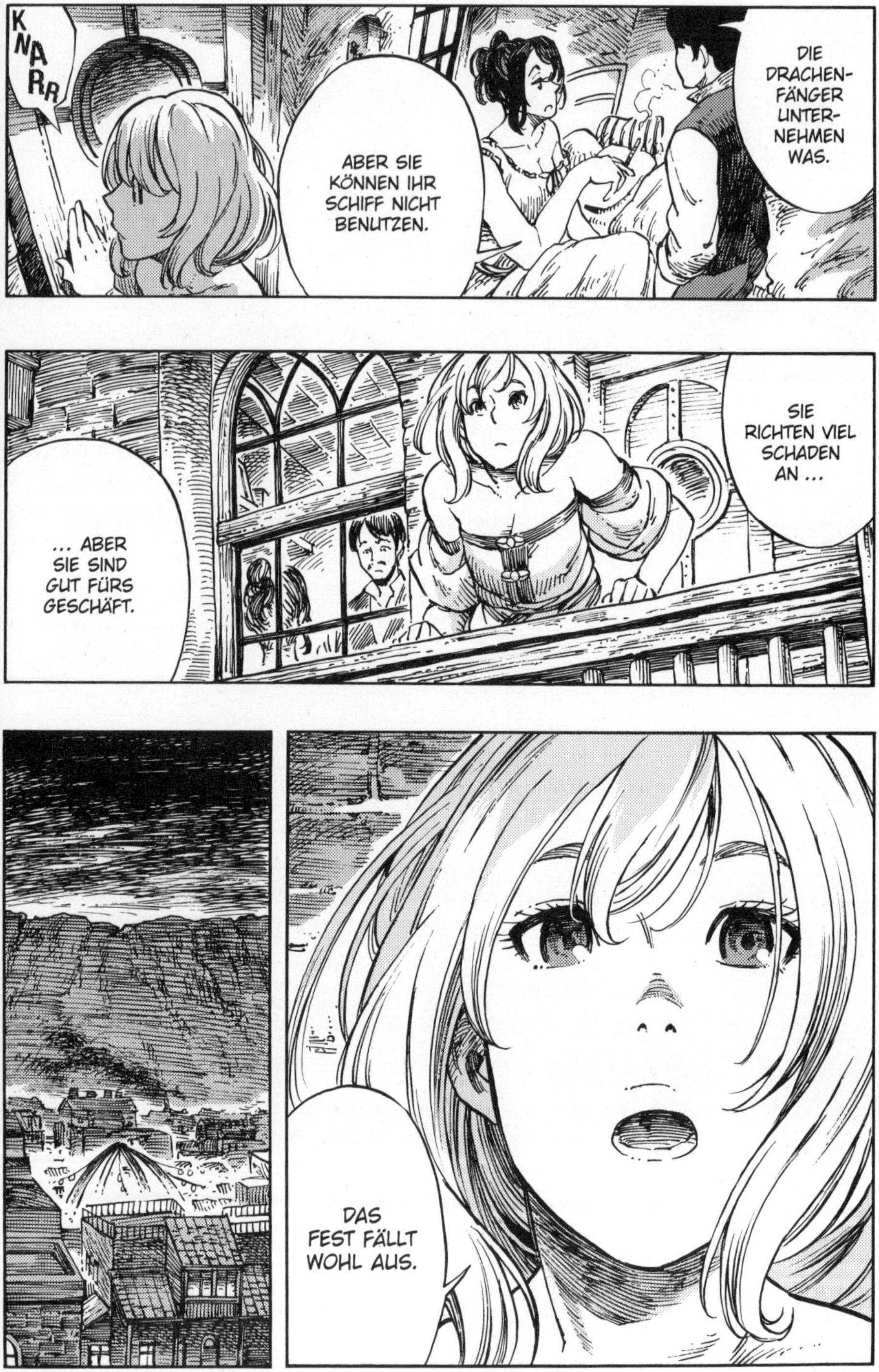
DIE DRACHENFÄNGER UNTERNEHMEN WAS.
ABER SIE KÖNNEN IHR SCHIFF NICHT BENUTZEN.
KNARR
SIE RICHTEN VIEL SCHADEN AN …
… ABER SIE SIND GUT FÜRS GESCHÄFT.
DAS FEST FÄLLT WOHL AUS.

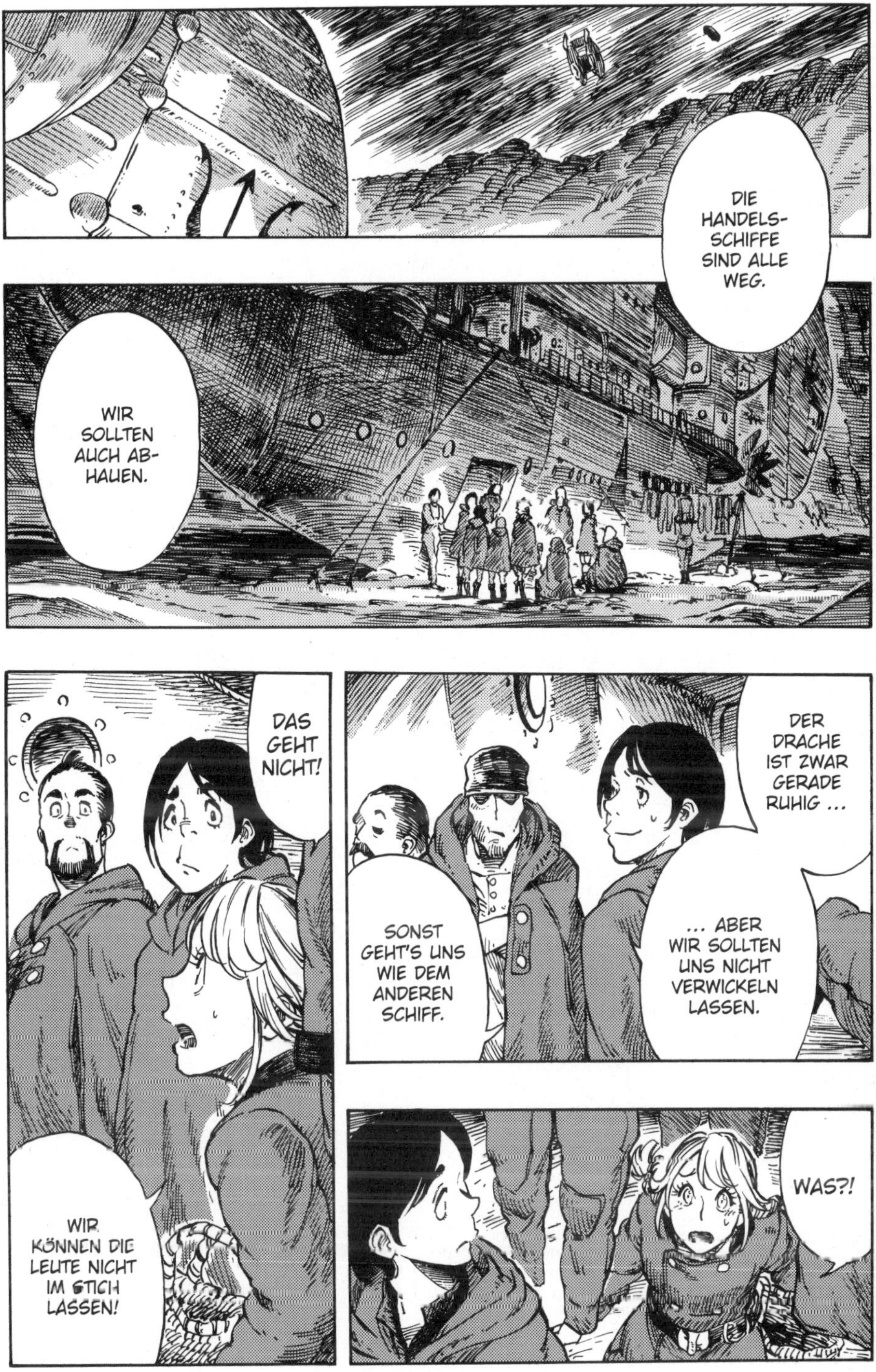
DIE HANDELS-SCHIFFE SIND ALLE WEG.
WIR SOLLTEN AUCH AB-HAUEN.
DAS GEHT NICHT!
DER DRACHE IST ZWAR GERADE RUHIG ...
... ABER WIR SOLLTEN UNS NICHT VERWICKELN LASSEN.
SONST GEHT'S UNS WIE DEM ANDEREN SCHIFF.
WAS?!
WIR KÖNNEN DIE LEUTE NICHT IM STICH LASSEN!

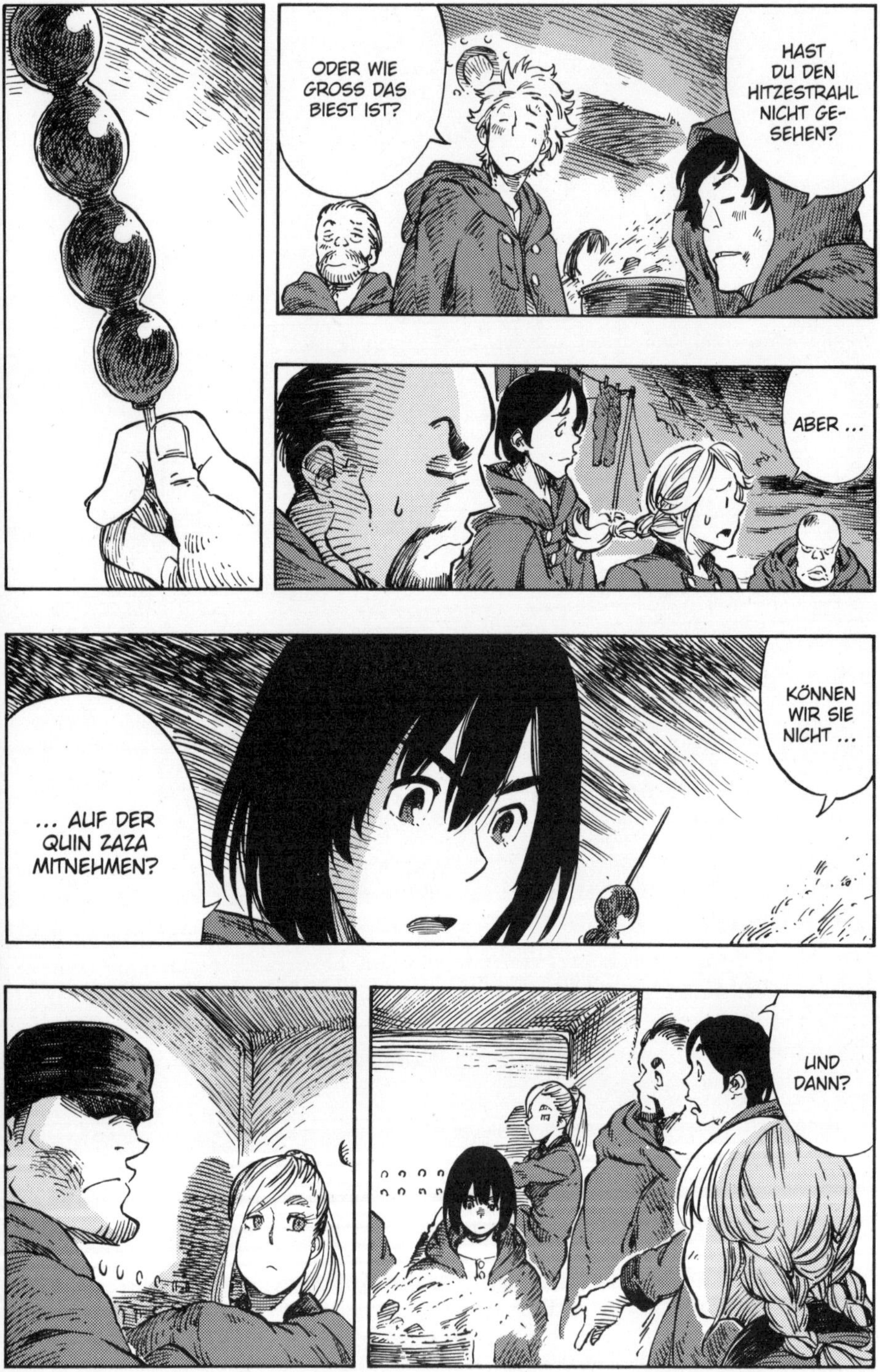
HAST DU DEN HITZESTRAHL NICHT GESEHEN?
ODER WIE GROSS DAS BIEST IST?
ABER ...
KÖNNEN WIR SIE NICHT ...
... AUF DER QUIN ZAZA MITNEHMEN?
UND DANN?

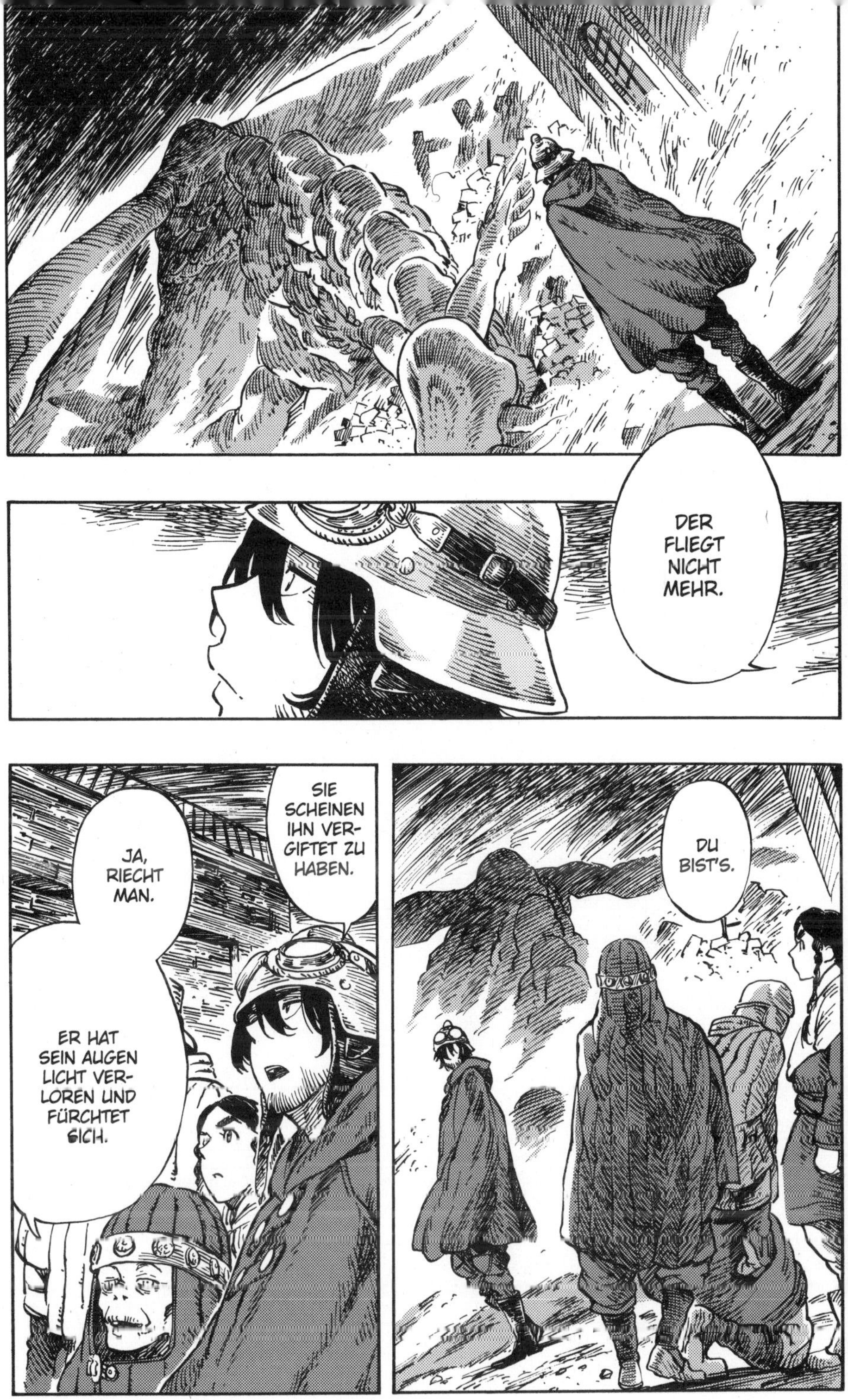
DER FLIEGT NICHT MEHR.
DU BIST'S.
SIE SCHEINEN IHN VERGIFTET ZU HABEN.
JA, RIECHT MAN.
ER HAT SEIN AUGENLICHT VERLOREN UND FÜRCHTET SICH.

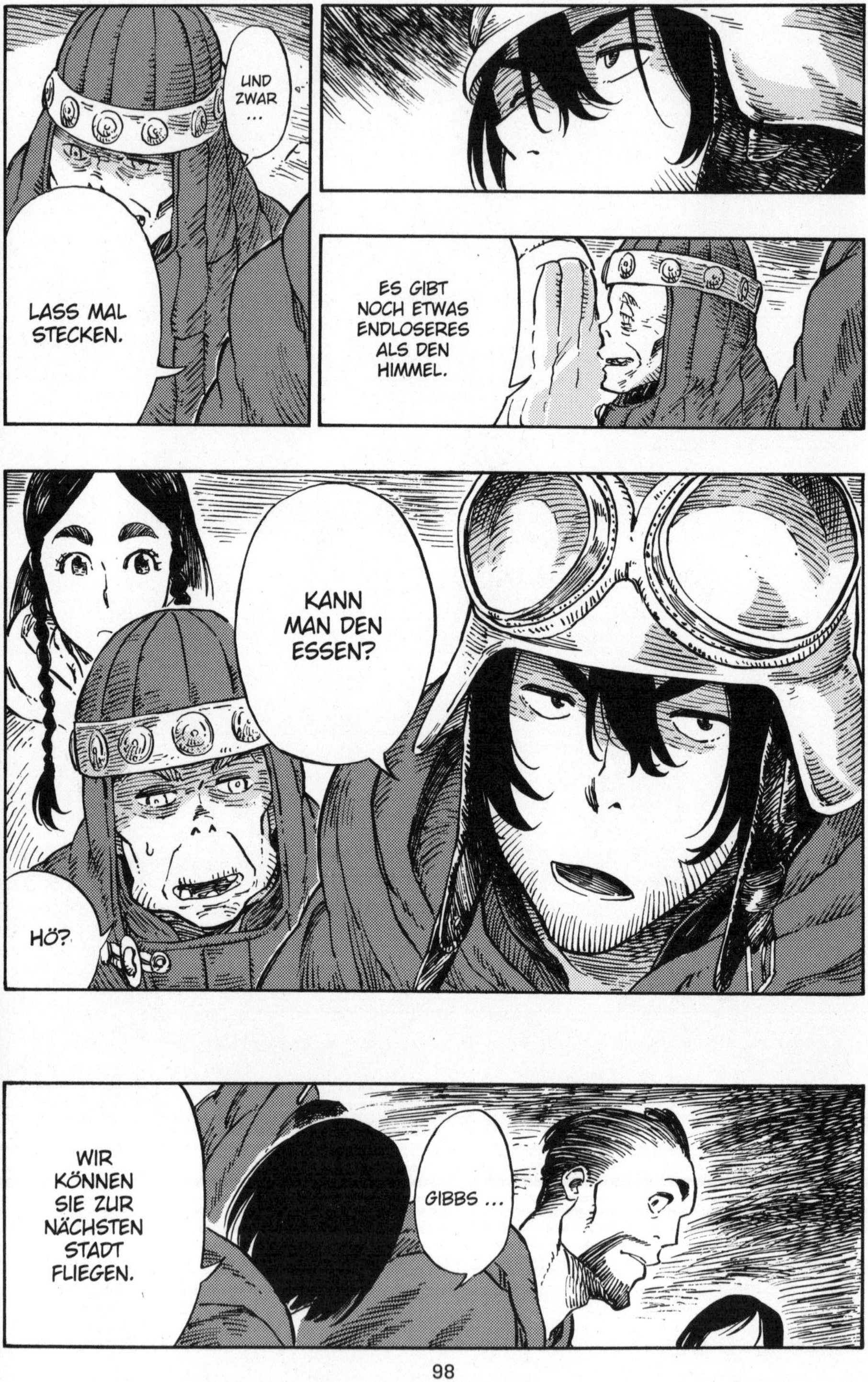
ES GIBT NOCH ETWAS ENDLOSERES ALS DEN HIMMEL.
UND ZWAR ...
LASS MAL STECKEN.
KANN MAN DEN ESSEN?
HÖ?
GIBBS ...
WIR KÖNNEN SIE ZUR NÄCHSTEN STADT FLIEGEN.

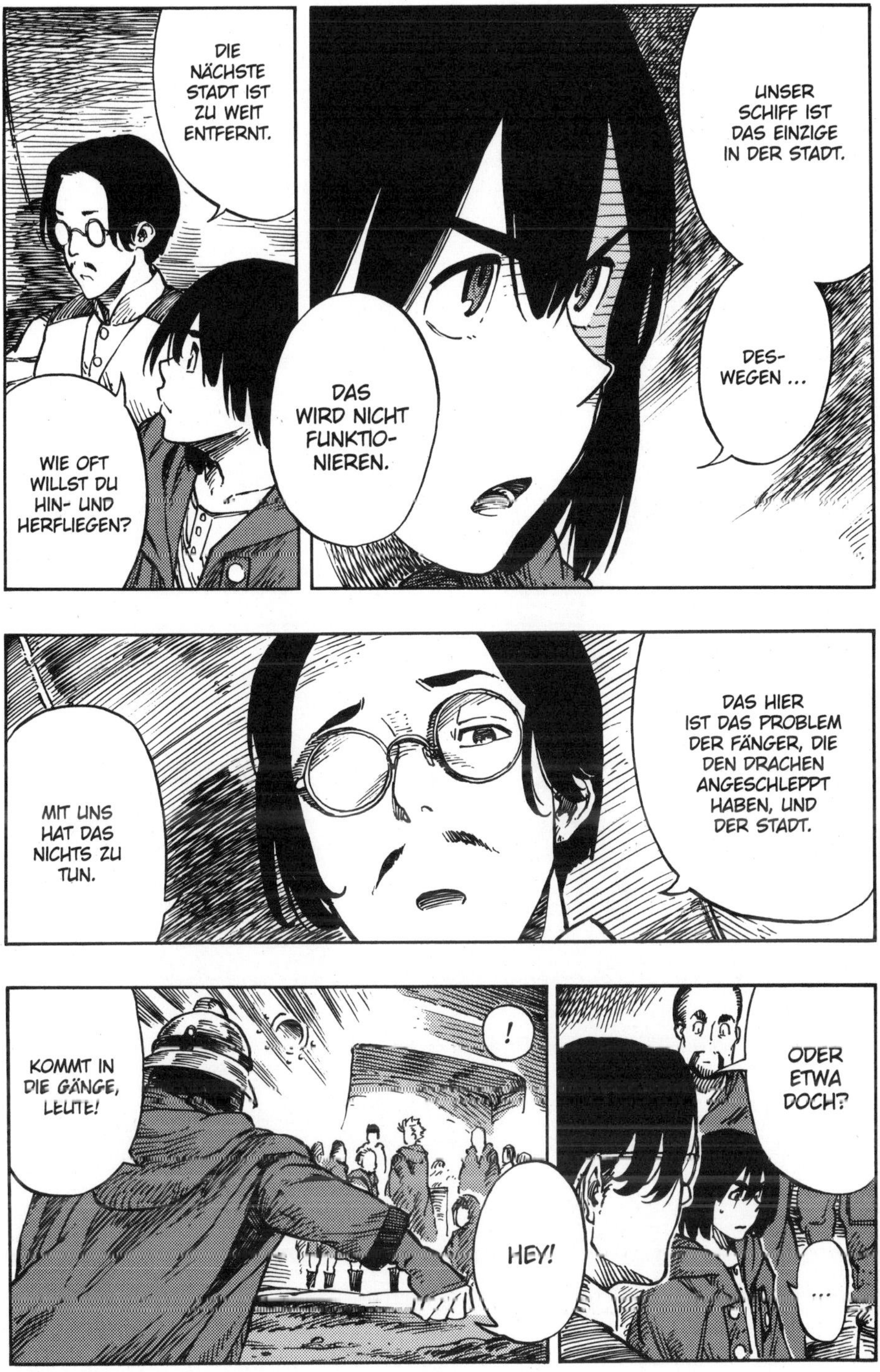
UNSER SCHIFF IST DAS EINZIGE IN DER STADT.
DES-WEGEN …
DAS WIRD NICHT FUNKTIO-NIEREN.
DIE NÄCHSTE STADT IST ZU WEIT ENTFERNT.
WIE OFT WILLST DU HIN- UND HERFLIEGEN?
DAS HIER IST DAS PROBLEM DER FÄNGER, DIE DEN DRACHEN ANGESCHLEPPT HABEN, UND DER STADT.
MIT UNS HAT DAS NICHTS ZU TUN.
ODER ETWA DOCH?
…
!
HEY!
KOMMT IN DIE GÄNGE, LEUTE!

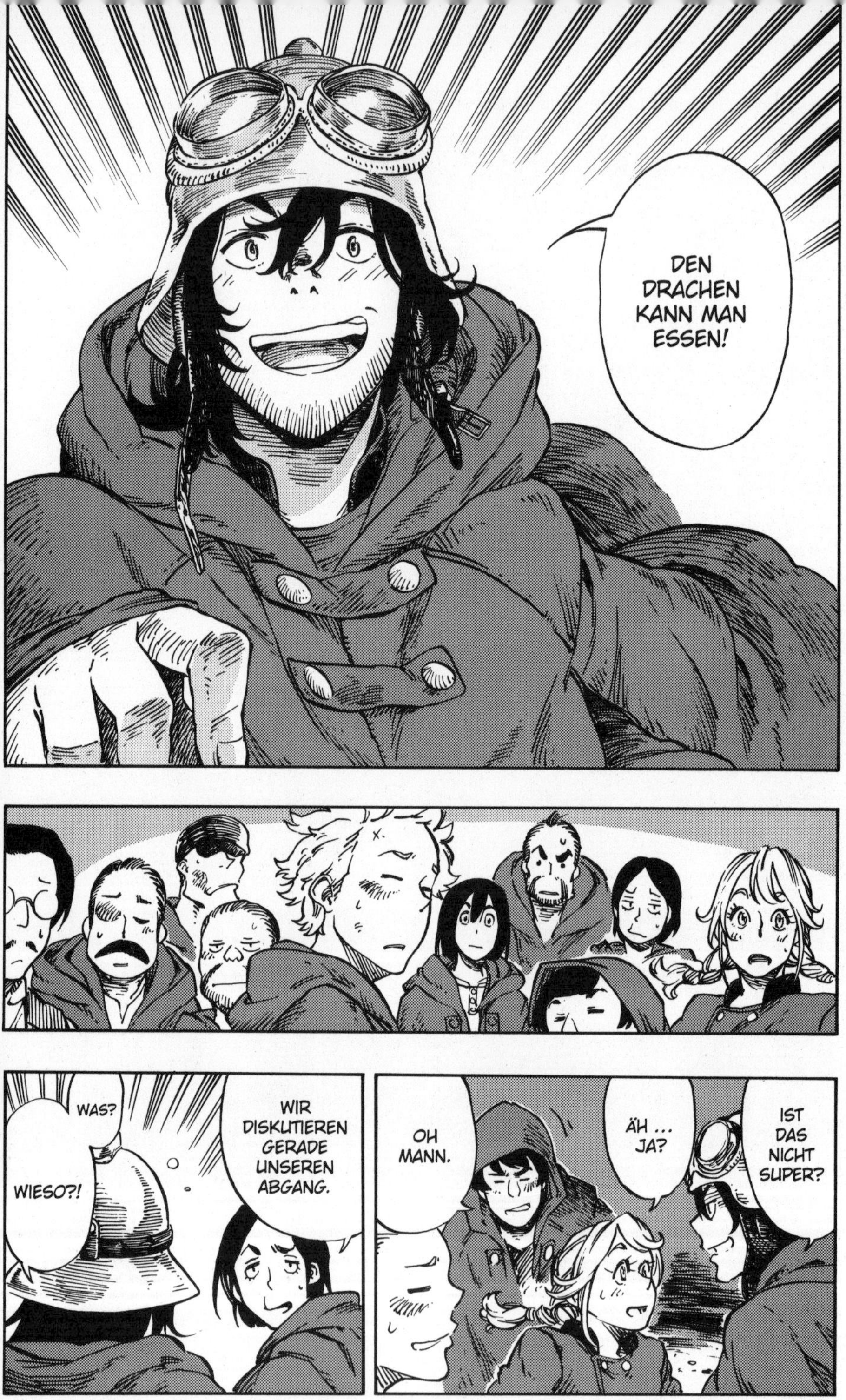
DEN DRACHEN KANN MAN ESSEN!
IST DAS NICHT SUPER?
ÄH ... JA?
OH MANN.
WIR DISKUTIEREN GERADE UNSEREN ABGANG.
WAS?
WIESO?!

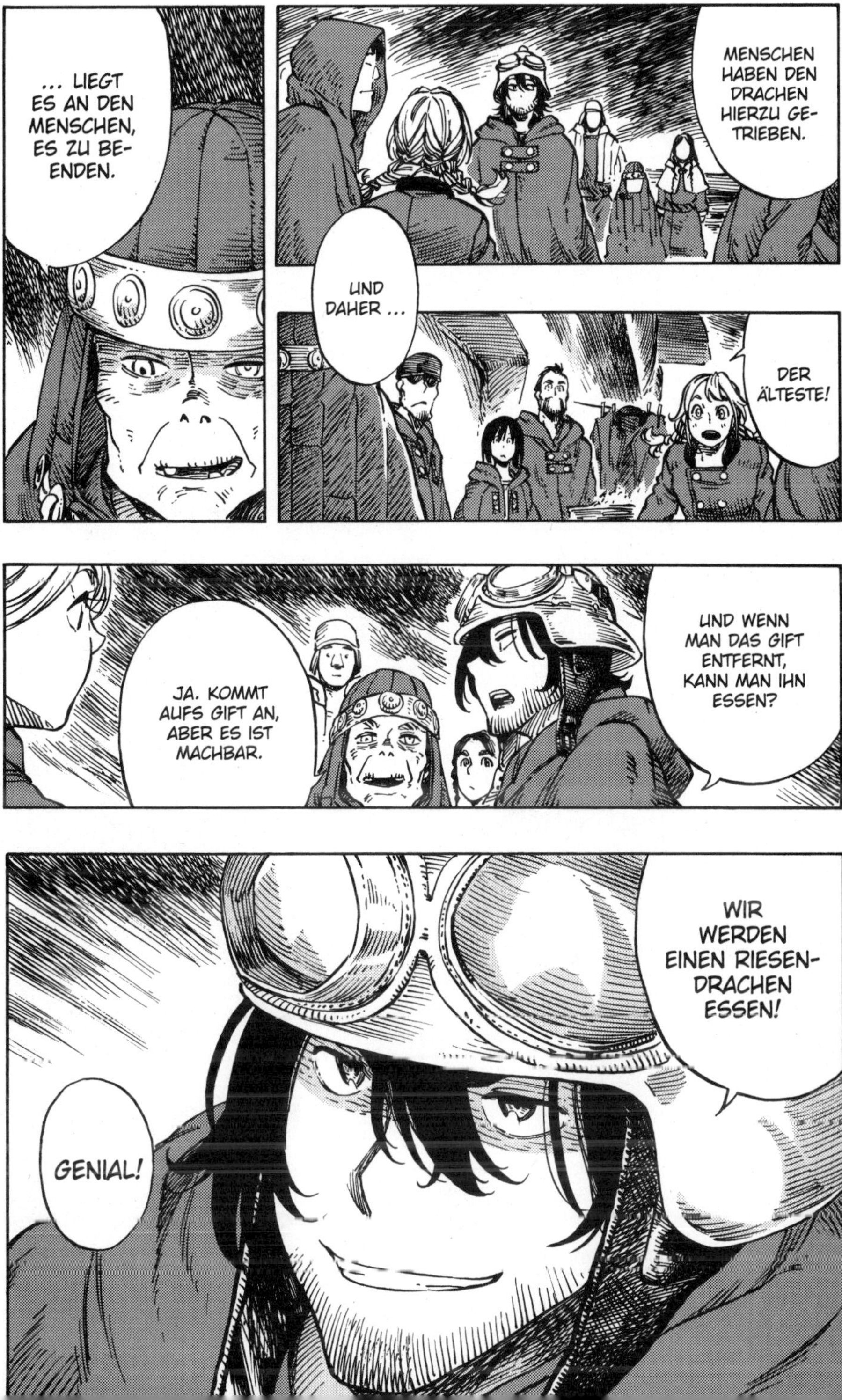
MENSCHEN HABEN DEN DRACHEN HIERZU GE- TRIEBEN.
UND DAHER …
DER ÄLTESTE!
… LIEGT ES AN DEN MENSCHEN, ES ZU BE- ENDEN.
UND WENN MAN DAS GIFT ENTFERNT, KANN MAN IHN ESSEN?
JA. KOMMT AUFS GIFT AN, ABER ES IST MACHBAR.
WIR WERDEN EINEN RIESEN- DRACHEN ESSEN!
GENIAL!

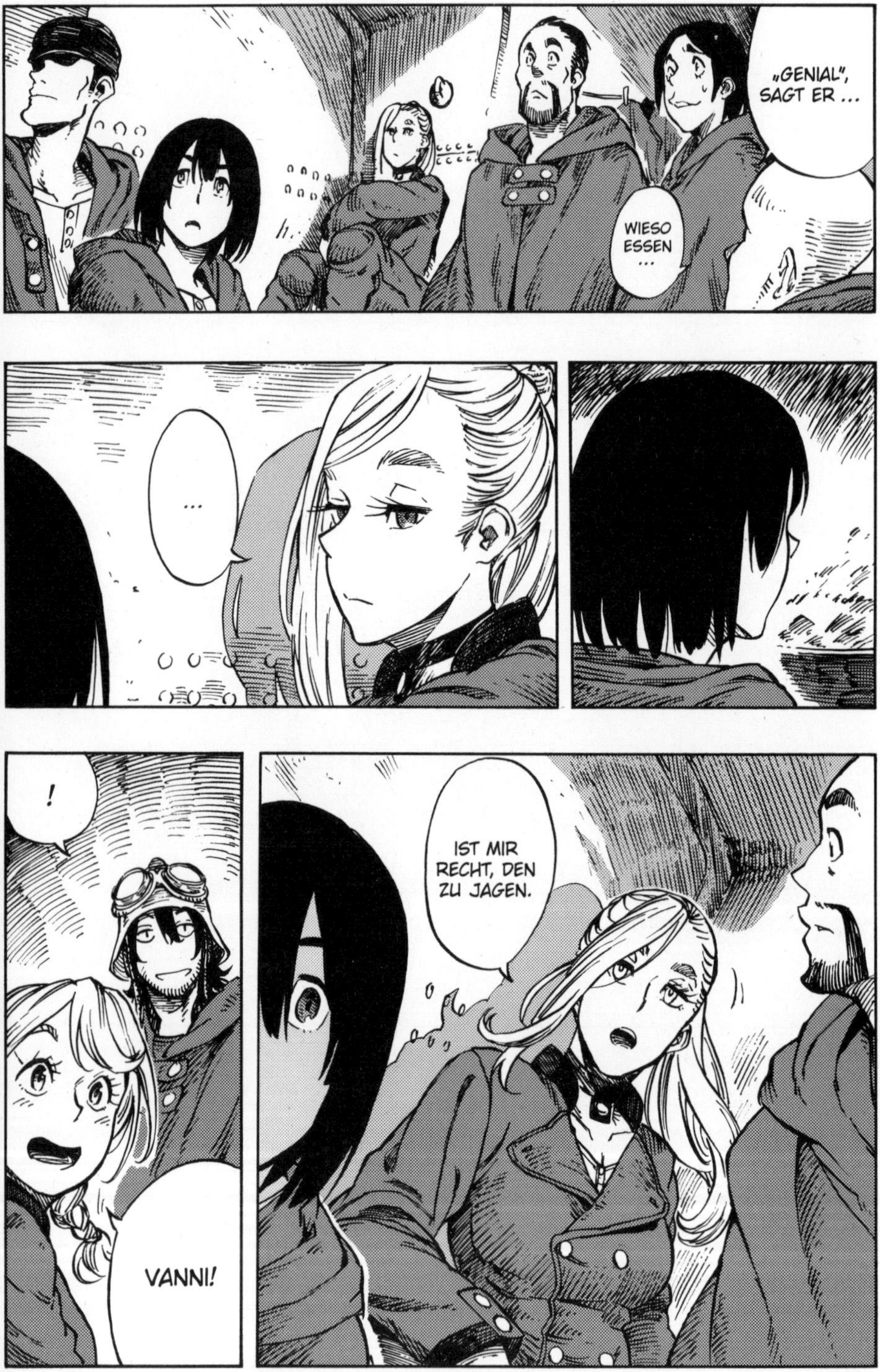
„GENIAL", SAGT ER …
WIESO ESSEN …
…
IST MIR RECHT, DEN ZU JAGEN.
!
VANNI!

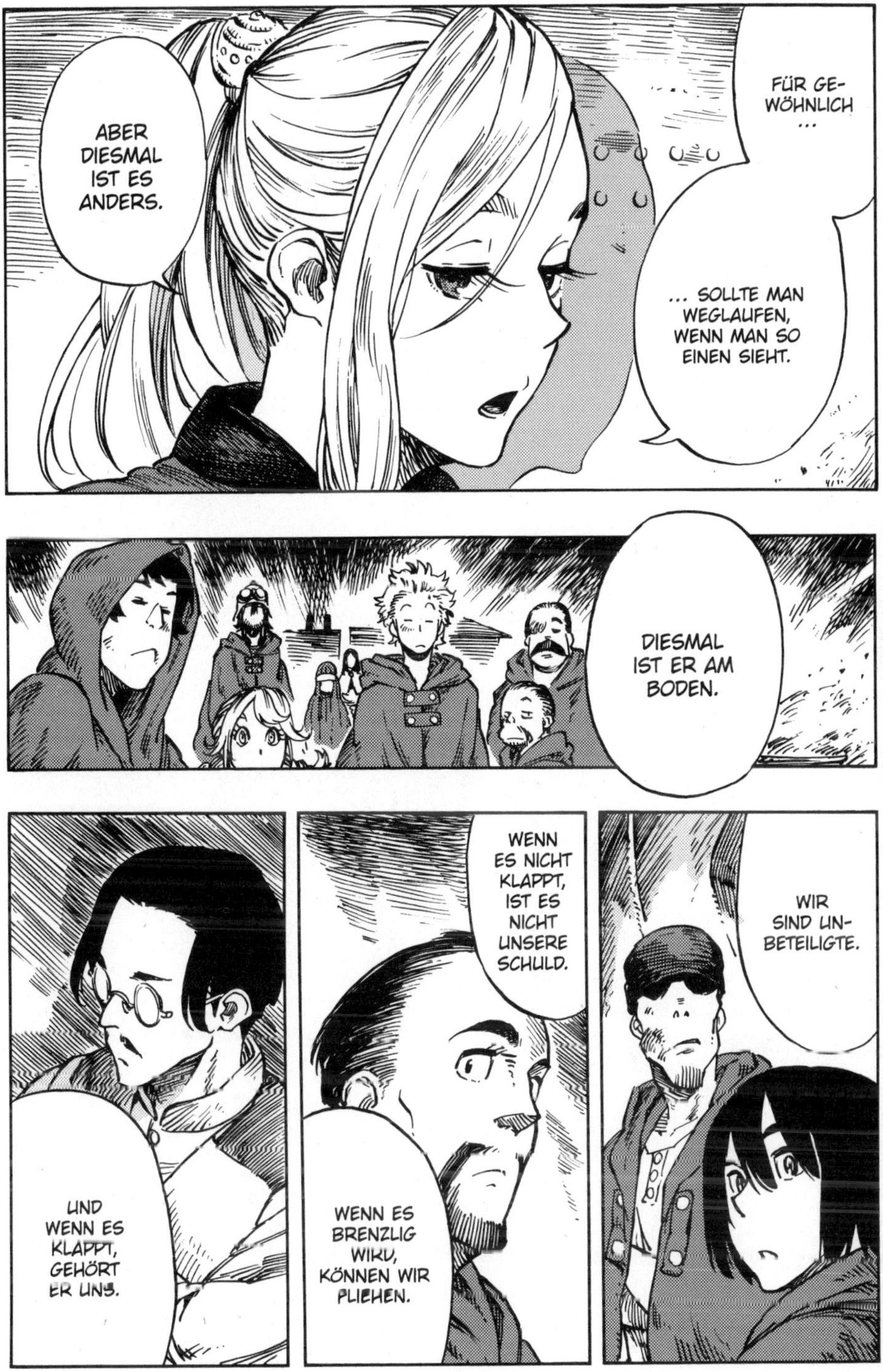
FÜR GEWÖHNLICH ...
... SOLLTE MAN WEGLAUFEN, WENN MAN SO EINEN SIEHT.
ABER DIESMAL IST ES ANDERS.
DIESMAL IST ER AM BODEN.
WIR SIND UNBETEILIGTE.
WENN ES NICHT KLAPPT, IST ES NICHT UNSERE SCHULD.
WENN ES BRENZLIG WIRD, KÖNNEN WIR FLIEHEN.
UND WENN ES KLAPPT, GEHÖRT ER UNS.

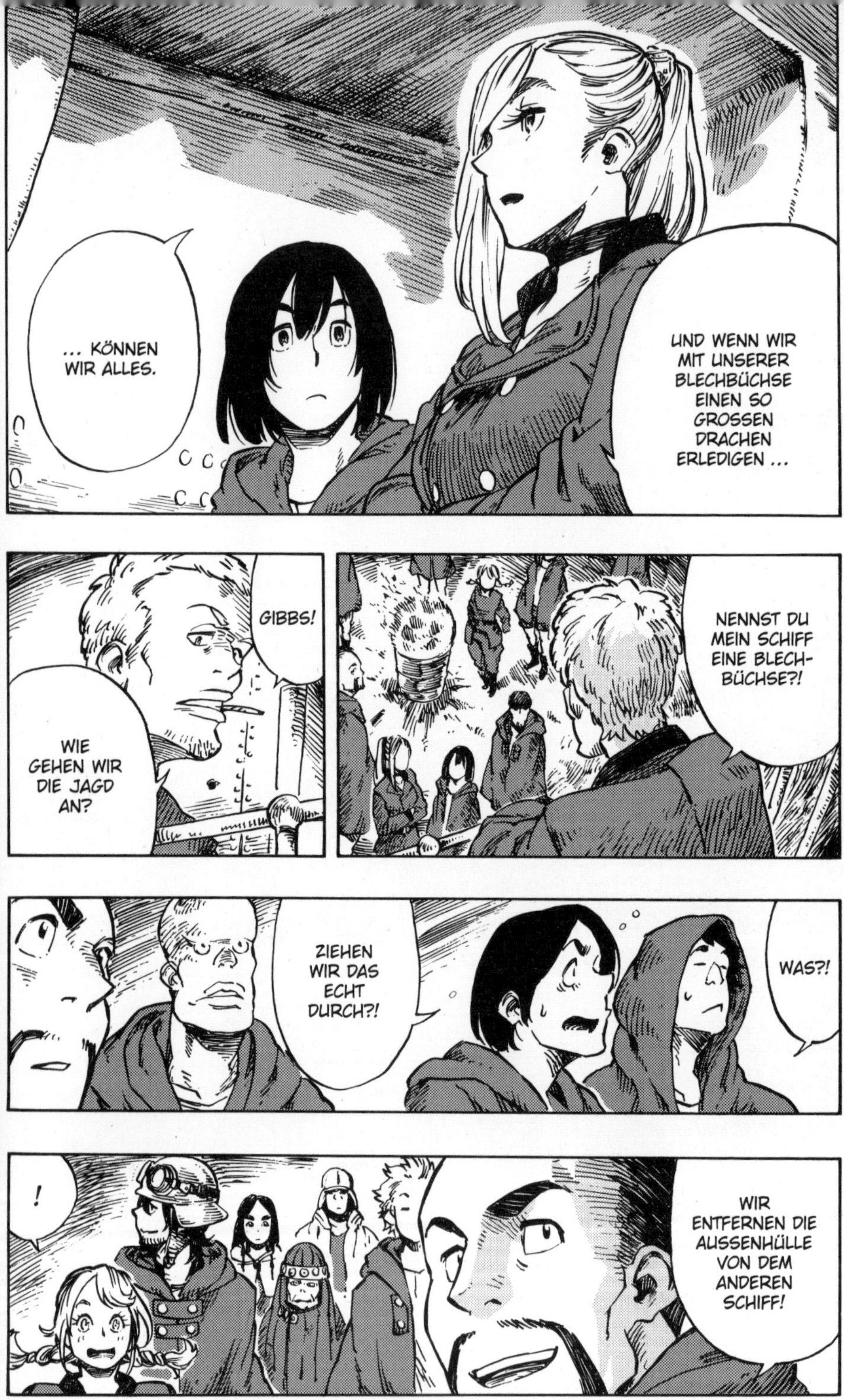
UND WENN WIR MIT UNSERER BLECHBÜCHSE EINEN SO GROSSEN DRACHEN ERLEDIGEN ...
... KÖNNEN WIR ALLES.
NENNST DU MEIN SCHIFF EINE BLECH-BÜCHSE?!
GIBBS!
WIE GEHEN WIR DIE JAGD AN?
WAS?!
ZIEHEN WIR DAS ECHT DURCH?!
WIR ENTFERNEN DIE AUSSENHÜLLE VON DEM ANDEREN SCHIFF!
!

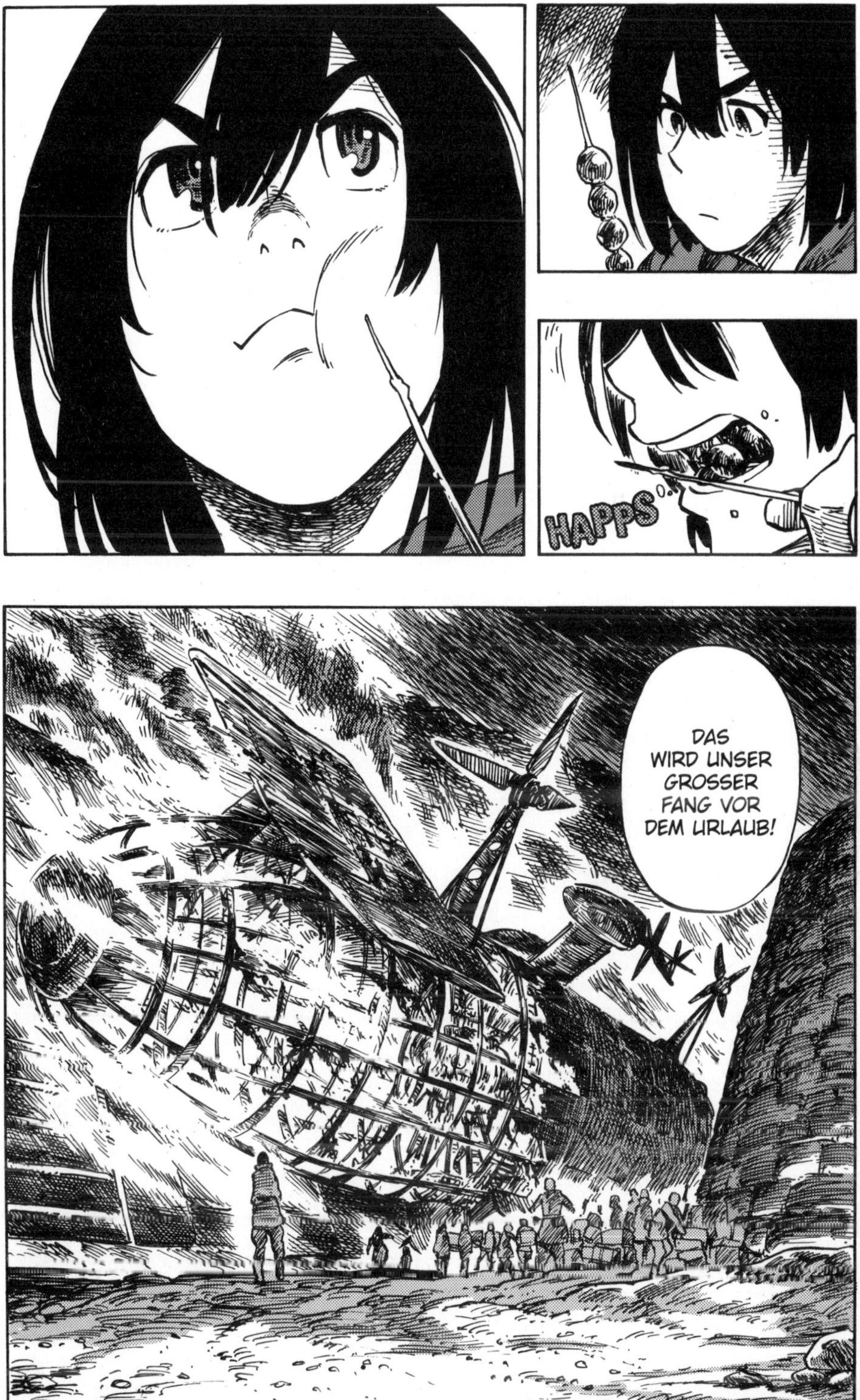
HAPPS
DAS WIRD UNSER GROSSER FANG VOR DEM URLAUB!

Süßer Traubenspieß

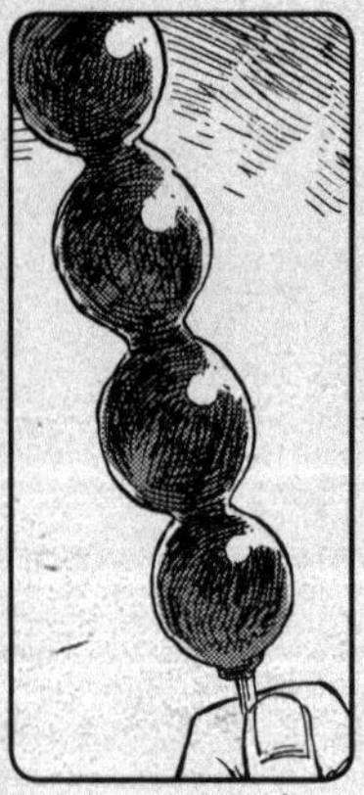

Zutaten

- Trauben
- Traubensaft
- Zucker
- Mehl
- Spieße

01

Den gezuckerten Traubensaft mit etwas Mehl verdicken.

02

Den Traubenspieß in die Flüssigkeit tauchen und trocknen lassen.

03

Den vorherigen Schritt zwei- bis dreimal wiederholen, bis die Trauben vollständig bedeckt sind. Fertig!

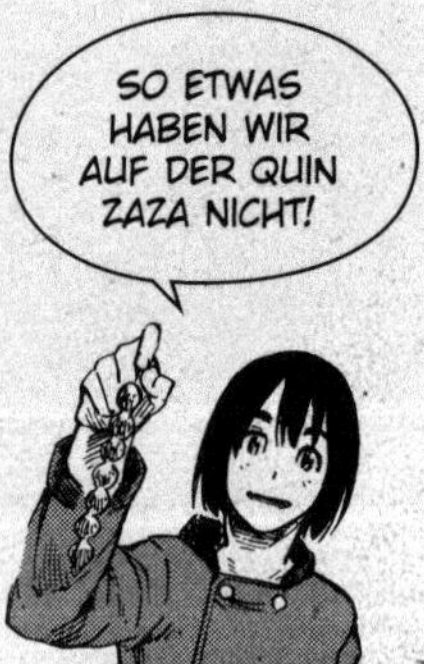

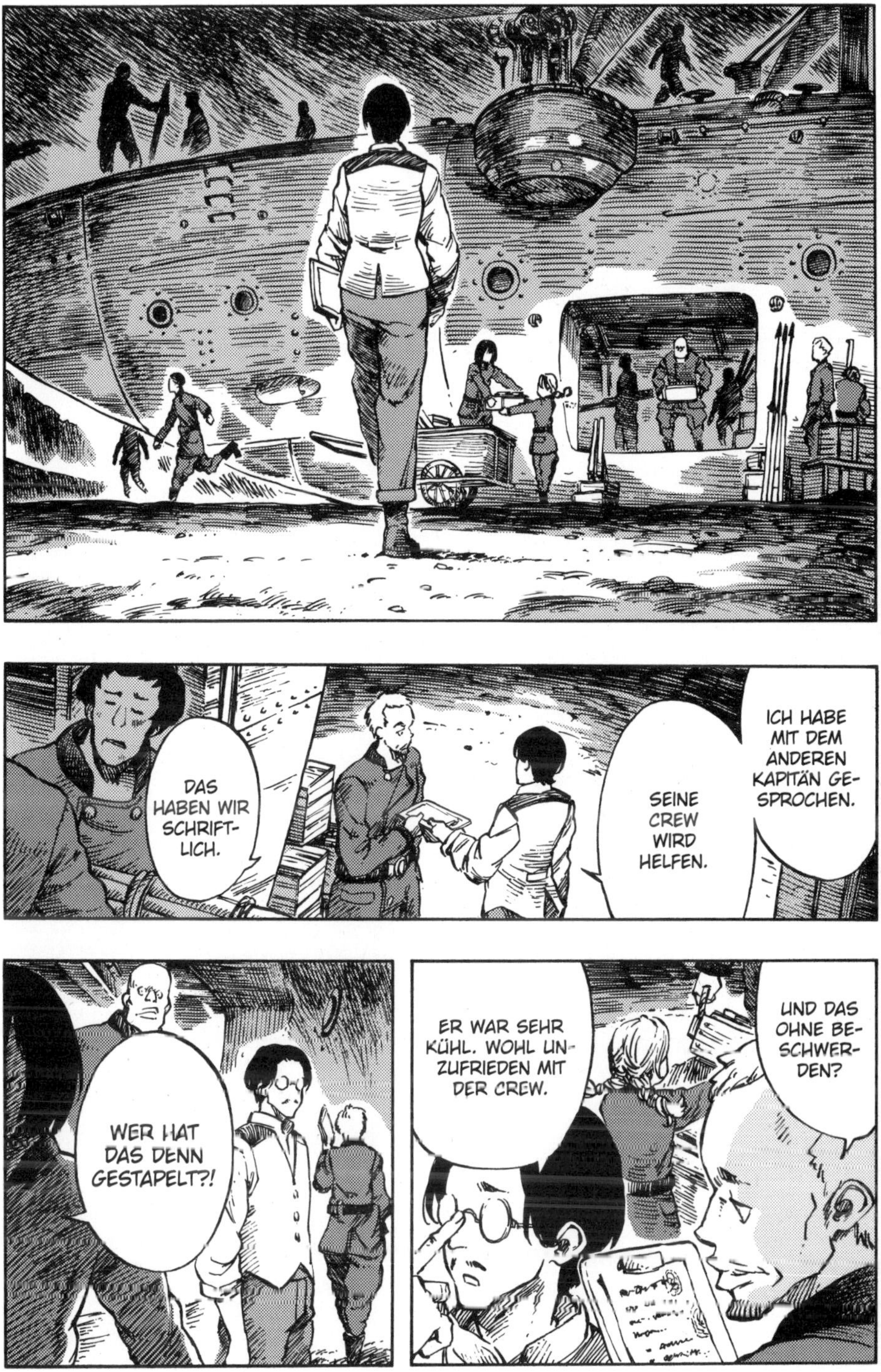
ICH HABE MIT DEM ANDEREN KAPITÄN GESPROCHEN.
SEINE CREW WIRD HELFEN.
DAS HABEN WIR SCHRIFTLICH.
UND DAS OHNE BESCHWERDEN?
ER WAR SEHR KÜHL. WOHL UNZUFRIEDEN MIT DER CREW.
WER HAT DAS DENN GESTAPELT?!

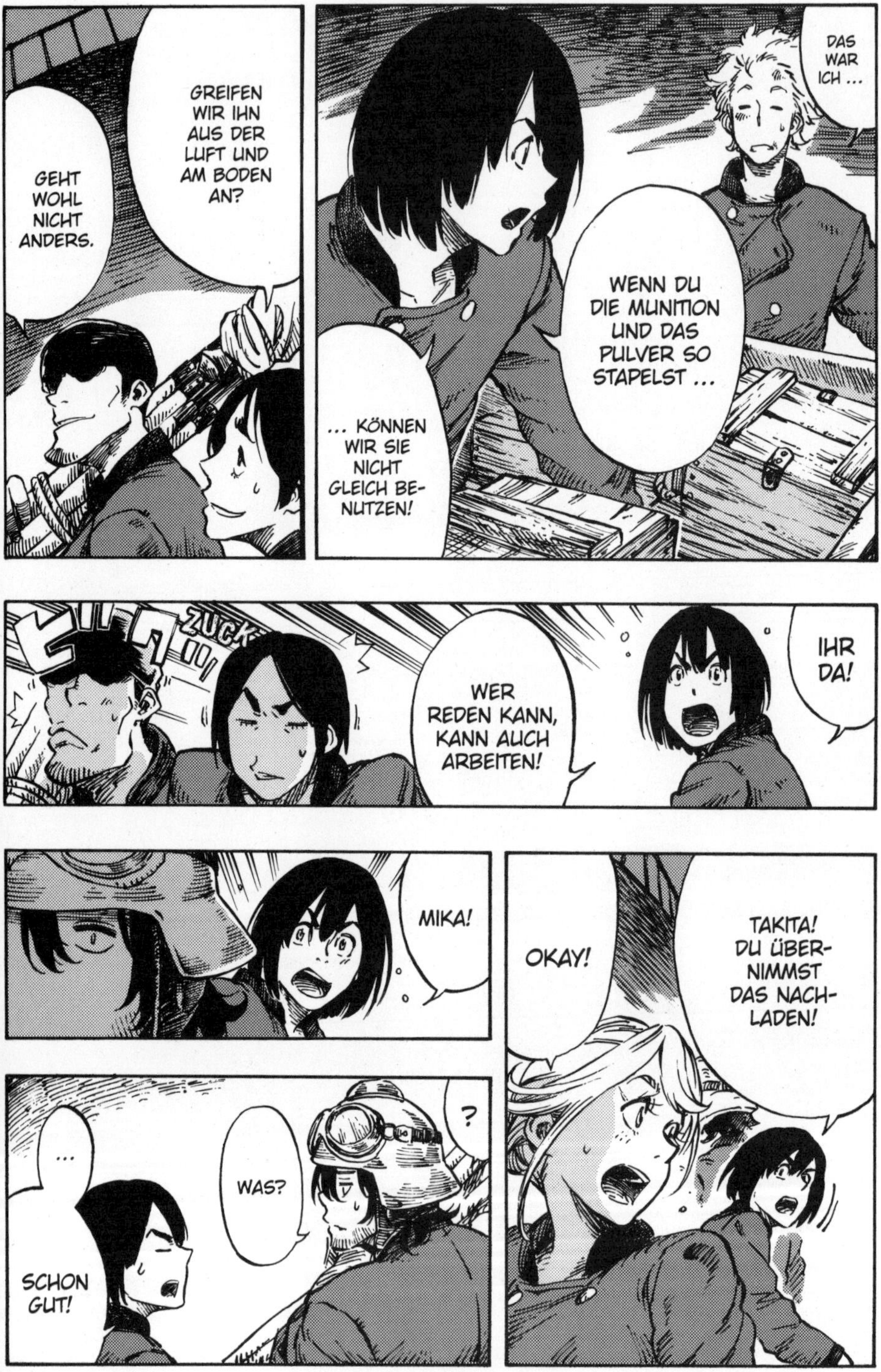
DAS WAR ICH ...
WENN DU DIE MUNITION UND DAS PULVER SO STAPELST ...
... KÖNNEN WIR SIE NICHT GLEICH BE-NUTZEN!
GREIFEN WIR IHN AUS DER LUFT UND AM BODEN AN?
GEHT WOHL NICHT ANDERS.
IHR DA!
WER REDEN KANN, KANN AUCH ARBEITEN!
ZUCK
TAKITA! DU ÜBER-NIMMST DAS NACH-LADEN!
OKAY!
MIKA!
?
WAS?
...
SCHON GUT!

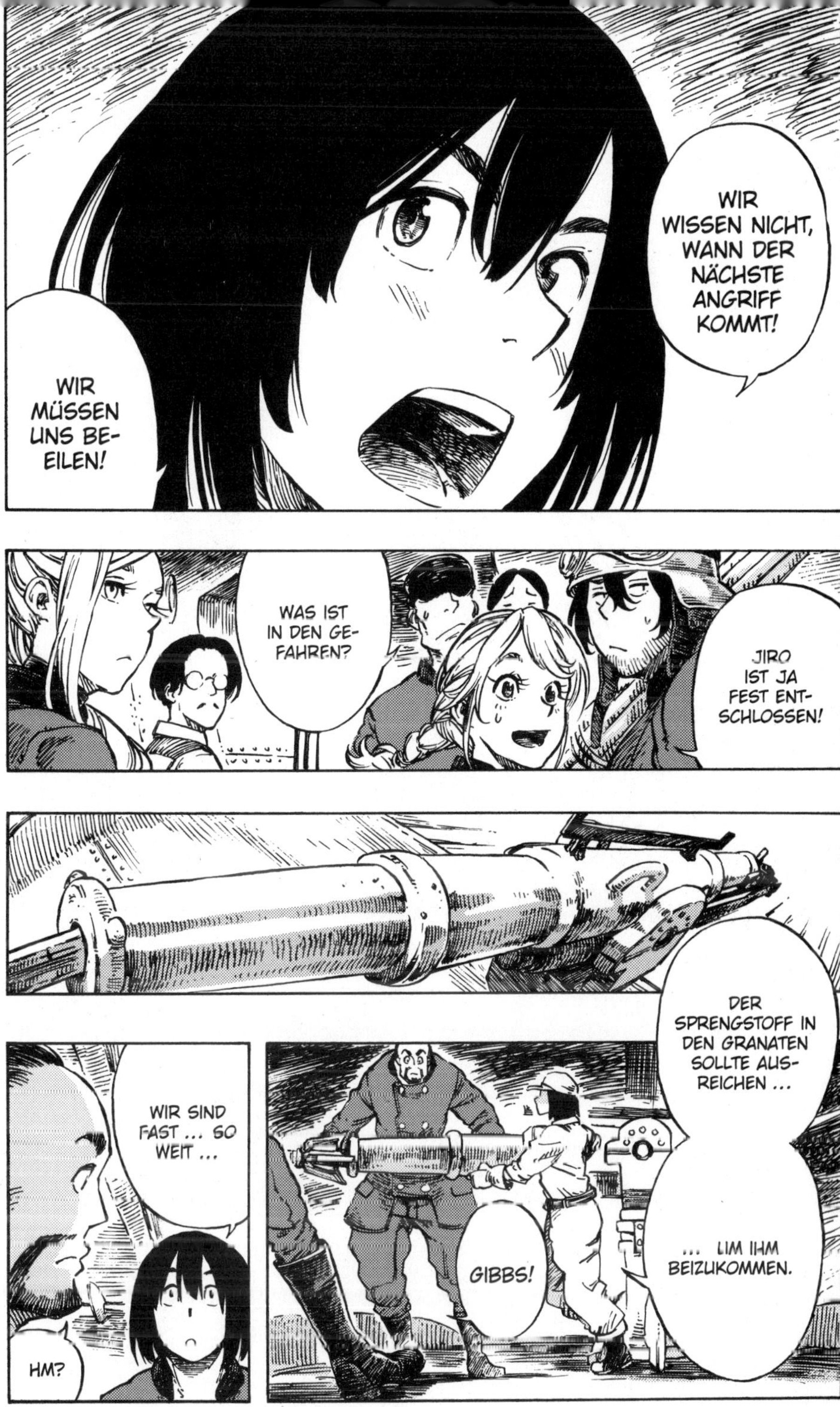
WIR WISSEN NICHT, WANN DER NÄCHSTE ANGRIFF KOMMT!
WIR MÜSSEN UNS BE-EILEN!
JIRO IST JA FEST ENT-SCHLOSSEN!
WAS IST IN DEN GE-FAHREN?
DER SPRENGSTOFF IN DEN GRANATEN SOLLTE AUS-REICHEN ...
... UM IHM BEIZUKOMMEN.
GIBBS!
WIR SIND FAST ... SO WEIT ...
HM?

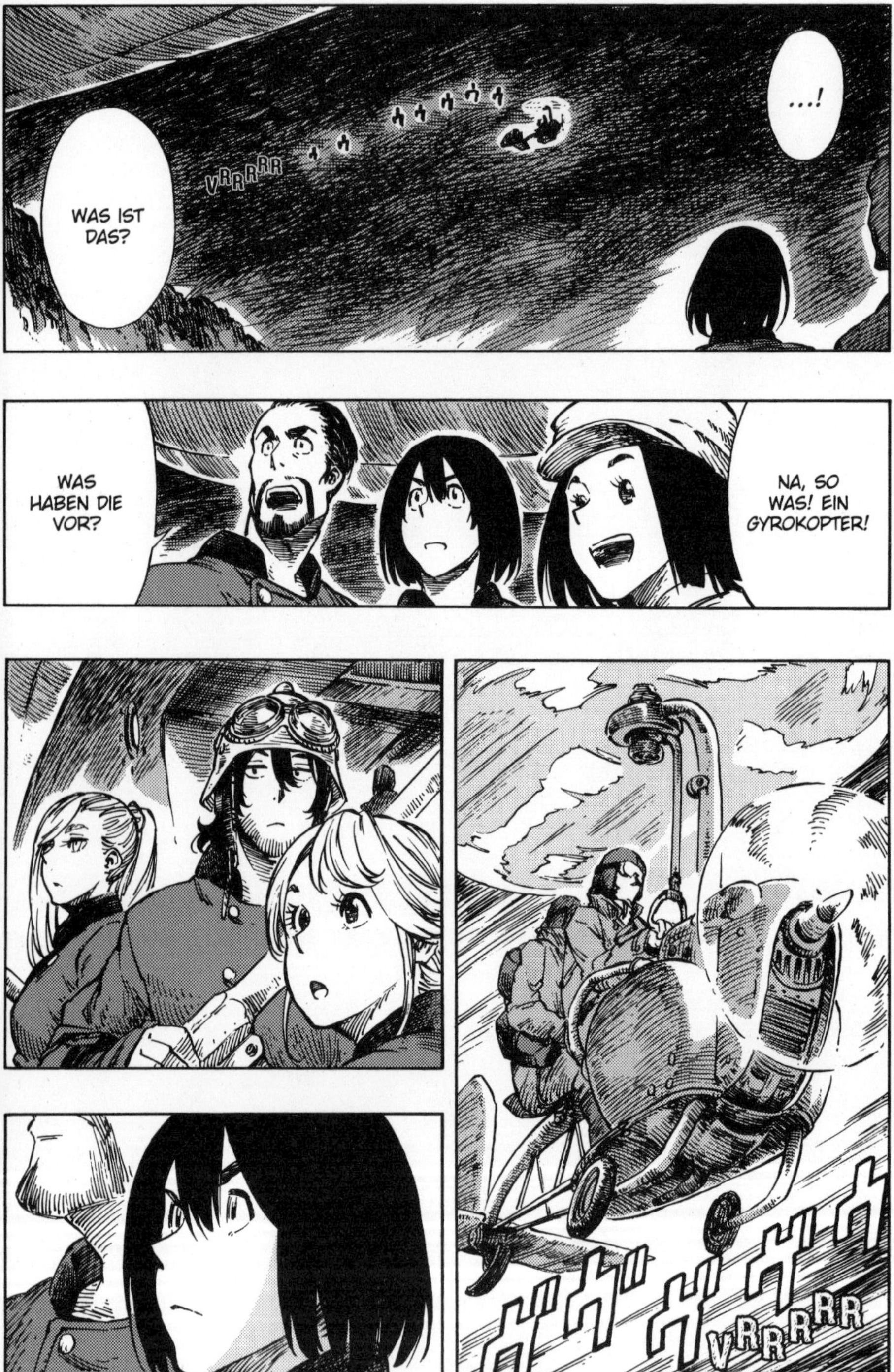
...!
WAS IST DAS?
VRRRRR
NA, SO WAS! EIN GYROKOPTER!
WAS HABEN DIE VOR?
VRRRRR

Flug 9 Das Gefecht

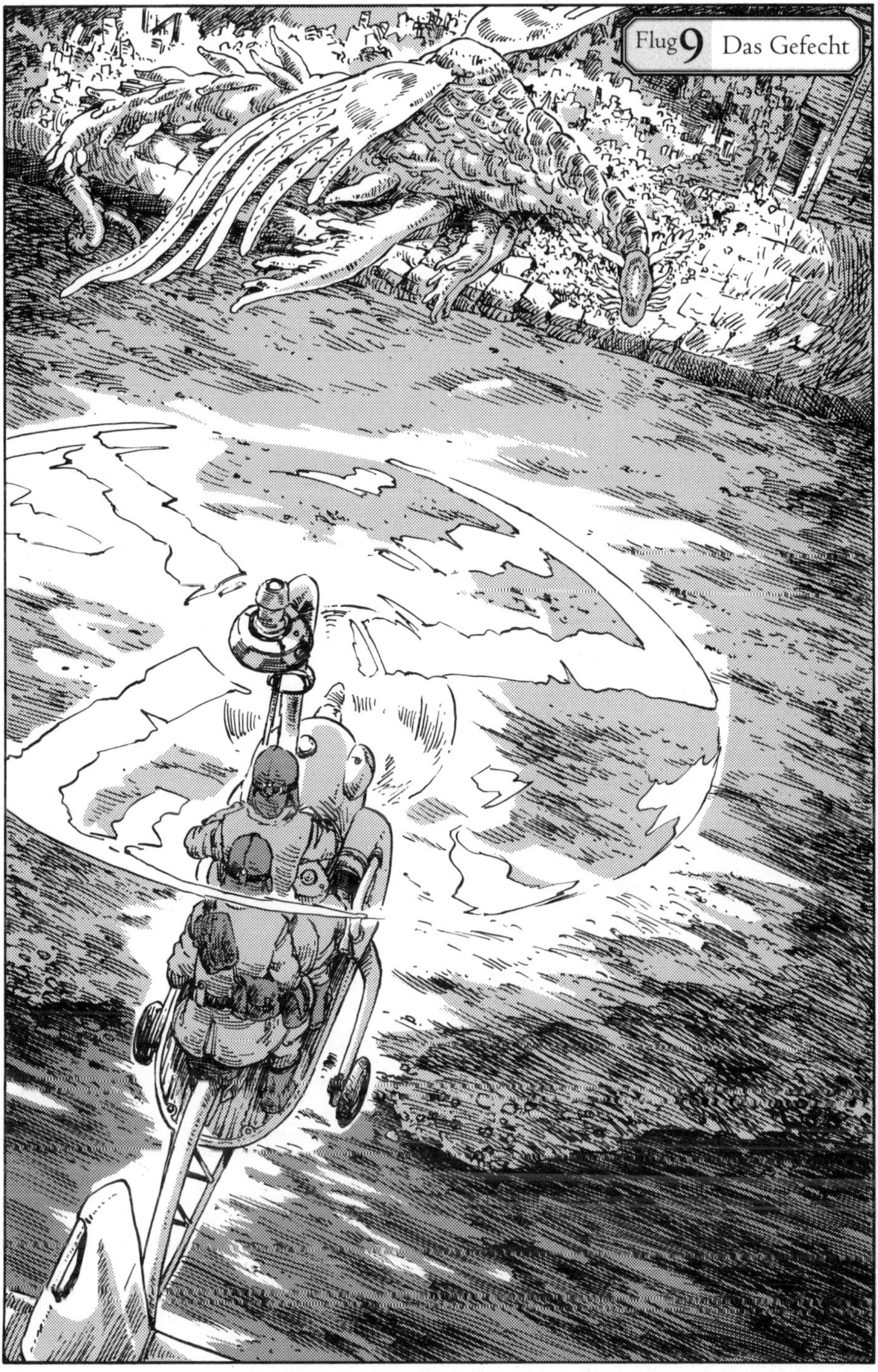

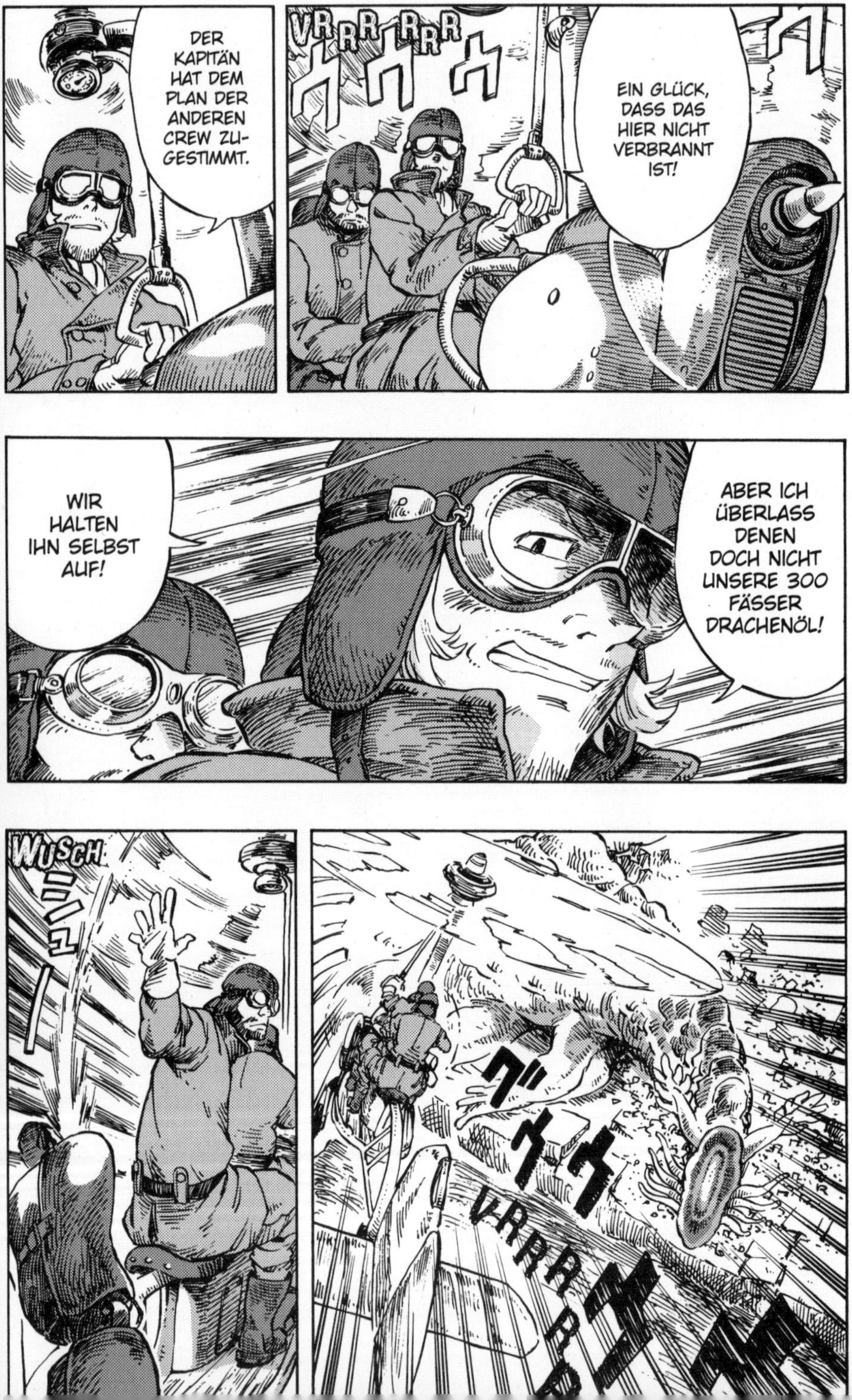
VRRRRRRR
EIN GLÜCK, DASS DAS HIER NICHT VERBRANNT IST!
DER KAPITÄN HAT DEM PLAN DER ANDEREN CREW ZU-GESTIMMT.
ABER ICH ÜBERLASS DENEN DOCH NICHT UNSERE 300 FÄSSER DRACHENÖL!
WIR HALTEN IHN SELBST AUF!
VRRRRR
WUSCH

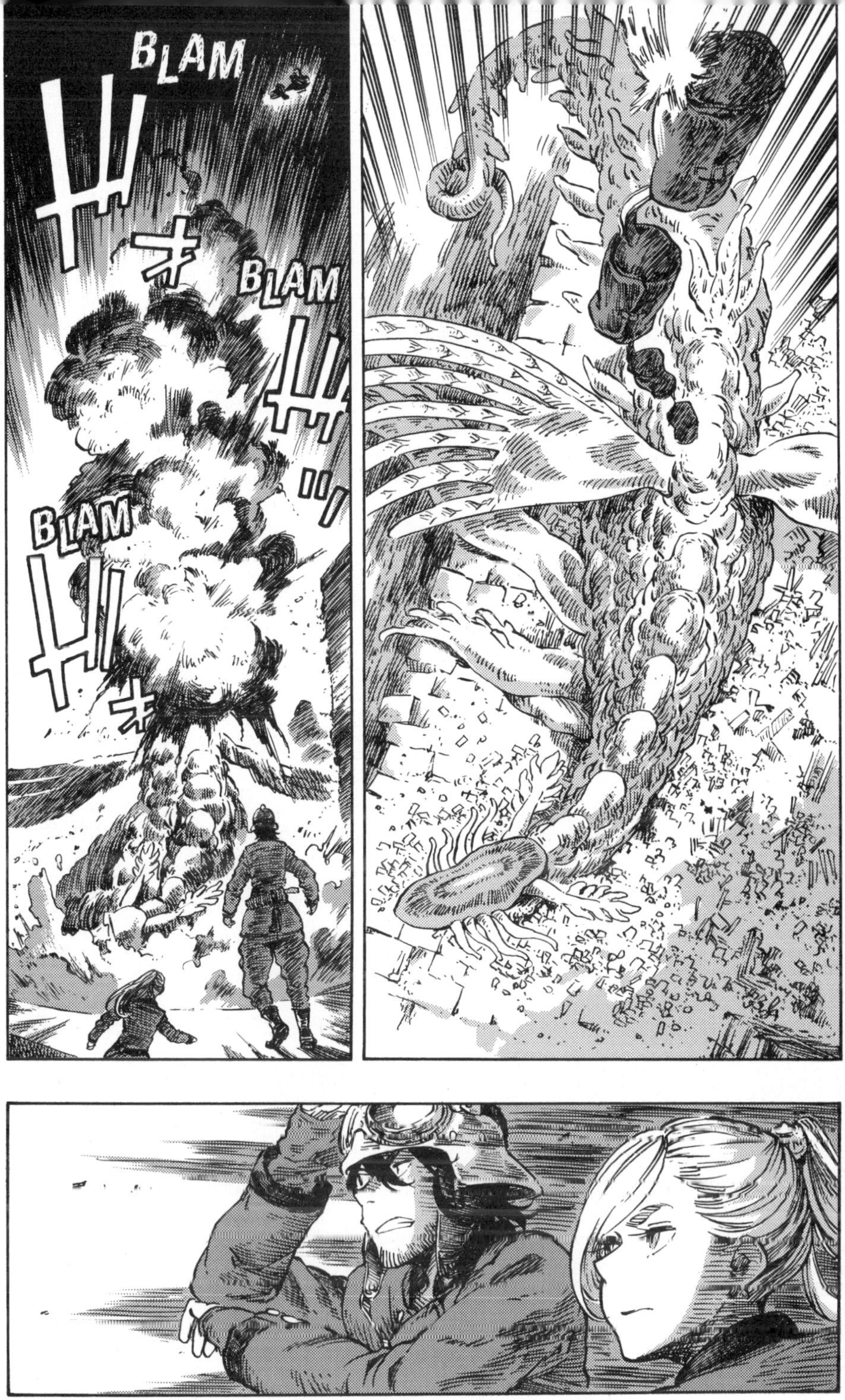
BLAM
BLAM
BLAM

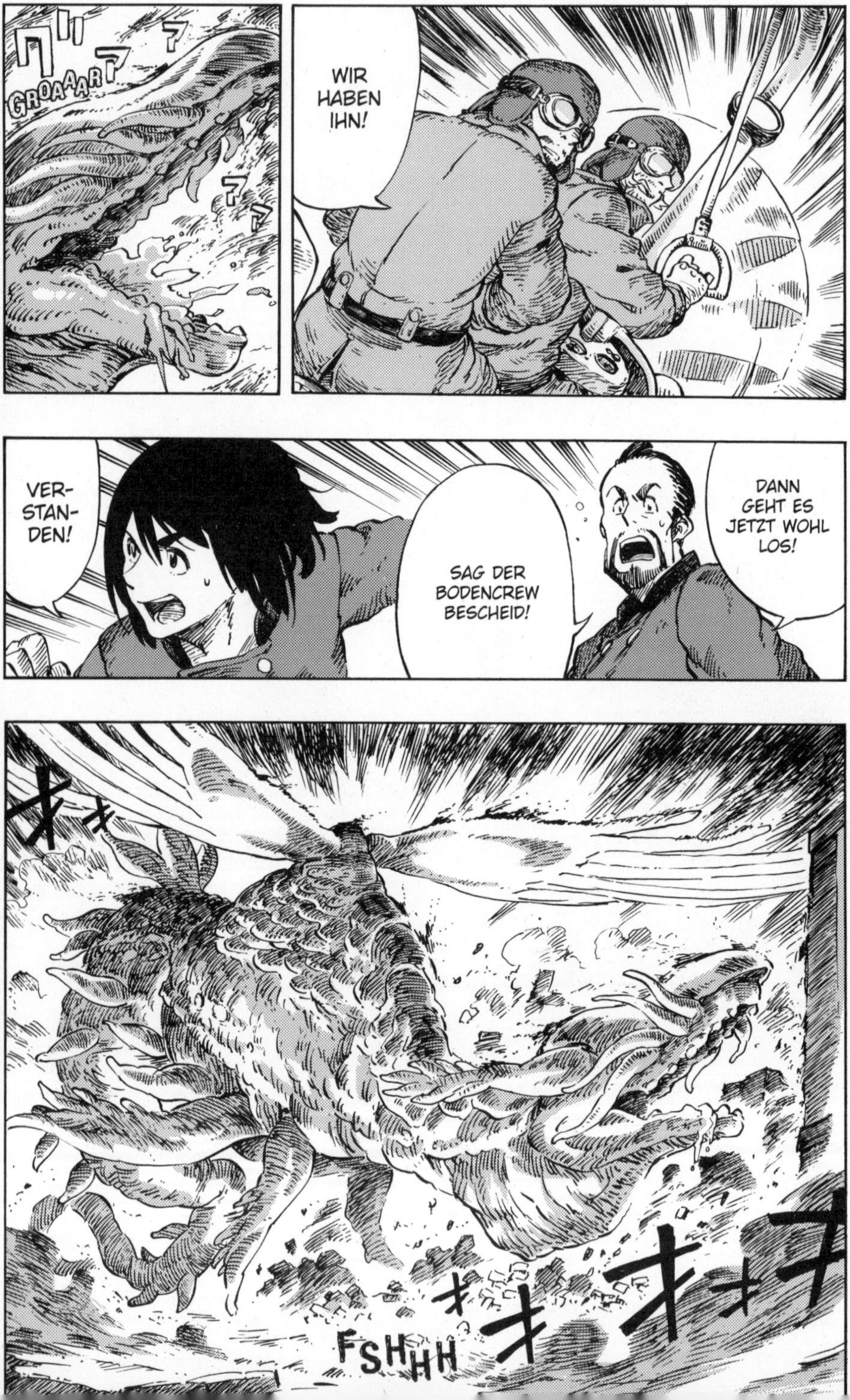
WIR HABEN IHN!
GROAAAR
DANN GEHT ES JETZT WOHL LOS!
SAG DER BODENCREW BESCHEID!
VERSTANDEN!
FSHHHH

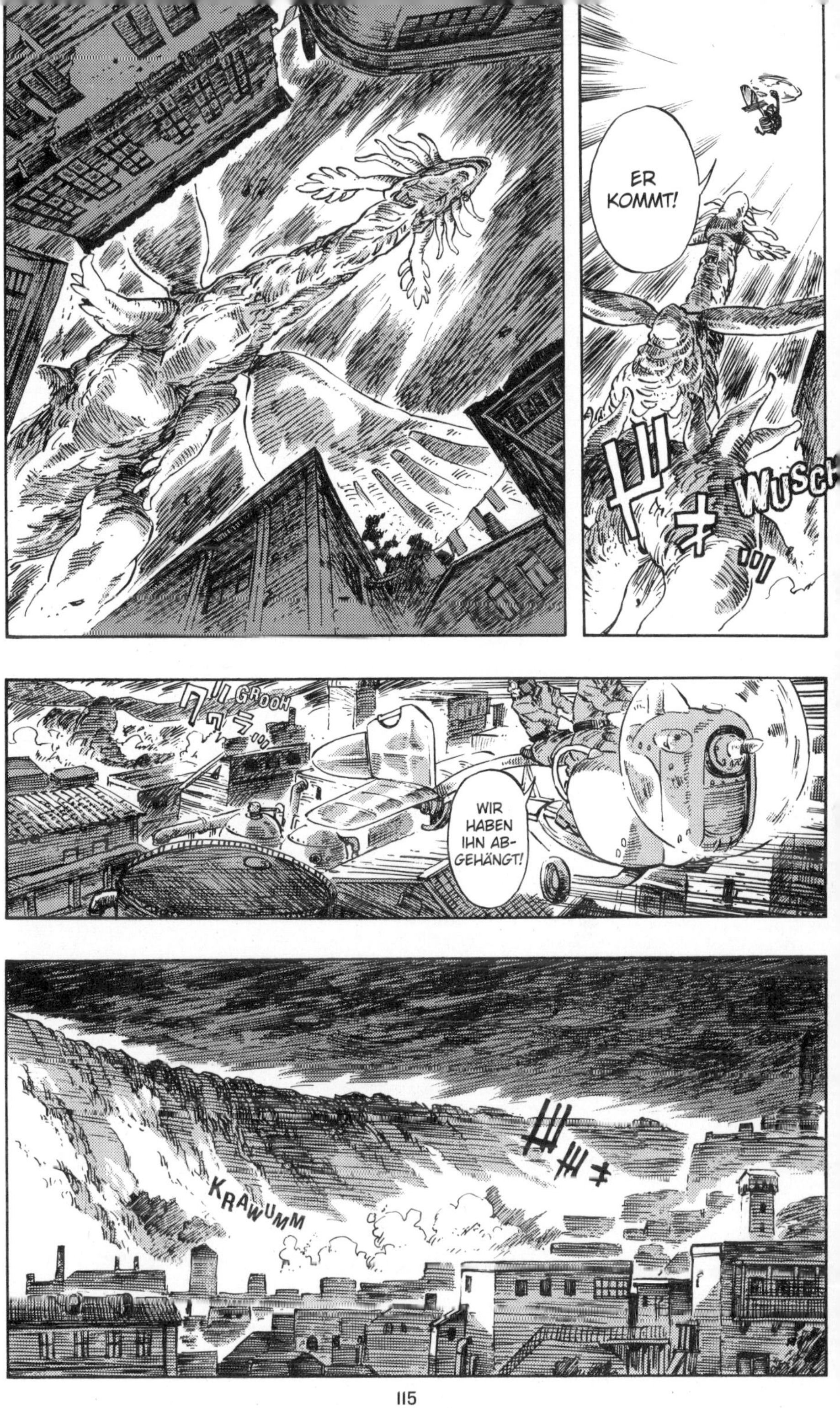
ER KOMMT!
WUSCH
GROOH
WIR HABEN IHN AB-GEHÄNGT!
KRAWUMM

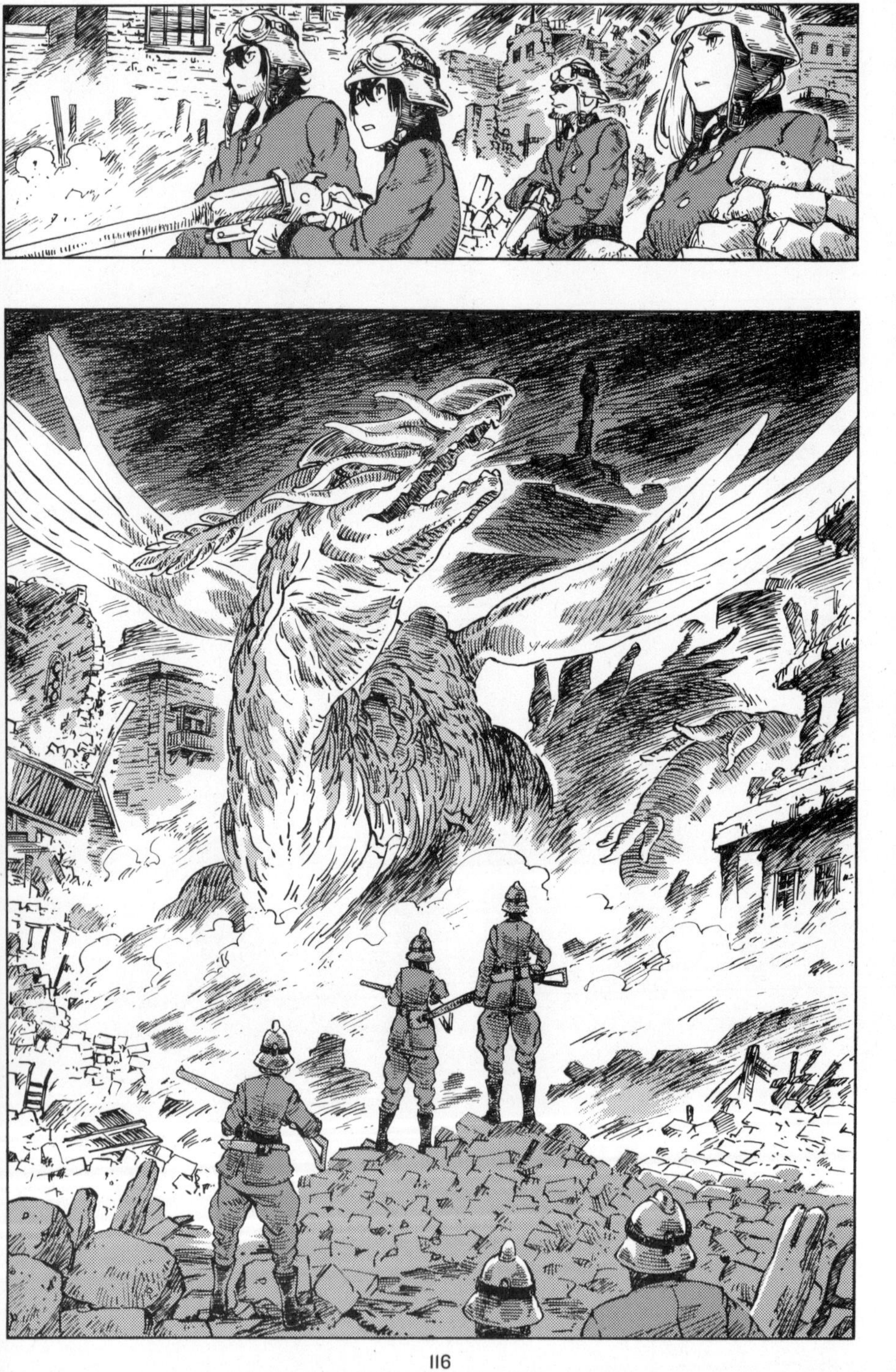

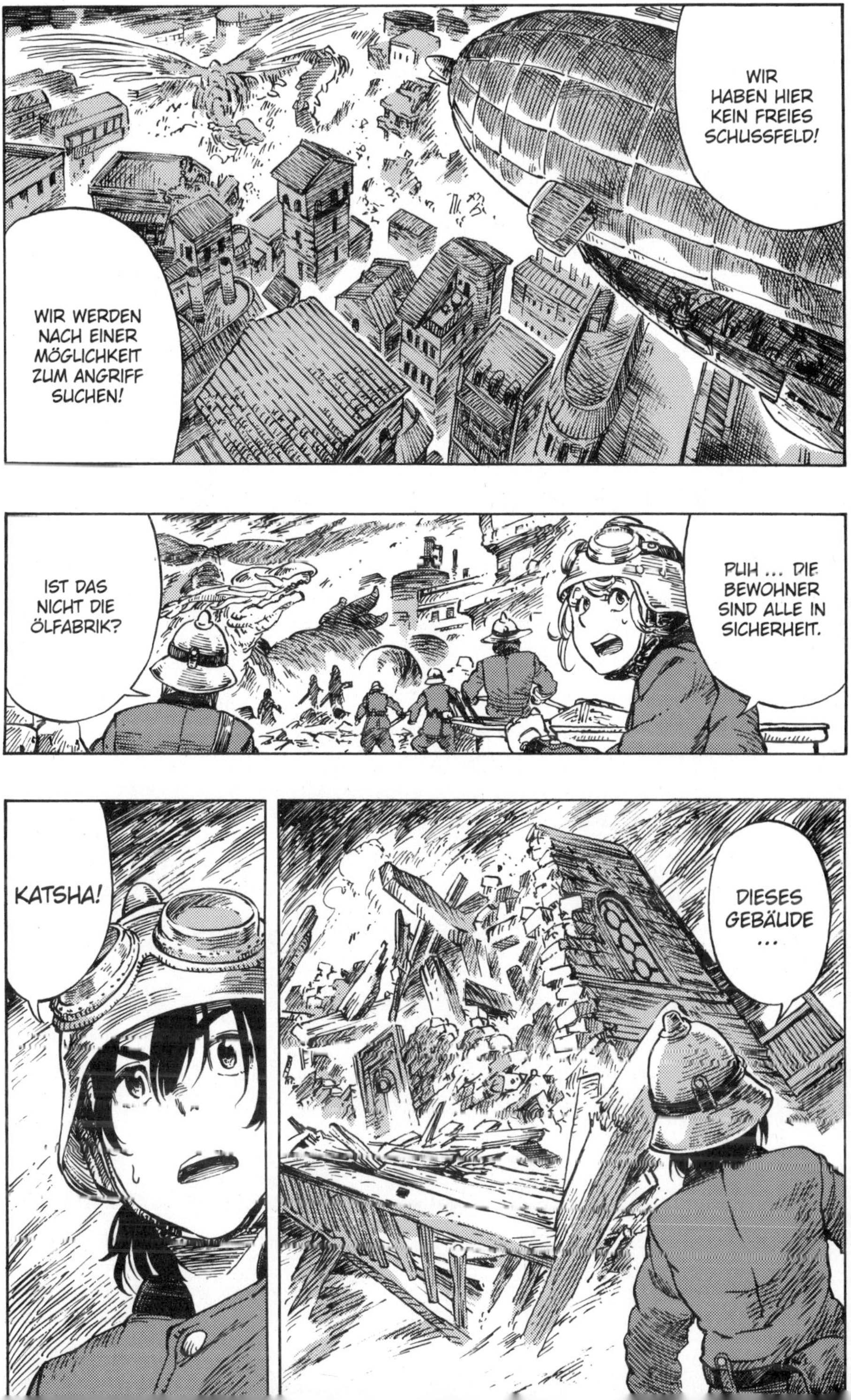
WIR HABEN HIER KEIN FREIES SCHUSSFELD!
WIR WERDEN NACH EINER MÖGLICHKEIT ZUM ANGRIFF SUCHEN!
PUH ... DIE BEWOHNER SIND ALLE IN SICHERHEIT.
IST DAS NICHT DIE ÖLFABRIK?
DIESES GEBÄUDE ...
KATSHA!

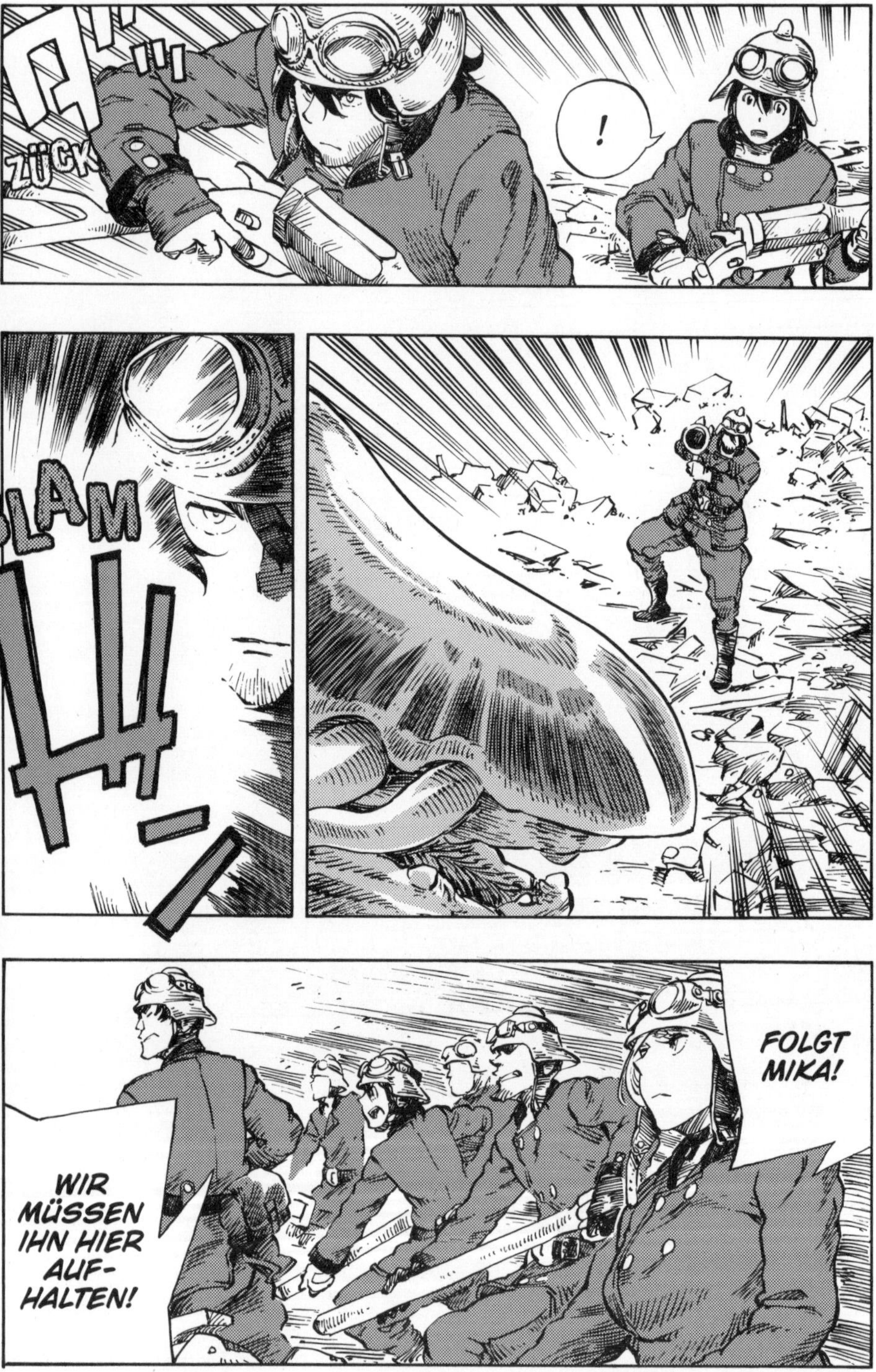

ZÜCK
!
BLAM
FOLGT MIKA!
WIR MÜSSEN IHN HIER AUF-HALTEN!

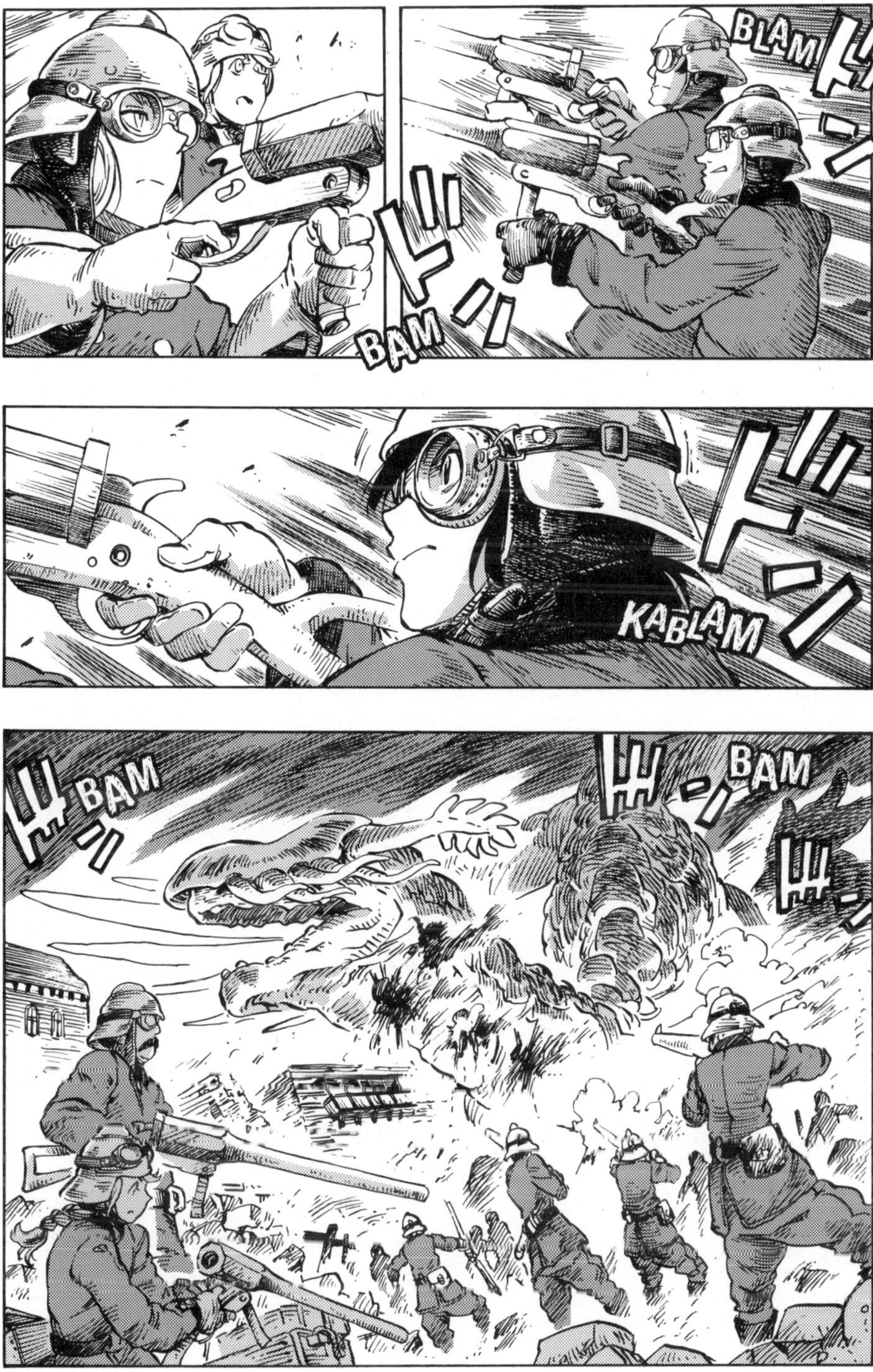
BLAM
BAM
KABLAM
BAM
BAM

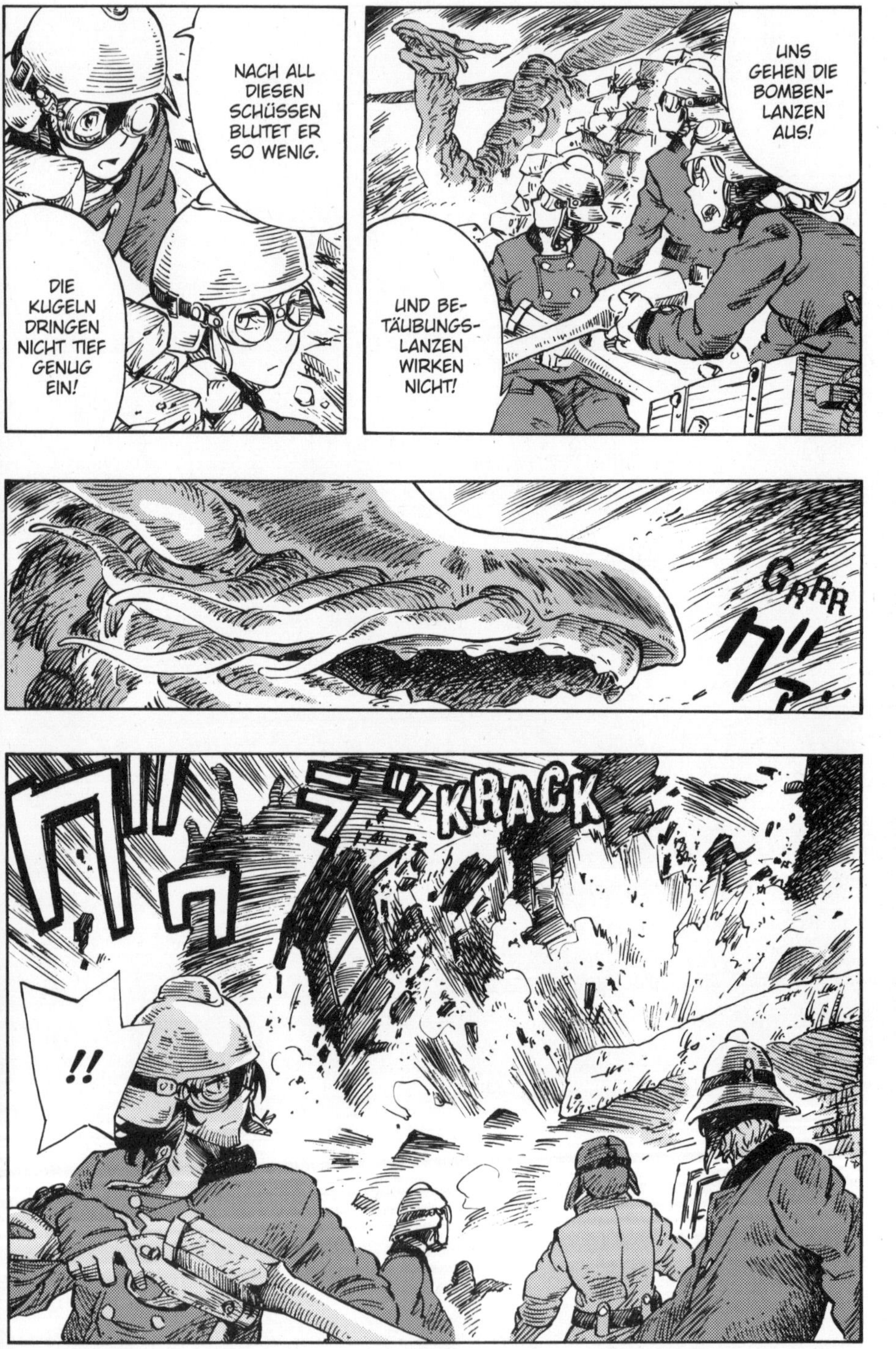
UNS GEHEN DIE BOMBEN-LANZEN AUS!
UND BE-TÄUBUNGS-LANZEN WIRKEN NICHT!
NACH ALL DIESEN SCHÜSSEN BLUTET ER SO WENIG.
DIE KUGELN DRINGEN NICHT TIEF GENUG EIN!
GRRR
KRACK
!!

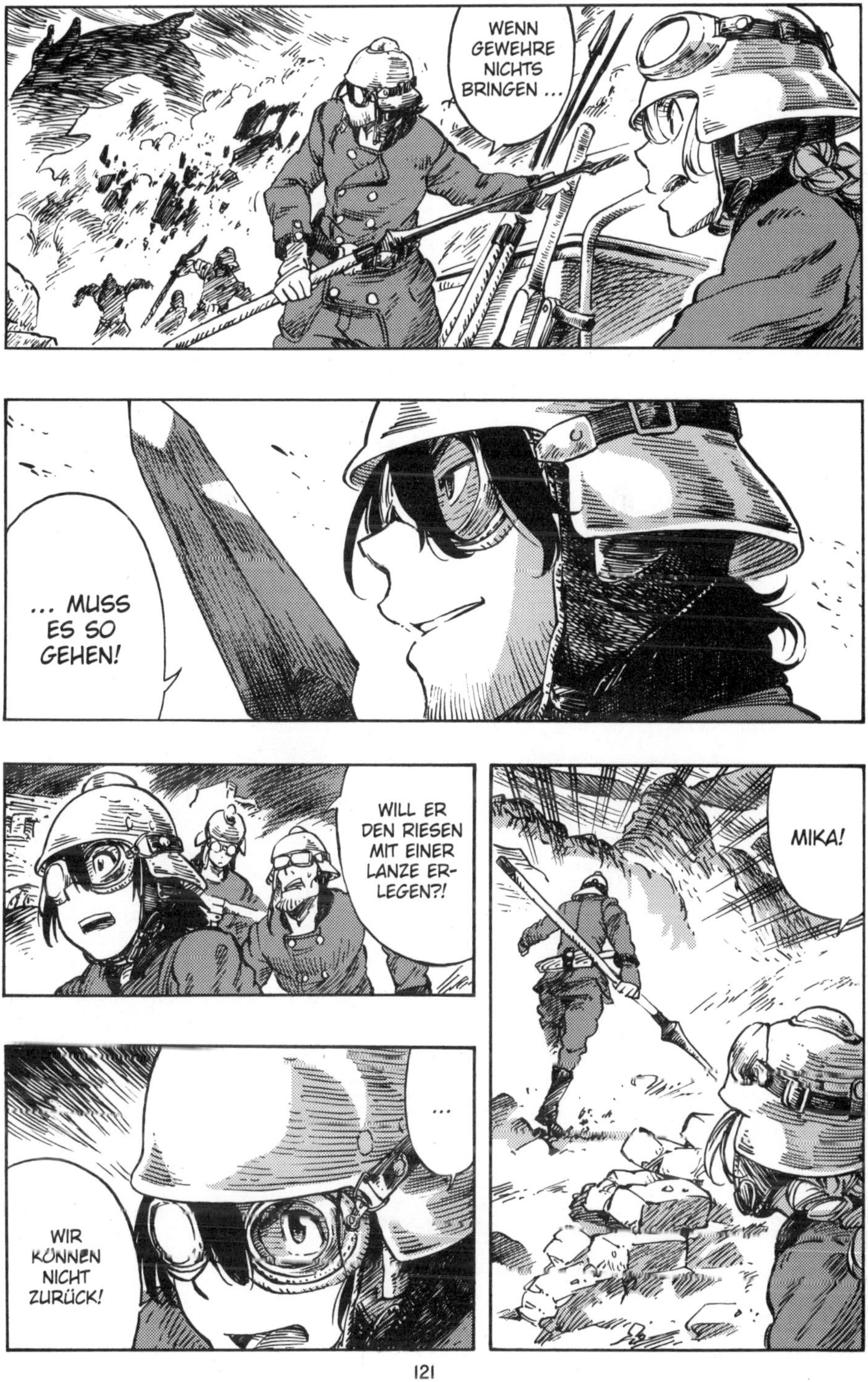
WENN GEWEHRE NICHTS BRINGEN …
… MUSS ES SO GEHEN!
WILL ER DEN RIESEN MIT EINER LANZE ER-LEGEN?!
MIKA!
…
WIR KÖNNEN NICHT ZURÜCK!

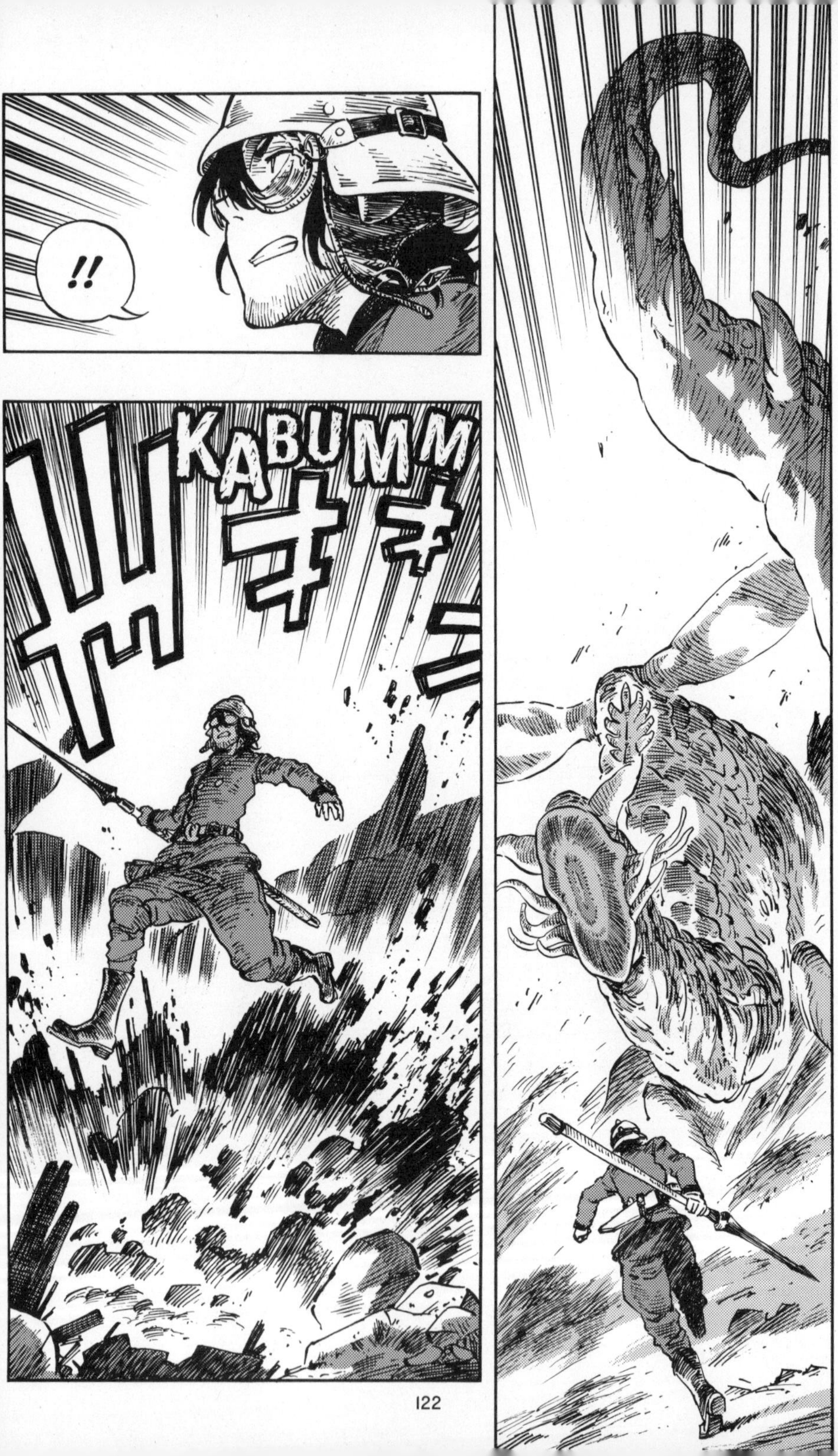
!!
KABUMM

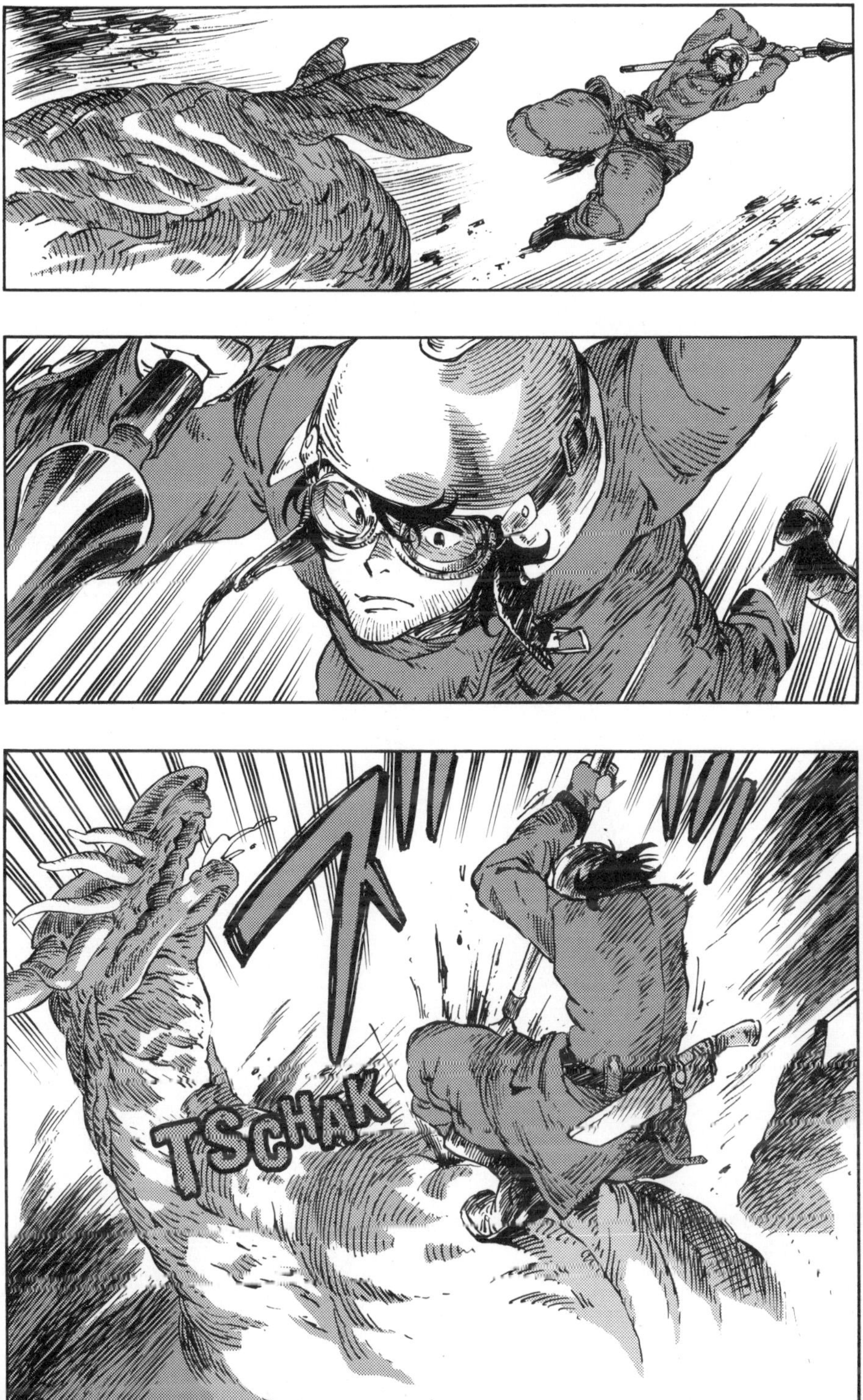
TSCHAK

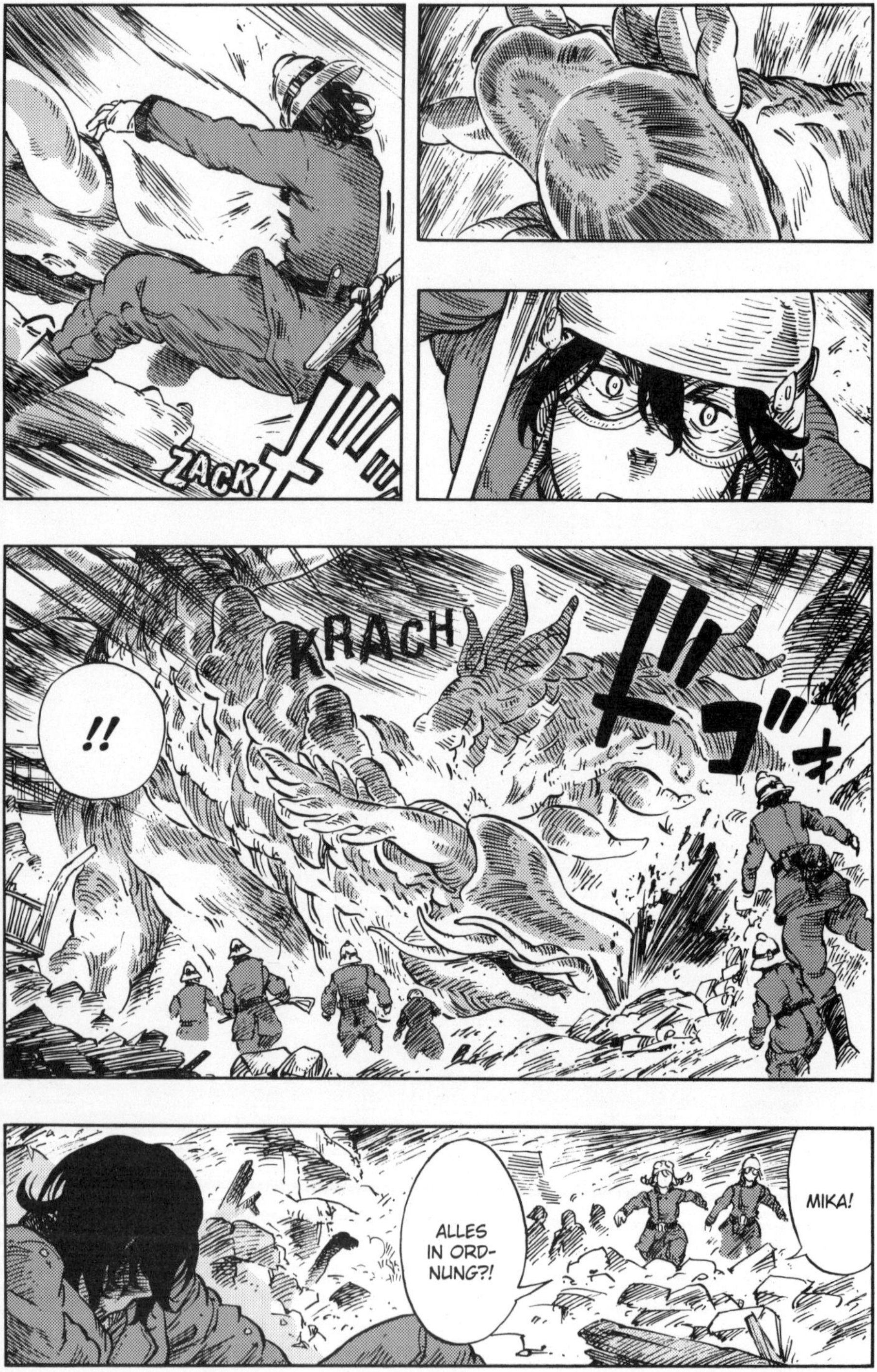
ZACK
KRACH
!!
MIKA!
ALLES IN ORD-NUNG?!

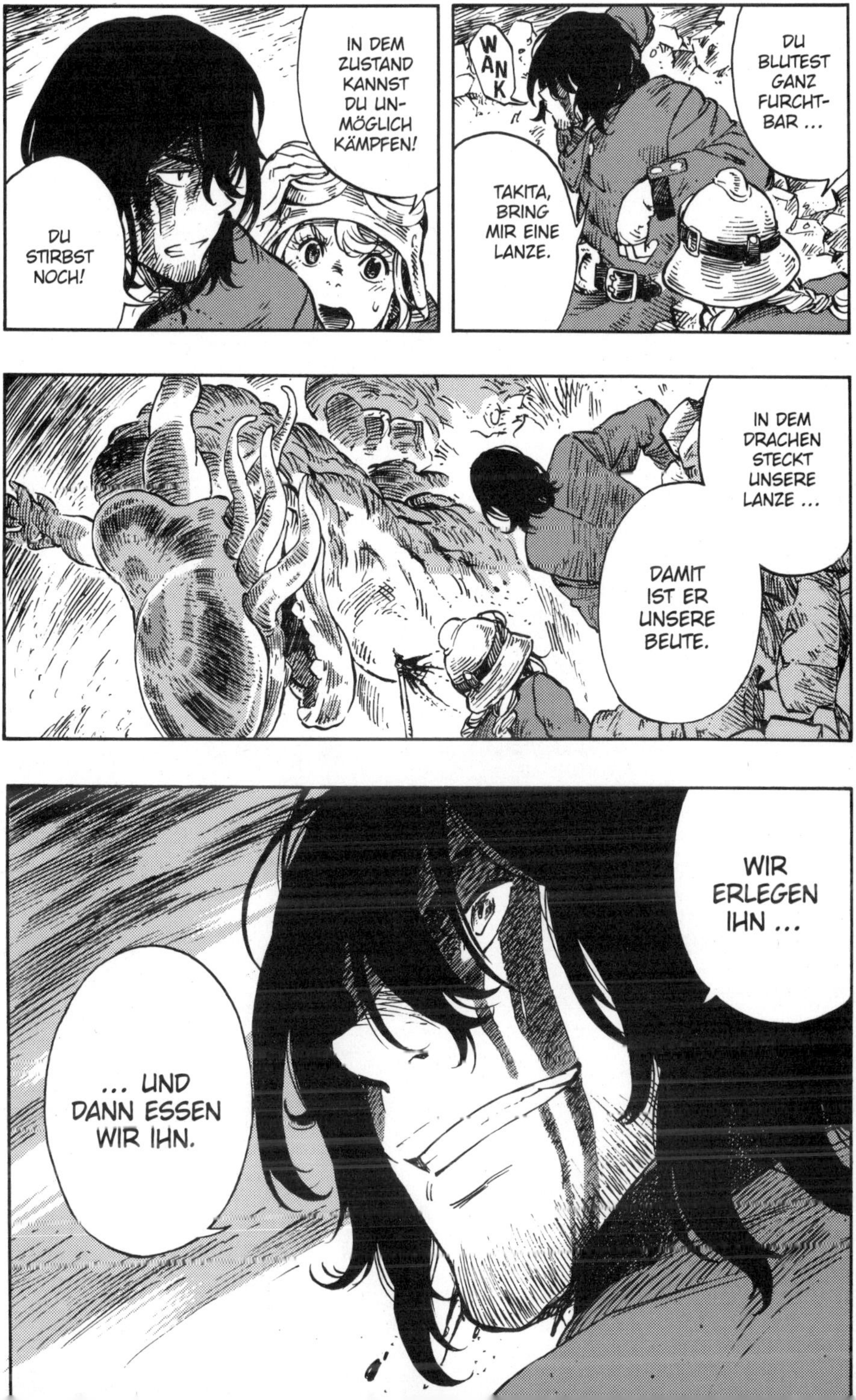
DU BLUTEST GANZ FURCHT-BAR …
WANK
TAKITA, BRING MIR EINE LANZE.
IN DEM ZUSTAND KANNST DU UN-MÖGLICH KÄMPFEN!
DU STIRBST NOCH!
IN DEM DRACHEN STECKT UNSERE LANZE …
DAMIT IST ER UNSERE BEUTE.
WIR ERLEGEN IHN …
… UND DANN ESSEN WIR IHN.

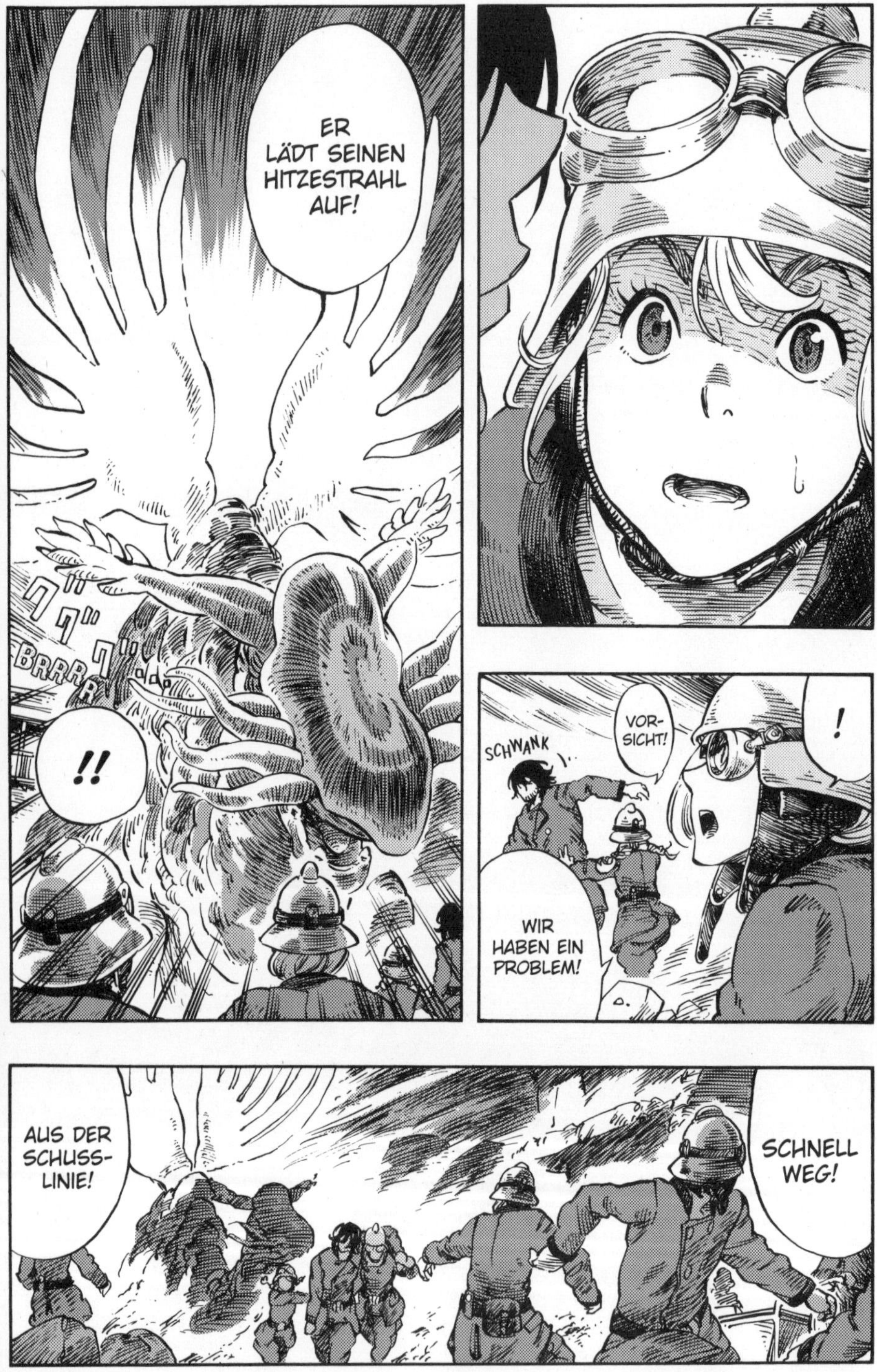

ER LÄDT SEINEN HITZESTRAHL AUF!
BRRRRR
!!
!
VOR-SICHT!
SCHWANK
WIR HABEN EIN PROBLEM!
SCHNELL WEG!
AUS DER SCHUSS-LINIE!

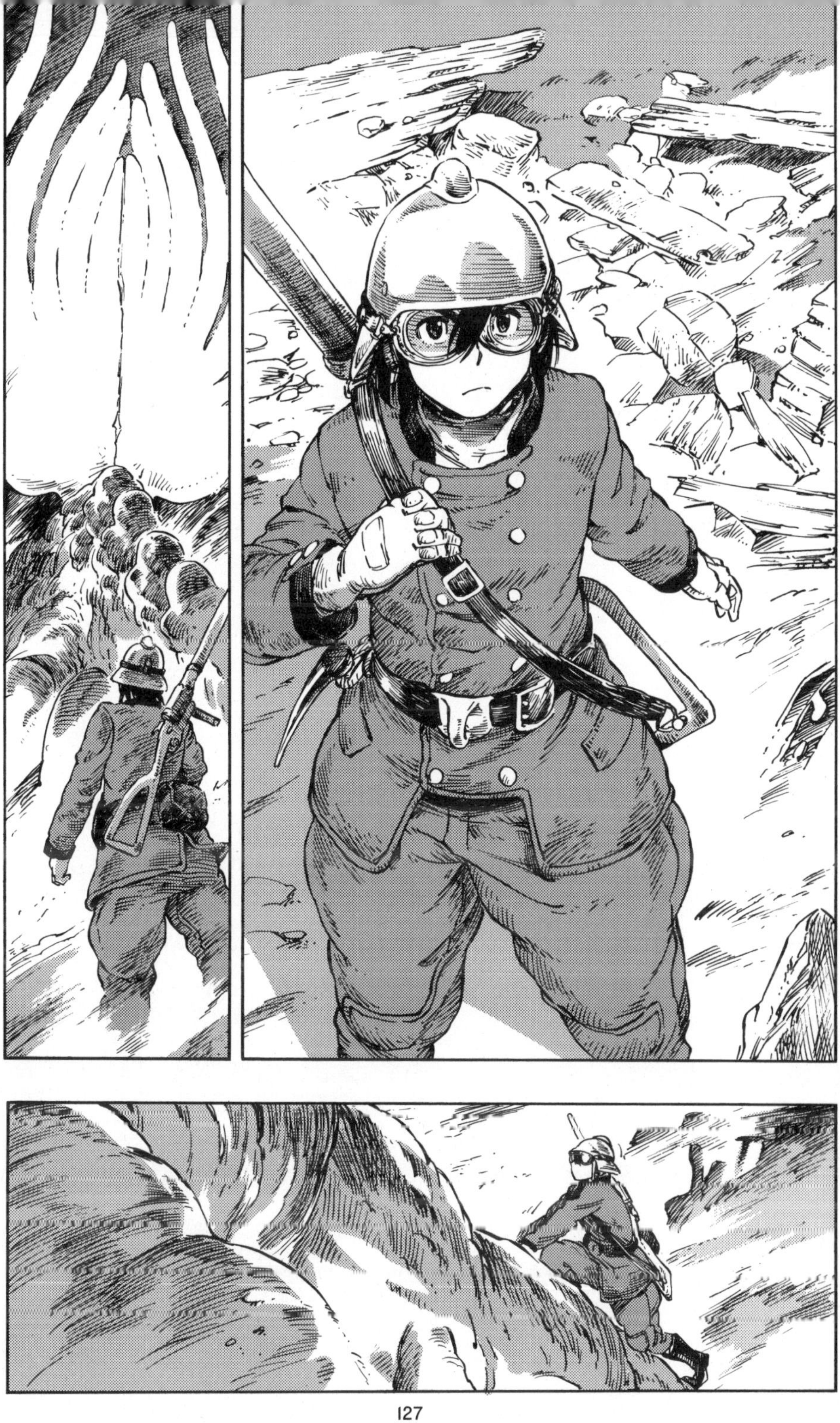

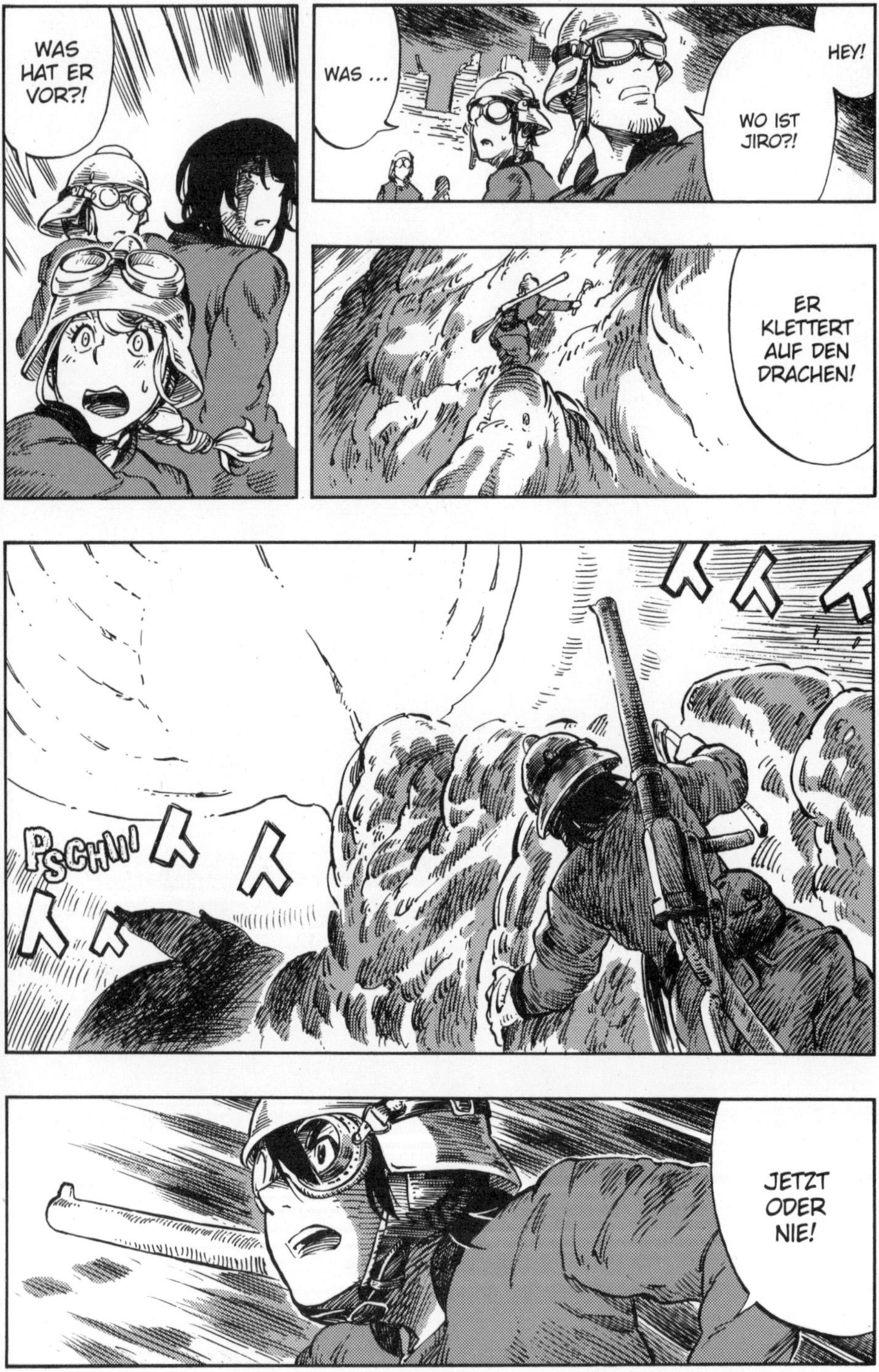
HEY!
WO IST JIRO?!
WAS …
WAS HAT ER VOR?!
ER KLETTERT AUF DEN DRACHEN!
PSCHIII
JETZT ODER NIE!

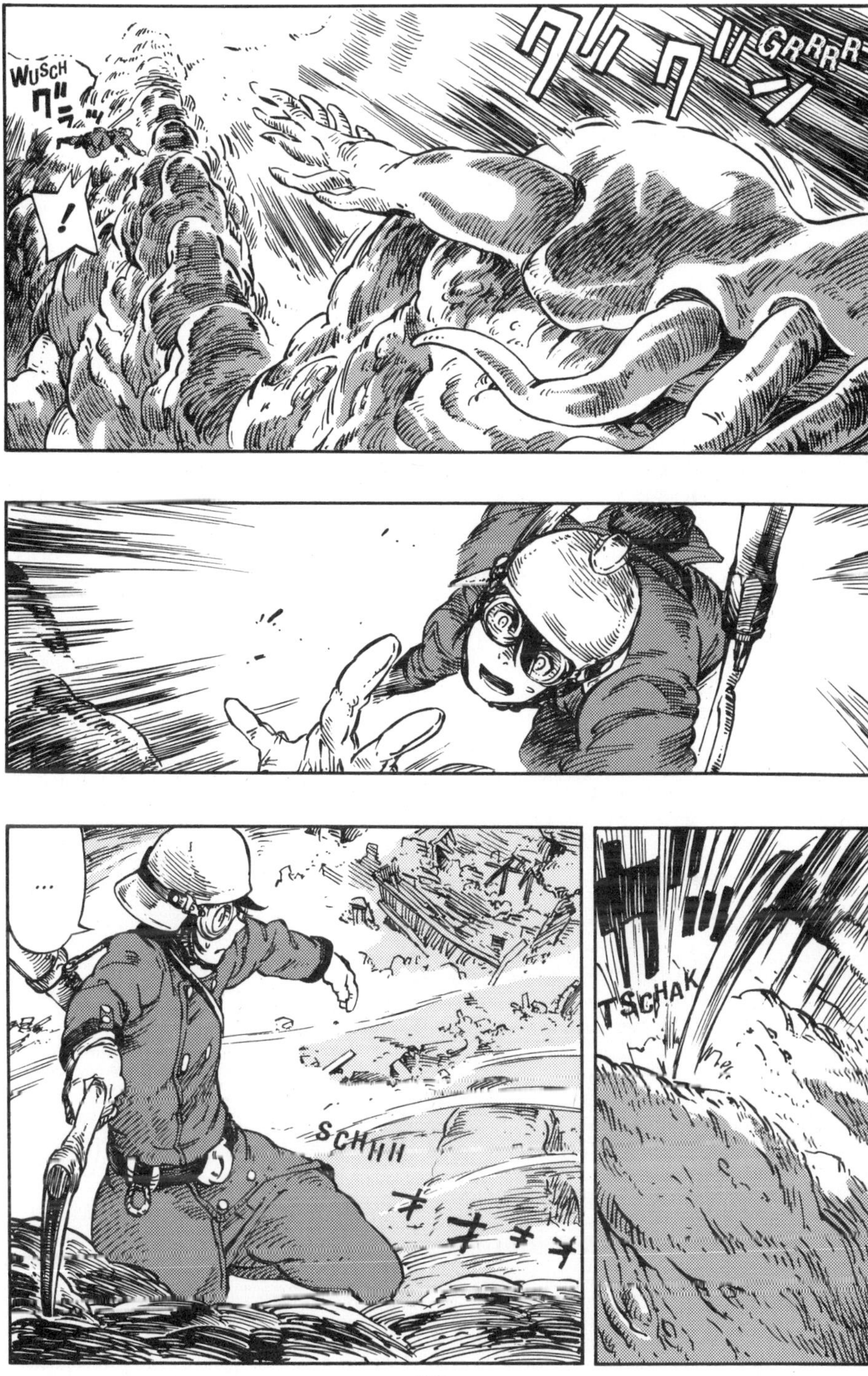
GRRRR
WUSCH
!
...
SCHHH
TSCHAK

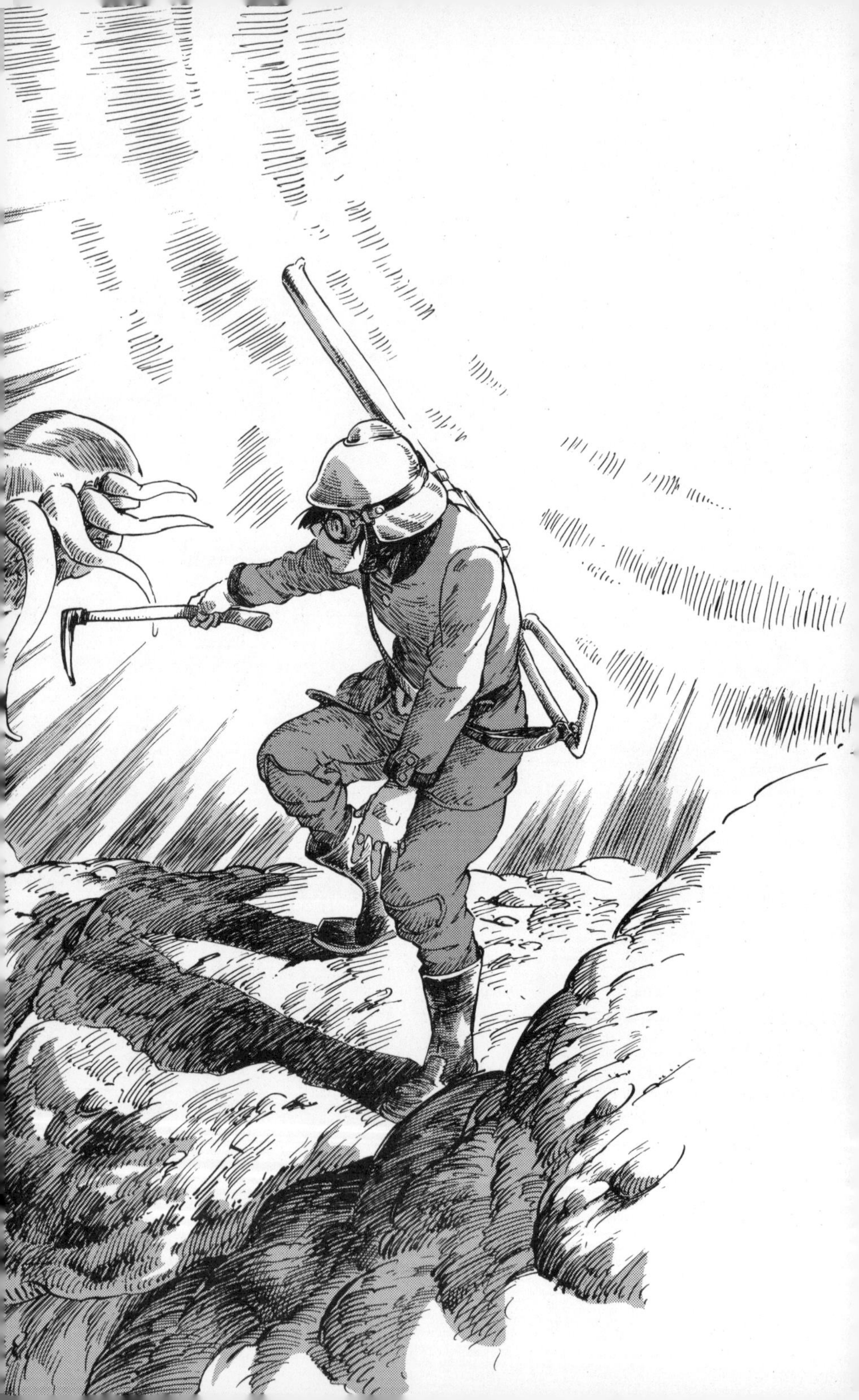

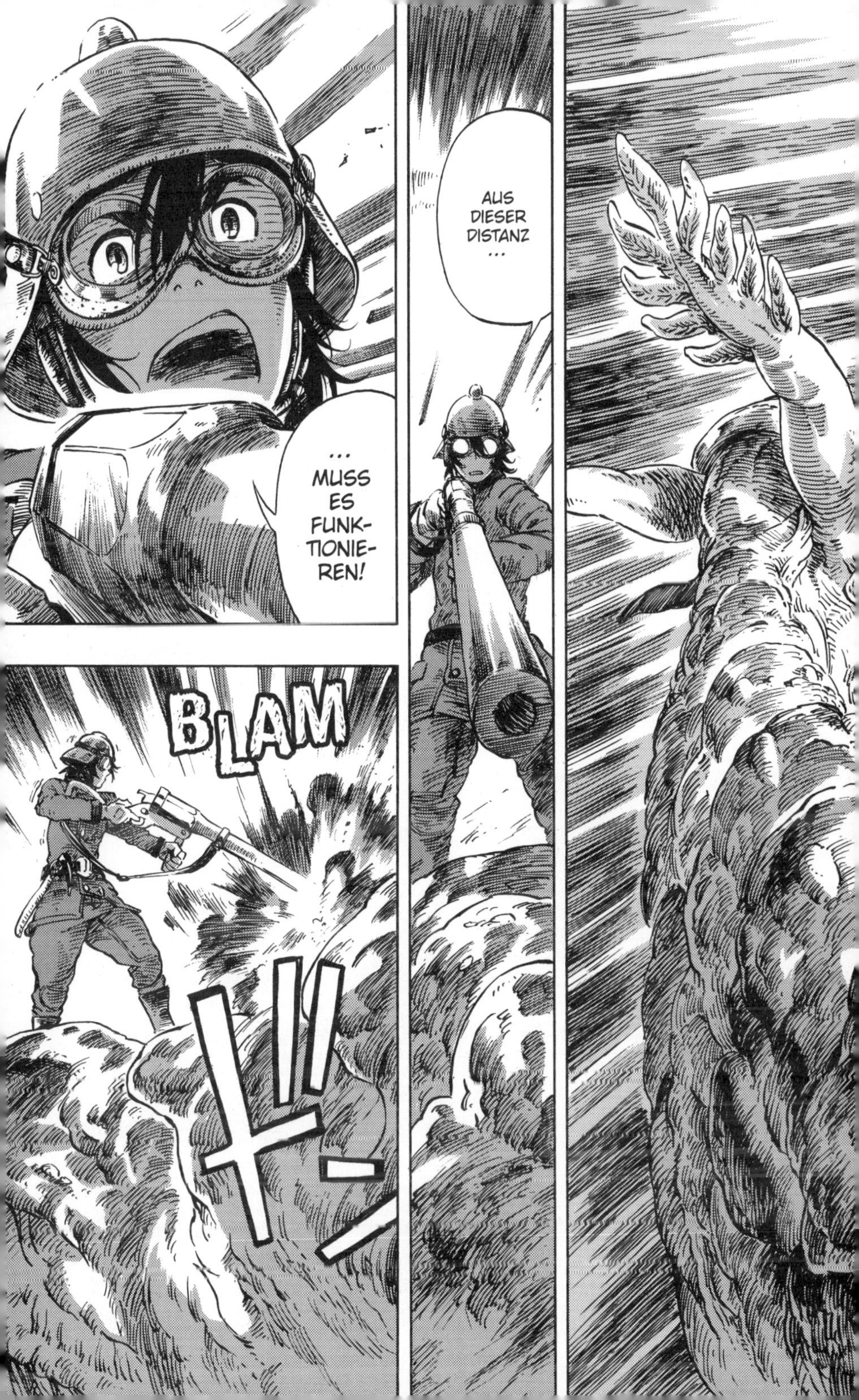
AUS DIESER DISTANZ ...
... MUSS ES FUNK-TIONIE-REN!
BLAM

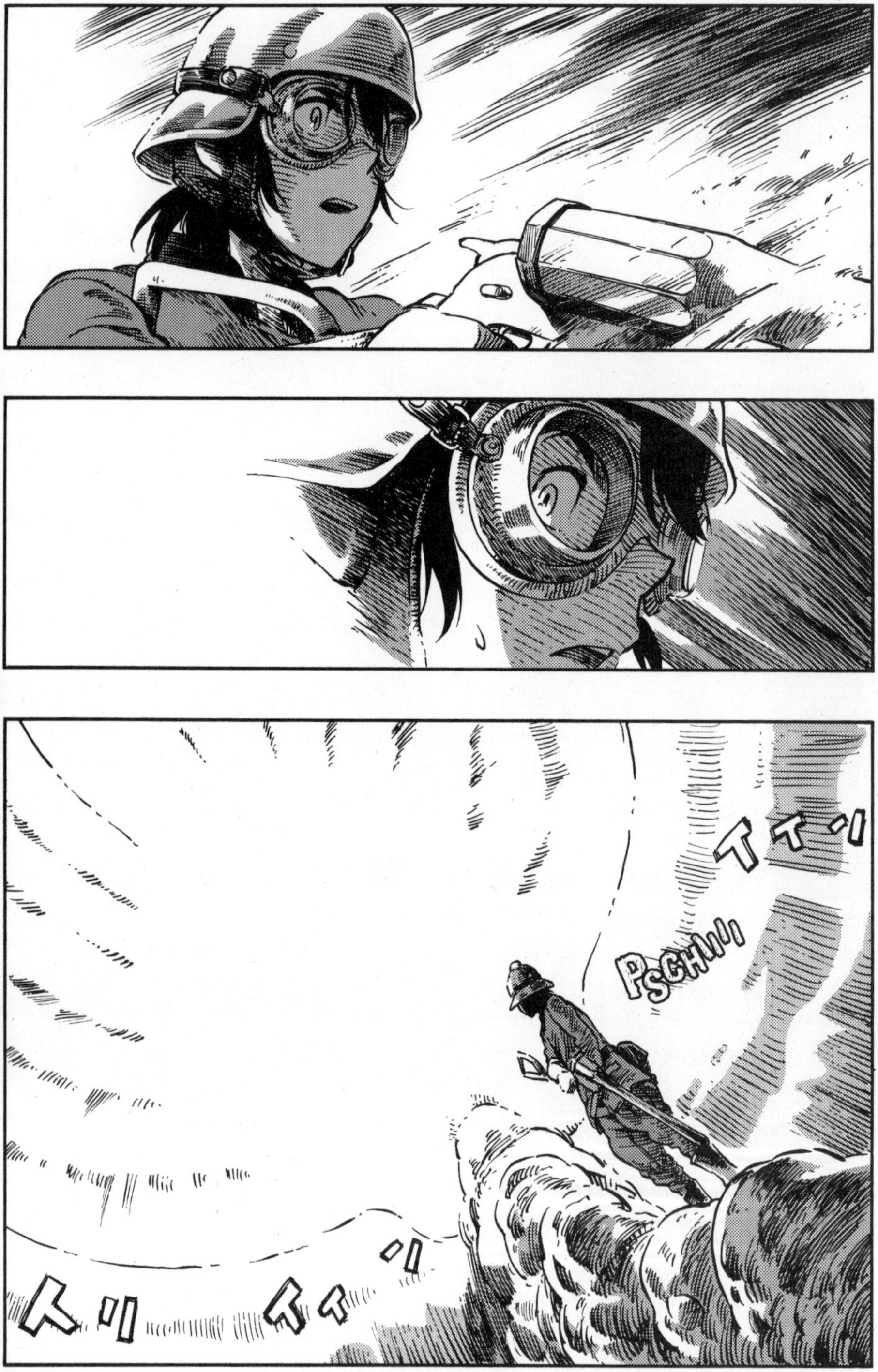
PSCHIII

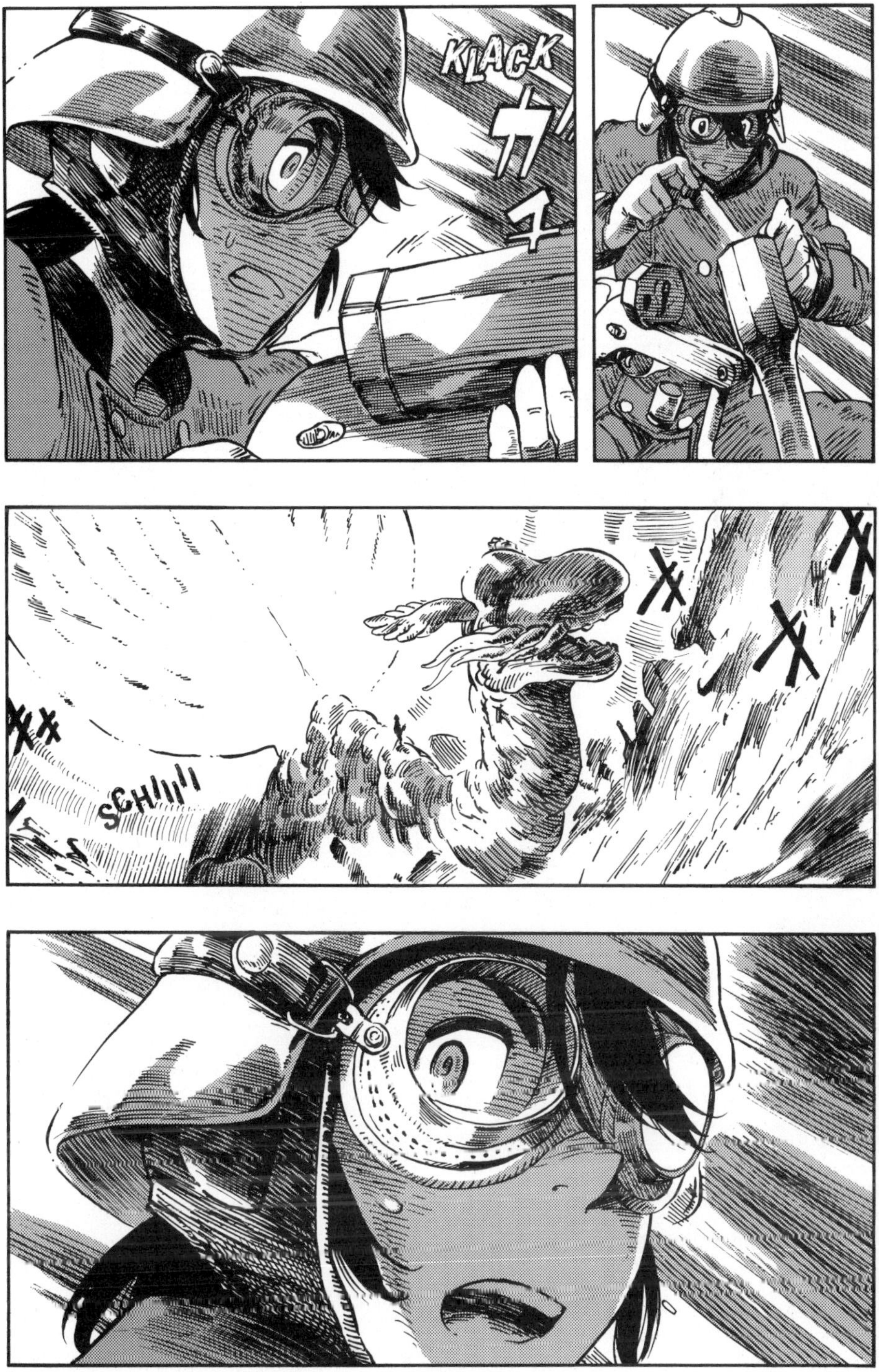
KLACK
SCHIIII

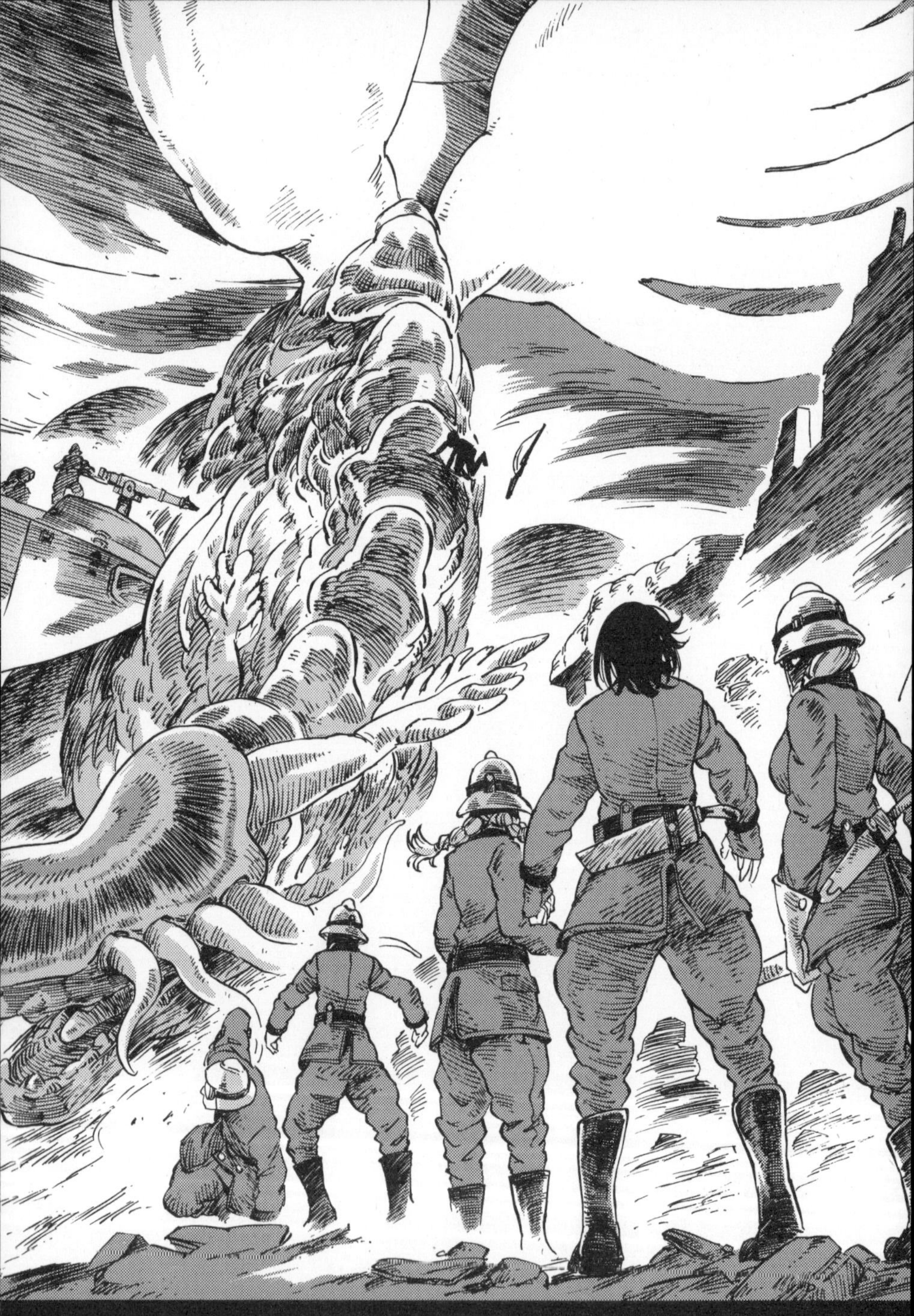

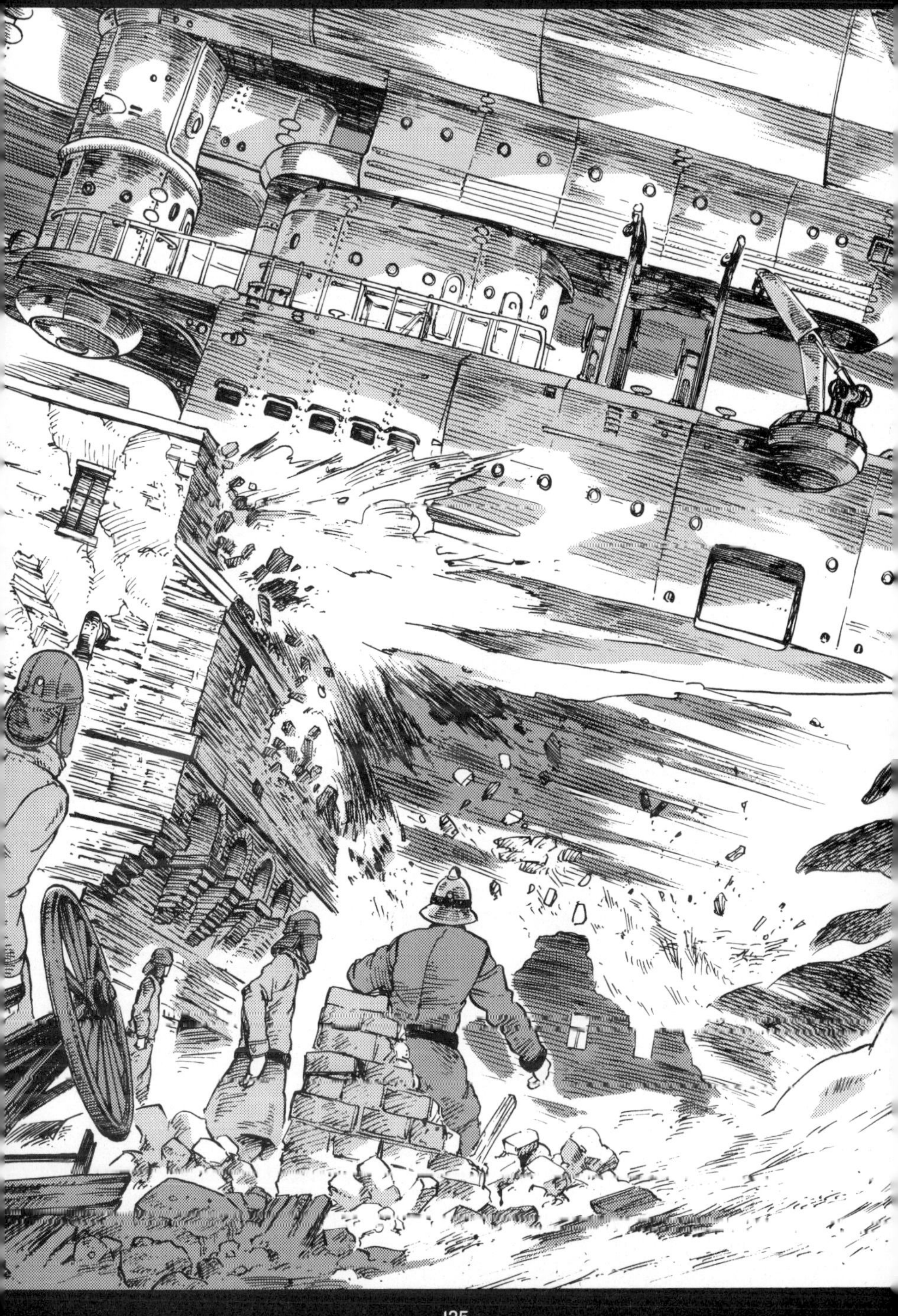

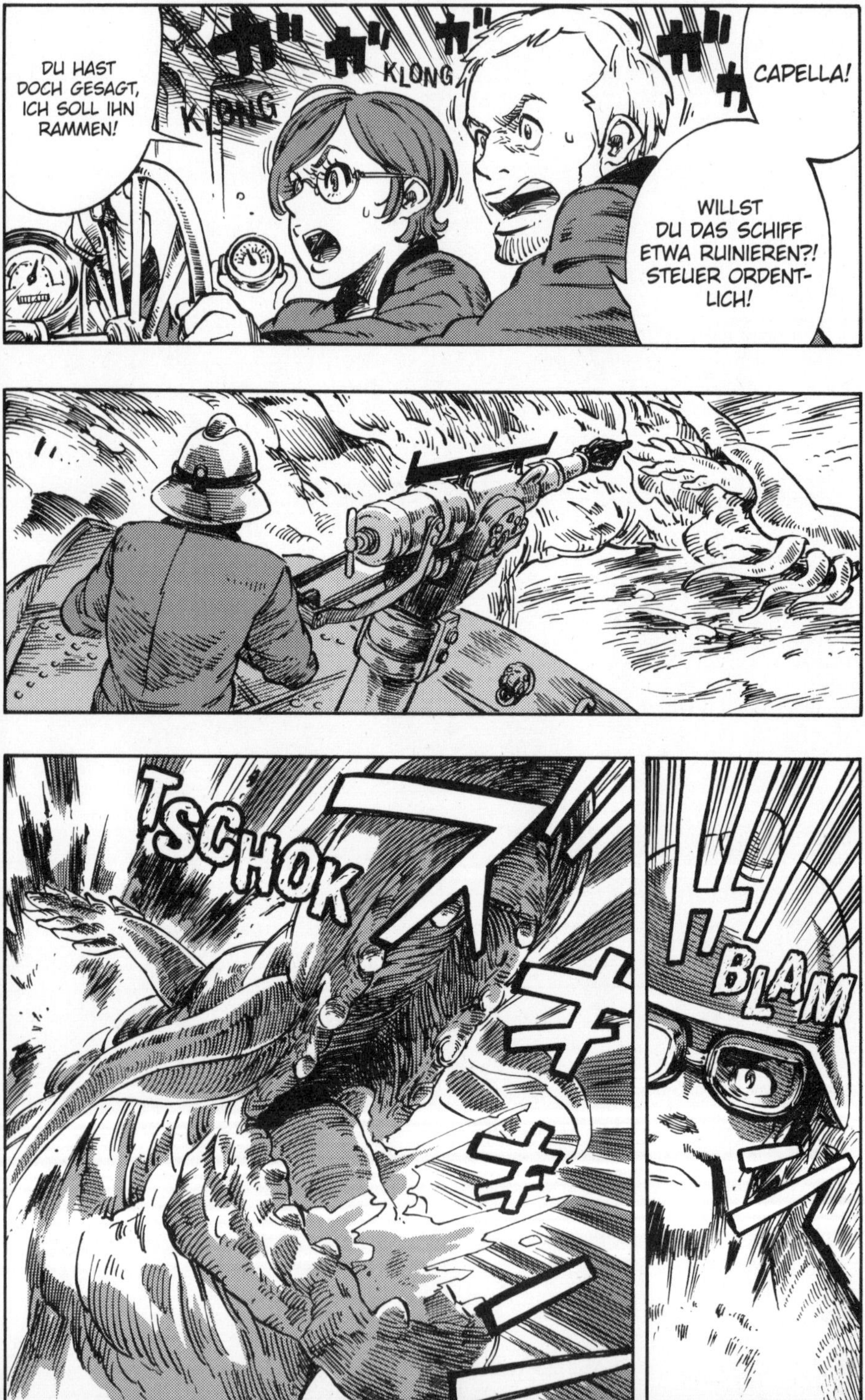
CAPELLA!
WILLST DU DAS SCHIFF ETWA RUINIEREN?! STEUER ORDENT-LICH!
KLONG
KLONG
DU HAST DOCH GESAGT, ICH SOLL IHN RAMMEN!
BLAM
TSCHOK

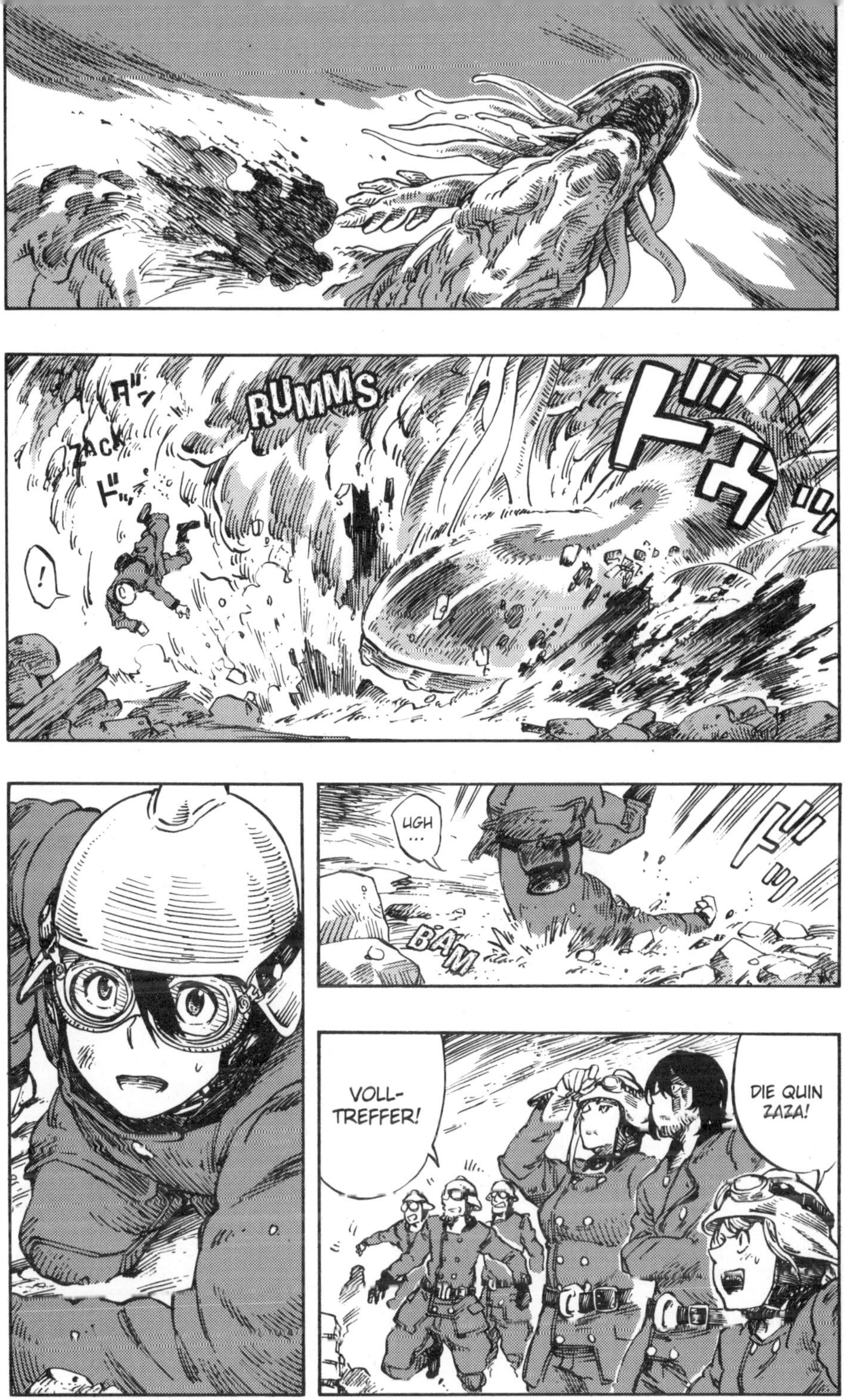

ダッ
ZACK
ドッ
RUMMS
ドゴッ
!
ドッ
UGH …
BAM
DIE QUIN ZAZA!
VOLL-TREFFER!

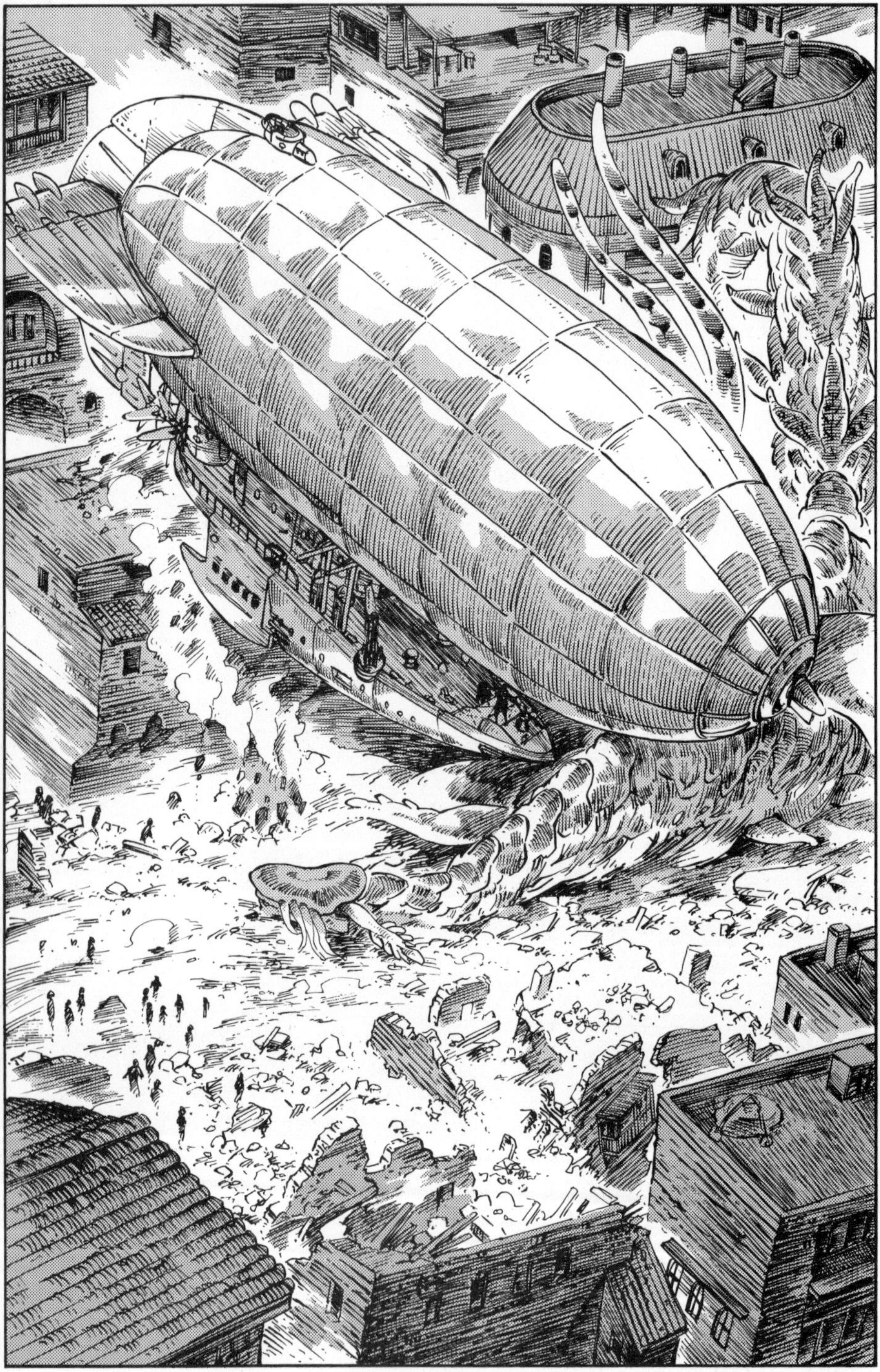

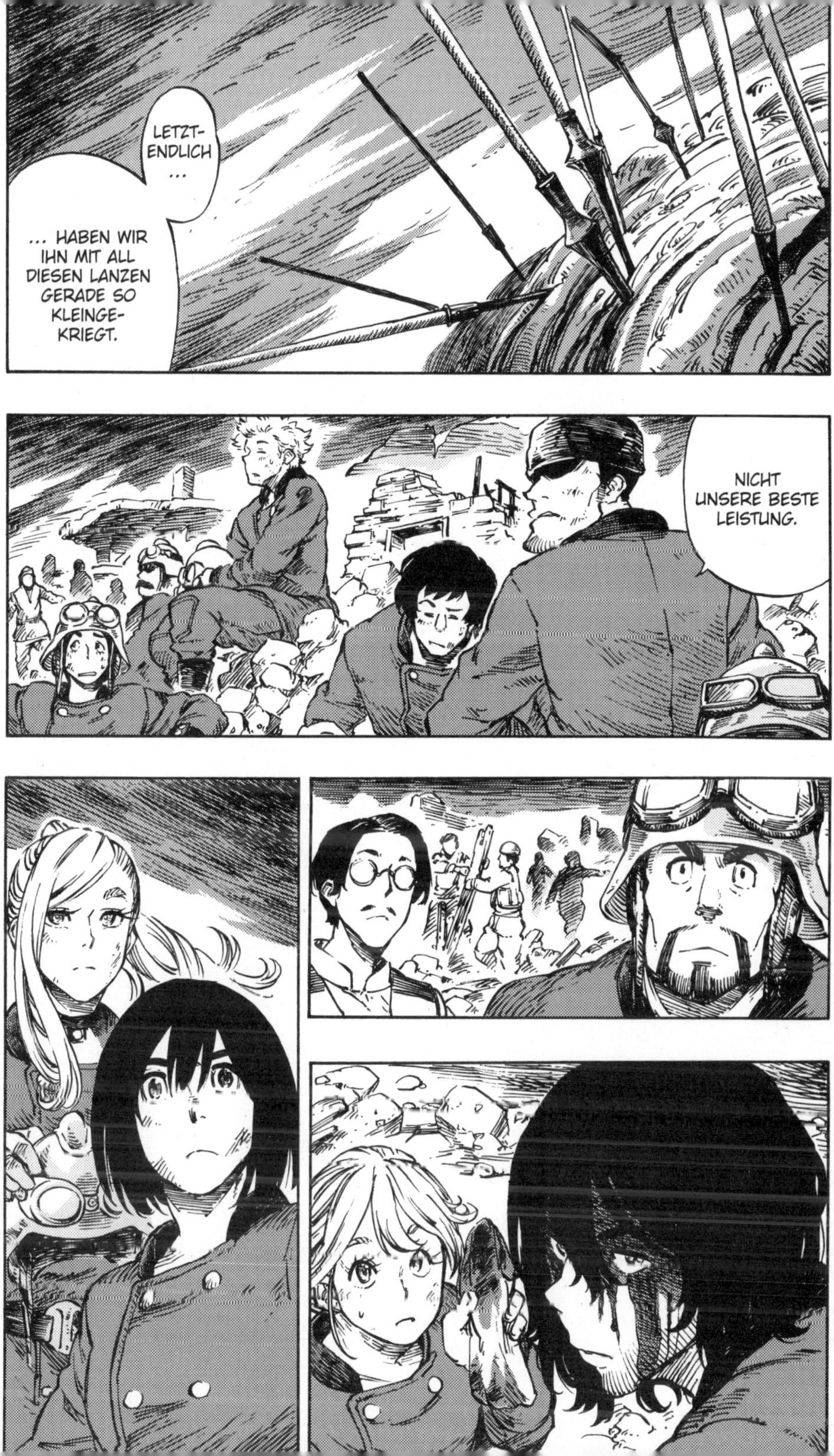

LETZT-ENDLICH …
… HABEN WIR IHN MIT ALL DIESEN LANZEN GERADE SO KLEINGE-KRIEGT.
NICHT UNSERE BESTE LEISTUNG.

Flug 10 Bauerneintopf und Drachenschnitzel

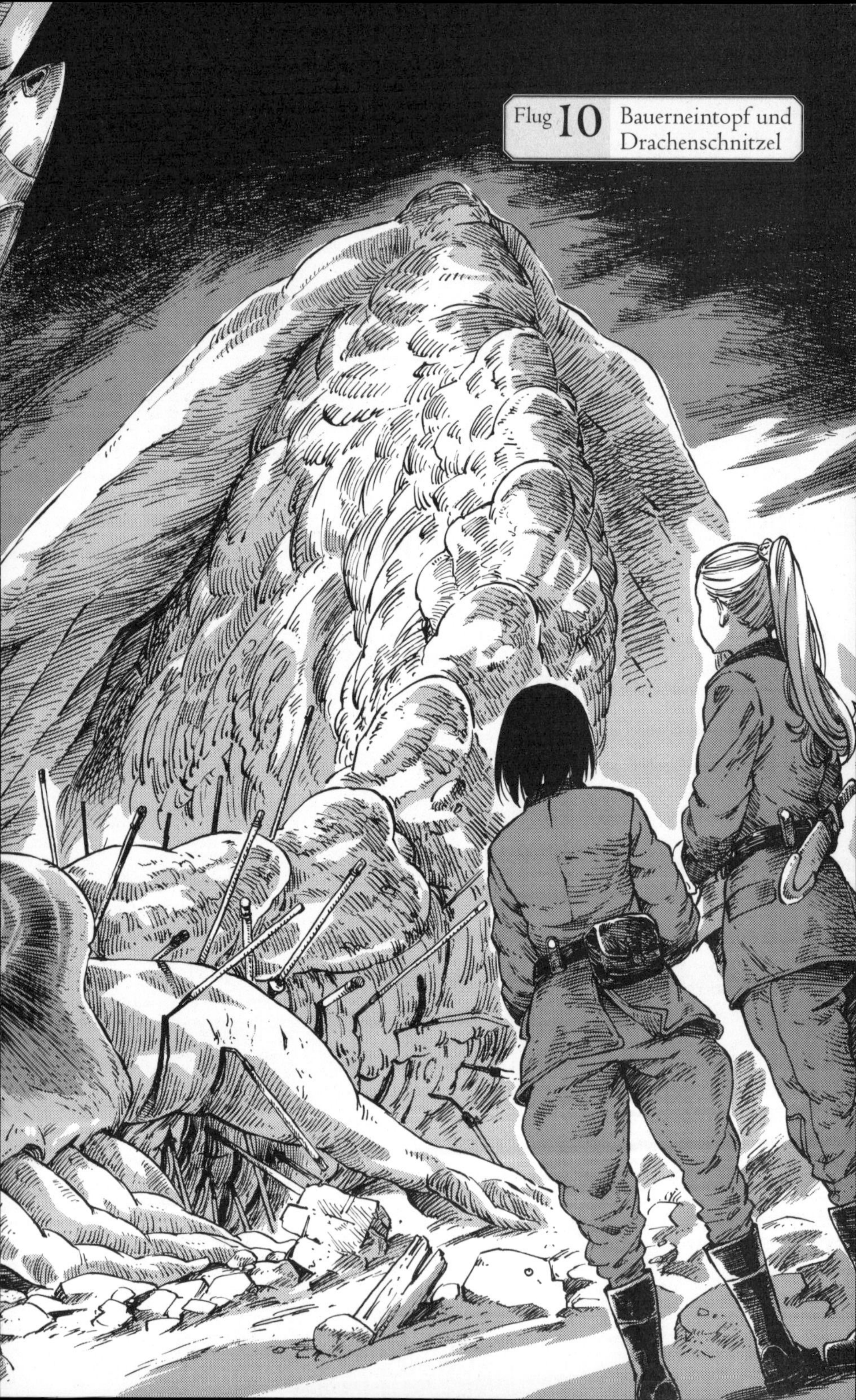

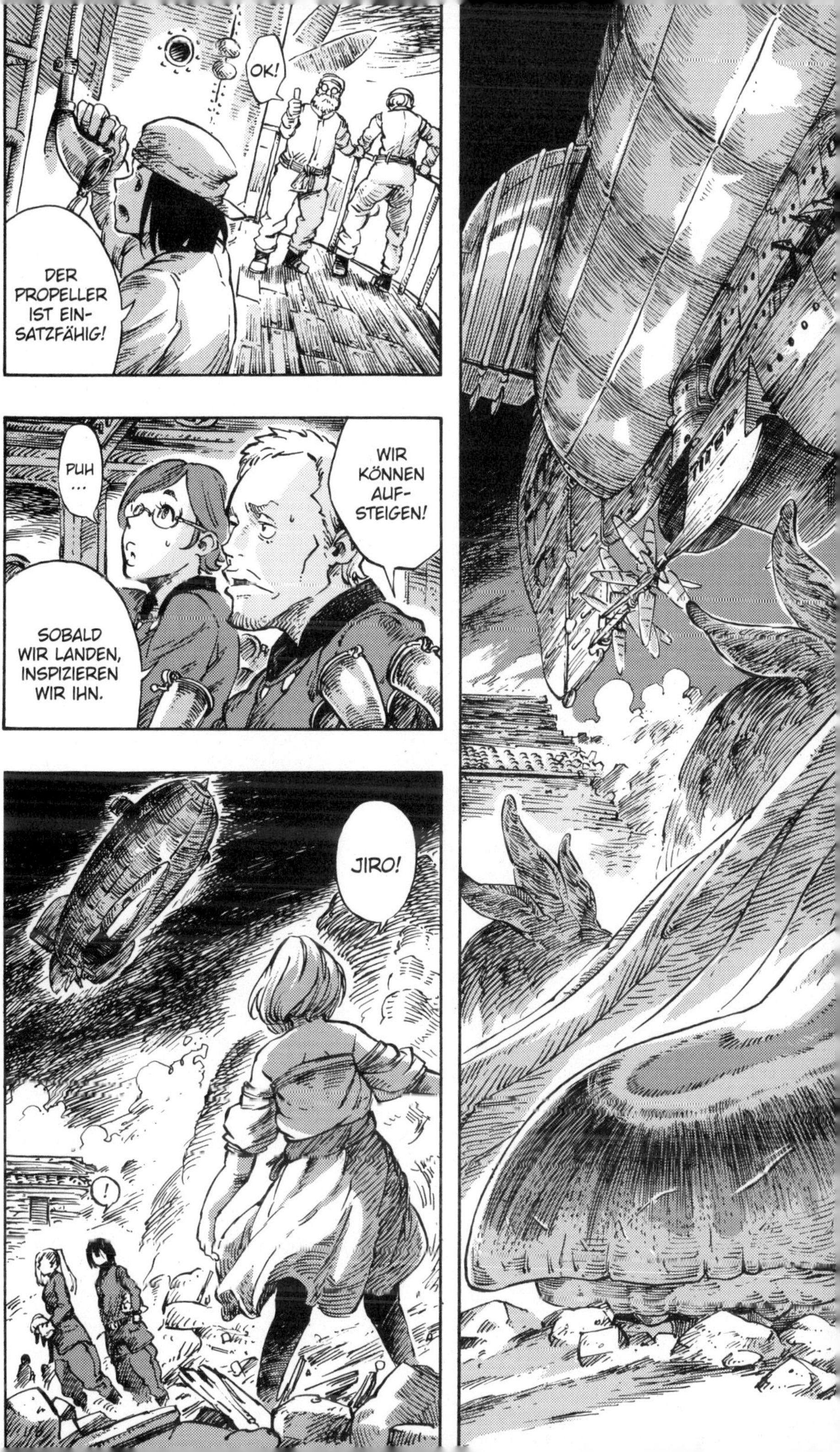
DER PROPELLER IST EIN-SATZFÄHIG!
OK!
WIR KÖNNEN AUF-STEIGEN!
PUH ...
SOBALD WIR LANDEN, INSPIZIEREN WIR IHN.
JIRO!
!

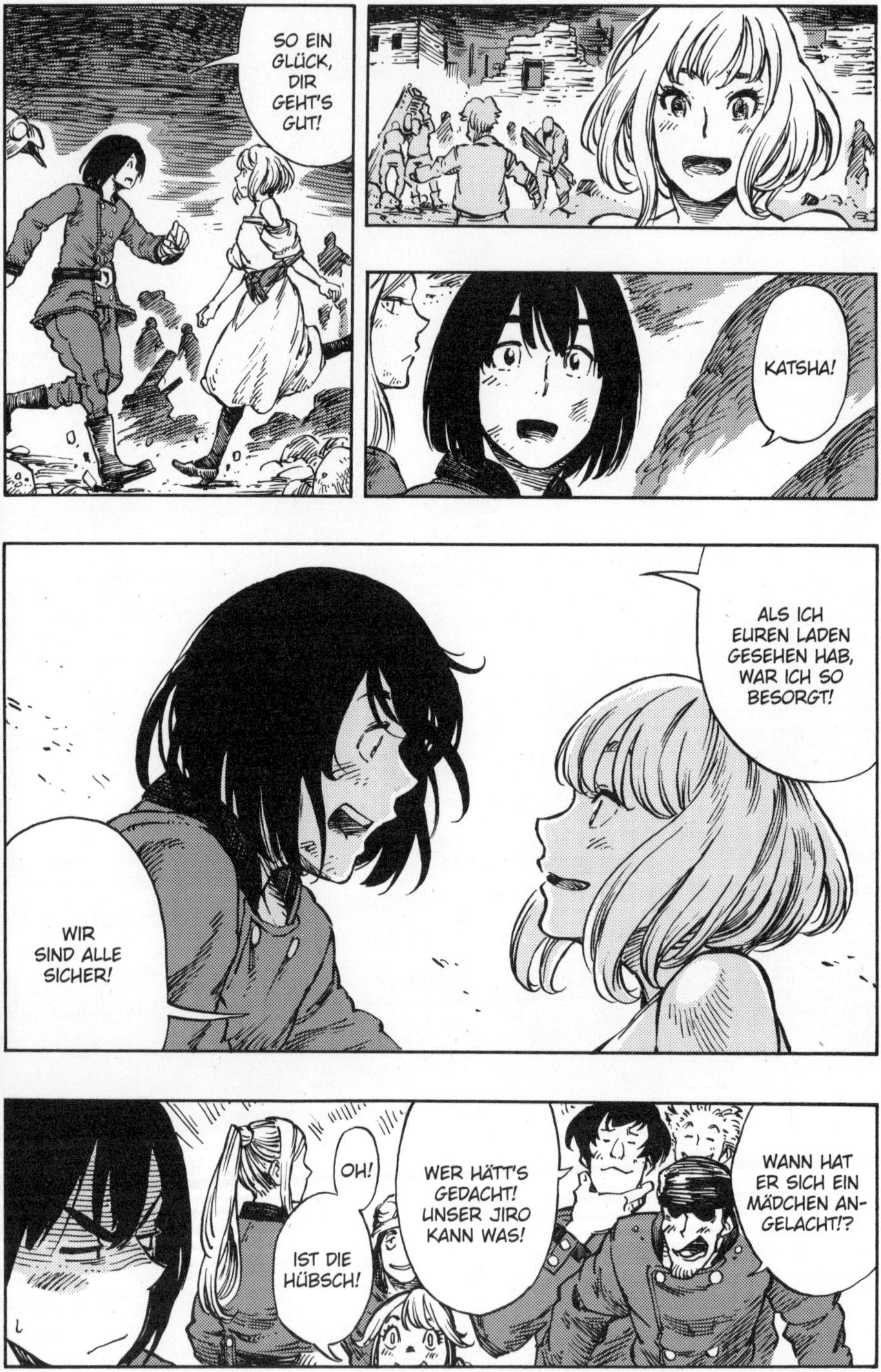
KATSHA!
SO EIN GLÜCK, DIR GEHT'S GUT!
ALS ICH EUREN LADEN GESEHEN HAB, WAR ICH SO BESORGT!
WIR SIND ALLE SICHER!
WANN HAT ER SICH EIN MÄDCHEN AN-GELACHT!?
WER HÄTT'S GEDACHT! UNSER JIRO KANN WAS!
OH!
IST DIE HÜBSCH!

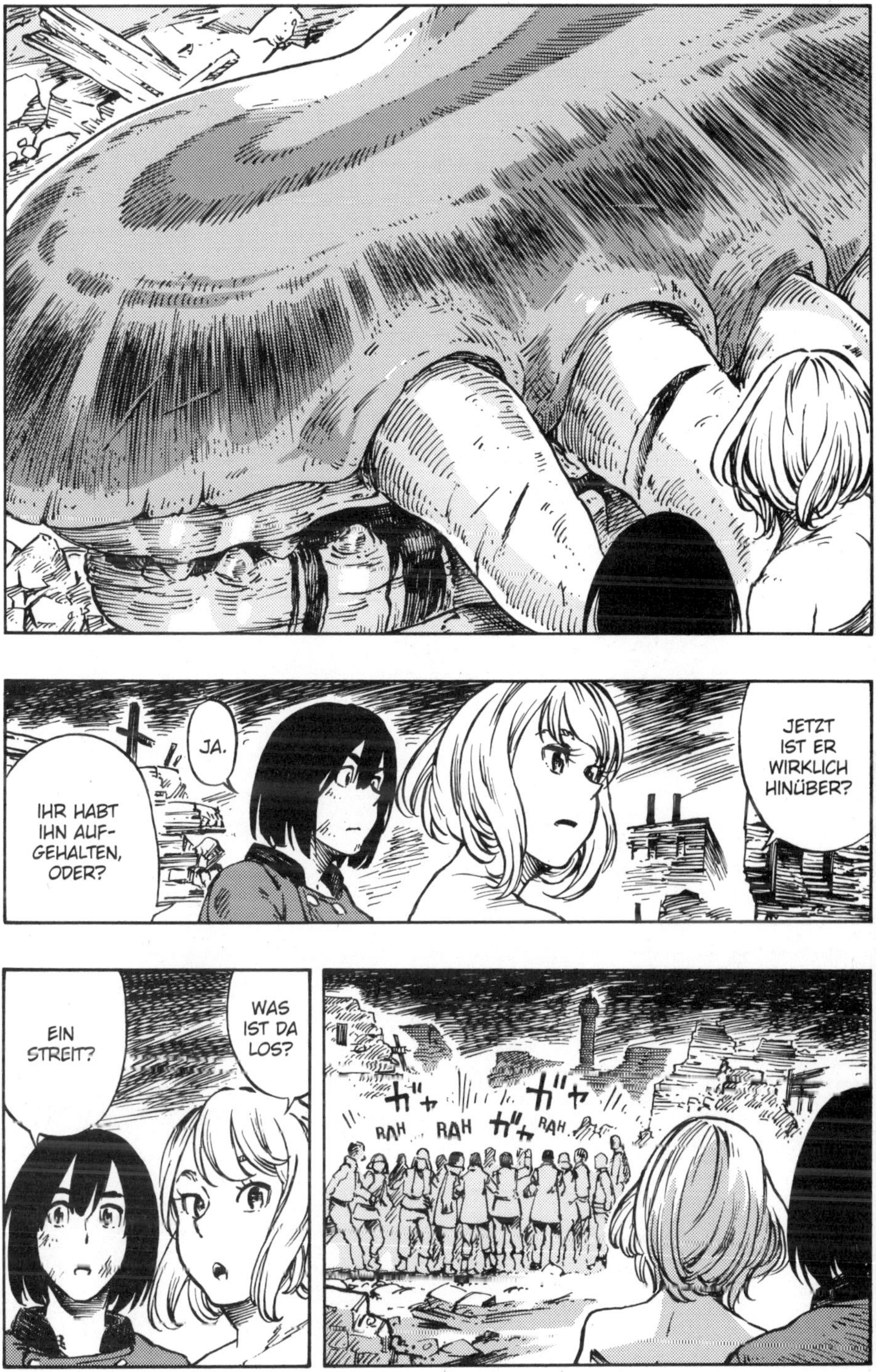
JETZT IST ER WIRKLICH HINÜBER?
JA.
IHR HABT IHN AUF-GEHALTEN, ODER?
ガャ RAH
ガャ RAH
ガャ RAH
WAS IST DA LOS?
EIN STREIT?

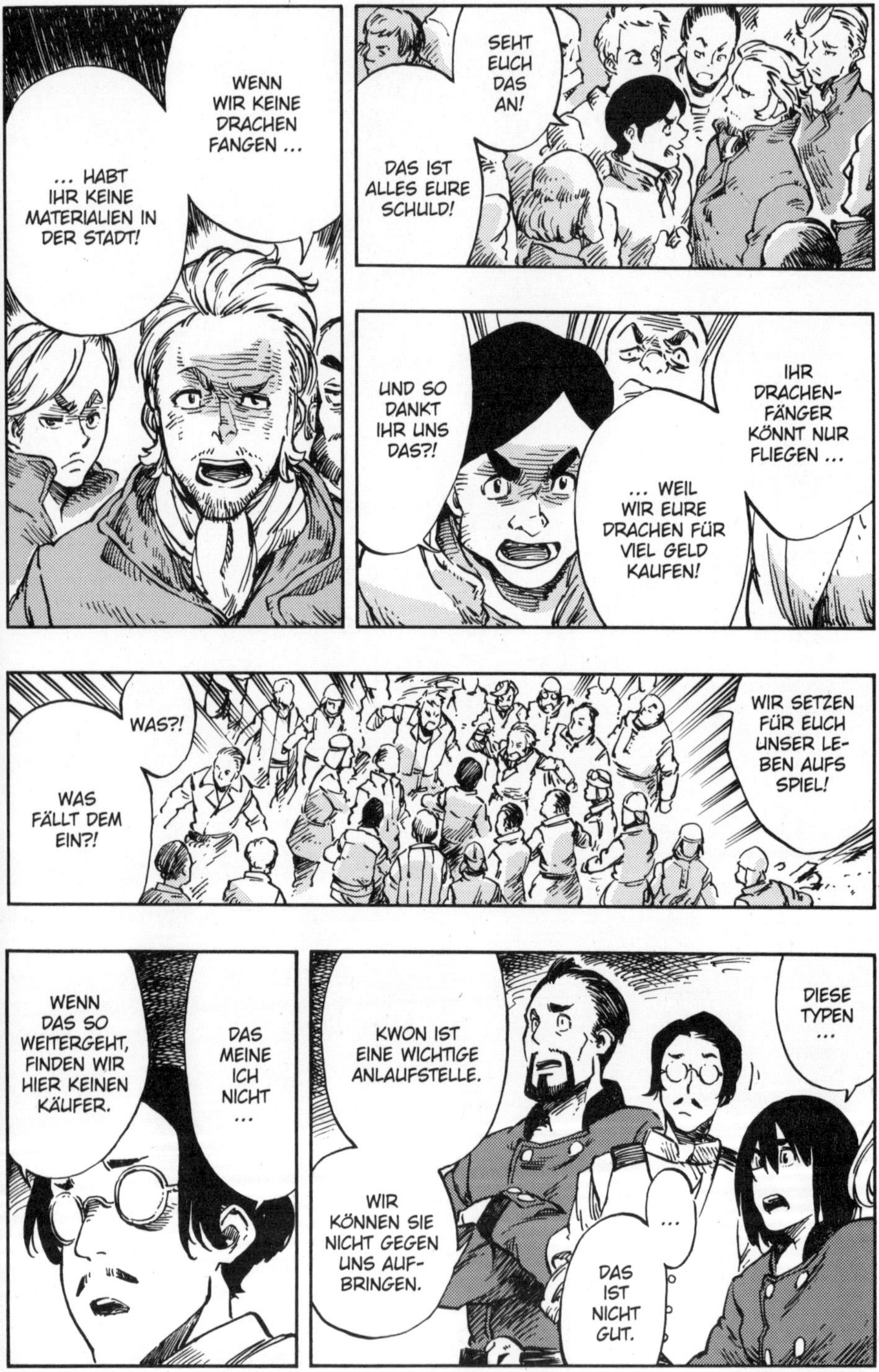
SEHT EUCH DAS AN!
DAS IST ALLES EURE SCHULD!
WENN WIR KEINE DRACHEN FANGEN ...
... HABT IHR KEINE MATERIALIEN IN DER STADT!
IHR DRACHEN-FÄNGER KÖNNT NUR FLIEGEN ...
... WEIL WIR EURE DRACHEN FÜR VIEL GELD KAUFEN!
UND SO DANKT IHR UNS DAS?!
WIR SETZEN FÜR EUCH UNSER LE-BEN AUFS SPIEL!
WAS?!
WAS FÄLLT DEM EIN?!
DIESE TYPEN ...
...
DAS IST NICHT GUT.
KWON IST EINE WICHTIGE ANLAUFSTELLE.
WIR KÖNNEN SIE NICHT GEGEN UNS AUF-BRINGEN.
DAS MEINE ICH NICHT ...
WENN DAS SO WEITERGEHT, FINDEN WIR HIER KEINEN KÄUFER.

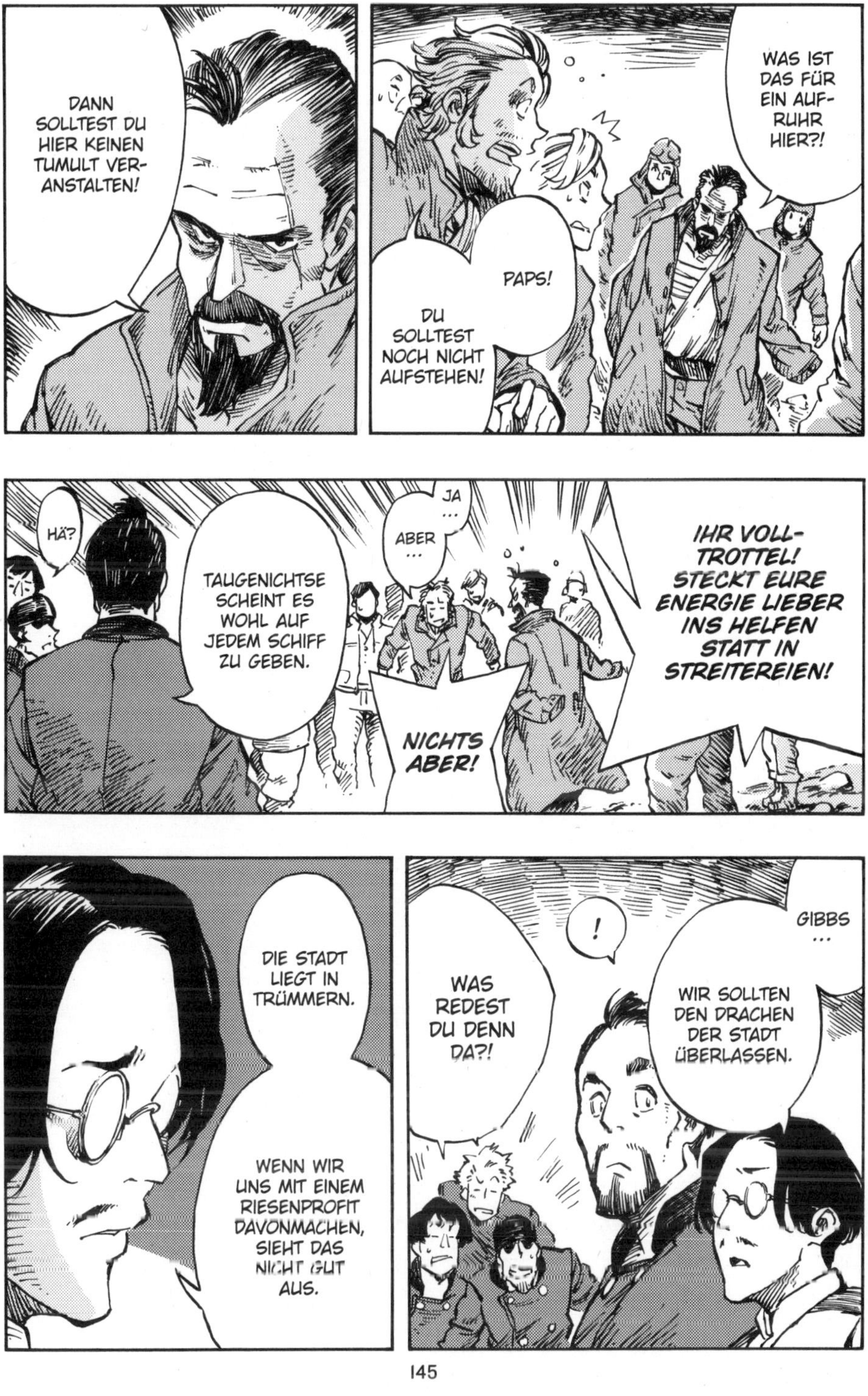
WAS IST DAS FÜR EIN AUFRUHR HIER?!
PAPS!
DU SOLLTEST NOCH NICHT AUFSTEHEN!
DANN SOLLTEST DU HIER KEINEN TUMULT VERANSTALTEN!
IHR VOLLTROTTEL! STECKT EURE ENERGIE LIEBER INS HELFEN STATT IN STREITEREIEN!
JA ...
ABER ...
NICHTS ABER!
TAUGENICHTSE SCHEINT ES WOHL AUF JEDEM SCHIFF ZU GEBEN.
HÄ?
GIBBS ...
WIR SOLLTEN DEN DRACHEN DER STADT ÜBERLASSEN.
!
WAS REDEST DU DENN DA?!
DIE STADT LIEGT IN TRÜMMERN.
WENN WIR UNS MIT EINEM RIESENPROFIT DAVONMACHEN, SIEHT DAS NICHT GUT AUS.

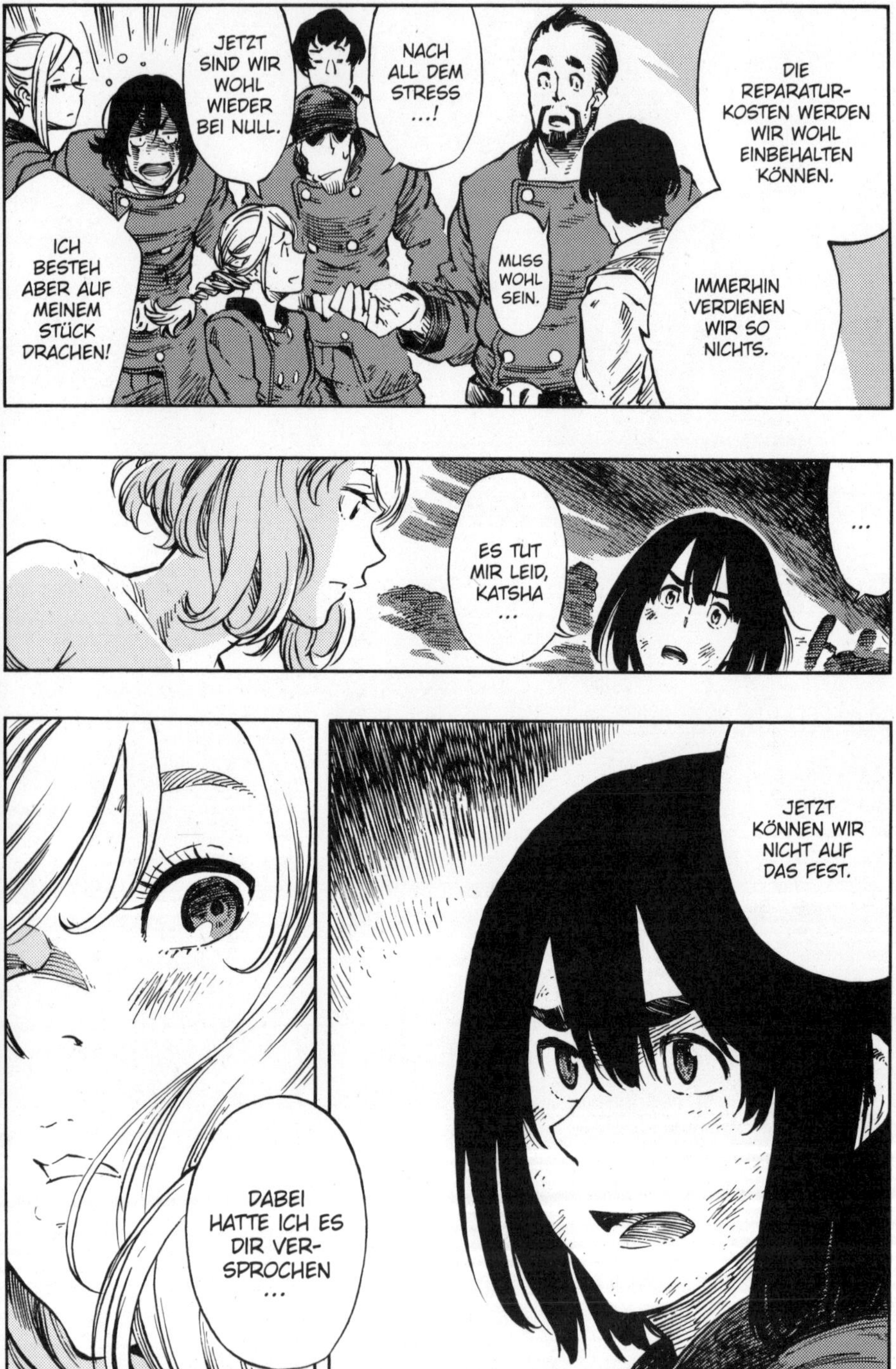
DIE REPARATUR-KOSTEN WERDEN WIR WOHL EINBEHALTEN KÖNNEN.
IMMERHIN VERDIENEN WIR SO NICHTS.
MUSS WOHL SEIN.
NACH ALL DEM STRESS ...!
JETZT SIND WIR WOHL WIEDER BEI NULL.
ICH BESTEH ABER AUF MEINEM STÜCK DRACHEN!
...
ES TUT MIR LEID, KATSHA ...
JETZT KÖNNEN WIR NICHT AUF DAS FEST.
DABEI HATTE ICH ES DIR VER-SPROCHEN ...

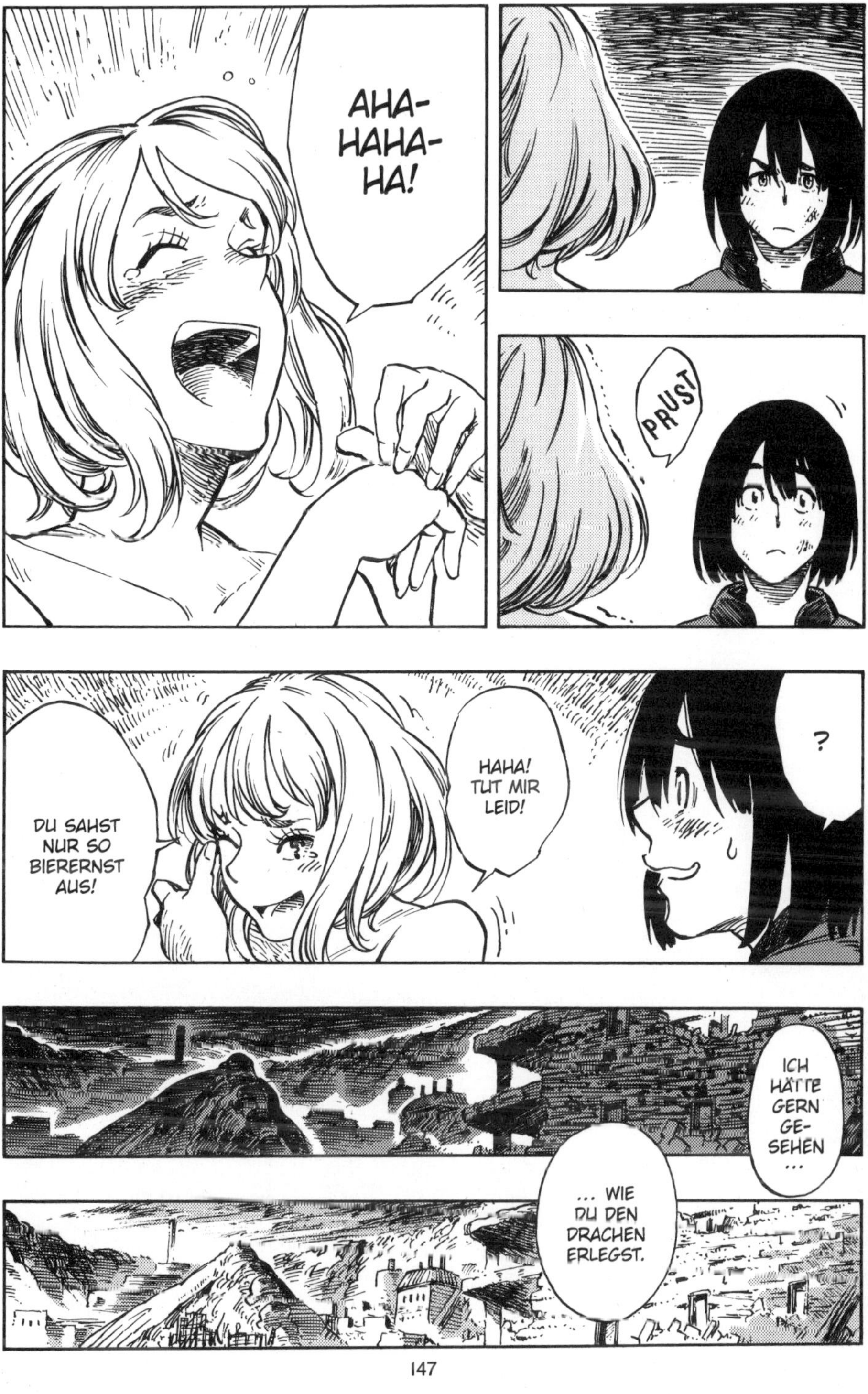
AHA-
HAHA-
HA!
PRUST
?
HAHA! TUT MIR LEID!
DU SAHST NUR SO BIERERNST AUS!
ICH HÄTTE GERN GE-SEHEN ...
... WIE DU DEN DRACHEN ERLEGST.

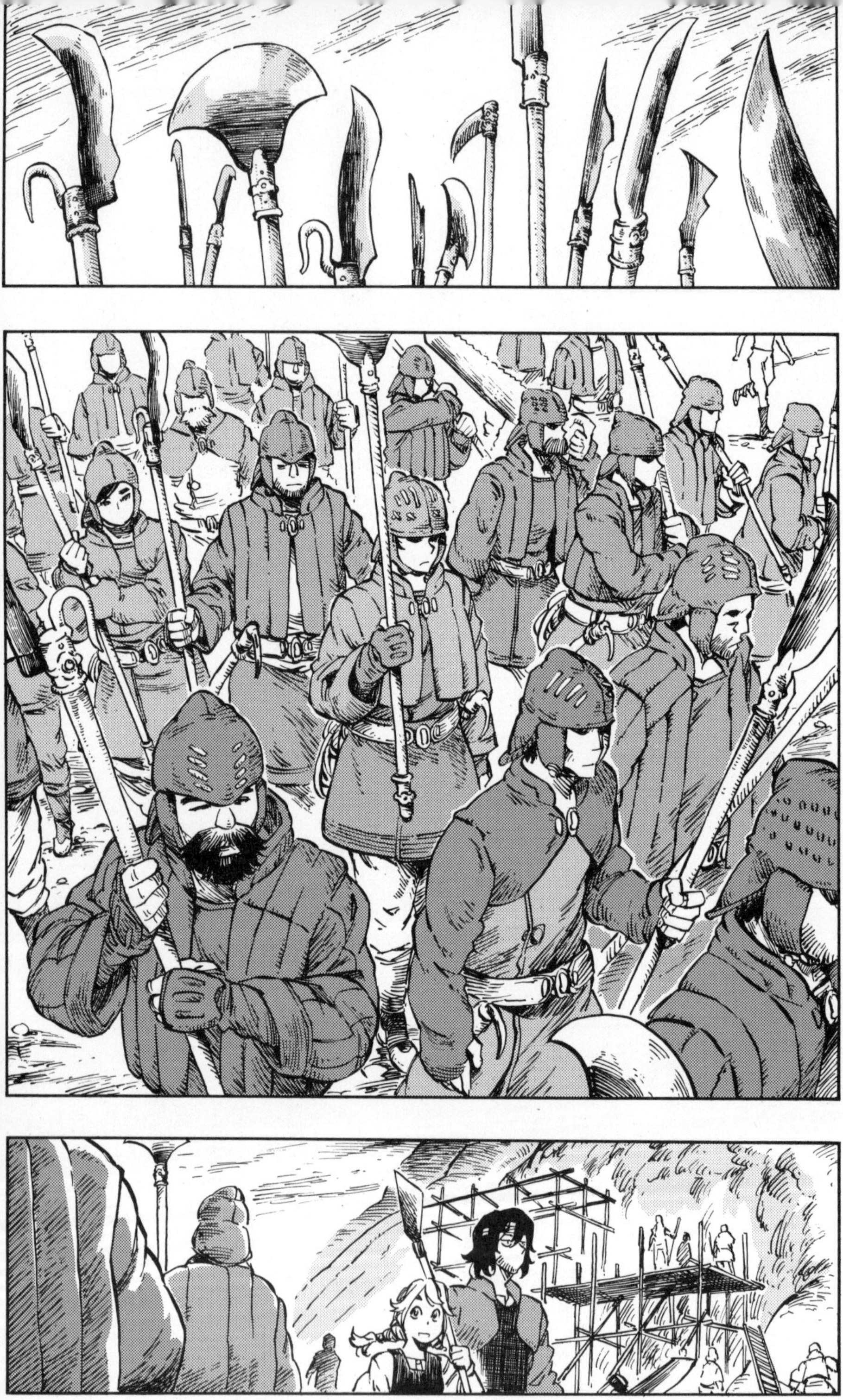

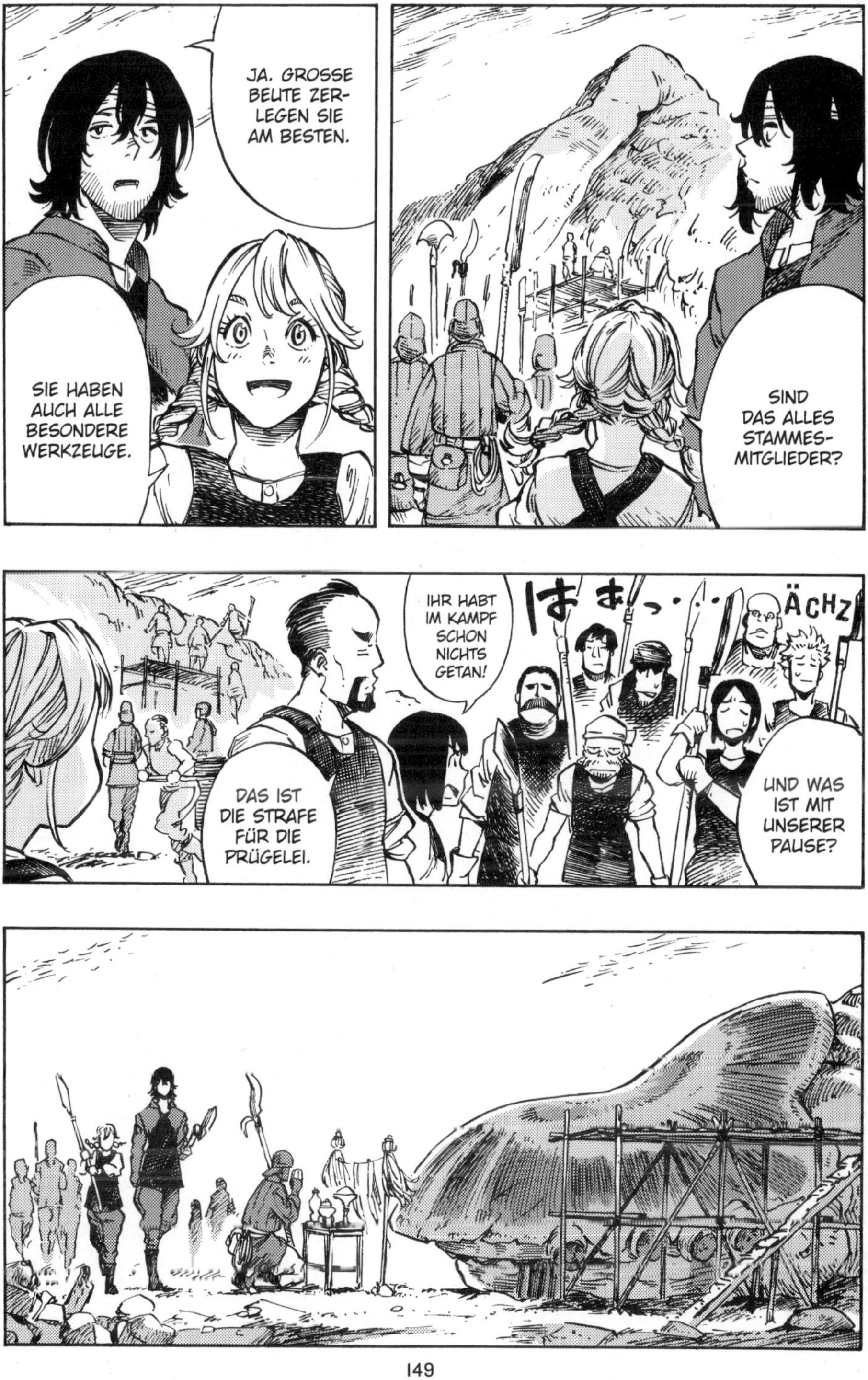
SIND DAS ALLES STAMMESMITGLIEDER?
JA. GROSSE BEUTE ZERLEGEN SIE AM BESTEN.
SIE HABEN AUCH ALLE BESONDERE WERKZEUGE.
UND WAS IST MIT UNSERER PAUSE?
ÄCHZ
はぁっ・・・
IHR HABT IM KAMPF SCHON NICHTS GETAN!
DAS IST DIE STRAFE FÜR DIE PRÜGELEI.

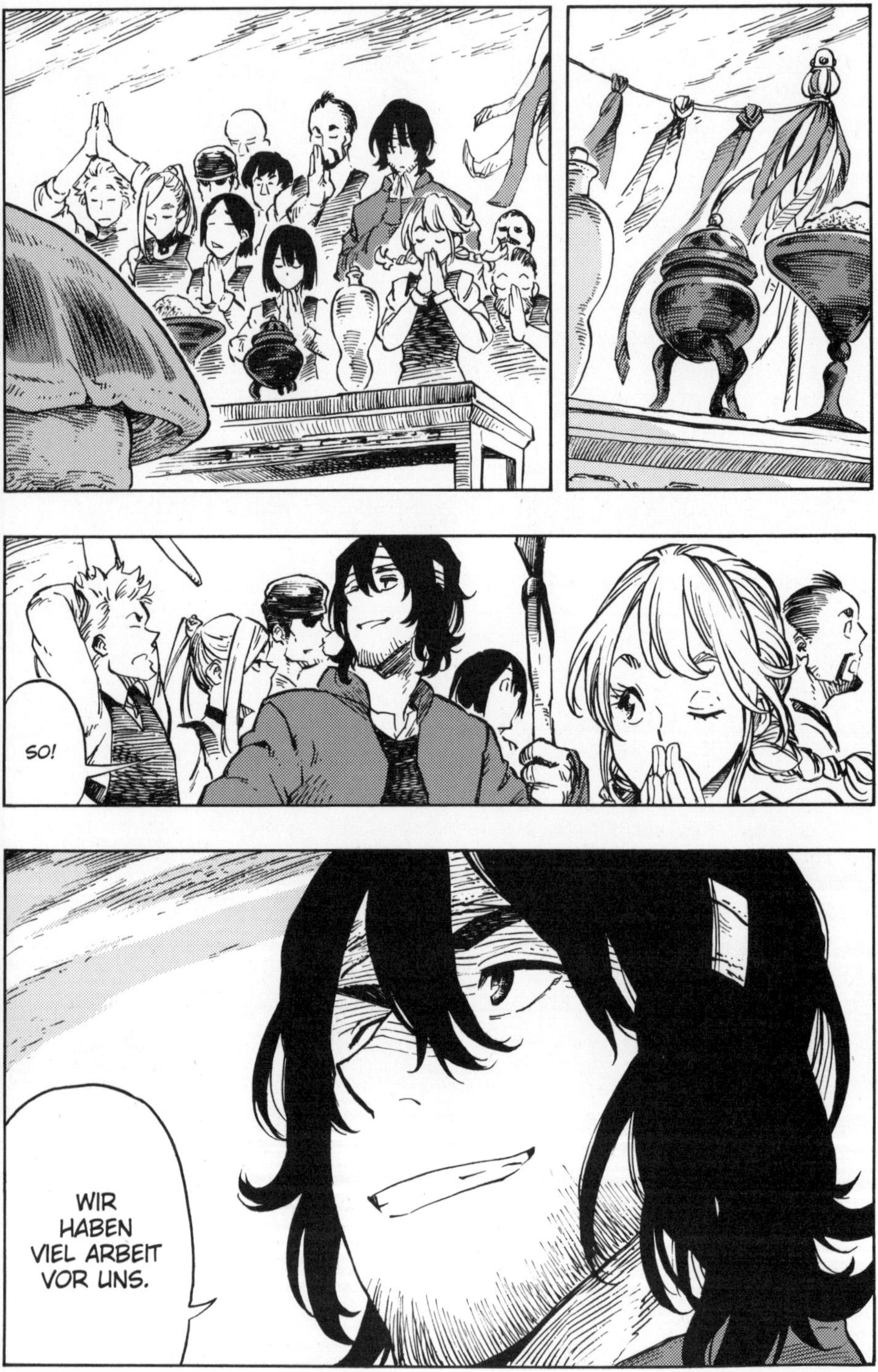
SO!
WIR HABEN VIEL ARBEIT VOR UNS.

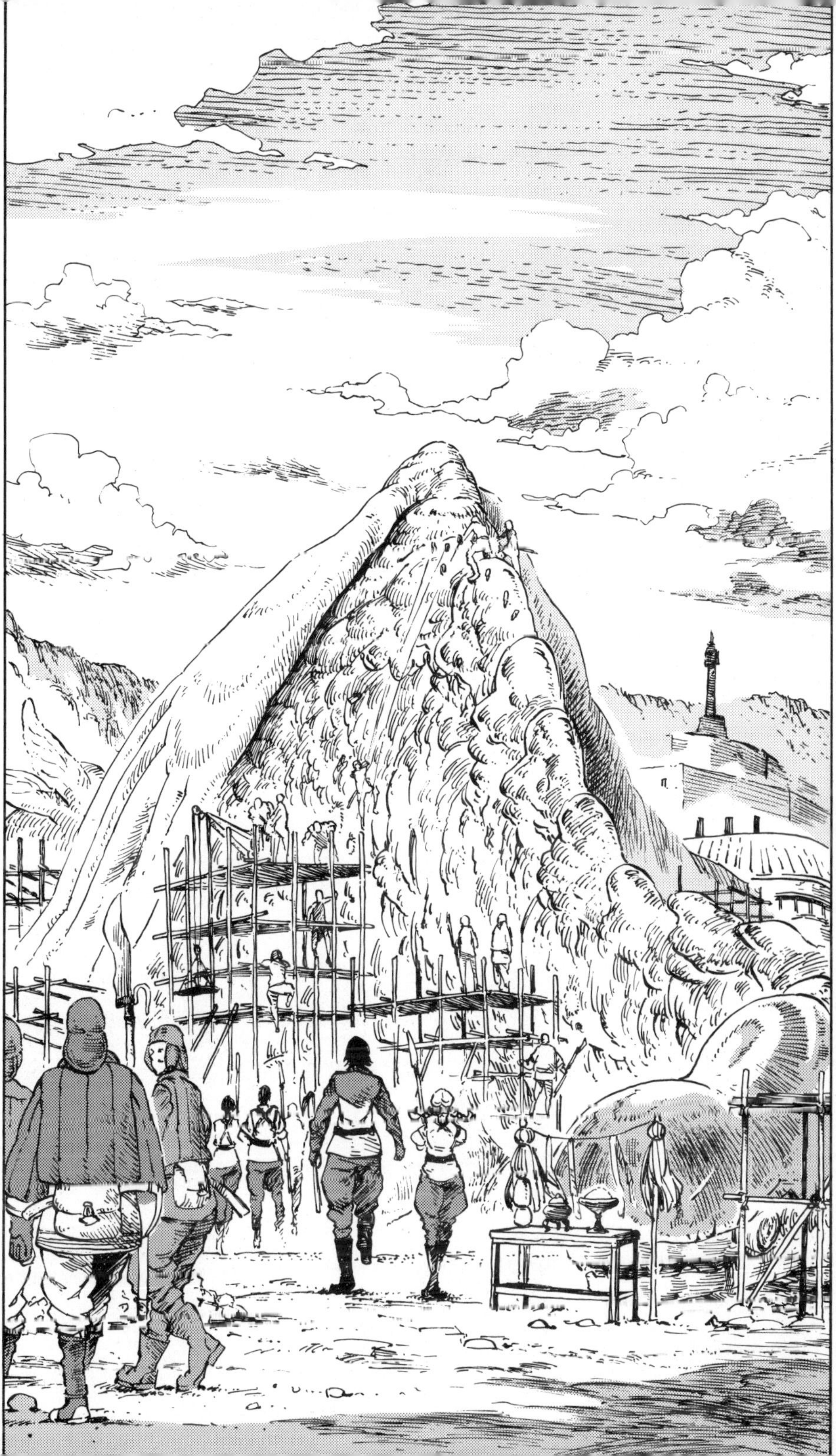

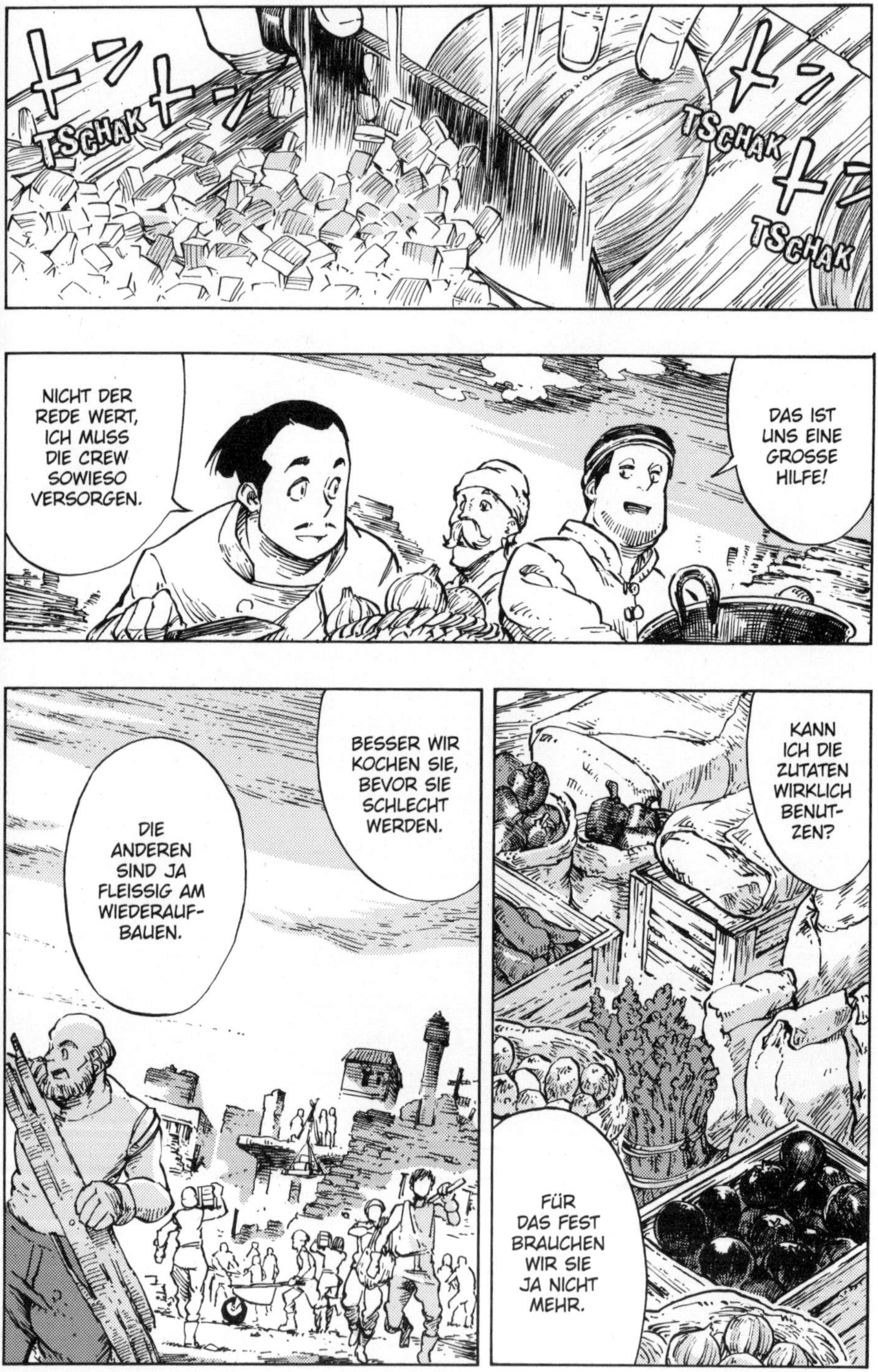
TSCHAK
TSCHAK
TSCHAK
DAS IST UNS EINE GROSSE HILFE!
NICHT DER REDE WERT, ICH MUSS DIE CREW SOWIESO VERSORGEN.
KANN ICH DIE ZUTATEN WIRKLICH BENUTZEN?
FÜR DAS FEST BRAUCHEN WIR SIE JA NICHT MEHR.
BESSER WIR KOCHEN SIE, BEVOR SIE SCHLECHT WERDEN.
DIE ANDEREN SIND JA FLEISSIG AM WIEDERAUFBAUEN.

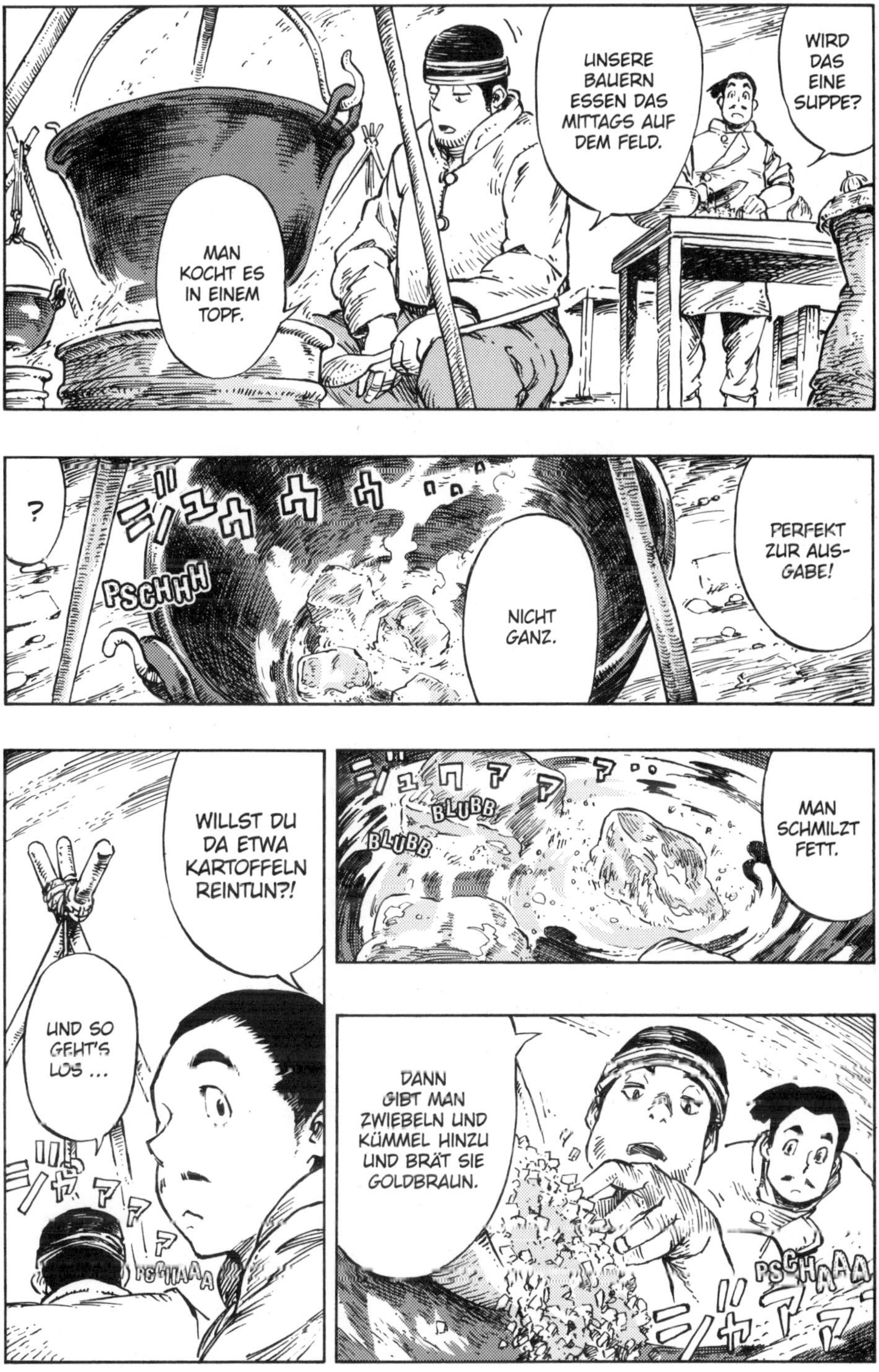
WIRD DAS EINE SUPPE?
UNSERE BAUERN ESSEN DAS MITTAGS AUF DEM FELD.
MAN KOCHT ES IN EINEM TOPF.
PERFEKT ZUR AUS-GABE!
NICHT GANZ.
PSCHHH
?
MAN SCHMILZT FETT.
BLUBB
BLUBB
WILLST DU DA ETWA KARTOFFELN REINTUN?!
UND SO GEHT'S LOS ...
DANN GIBT MAN ZWIEBELN UND KÜMMEL HINZU UND BRÄT SIE GOLDBRAUN.
PSCHAAA

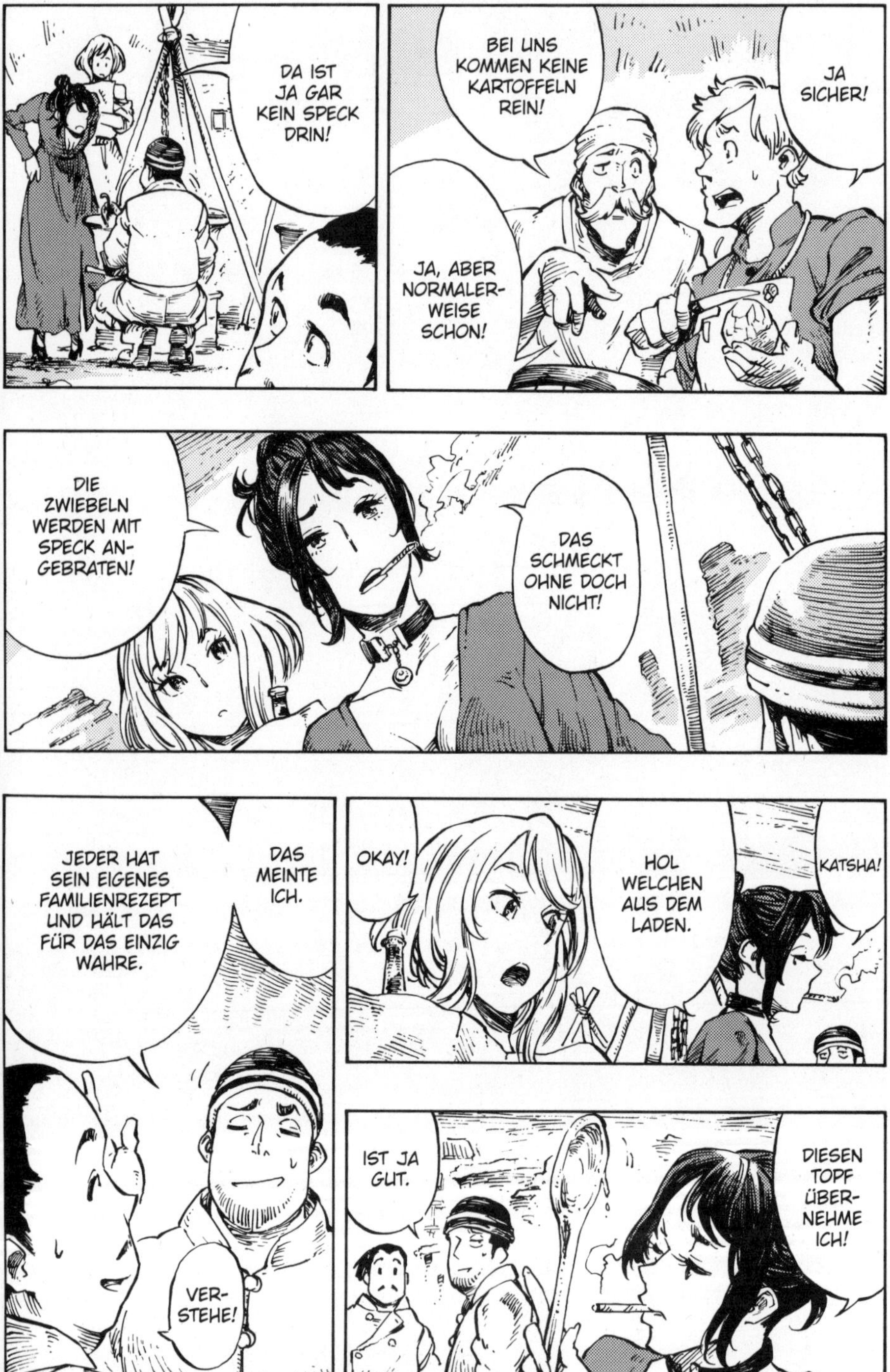
JA SICHER!
BEI UNS KOMMEN KEINE KARTOFFELN REIN!
JA, ABER NORMALERWEISE SCHON!
DA IST JA GAR KEIN SPECK DRIN!
DAS SCHMECKT OHNE DOCH NICHT!
DIE ZWIEBELN WERDEN MIT SPECK ANGEBRATEN!
KATSHA!
HOL WELCHEN AUS DEM LADEN.
OKAY!
DIESEN TOPF ÜBERNEHME ICH!
IST JA GUT.
DAS MEINTE ICH.
JEDER HAT SEIN EIGENES FAMILIENREZEPT UND HÄLT DAS FÜR DAS EINZIG WAHRE.
VERSTEHE!

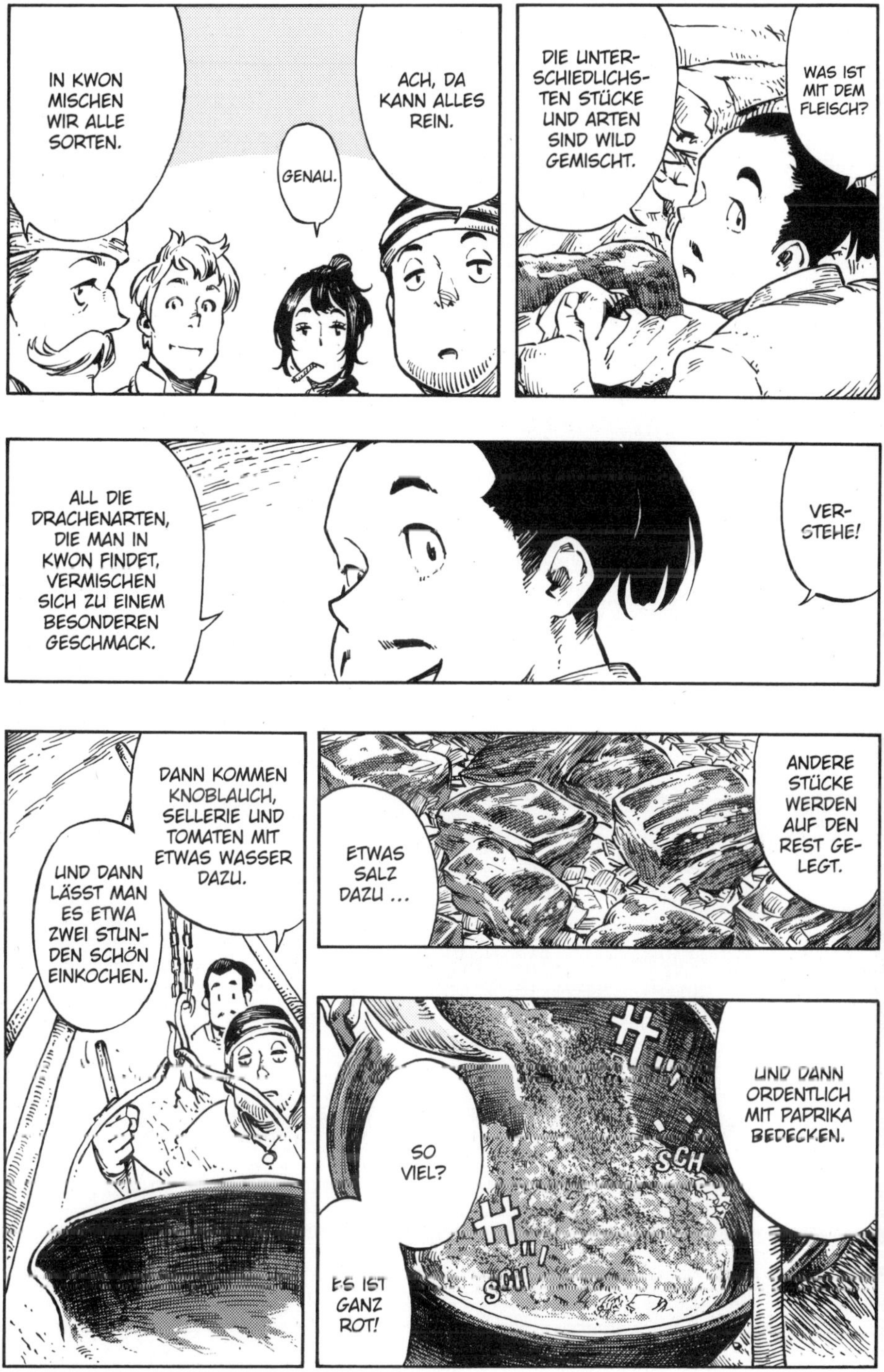
WAS IST MIT DEM FLEISCH?
DIE UNTER-SCHIEDLICHS-TEN STÜCKE UND ARTEN SIND WILD GEMISCHT.
ACH, DA KANN ALLES REIN.
GENAU.
IN KWON MISCHEN WIR ALLE SORTEN.
VER-STEHE!
ALL DIE DRACHENARTEN, DIE MAN IN KWON FINDET, VERMISCHEN SICH ZU EINEM BESONDEREN GESCHMACK.
ANDERE STÜCKE WERDEN AUF DEN REST GE-LEGT.
ETWAS SALZ DAZU ...
UND DANN ORDENTLICH MIT PAPRIKA BEDECKEN.
SO VIEL?
ES IST GANZ ROT!
SCH
SCH
DANN KOMMEN KNOBLAUCH, SELLERIE UND TOMATEN MIT ETWAS WASSER DAZU.
UND DANN LÄSST MAN ES ETWA ZWEI STUN-DEN SCHÖN EINKOCHEN.

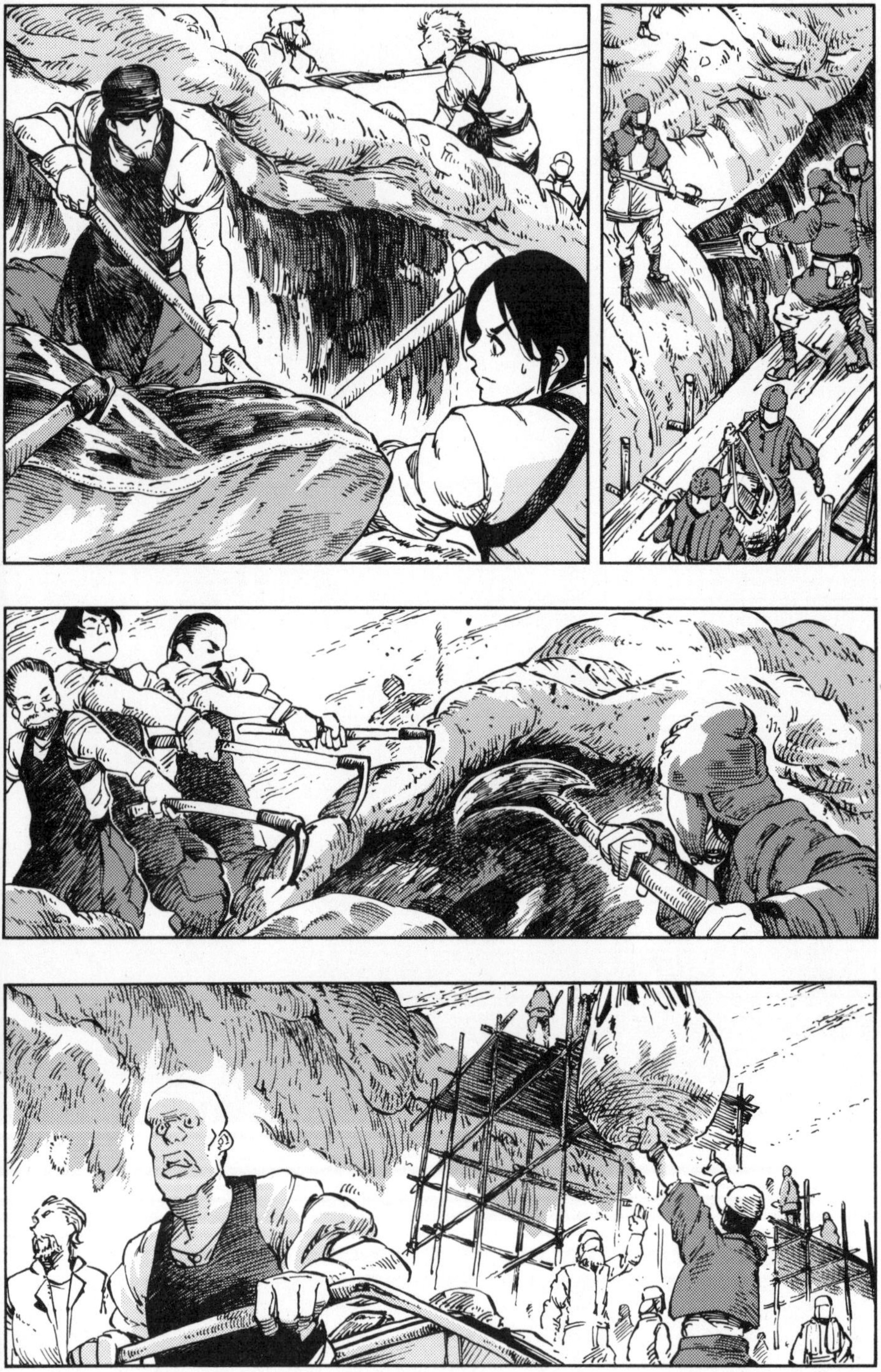

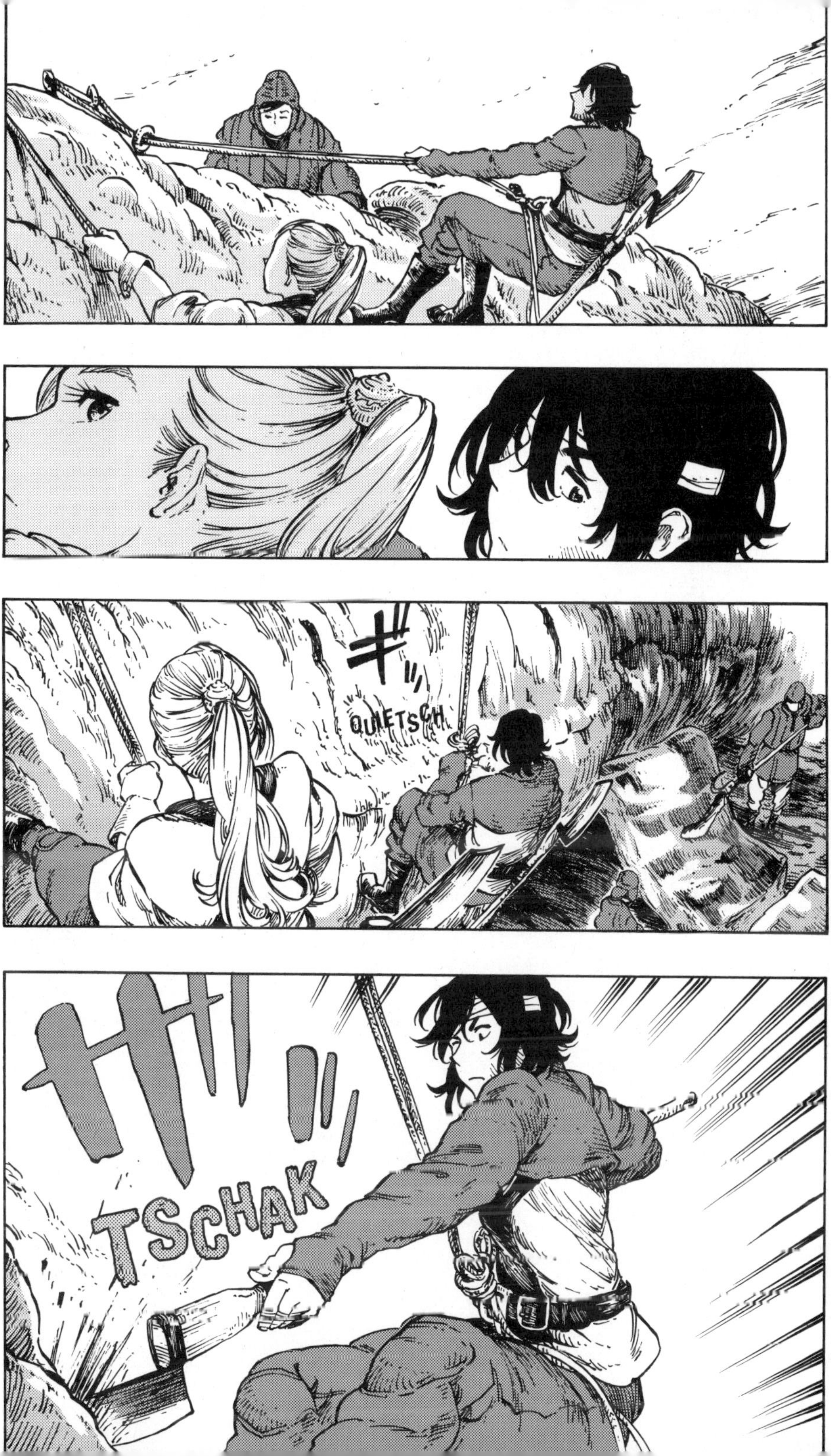
QUIETSCH
TSCHAK

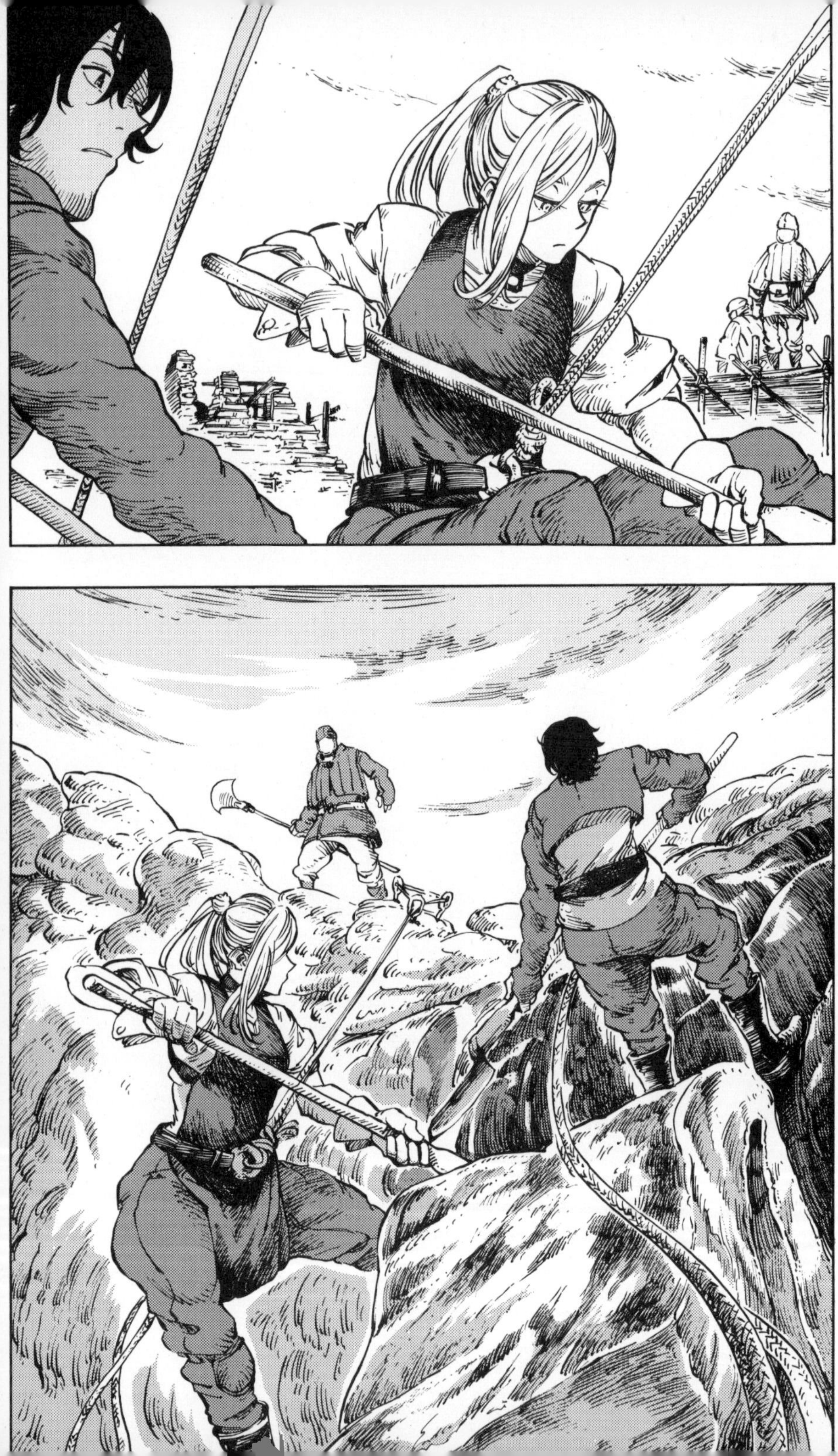

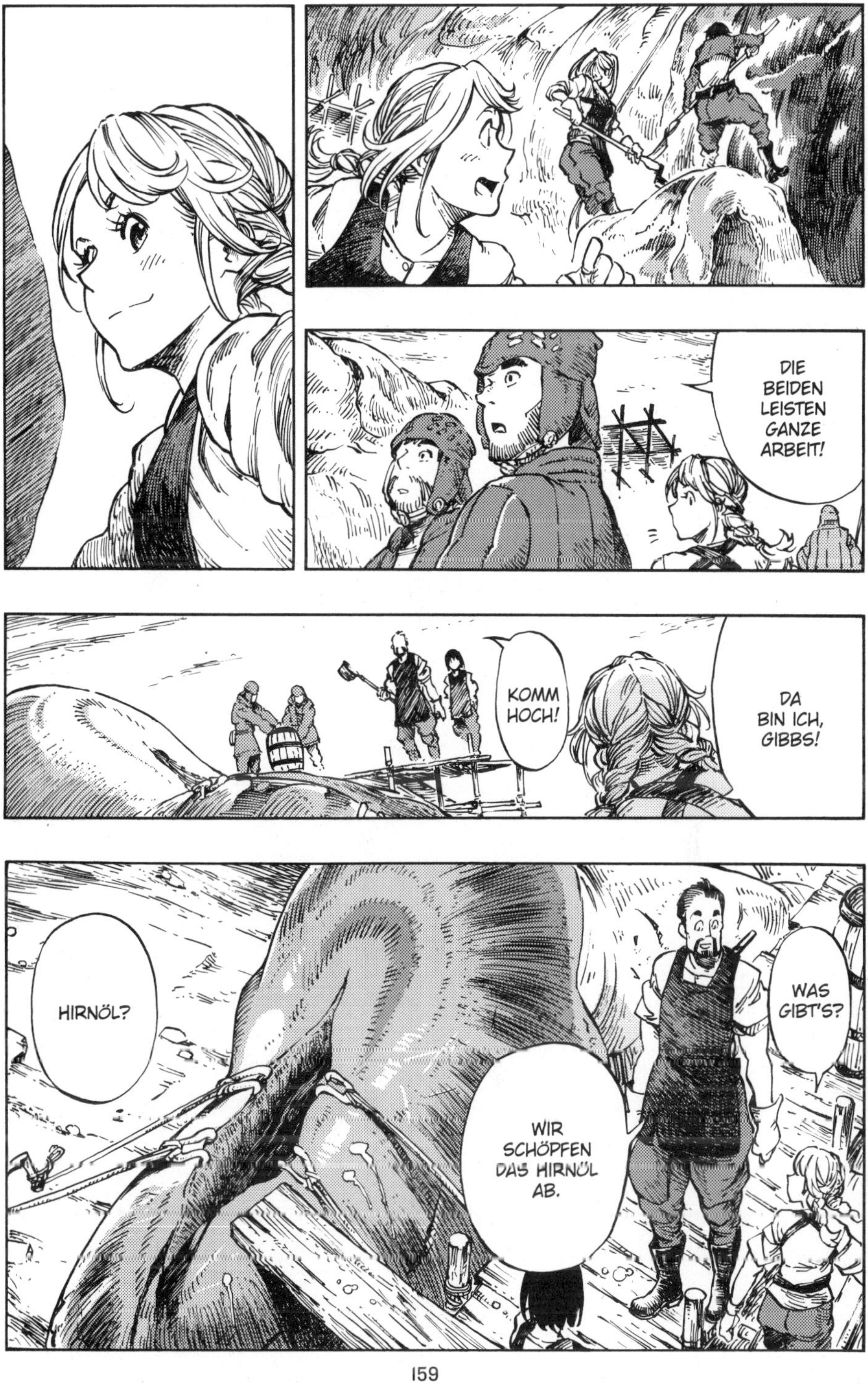
DIE BEIDEN LEISTEN GANZE ARBEIT!
DA BIN ICH, GIBBS!
KOMM HOCH!
WAS GIBT'S?
WIR SCHÖPFEN DAS HIRNÖL AB.
HIRNÖL?

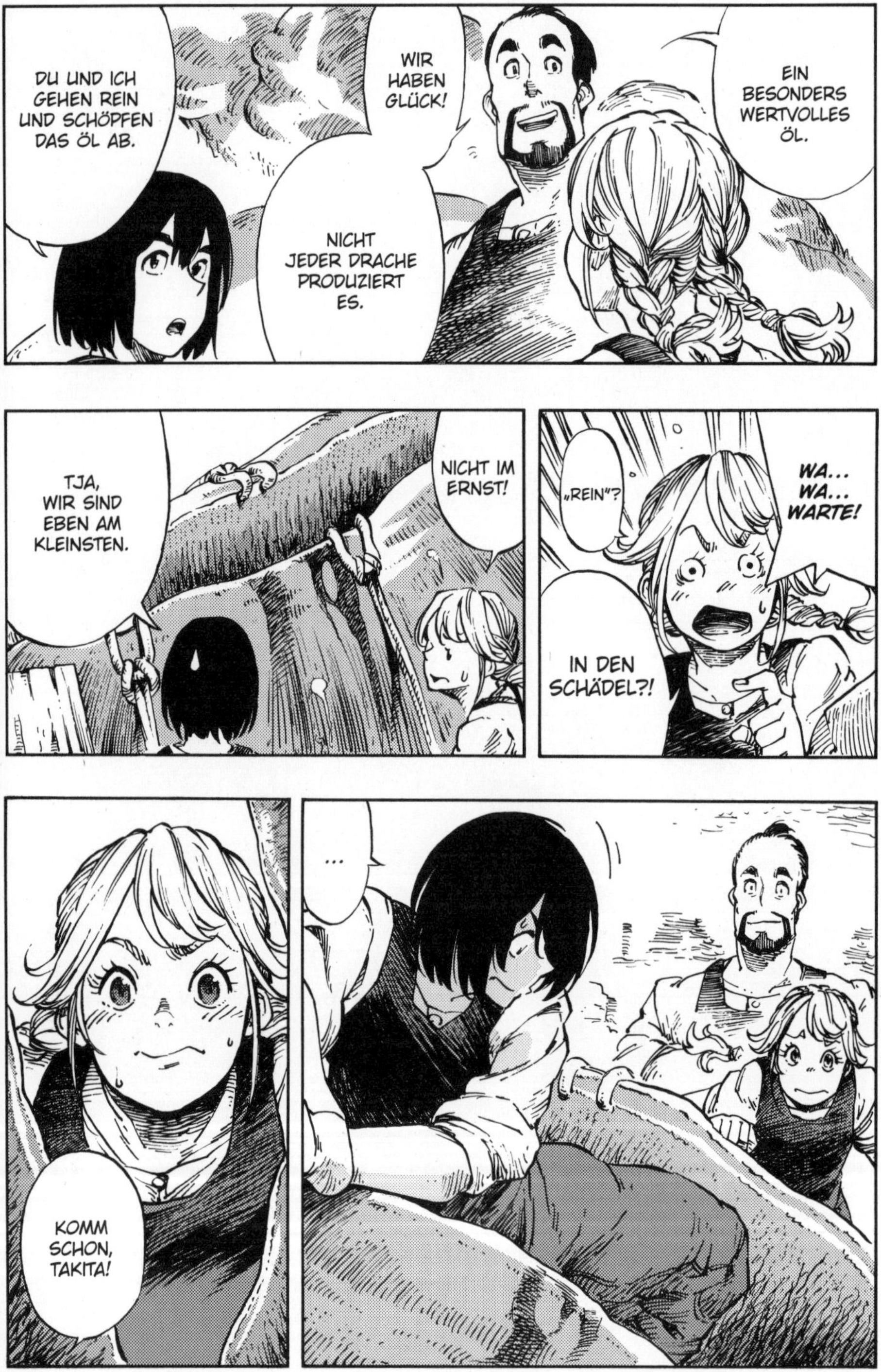
EIN BESONDERS WERTVOLLES ÖL.
WIR HABEN GLÜCK!
NICHT JEDER DRACHE PRODUZIERT ES.
DU UND ICH GEHEN REIN UND SCHÖPFEN DAS ÖL AB.
„REIN"?
WA... WA... WARTE!
IN DEN SCHÄDEL?!
NICHT IM ERNST!
TJA, WIR SIND EBEN AM KLEINSTEN.
...
KOMM SCHON, TAKITA!

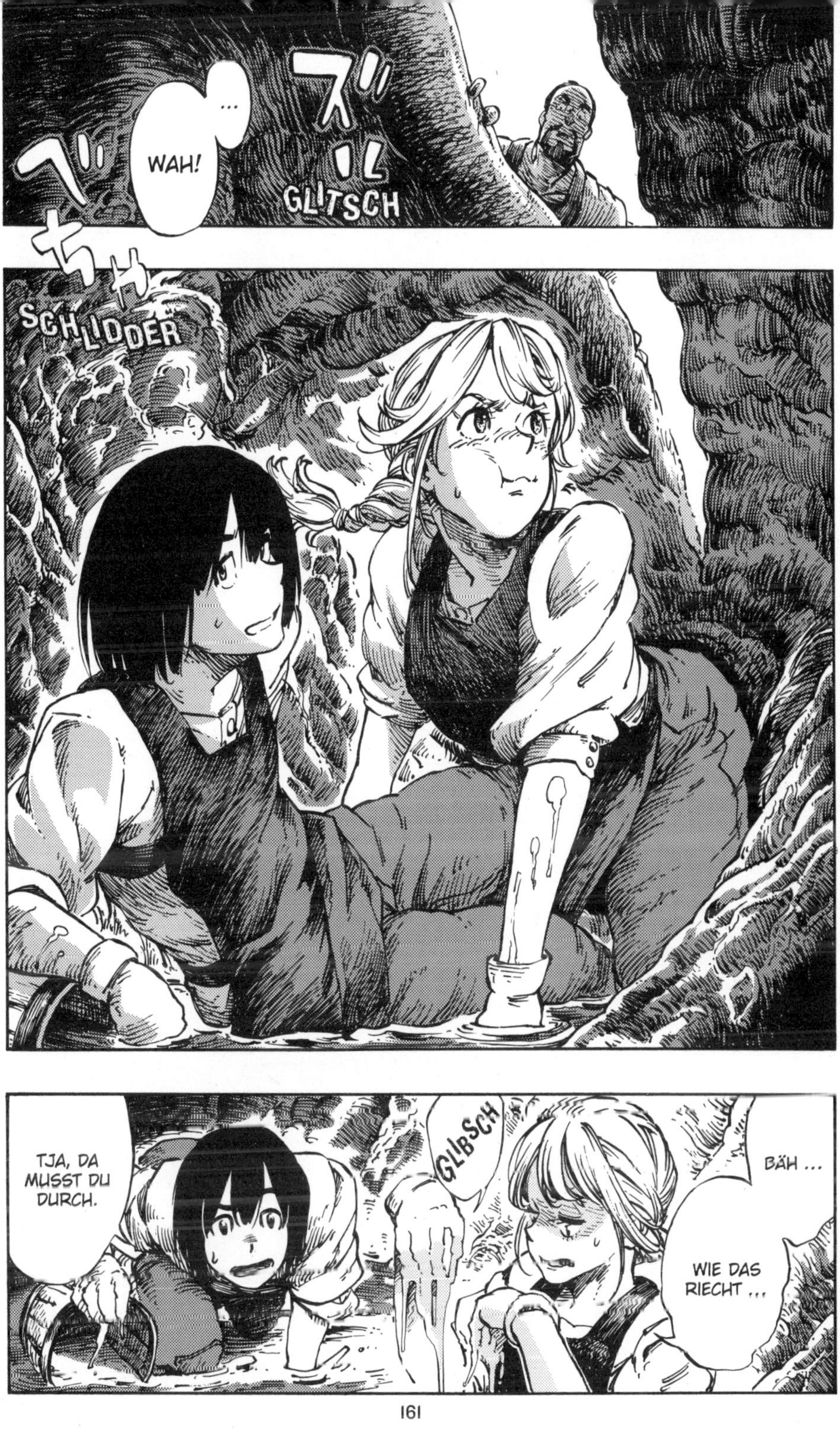
…
WAH!
GLITSCH
SCHLIDDER
TJA, DA MUSST DU DURCH.
GLIBSCH
BÄH …
WIE DAS RIECHT …

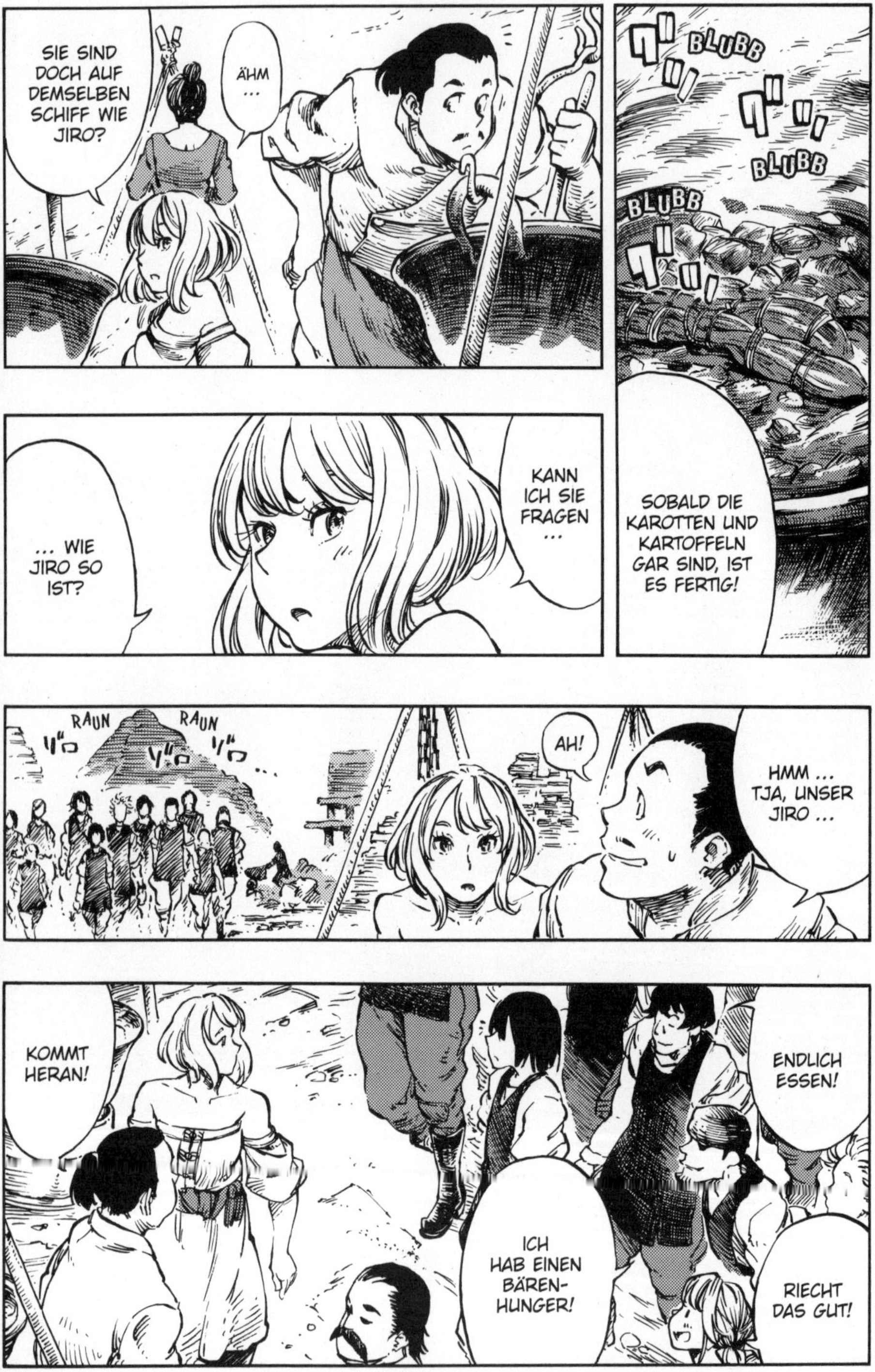
BLUBB
BLUBB
BLUBB
SOBALD DIE KAROTTEN UND KARTOFFELN GAR SIND, IST ES FERTIG!
SIE SIND DOCH AUF DEMSELBEN SCHIFF WIE JIRO?
ÄHM ...
KANN ICH SIE FRAGEN ...
... WIE JIRO SO IST?
HMM ... TJA, UNSER JIRO ...
AH!
RAUN
RAUN
ENDLICH ESSEN!
RIECHT DAS GUT!
ICH HAB EINEN BÄREN-HUNGER!
KOMMT HERAN!

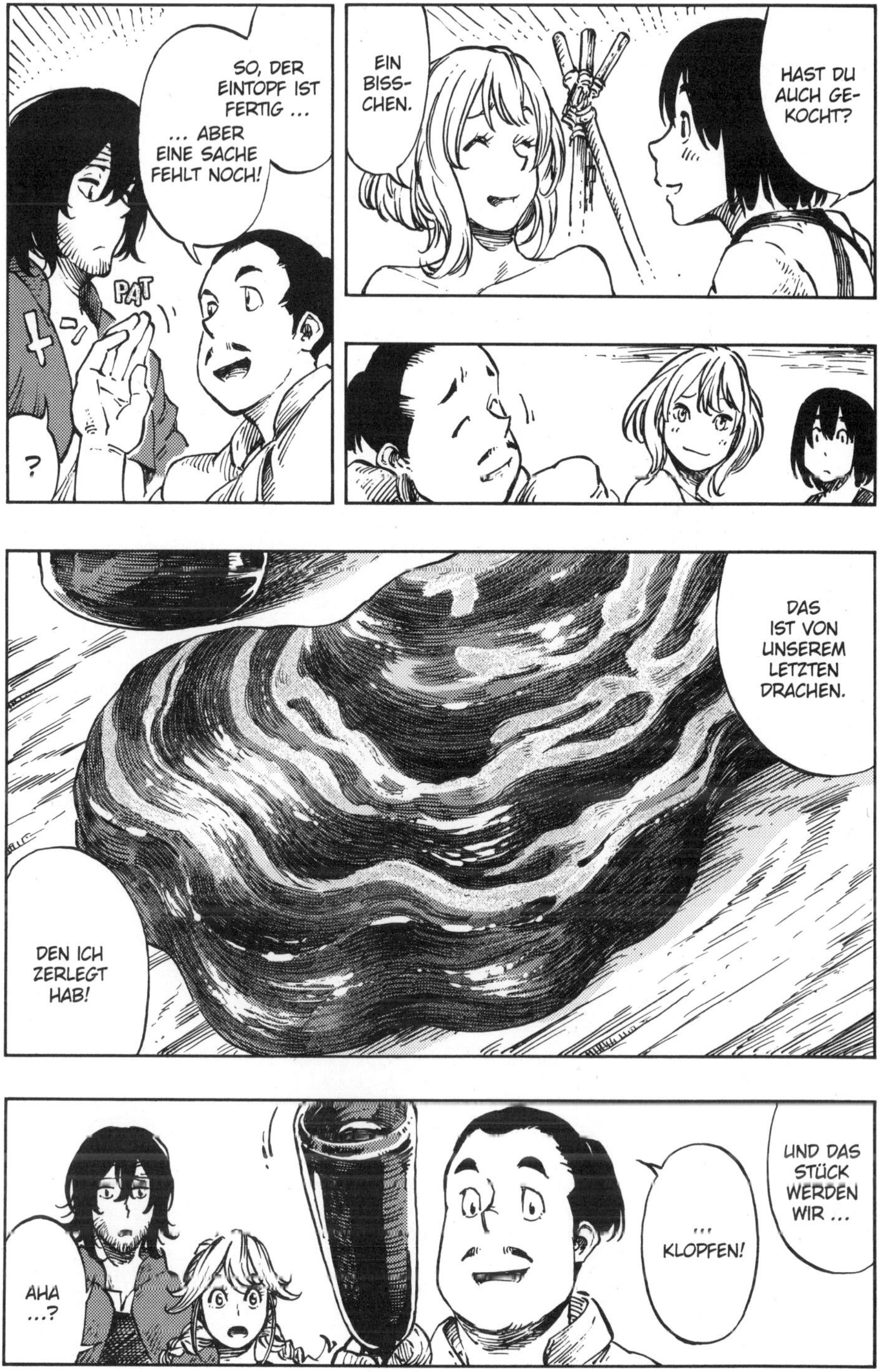
HAST DU AUCH GE-KOCHT?
EIN BISS-CHEN.
SO, DER EINTOPF IST FERTIG ...
... ABER EINE SACHE FEHLT NOCH!
PAT
?
DAS IST VON UNSEREM LETZTEN DRACHEN.
DEN ICH ZERLEGT HAB!
UND DAS STÜCK WERDEN WIR ...
... KLOPFEN!
AHA ...?

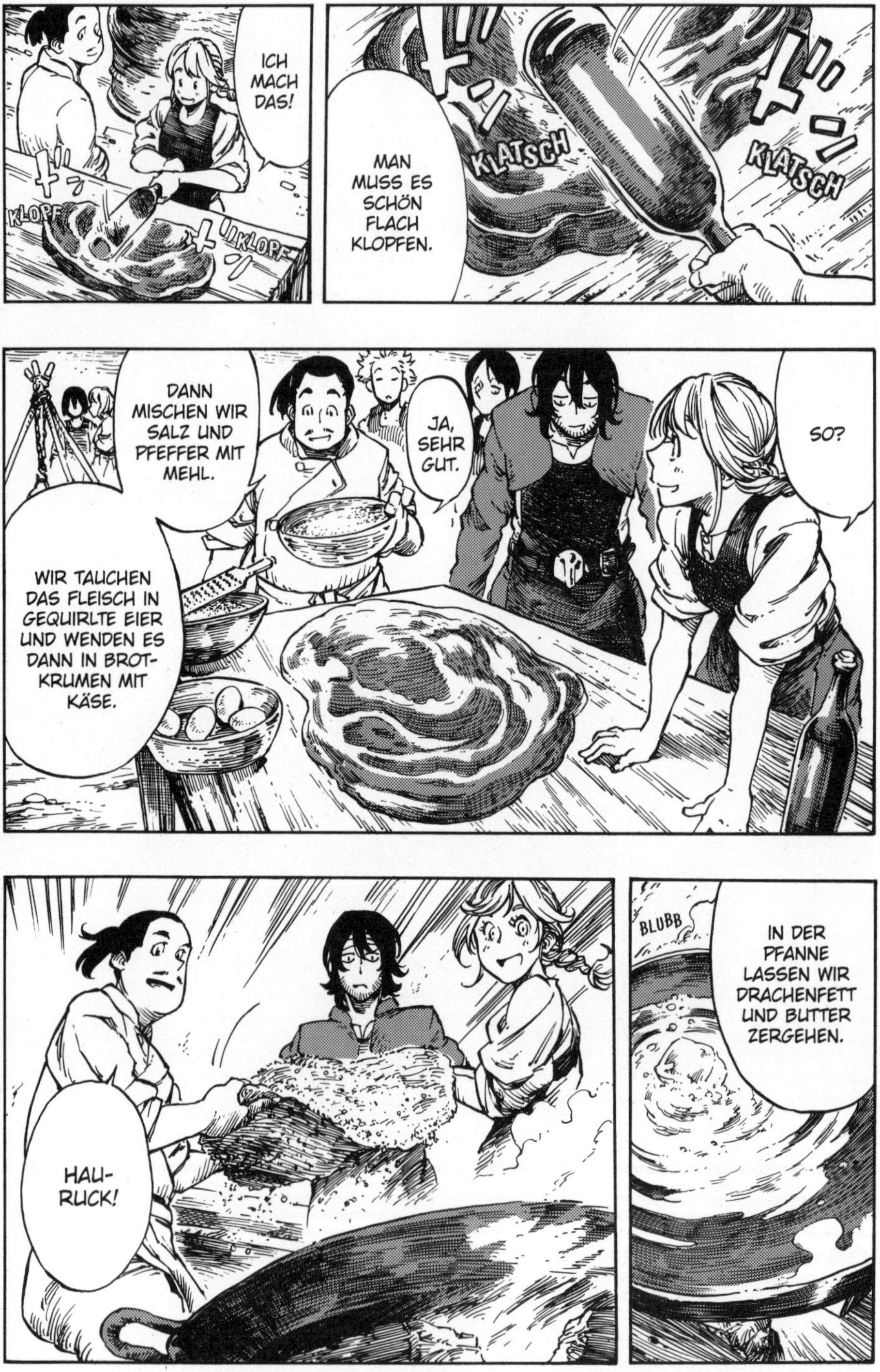

ICH MACH DAS!
KLOPF
KLOPF
MAN MUSS ES SCHÖN FLACH KLOPFEN.
KLATSCH
KLATSCH
SO?
JA, SEHR GUT.
DANN MISCHEN WIR SALZ UND PFEFFER MIT MEHL.
WIR TAUCHEN DAS FLEISCH IN GEQUIRLTE EIER UND WENDEN ES DANN IN BROT-KRUMEN MIT KÄSE.
BLUBB
IN DER PFANNE LASSEN WIR DRACHENFETT UND BUTTER ZERGEHEN.
HAU-RUCK!

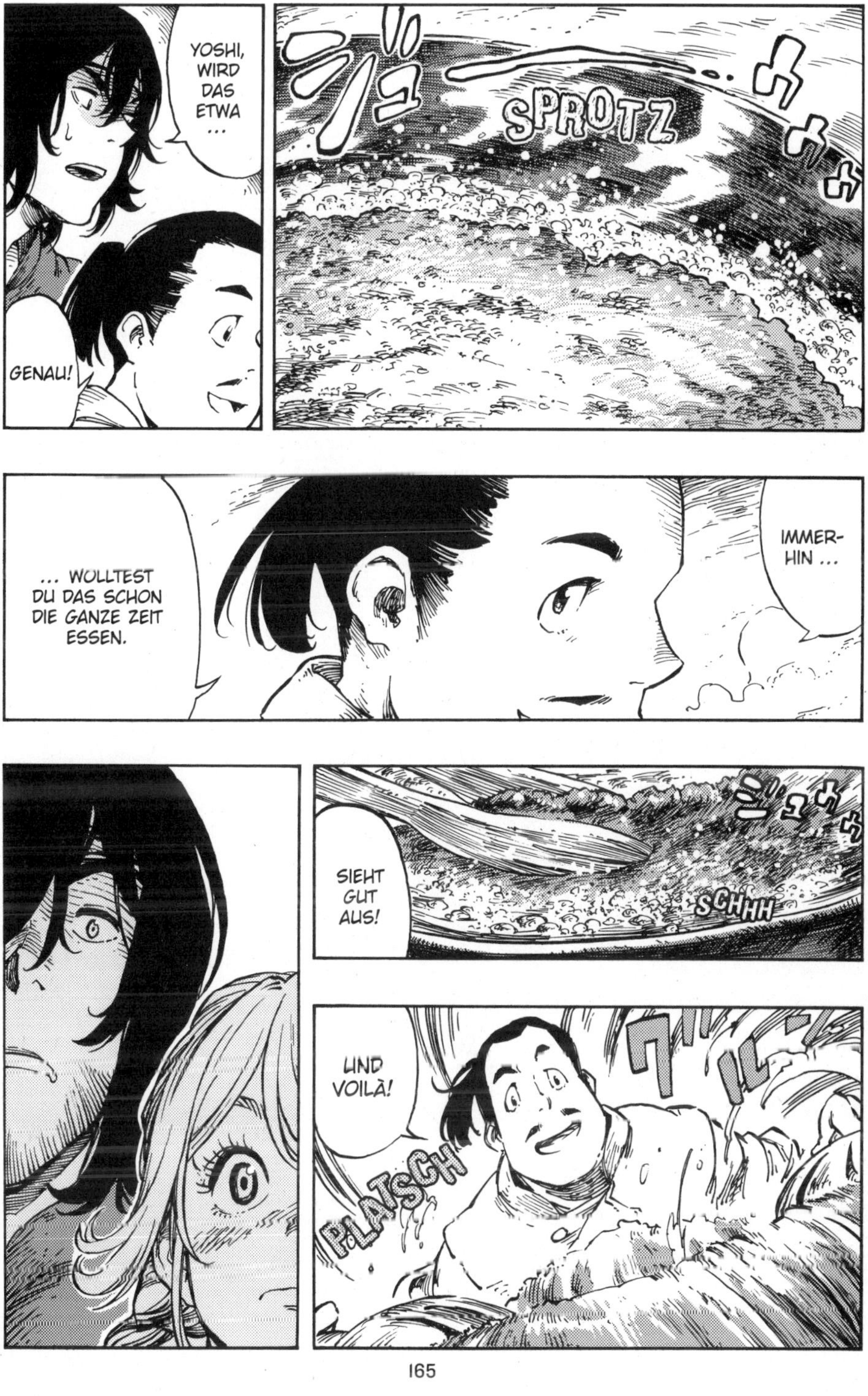
SPROTZ
YOSHI, WIRD DAS ETWA …
GENAU!
IMMER-HIN …
… WOLLTEST DU DAS SCHON DIE GANZE ZEIT ESSEN.
SIEHT GUT AUS!
SCHHH
UND VOILÀ!
PLATSCH

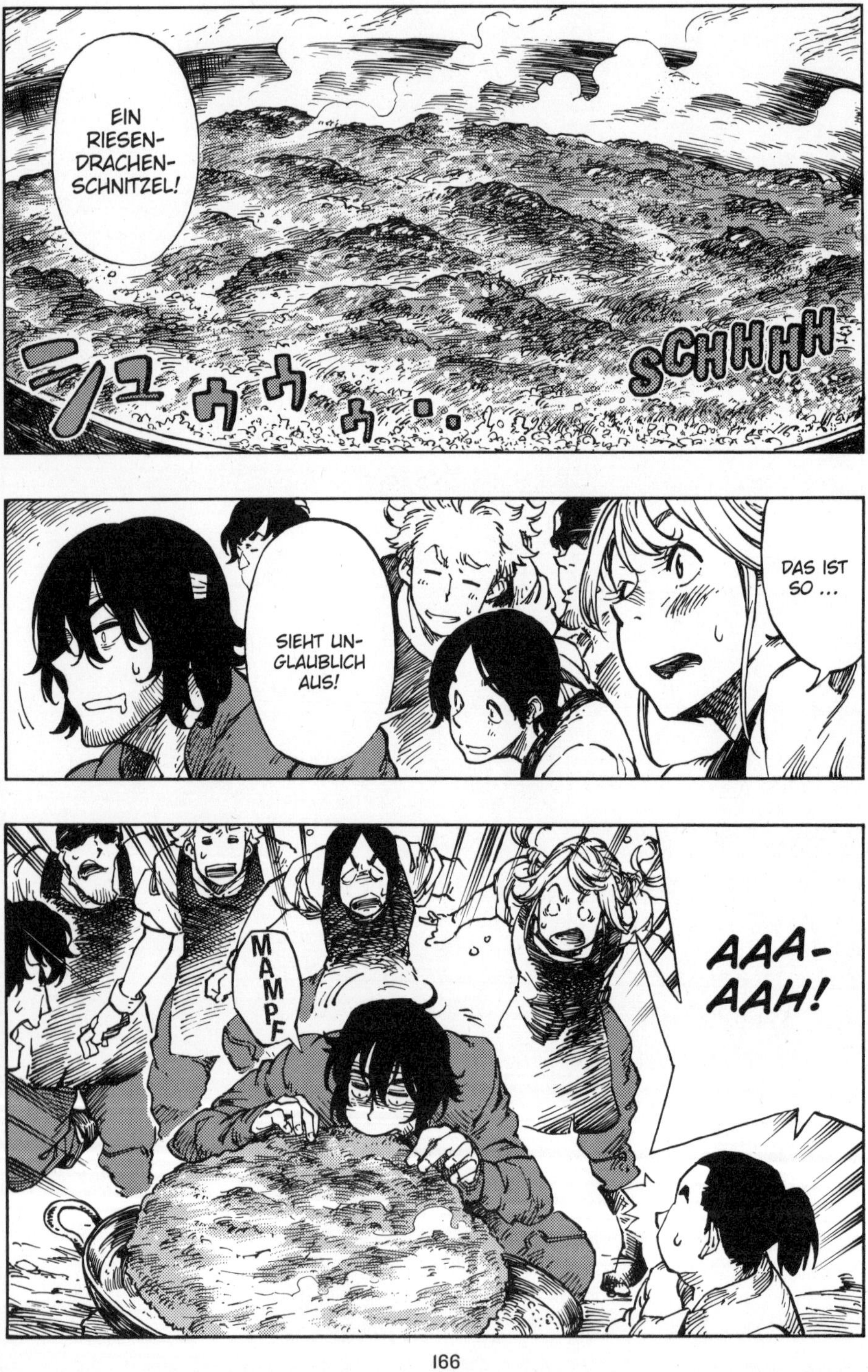
SCHHHH
EIN RIESEN-DRACHEN-SCHNITZEL!
DAS IST SO …
SIEHT UN-GLAUBLICH AUS!
AAA-AAH!
MAMPF

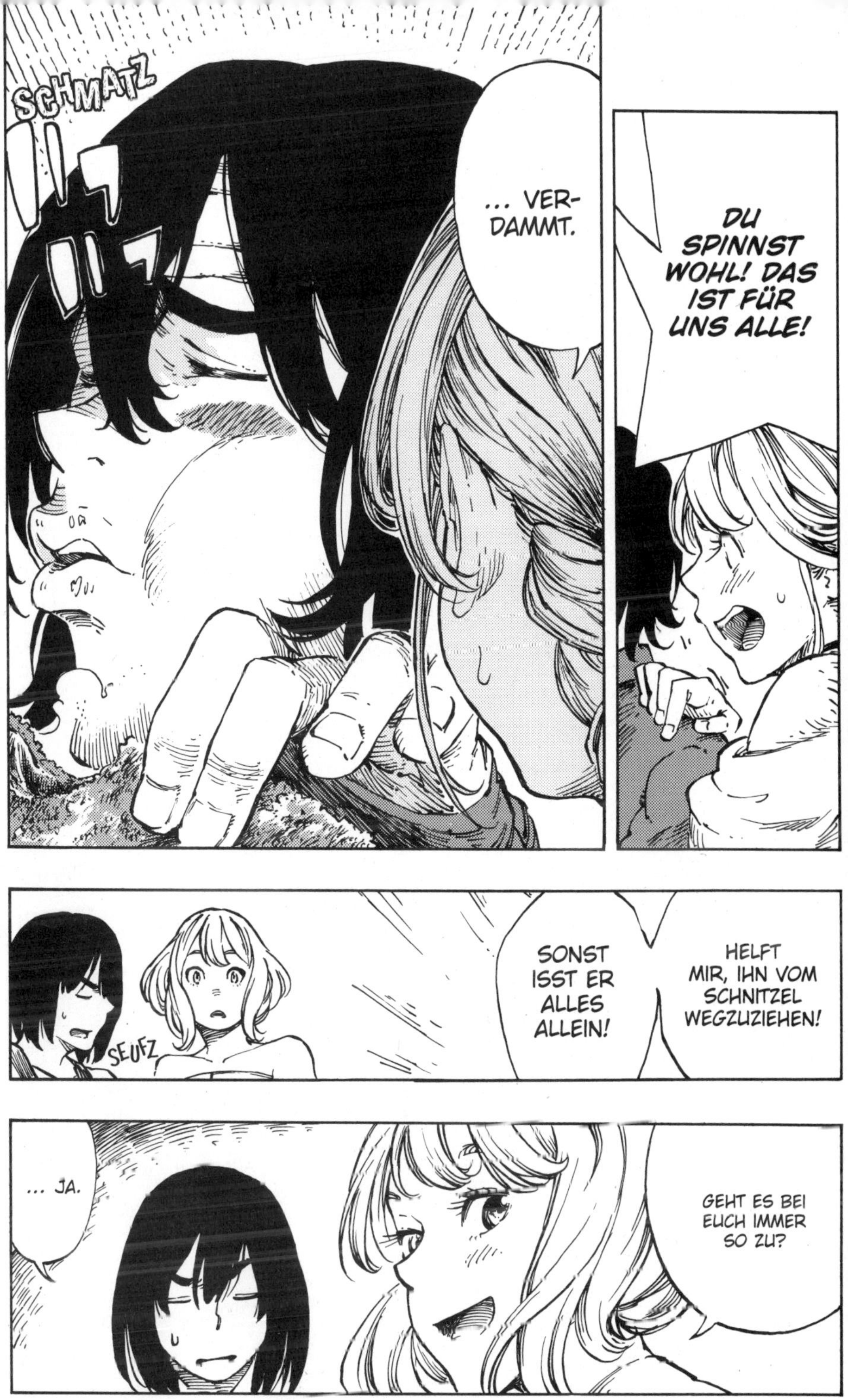
DU SPINNST WOHL! DAS IST FÜR UNS ALLE!
SCHMATZ
... VER-DAMMT.
HELFT MIR, IHN VOM SCHNITZEL WEGZUZIEHEN!
SONST ISST ER ALLES ALLEIN!
SEUFZ
GEHT ES BEI EUCH IMMER SO ZU?
... JA.

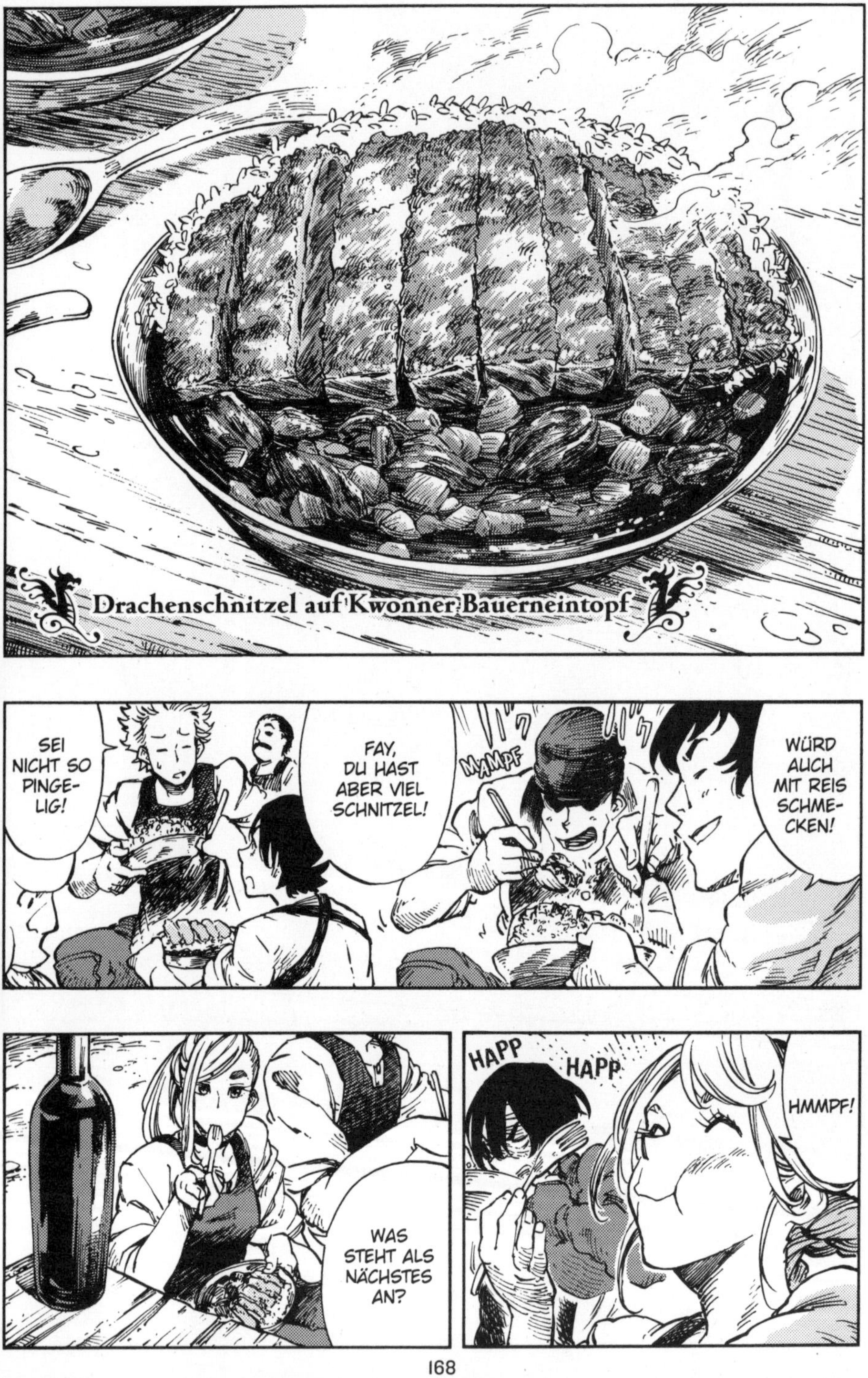
Drachenschnitzel auf Kwonner Bauerneintopf
WÜRD AUCH MIT REIS SCHMECKEN!
MAMPF
FAY, DU HAST ABER VIEL SCHNITZEL!
SEI NICHT SO PINGE-LIG!
HMMPF!
HAPP
HAPP
WAS STEHT ALS NÄCHSTES AN?

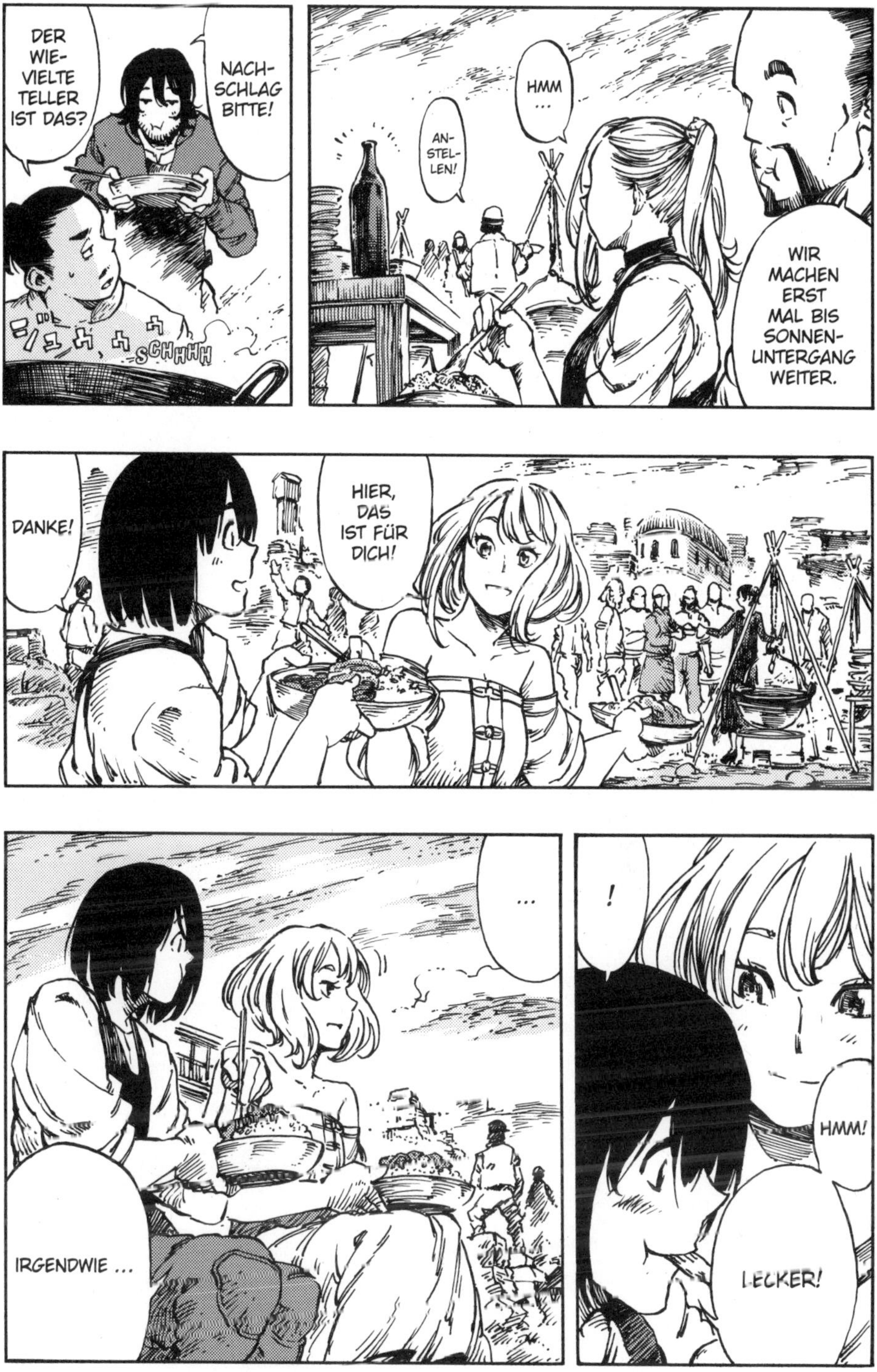
WIR MACHEN ERST MAL BIS SONNENUNTERGANG WEITER.
HMM …
AN-STEL-LEN!
NACH-SCHLAG BITTE!
DER WIE-VIELTE TELLER IST DAS?
SCHHHH
HIER, DAS IST FÜR DICH!
DANKE!
!
HMM!
LECKER!
…
IRGENDWIE …

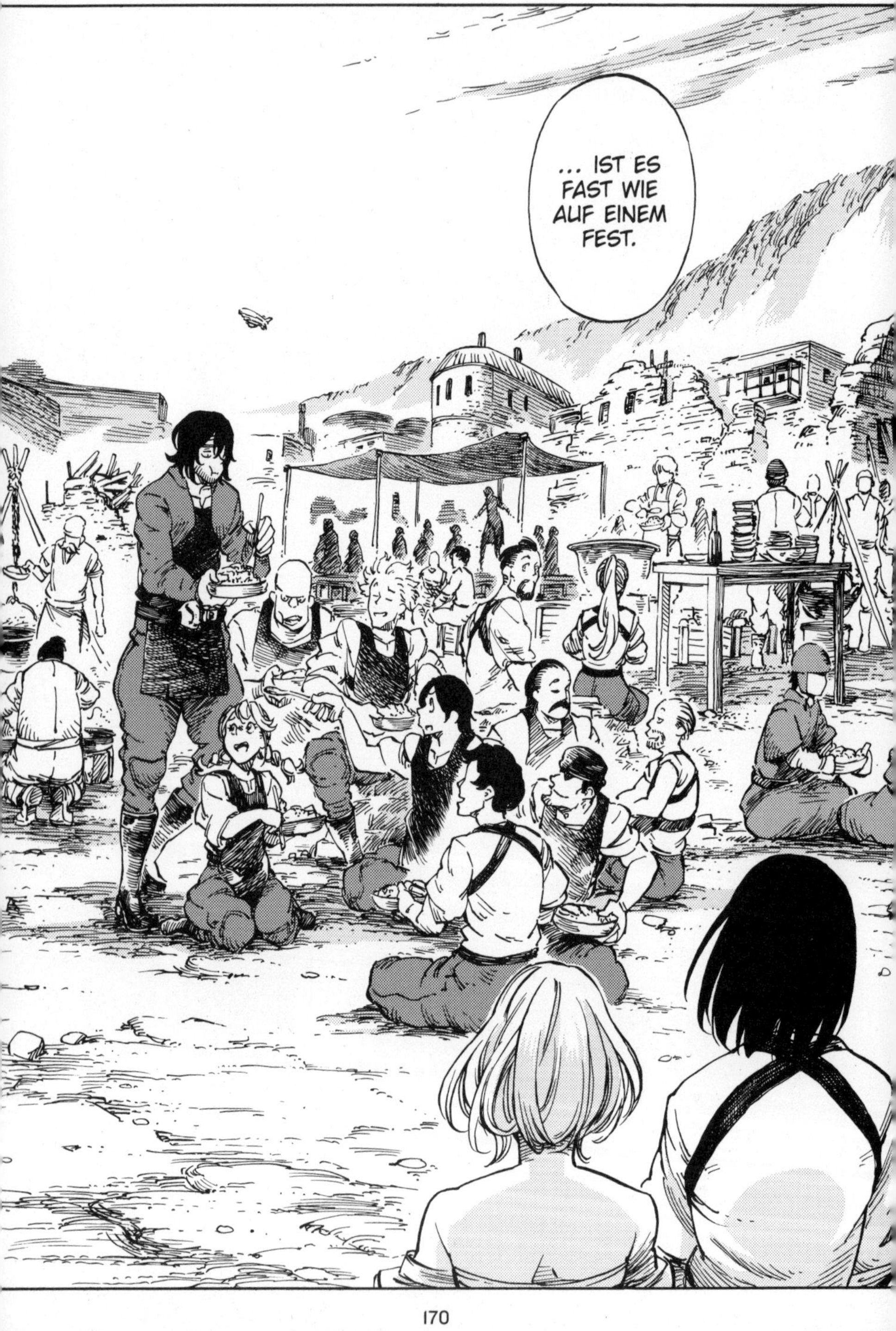
... IST ES FAST WIE AUF EINEM FEST.

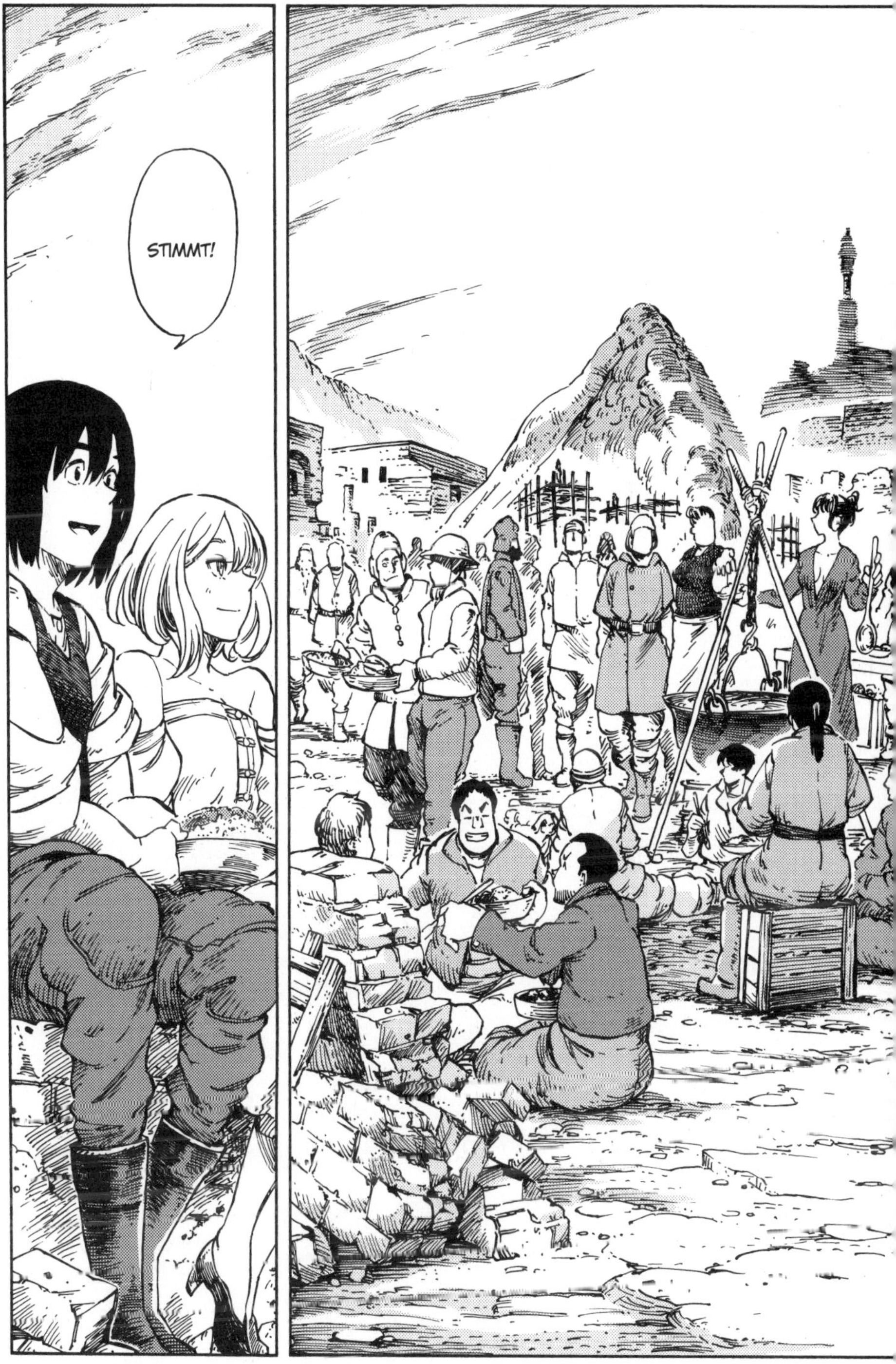
STIMMT!

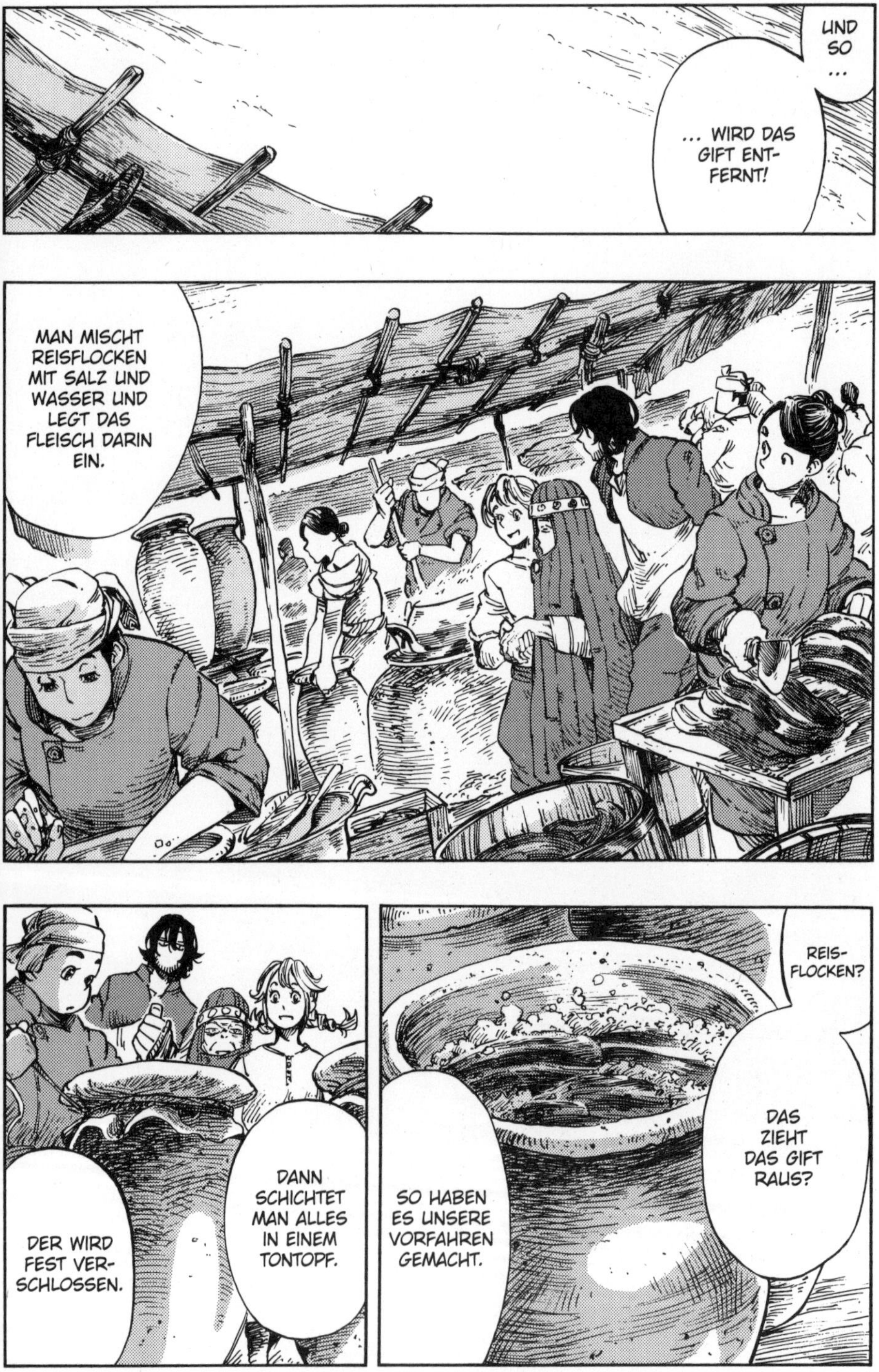
UND SO ...
... WIRD DAS GIFT ENTFERNT!
MAN MISCHT REISFLOCKEN MIT SALZ UND WASSER UND LEGT DAS FLEISCH DARIN EIN.
REISFLOCKEN?
DAS ZIEHT DAS GIFT RAUS?
SO HABEN ES UNSERE VORFAHREN GEMACHT.
DANN SCHICHTET MAN ALLES IN EINEM TONTOPF.
DER WIRD FEST VERSCHLOSSEN.

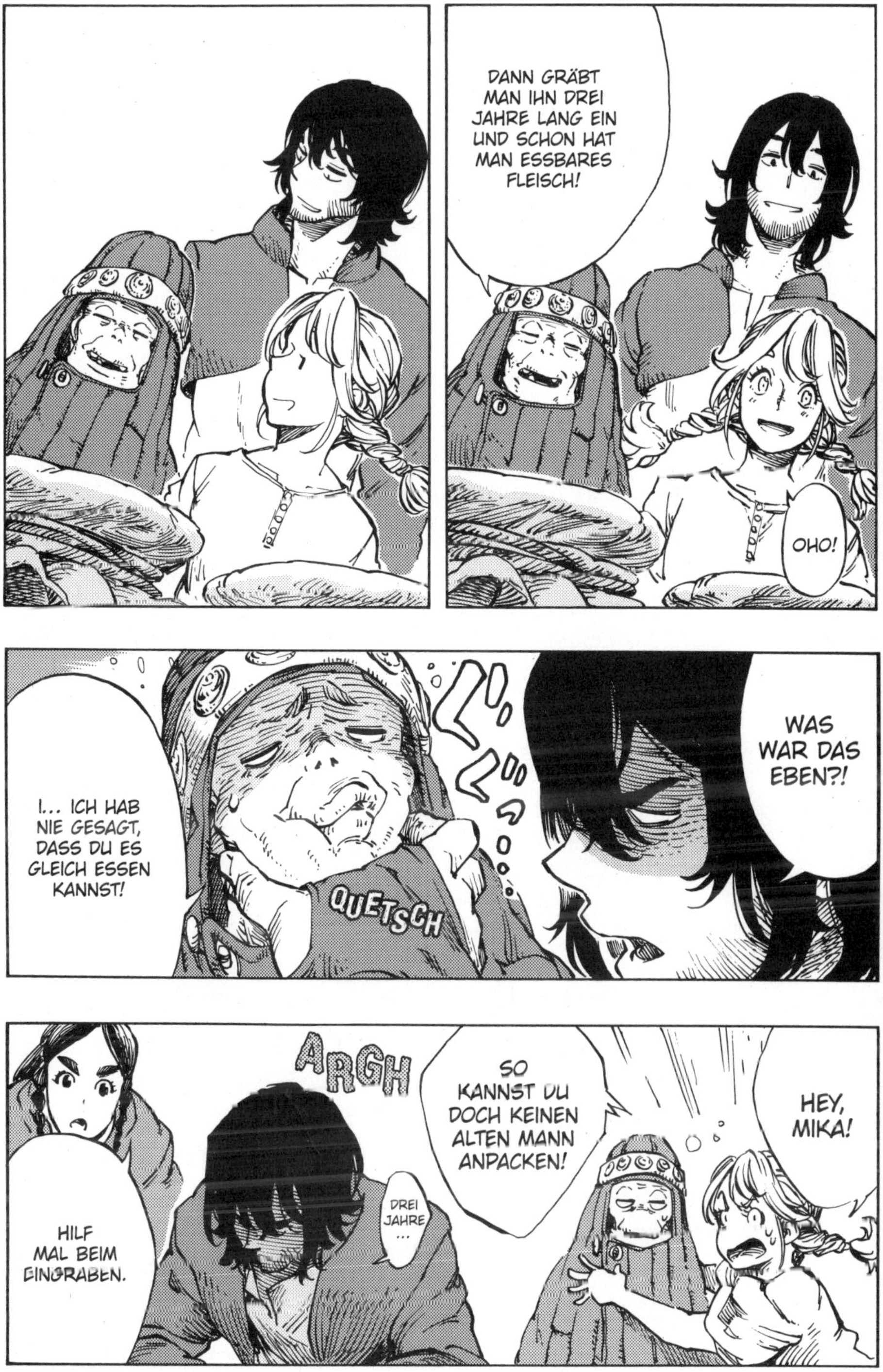
DANN GRÄBT MAN IHN DREI JAHRE LANG EIN UND SCHON HAT MAN ESSBARES FLEISCH!
OHO!
WAS WAR DAS EBEN?!
I... ICH HAB NIE GESAGT, DASS DU ES GLEICH ESSEN KANNST!
QUETSCH
HEY, MIKA!
SO KANNST DU DOCH KEINEN ALTEN MANN ANPACKEN!
ARGH
DREI JAHRE ...
HILF MAL BEIM EINGRABEN.

Bauerneintopf auf Kwonner Art

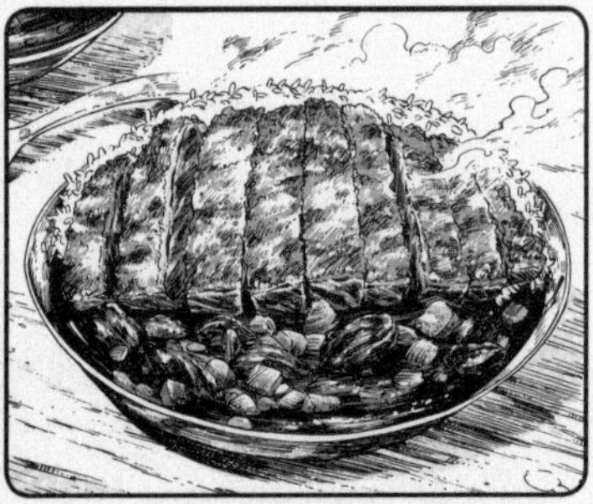

Zutaten für 2 Personen

- 200 g Drachenfleisch (mindestens zwei verschiedene Sorten)
- je 1: Karotte, Tomate, Paprika, Stange Sellerie, Knoblauchzehe, große Zwiebel
- je 50 g: Drachenfett, Speck (nach Belieben)
- 1-2 TL Salz
- 2-3 EL Paprikapulver
- 1/2 TL Kümmel (oder Kreuzkümmel)
- 1/2 TL Cayennepfeffer
- 300 g Kartoffeln

01

Das Fleisch in mundgerechte Stücke schneiden. Zwiebel und Knoblauch fein hacken und die Karotte, Kartoffeln, Tomate und Paprika in ca. 1 cm große Stücke schneiden. Die Sellerieblätter mit einem Faden zusammenbinden.

02

Fett in einem Topf zerlassen und die Zwiebel (und den Speck, falls verwendet) goldbraun anbraten. Dann Kümmel und Knoblauch dazugeben und leicht erhitzen.

03

Das Fleisch hinzugeben und mit 1-2 TL Salz bestreuen. Das Fleisch großzügig mit dem Paprikapulver bedecken und den Topf mit dem Deckel verschließen.

04

Wenn das Fleisch gar ist, das Gemüse mit Ausnahme der Kartoffel und Karotte hinzugeben. Wasser hinzugeben, bis die Zutaten gerade bedeckt sind. 2 Stunden kochen lassen (das Wasser bei Bedarf etwas auffüllen.)

05

Kartoffel und Karotte hinzugeben und kochen, bis sie weich sind. Dann das Selleriebündel entfernen und schon ist es fertig!

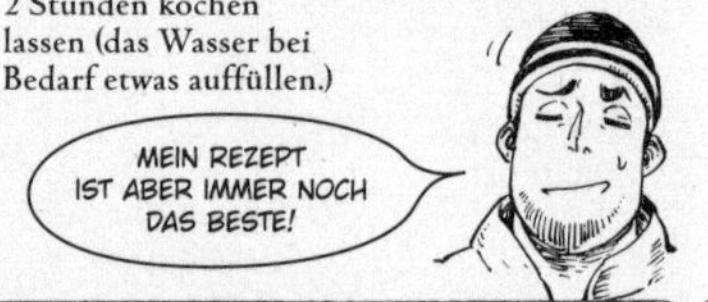

Drachenschnitzel

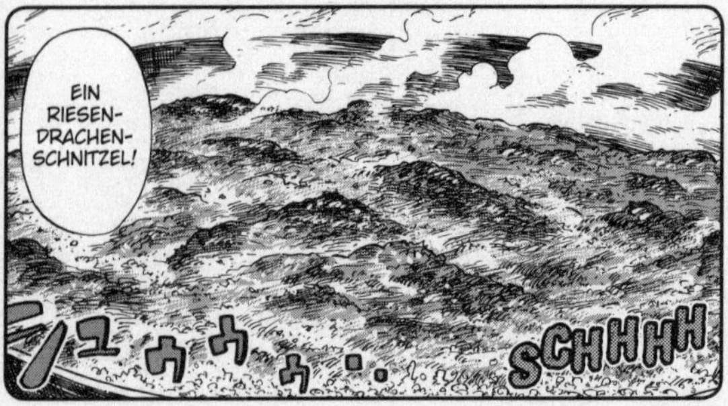

Zutaten für 1 Portion

- 200 g rotes Drachenfleisch
- 1 Ei
- 1 Tasse Brotkrumen
- 4 EL geriebener Käse
- Drachenfett nach Bedarf (kann durch Drachenkochöl ersetzt werden)
- 15 g Butter
- Mehl nach Bedarf
- je eine Priese: Salz, Pfeffer

01

Das Fleisch mit einem Fleischklopfer (oder einer Weinflasche oder ähnlichem) dünn klopfen.

02

Das Fleisch beidseitig mit Salz und Pfeffer würzen.

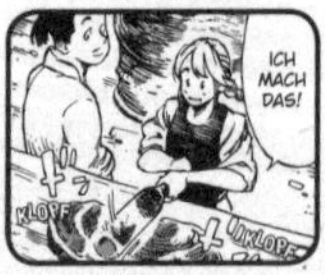

03

Die Brotkrumen und den geriebenen Käse mit beiden Händen gründlich durchmischen. Das Fleisch dann zuerst im Mehl, dann in Ei und schließlich in der Brotkrumenmischung wenden. Mit den Händen vorsichtig verstreichen.

04

Drachenfett und Butter zergehen lassen, bis die Pfanne zu ca. 5 mm mit Fett gefüllt ist. Das Fett erhitzen, das Fleisch hinzugeben und braten, bis die Panade goldbraun ist.

05

Das Fleisch wenden und auf der anderen Seite ebenfalls anbraten. Sobald beide Seiten goldbraun sind, ist es fertig!

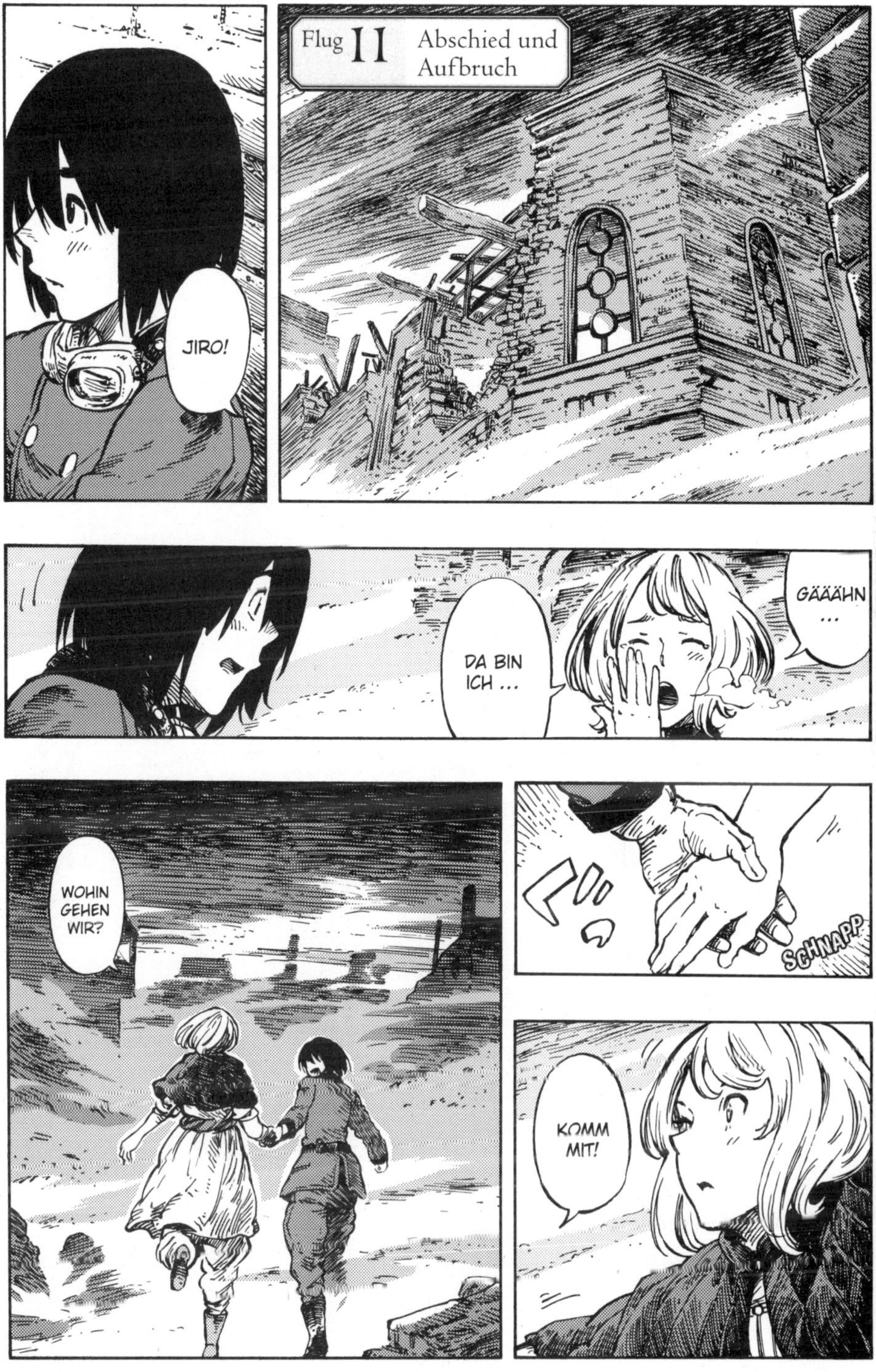
Flug 11 Abschied und Aufbruch
JIRO!
GÄÄÄHN …
DA BIN ICH …
SCHNAPP
KOMM MIT!
WOHIN GEHEN WIR?

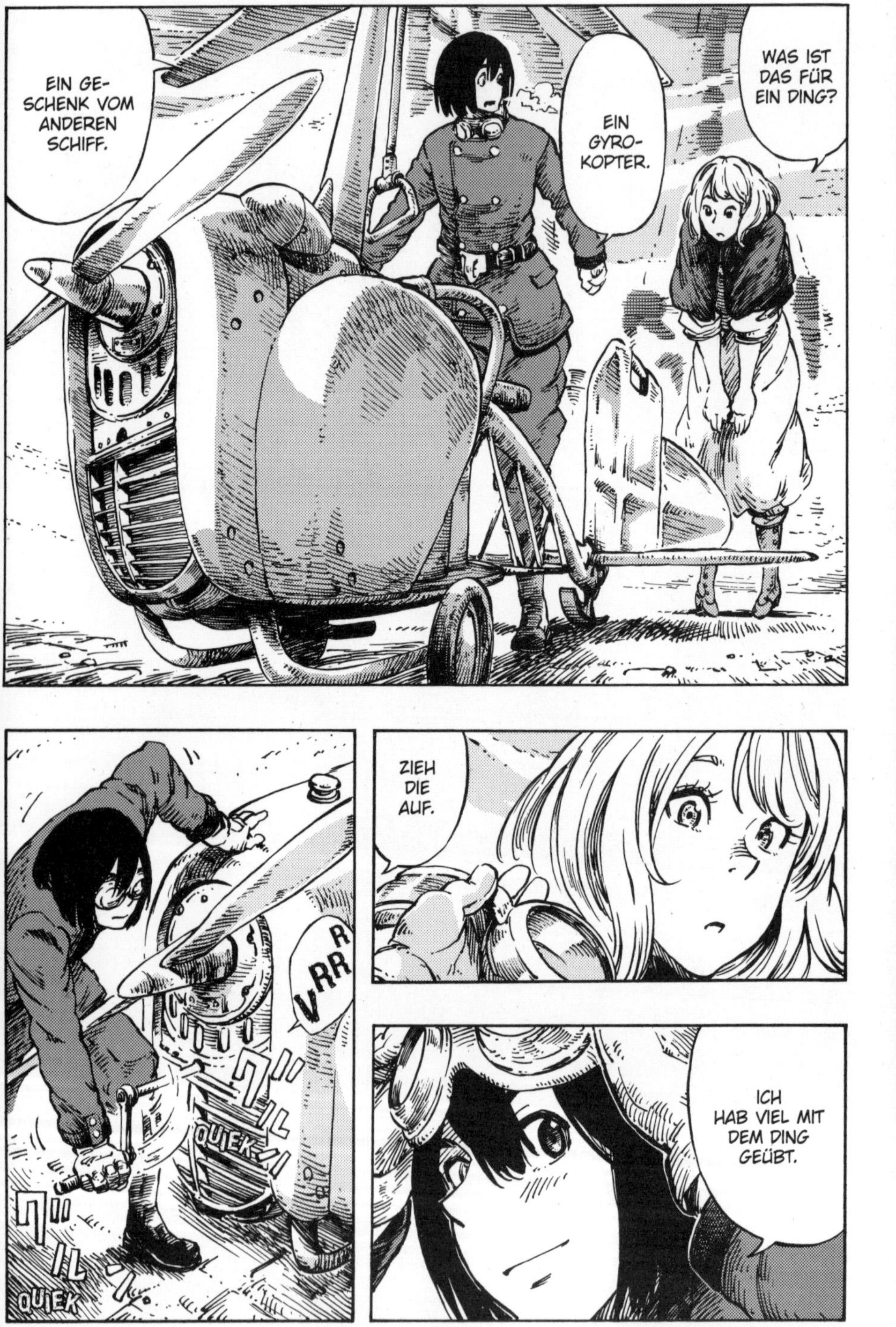
WAS IST DAS FÜR EIN DING?
EIN GYRO-KOPTER.
EIN GE-SCHENK VOM ANDEREN SCHIFF.
ZIEH DIE AUF.
ICH HAB VIEL MIT DEM DING GEÜBT.
VRRR
QUIEK
QUIEK

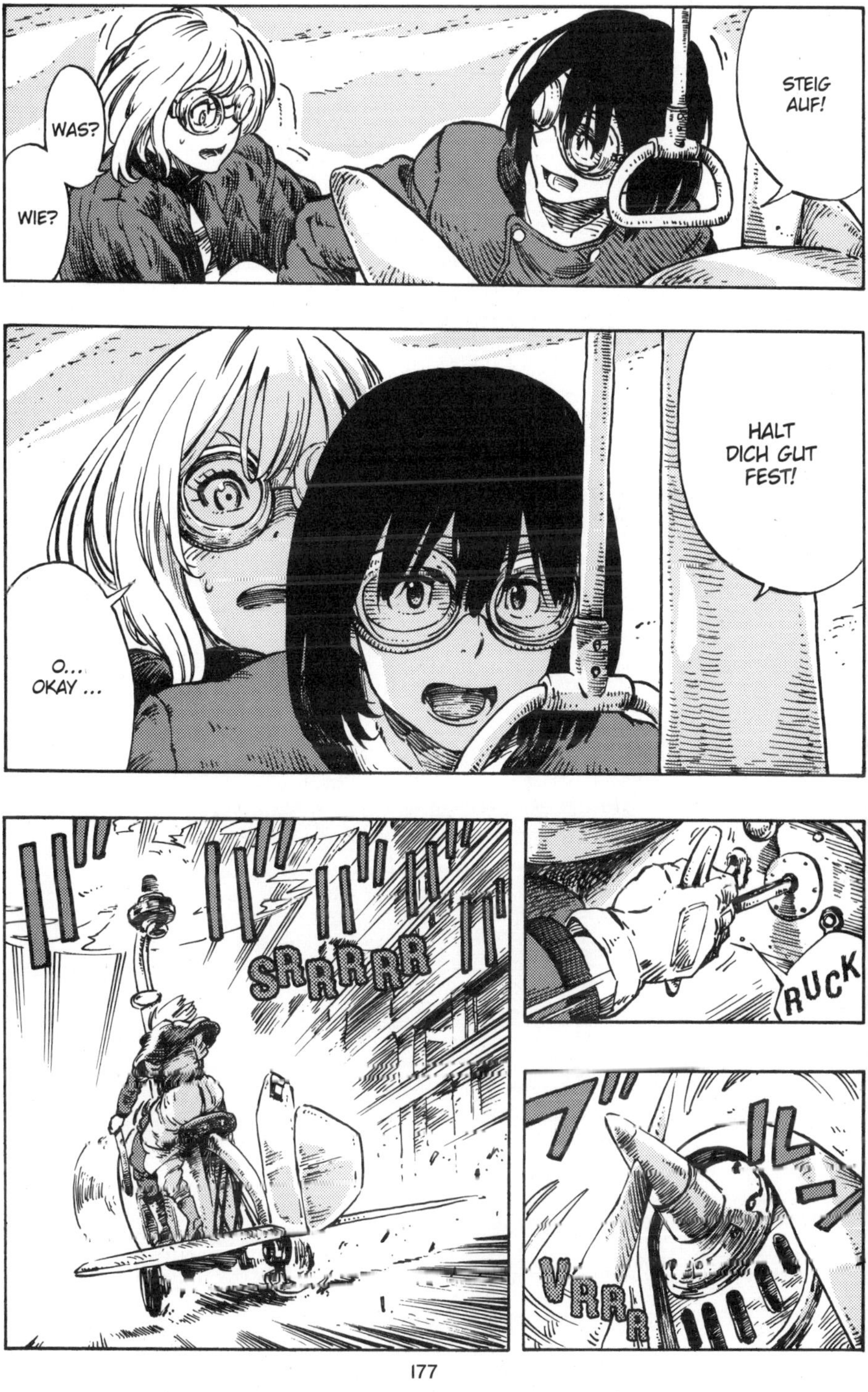
STEIG AUF!
WAS?
WIE?
HALT DICH GUT FEST!
O… OKAY …
RUCK
VRRR
SRRRRR

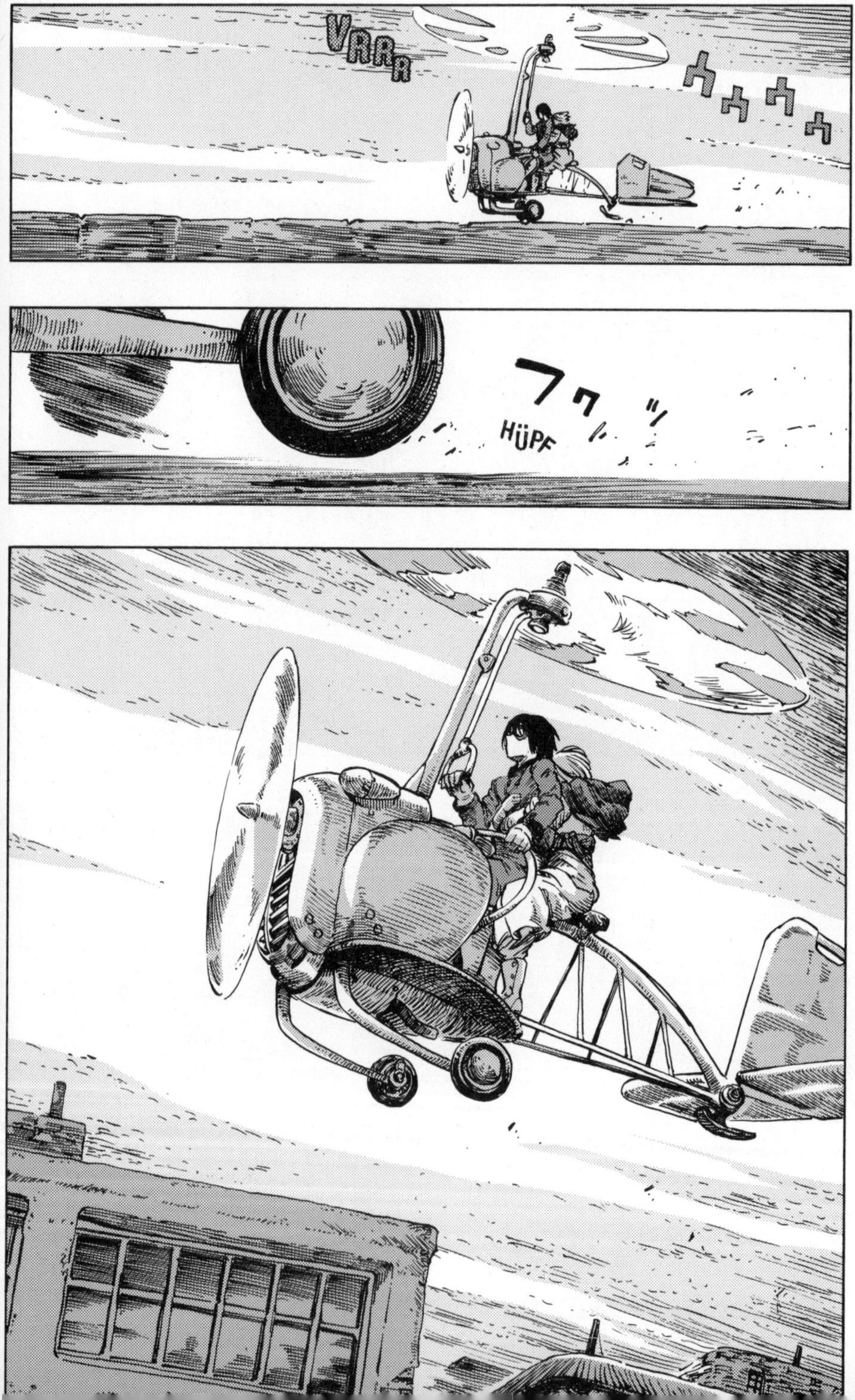
VRRR
HÜPF

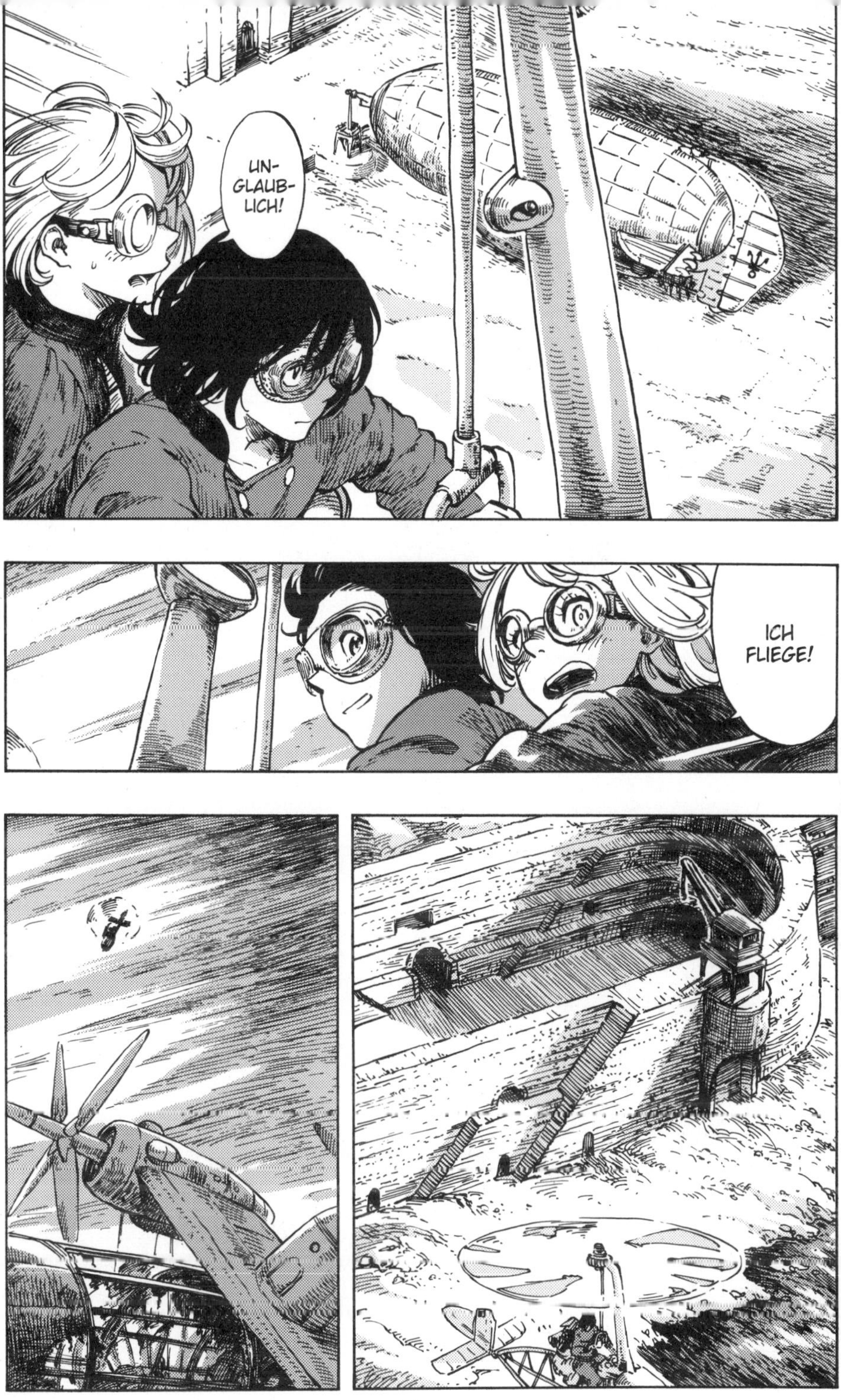
UN-
GLAUB-
LICH!
ICH
FLIEGE!

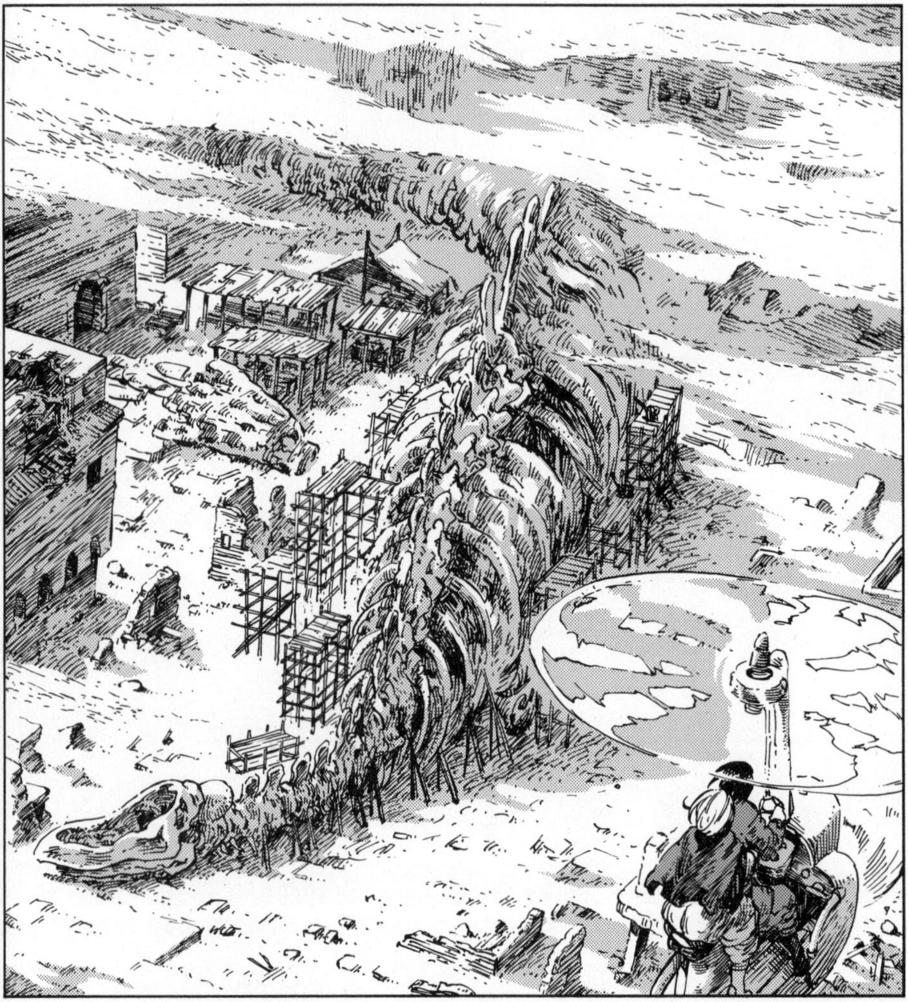

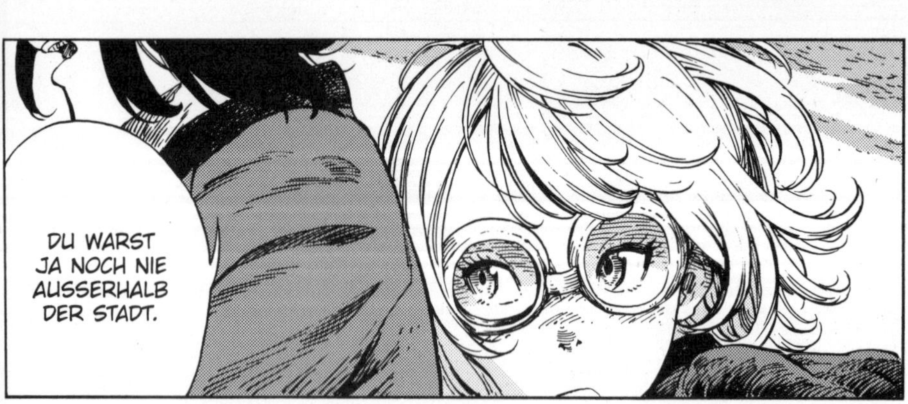
DU WARST JA NOCH NIE AUSSERHALB DER STADT.

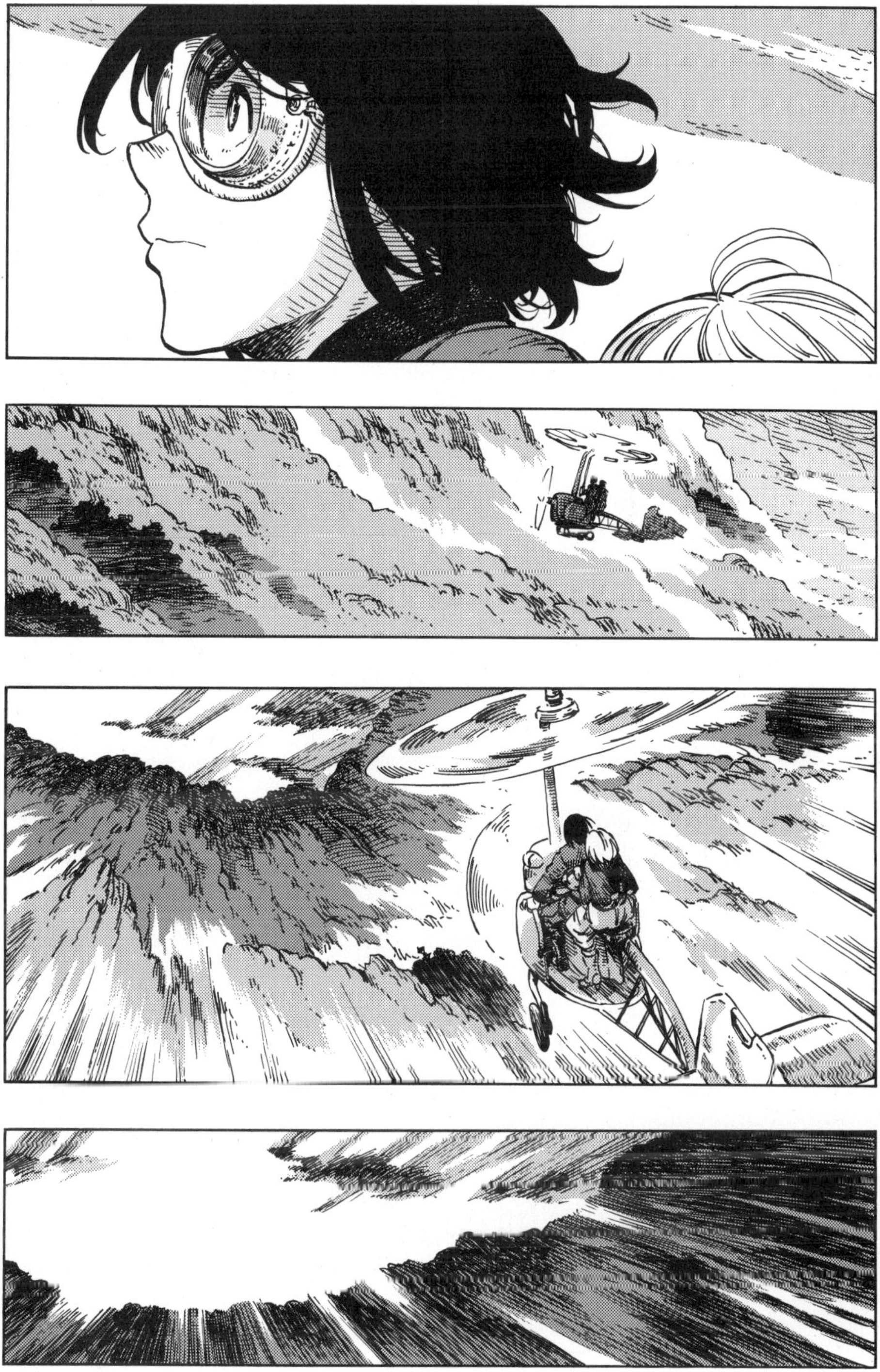

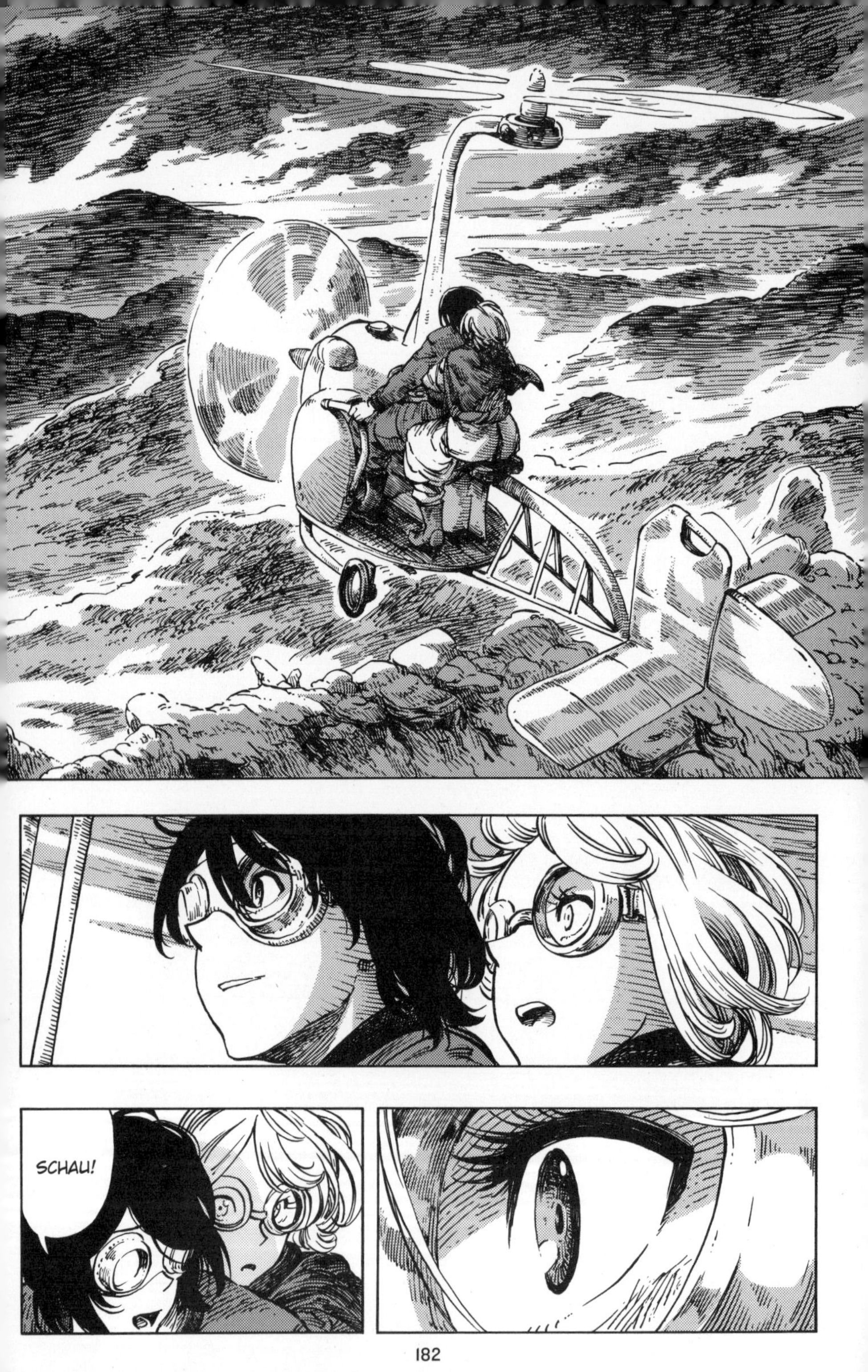
SCHAU!

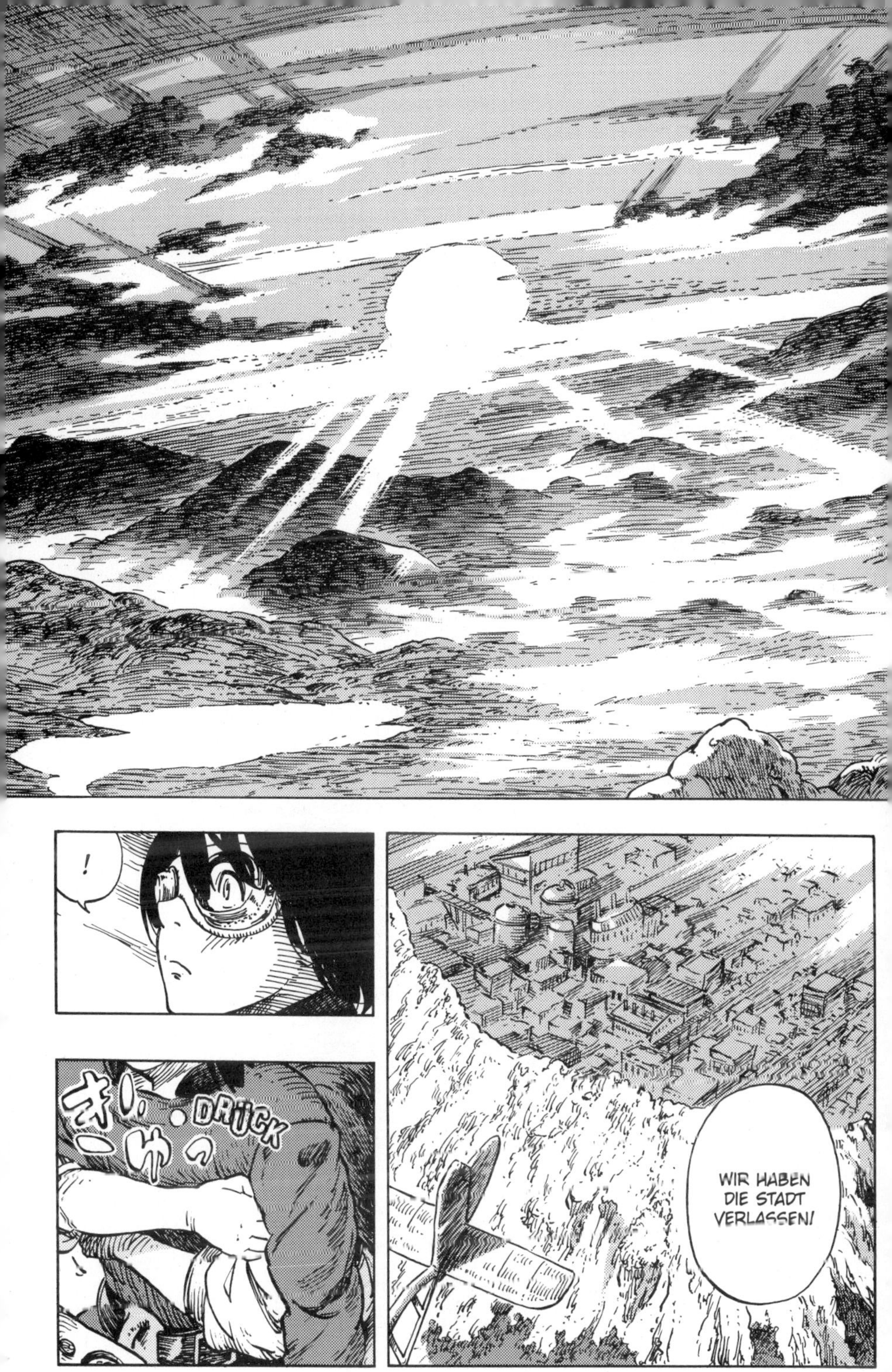
WIR HABEN DIE STADT VERLASSEN!
!
きゅっ
DRÜCK

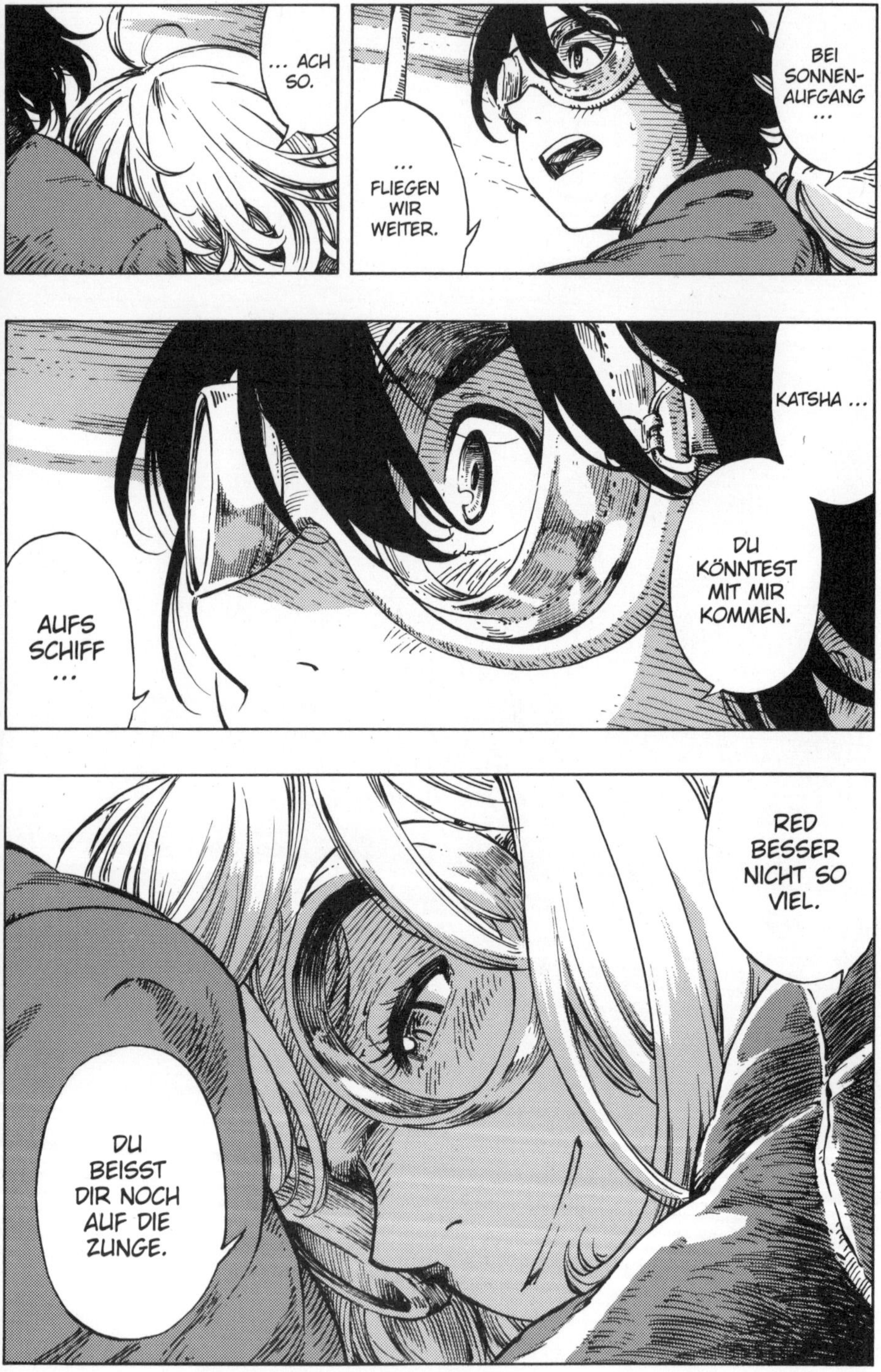
BEI SONNEN-AUFGANG ...
... FLIEGEN WIR WEITER.
... ACH SO.
KATSHA ...
DU KÖNNTEST MIT MIR KOMMEN.
AUFS SCHIFF ...
RED BESSER NICHT SO VIEL.
DU BEISST DIR NOCH AUF DIE ZUNGE.

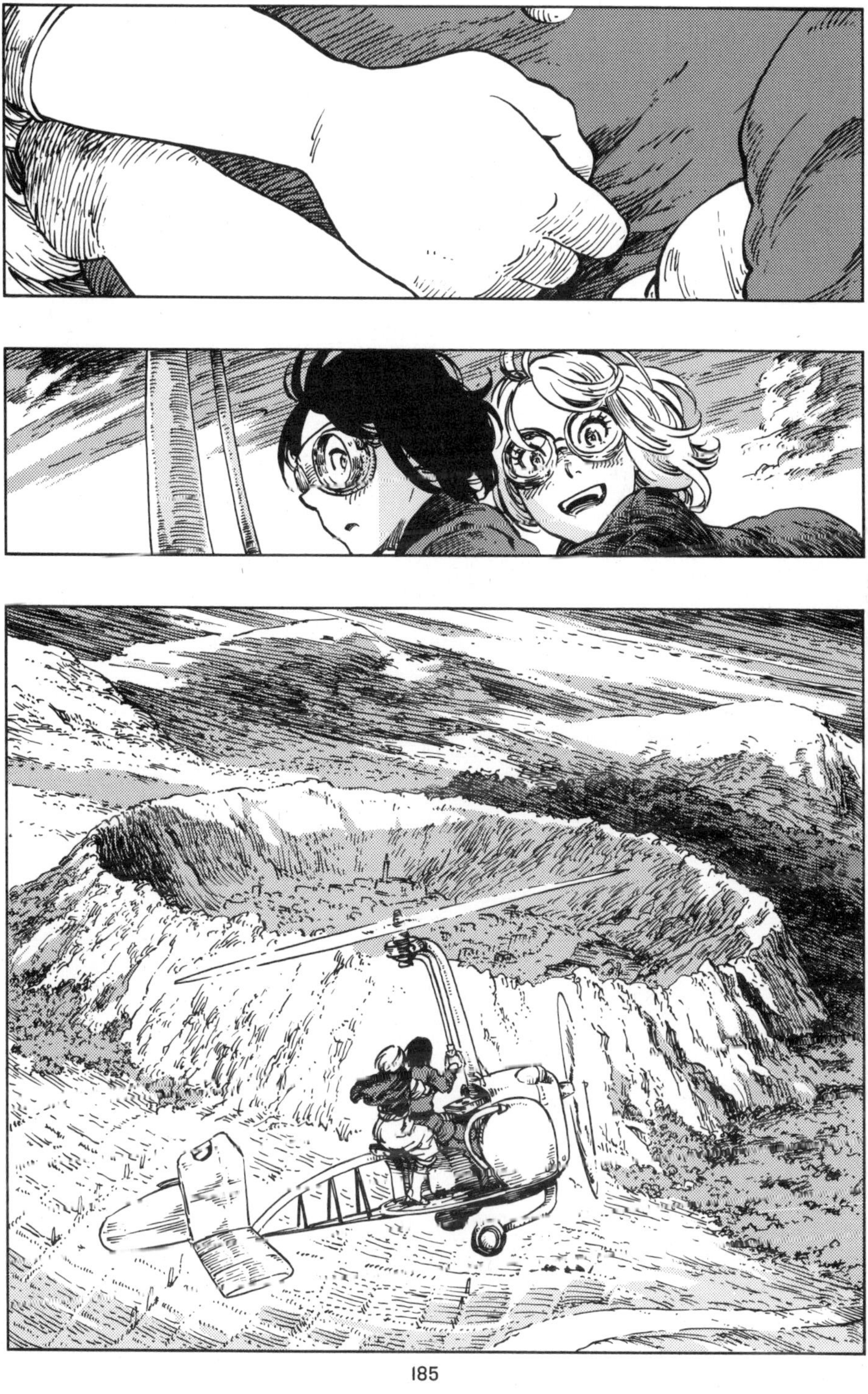

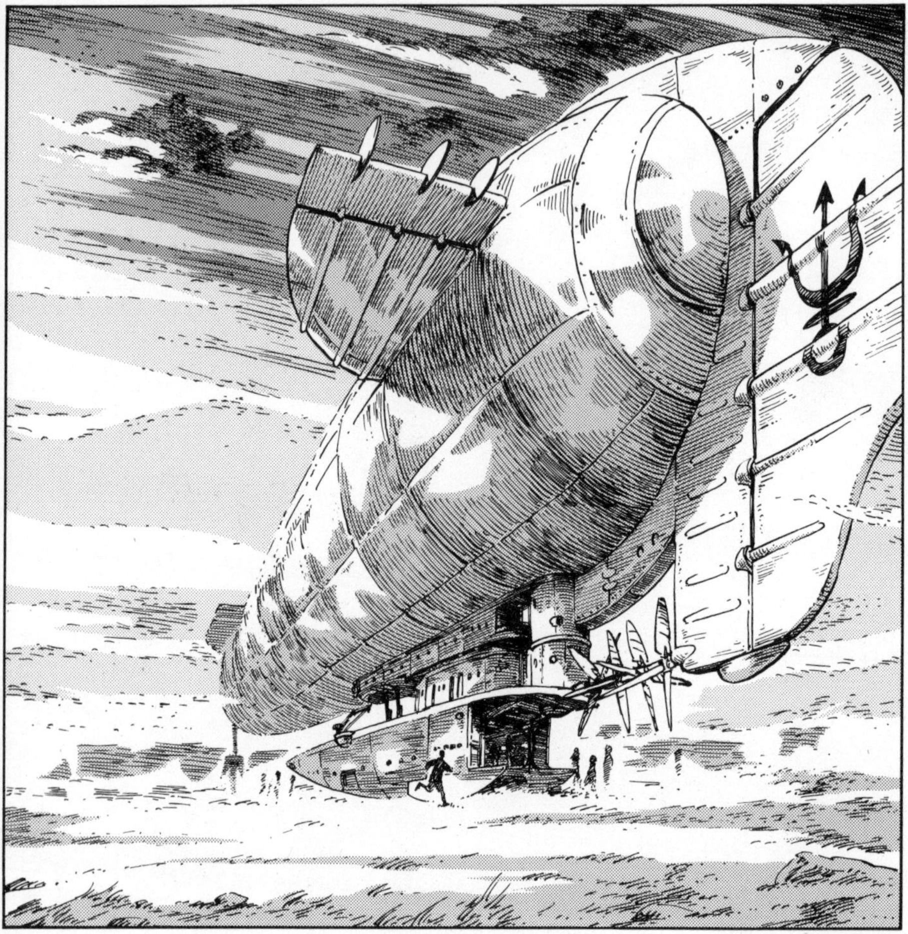

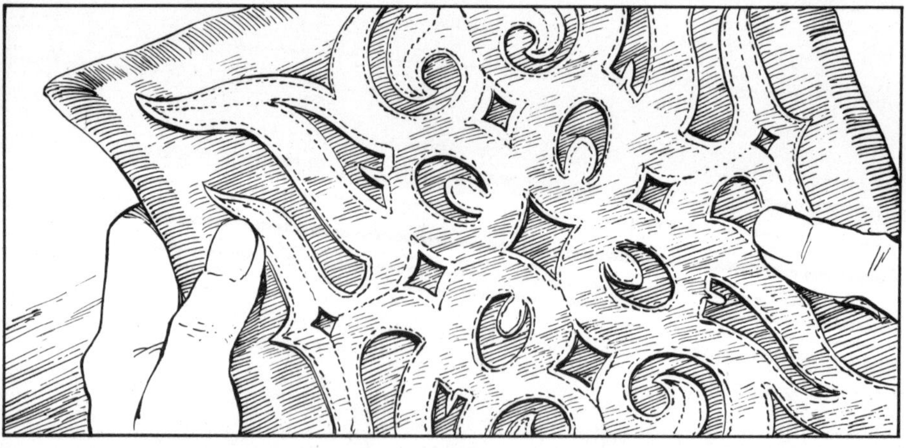

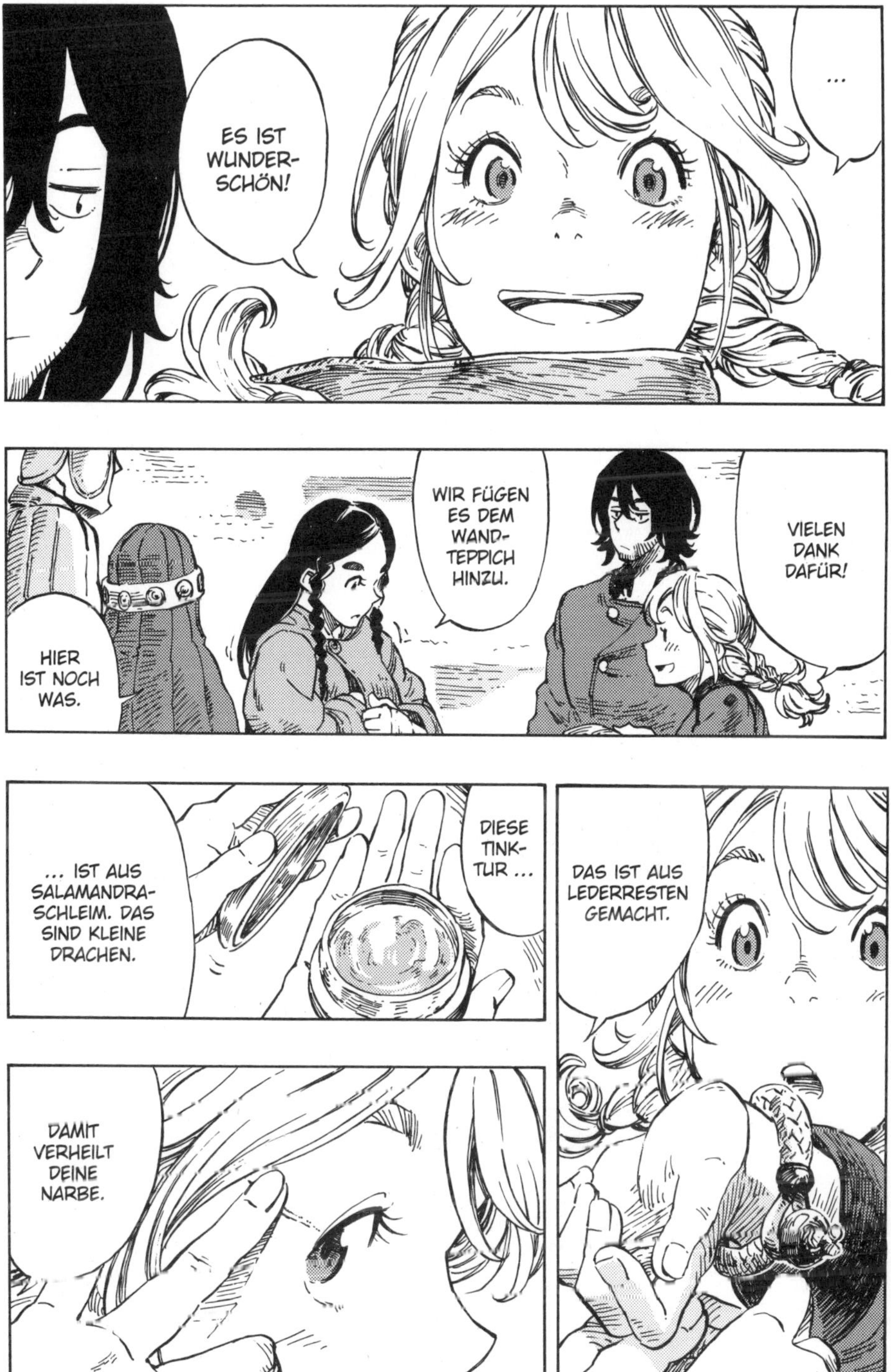
...
ES IST WUNDER-SCHÖN!
VIELEN DANK DAFÜR!
WIR FÜGEN ES DEM WAND-TEPPICH HINZU.
HIER IST NOCH WAS.
DAS IST AUS LEDERRESTEN GEMACHT.
DIESE TINK-TUR ...
... IST AUS SALAMANDRA-SCHLEIM. DAS SIND KLEINE DRACHEN.
DAMIT VERHEILT DEINE NARBE.

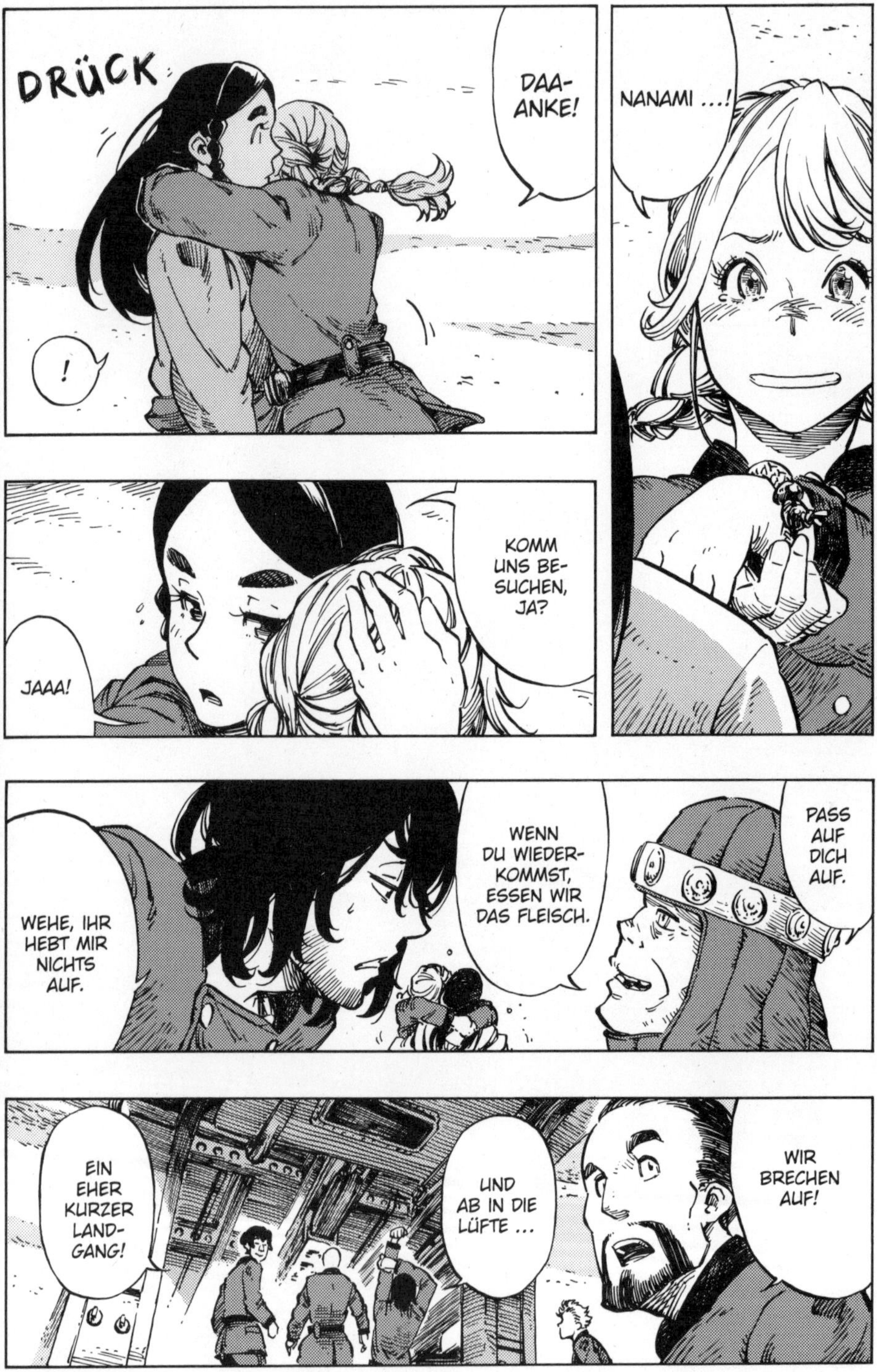
NANAMI …!
DAA-ANKE!
DRÜCK
!
KOMM UNS BE-SUCHEN, JA?
JAAA!
PASS AUF DICH AUF.
WENN DU WIEDER-KOMMST, ESSEN WIR DAS FLEISCH.
WEHE, IHR HEBT MIR NICHTS AUF.
WIR BRECHEN AUF!
UND AB IN DIE LÜFTE …
EIN EHER KURZER LAND-GANG!

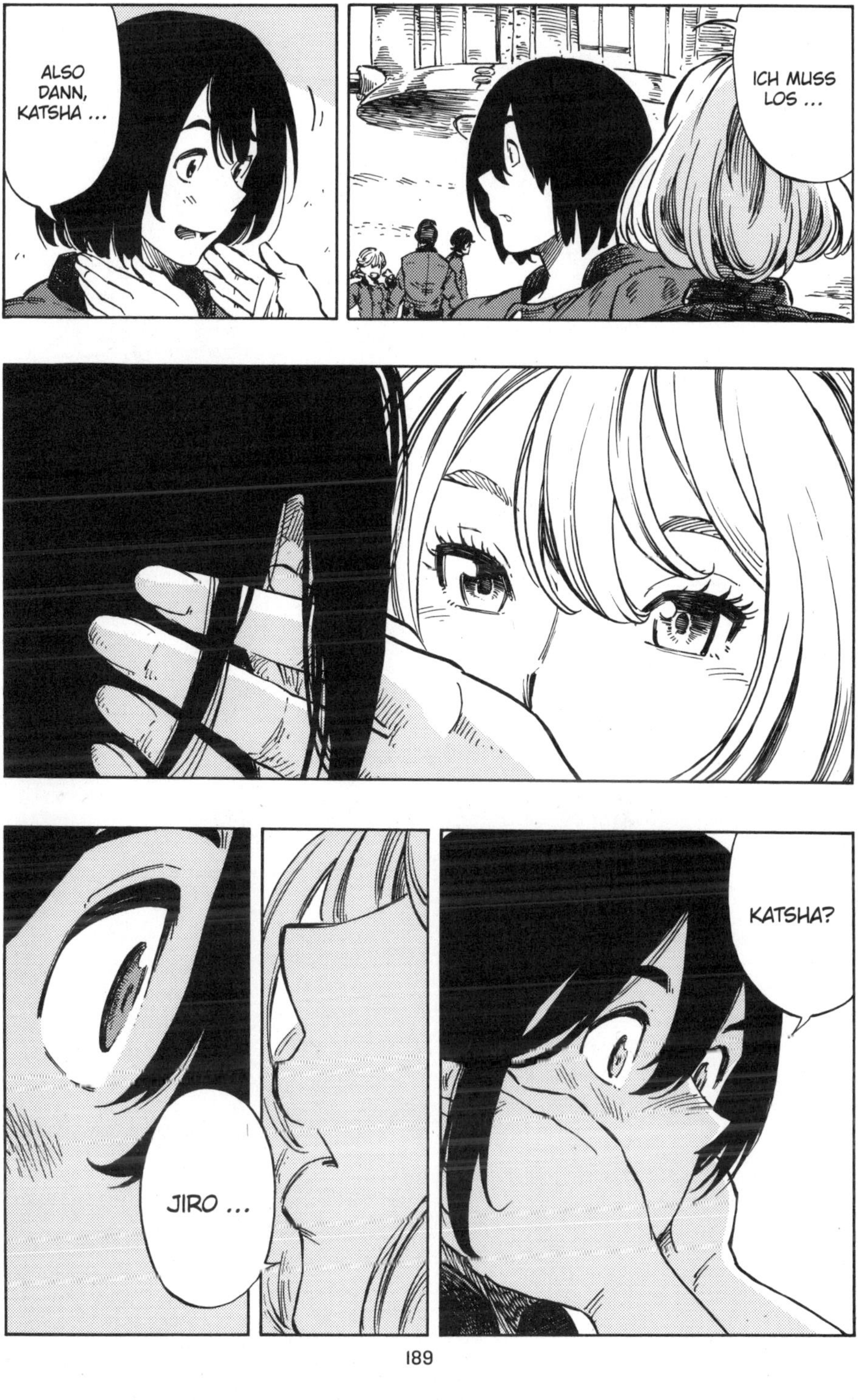
ICH MUSS LOS ...
ALSO DANN, KATSHA ...
KATSHA?
JIRO ...

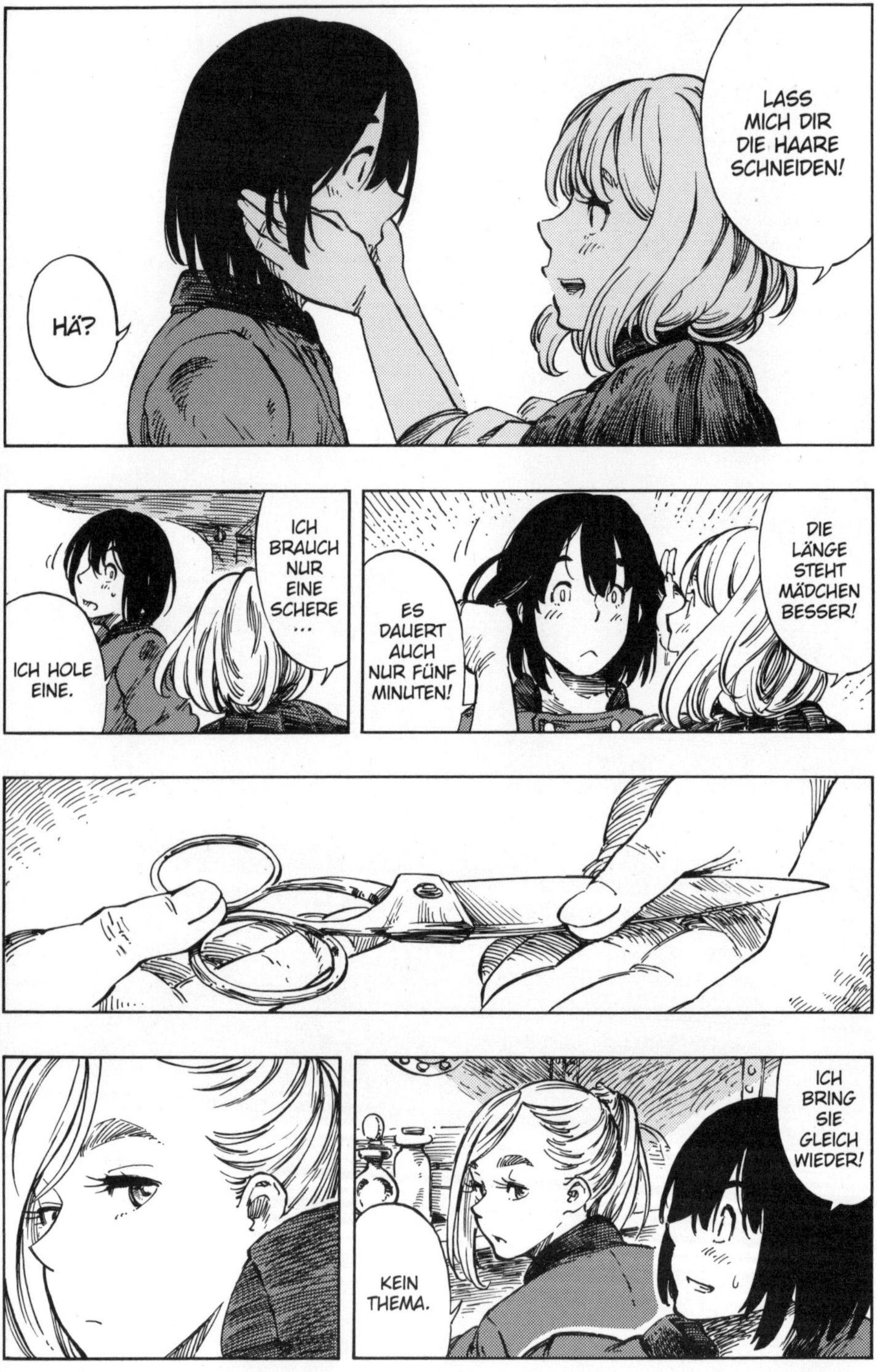
LASS MICH DIR DIE HAARE SCHNEIDEN!
HÄ?
DIE LÄNGE STEHT MÄDCHEN BESSER!
ES DAUERT AUCH NUR FÜNF MINUTEN!
ICH BRAUCH NUR EINE SCHERE ...
ICH HOLE EINE.
ICH BRING SIE GLEICH WIEDER!
KEIN THEMA.

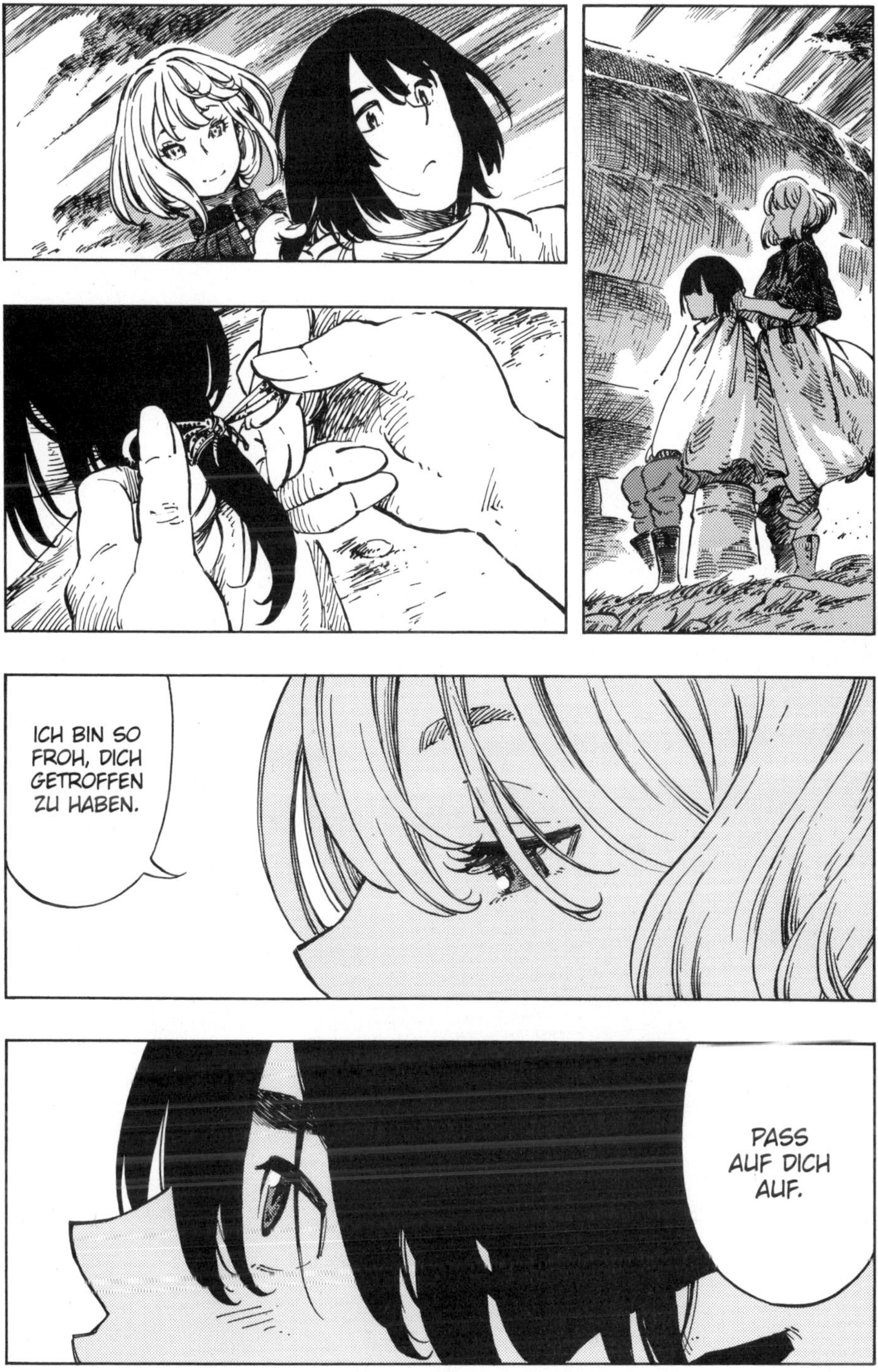
ICH BIN SO FROH, DICH GETROFFEN ZU HABEN.
PASS AUF DICH AUF.

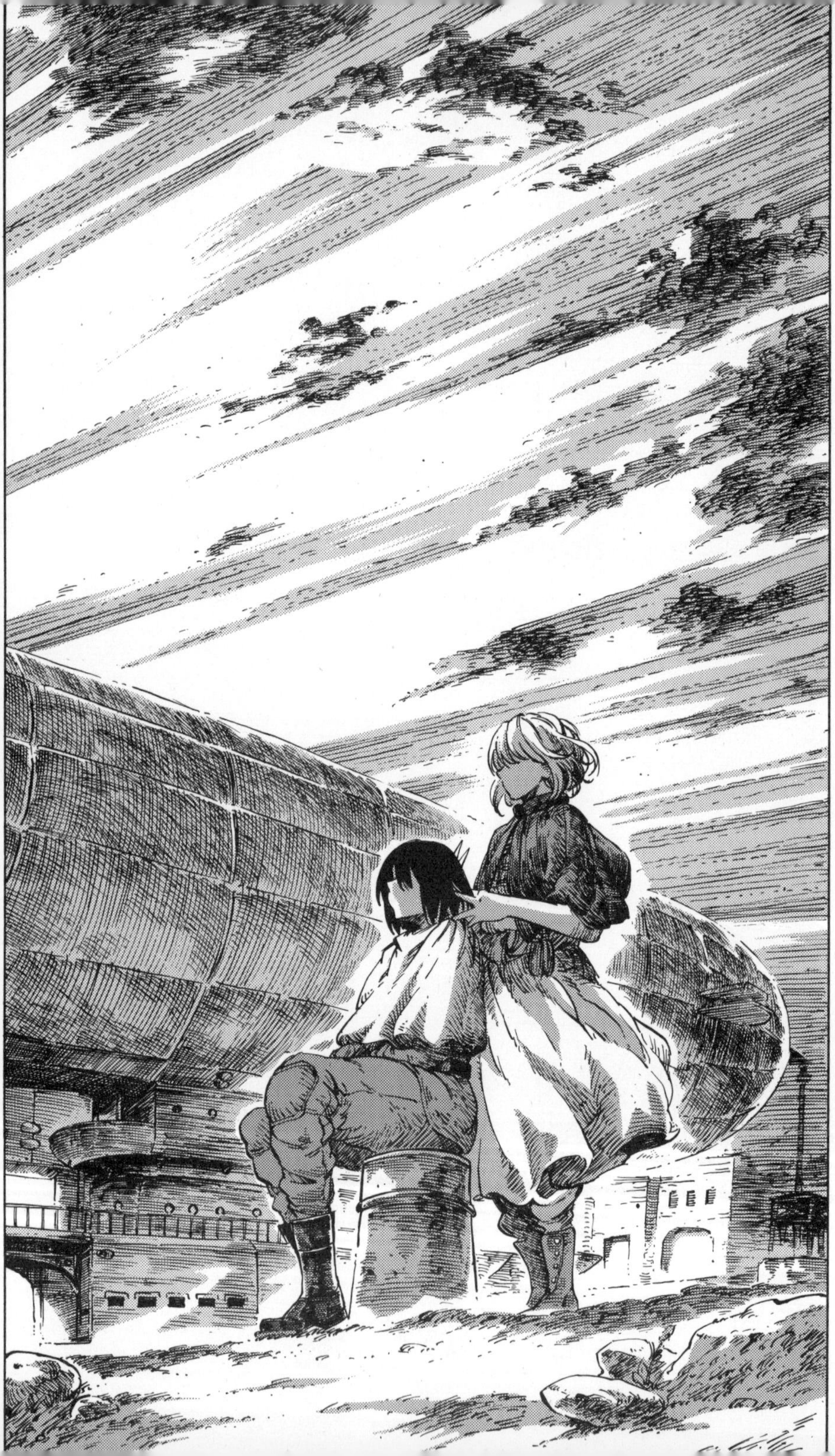

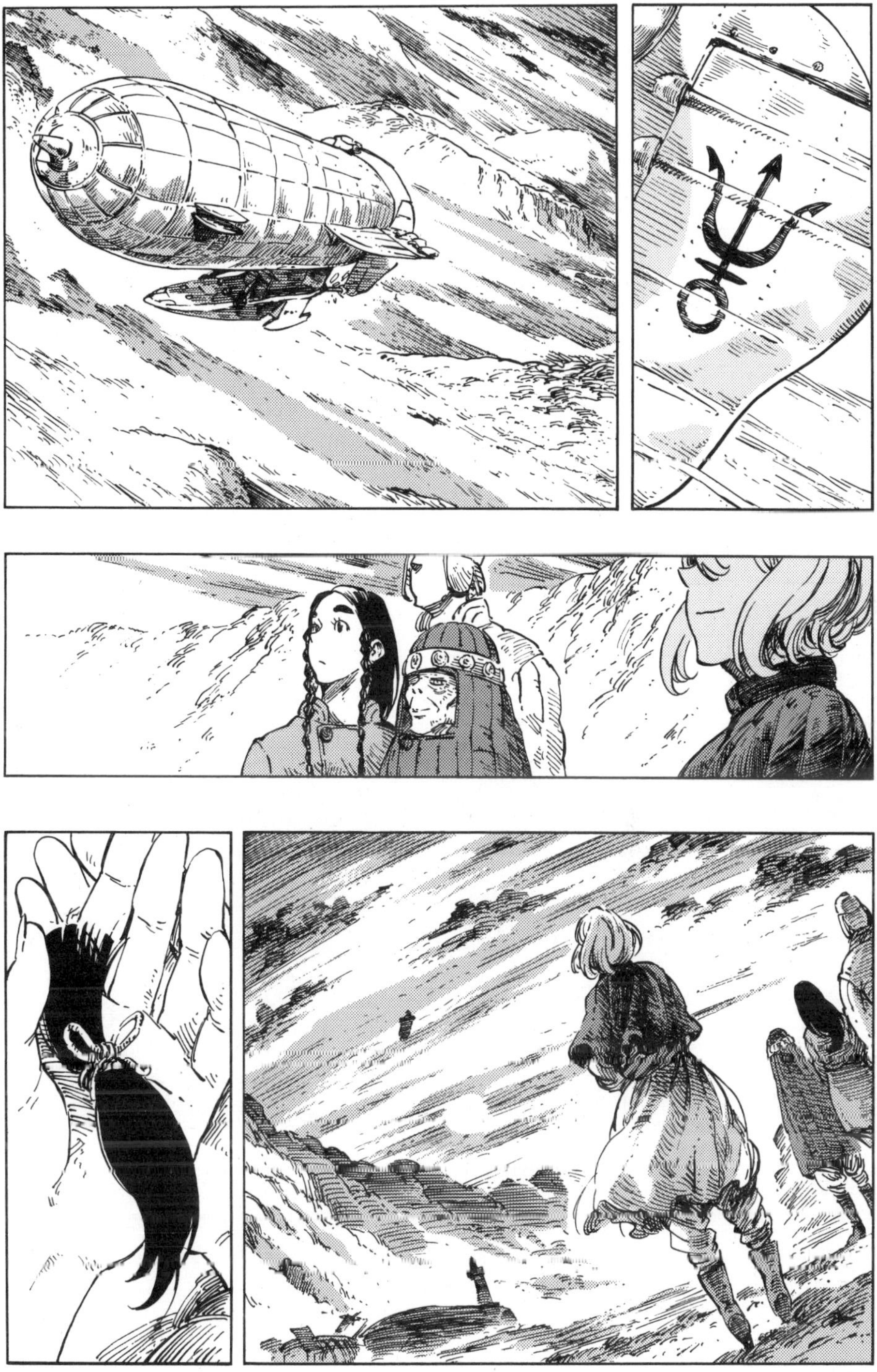

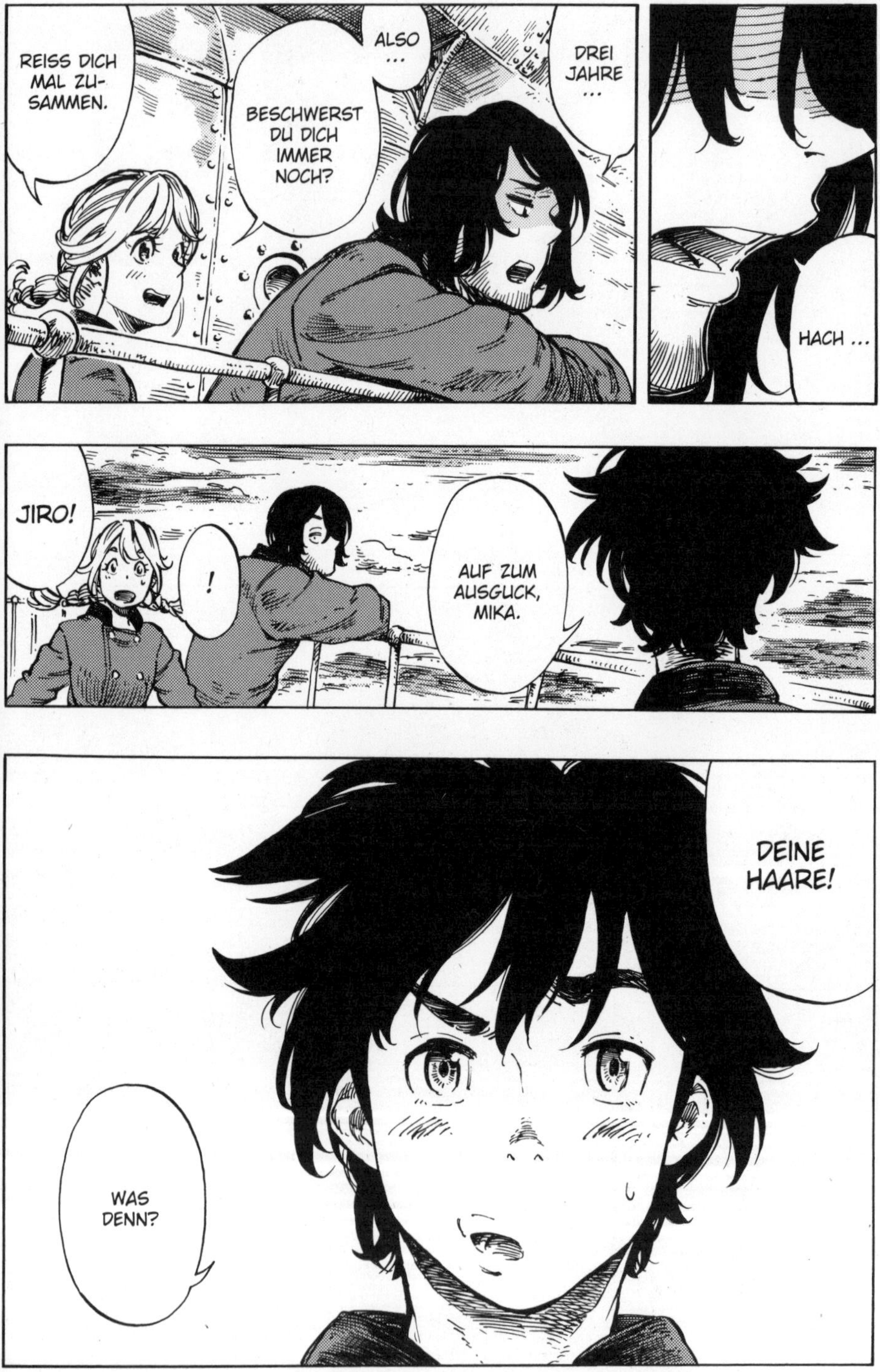
HACH ...
DREI JAHRE ...
ALSO ...
BESCHWERST DU DICH IMMER NOCH?
REISS DICH MAL ZUSAMMEN.
AUF ZUM AUSGUCK, MIKA.
!
JIRO!
DEINE HAARE!
WAS DENN?

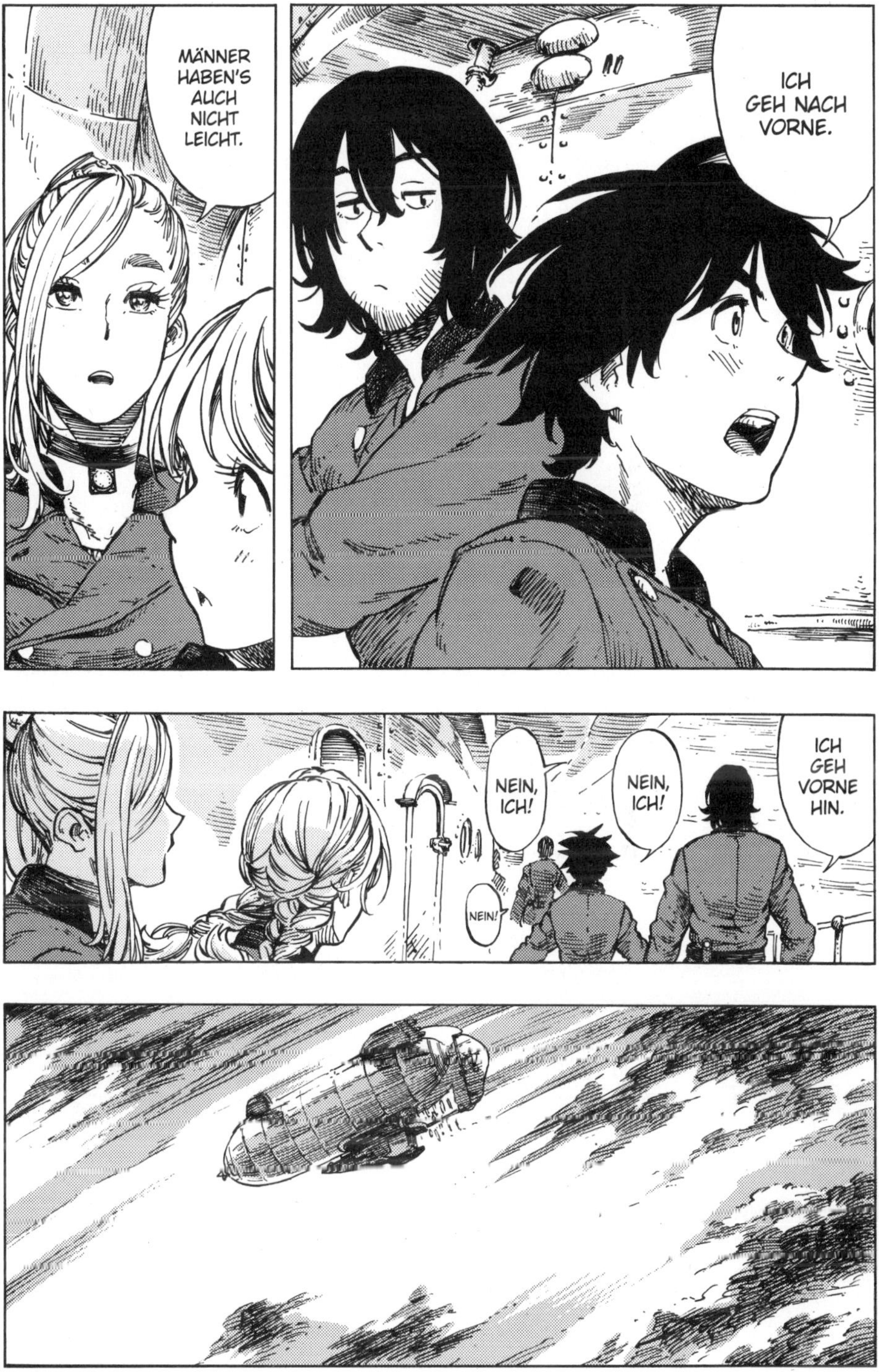
ICH GEH NACH VORNE.
MÄNNER HABEN'S AUCH NICHT LEICHT.
ICH GEH VORNE HIN.
NEIN, ICH!
NEIN, ICH!
NEIN!

Quin Zaza

TAKU KUWABARA

DIE LETZTEN DRACHENFÄNGER

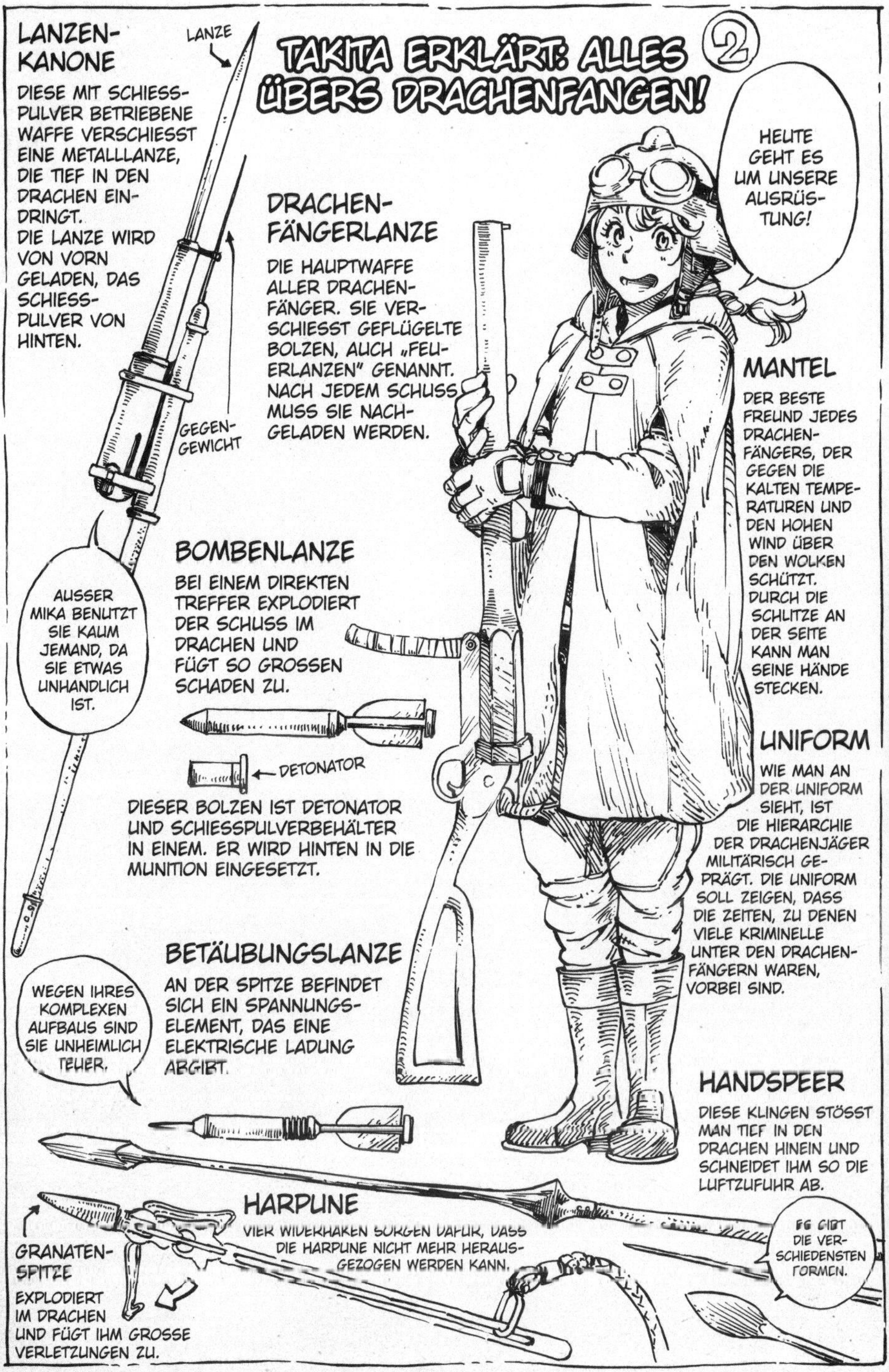

WIR SEHEN UNS IN BAND 3!

manga 漫画 cult

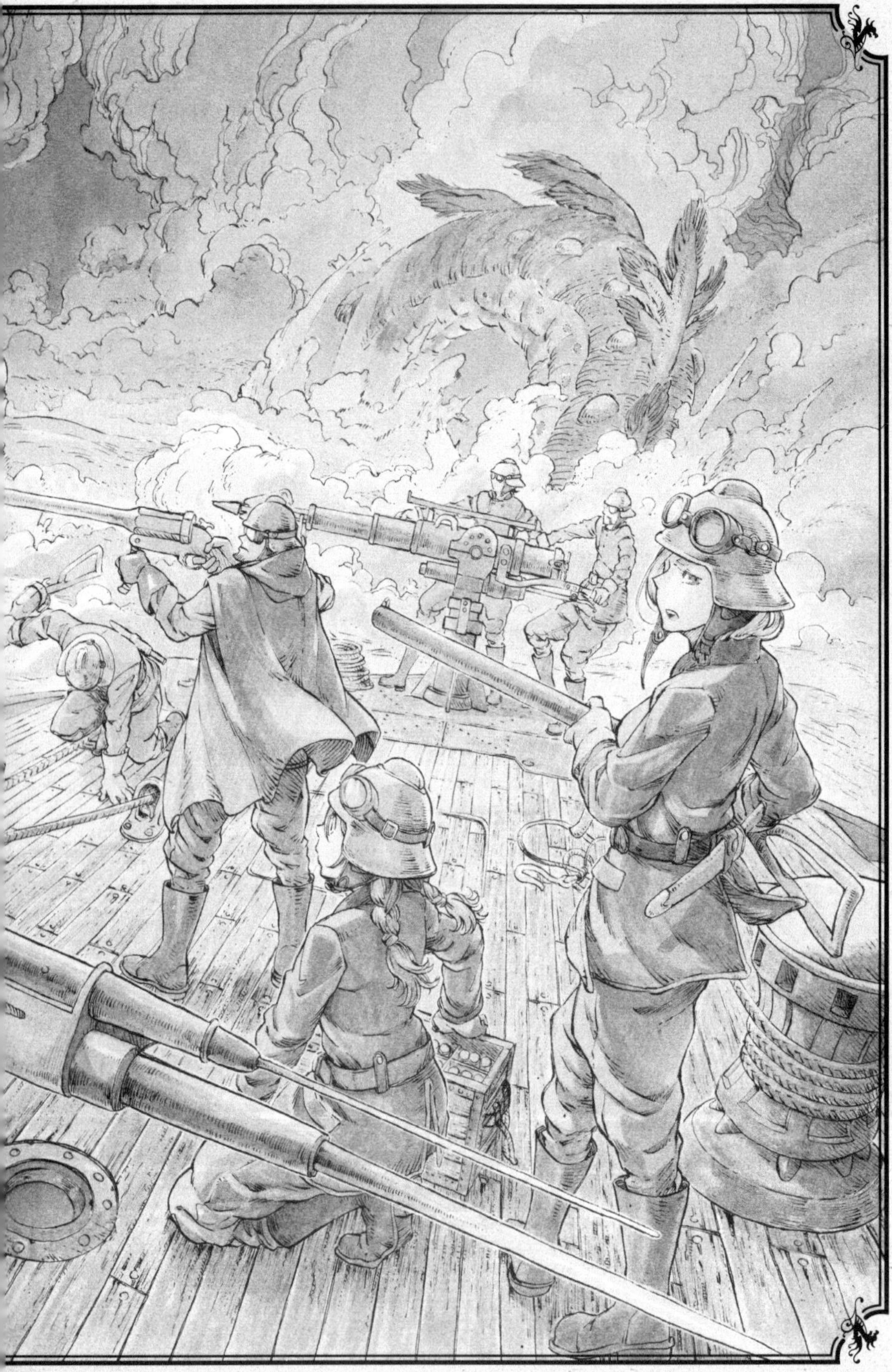

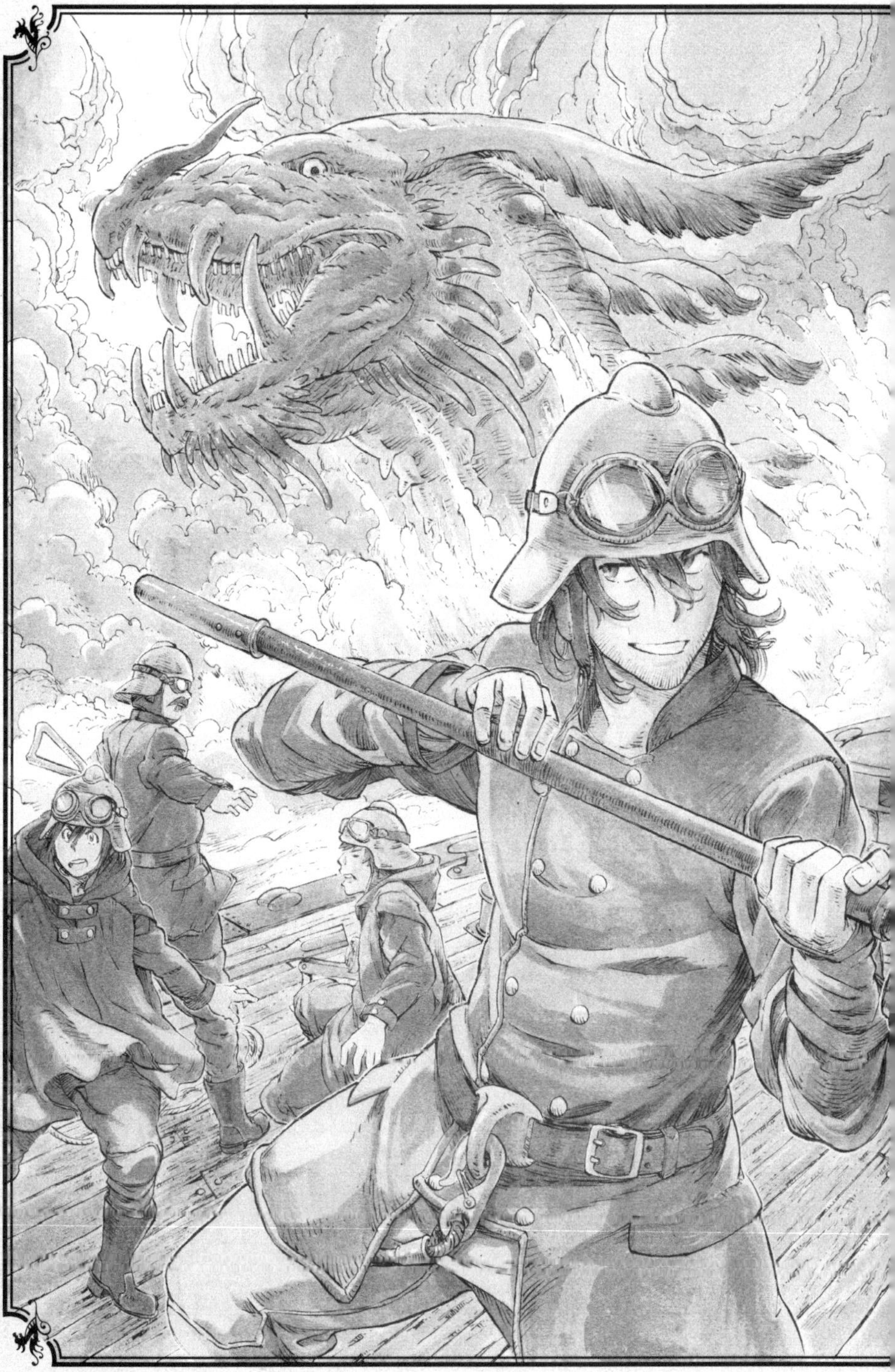

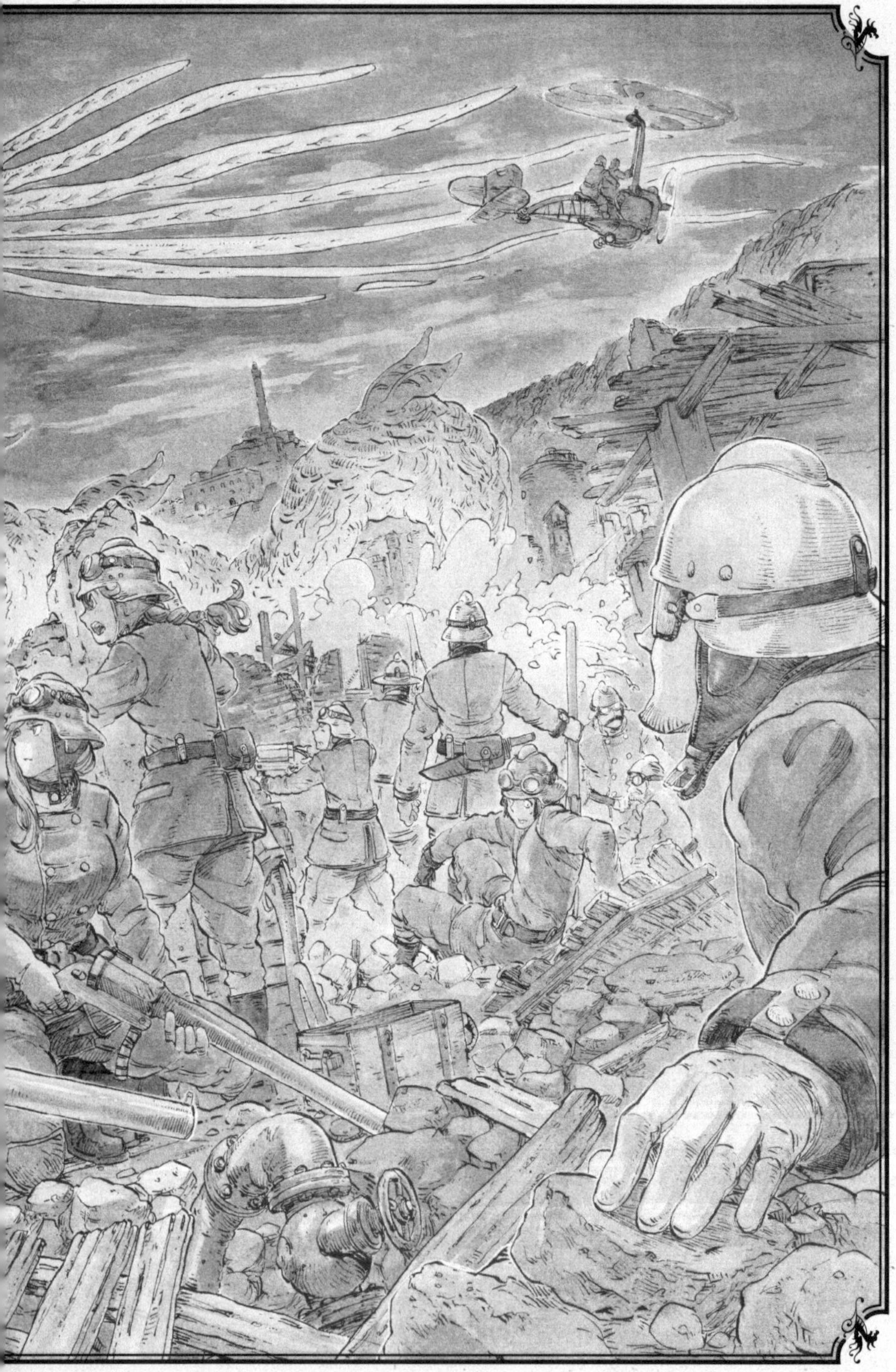

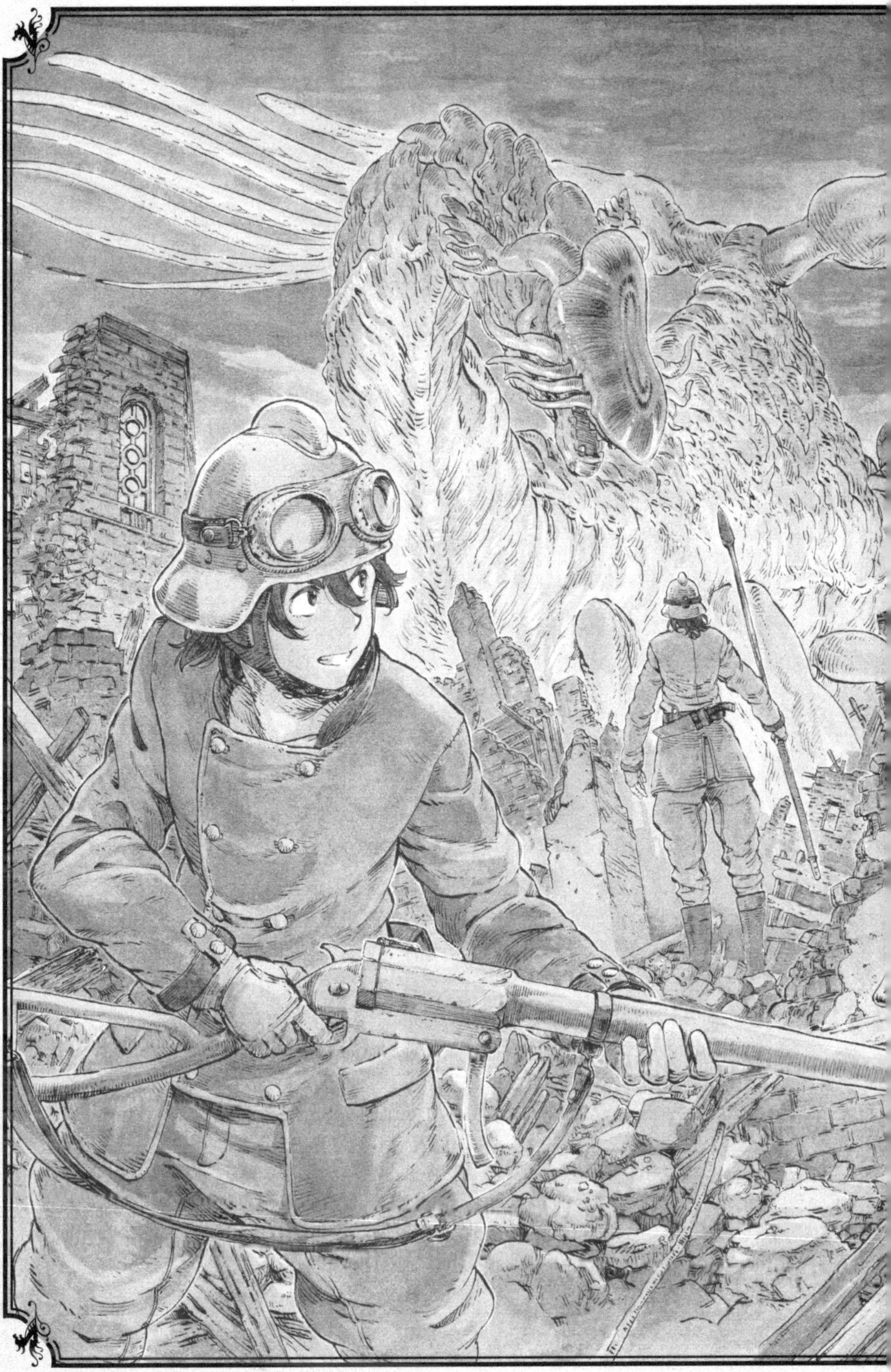

STOPP! DIES IST DIE LETZTE SEITE!

QUIN ZAZA ist ein Manga, und einen japanischen Comic liest man von hinten nach vorne. Auch die Lesereihenfolge der Bilder und Sprechblasen auf den Seiten ist anders als gewohnt: von rechts oben nach links unten.

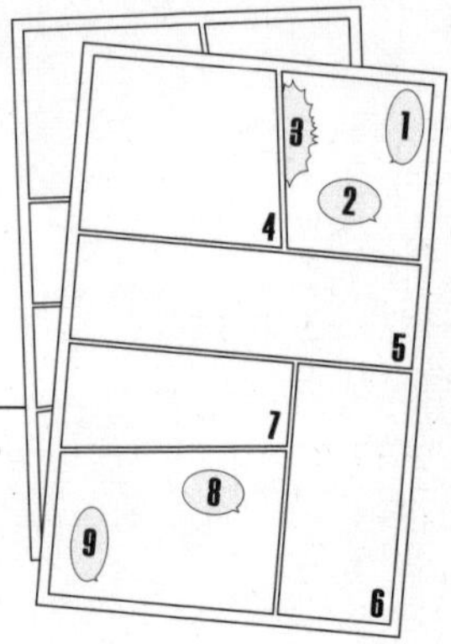

QUIN ZAZA 2

von
Taku Kuwabara

1. Auflage, 2019
Deutsche Ausgabe/German Edition

Aus dem Japanischen von Janine Wetherell

Programmleitung: Michael Schuster & Lea Heidenreich
Redaktion: Lea Heidenreich
Lektorat: Andrea Bottlinger
Layout und Lettering: Amigo Grafik GbR
Druck: GGP Media GmbH, Pößneck

Print-ISBN: 978-3-96433-076-5

www.manga-cult.de | April 2019